J'INTÈGRE LA FONCTION PUBLIQUE
2022
2023
Catégorie B

Concours TPTS

TECHNICIEN DE POLICE TECHNIQUE ET SCIENTIFIQUE

EXTERNE ET INTERNE

TOUT-EN-UN • TOUT-EN-UN

TOUT-EN-UN • TOUT-EN-UN • TOUT-EN-UN • TOUT-EN-

Sébastien Aguilar
Salah Belazreg
Cédric Bordi
Nathalie Nadaraj
Frédéric Rosard
Alexandre Missul

DUNOD

11 rue Paul Bert, 92240 Malakoff
www.dunod.com
ISBN : 978-2-10-083438-9

Sommaire

Biologie/Sciences de la vie et de la Terre

Chimie

Les auteurs

Sébastien Aguilar

Technicien en chef de police technique et scientifique à la Préfecture de Police de Paris, Sébastien AGUILAR intervient sur les scènes de crime depuis son affectation en région parisienne en 2011. Intervenant et conférencier dans le domaine des sciences forensiques, il est le co-auteur de *Police Scientifique : Les experts au cœur de la scène de crime* (2017) et de *l'Almanach du Crime* (2021) aux éditions Hachette. Véritable passionné, il crée en 2021 la société Forenseek avec deux objectifs : rassembler les domaines de la justice, médecine-légale et police scientifique autour d'un contenu technique, scientifique et juridique à forte valeur ajoutée et proposer une préparation optimale aux candidats du concours de Technicien de Police Technique et Scientifique (www.forenseek.fr).

Salah Belazreg

Salah Belazreg est professeur agrégé et docteur en physique, il enseigne au lycée Camille Guérin à Poitiers. Il a enseigné la physique, la biophysique et les biostatistiques en classes préparatoires aux concours de Médecine et de Pharmacie. Il est interrogateur en classes préparatoires scientifiques.

Cédric Bordi

Professeur Agrégé SV-STU. Enseignant de SVT en classe préparatoire aux grandes écoles (BCPST2).

Nathalie Nadaraj

Formatrice en français pour le CNFPT des Hauts-de-France ainsi que pour des écoles privées.

Frédéric Rosard

Professeur de mathématiques et concepteur de tests psychotechniques, il participe également à un grand nombre de jurys de concours.

Alexandre Missul

Conseiller en coopération internationale au ministère de l'Intérieur. Jury pour les concours d'entrée de la police nationale (épreuves écrites et oraux d'anglais).

Le métier

Dans l'univers de la criminalistique, la France se positionne comme véritable référence en la matière. Le docteur français **Edmond Locard** (1877-1966) connu pour être l'un des fondateurs de la criminalistique moderne est à l'initiative de la création du premier laboratoire de police scientifique au monde dans les combles du palais de justice de Lyon en 1909. Son Traité de Criminalistique figure encore aujourd'hui comme l'un des ouvrages les plus complets sur ces sujets. Séries et films policiers évoquent d'ailleurs régulièrement son célèbre principe de l'échange :

« La vérité est que nul ne peut agir avec l'intensité que suppose l'action criminelle sans laisser des marques multiples de son passage. Tantôt le malfaiteur a laissé sur les lieux les marques de son passage, tantôt, par une action inverse, il a emporté sur son corps ou sur ses vêtements les indices de son séjour ou de son geste ».

Autre pionnier de la criminalistique : **Alphonse Bertillon** (1853-1914). Employé comme simple archiviste à la Préfecture de Police de Paris, Bertillon remplit quotidiennement les fiches de signalement des suspects arrêtés. Le parisien reste néanmoins dubitatif quant à l'intérêt de se contenter d'une vague description des criminels, ceux-ci pouvant alors facilement tromper la police avec une fausse identité ou un changement physique mineur. Il élabore alors un système d'identification unique au monde visant à repérer les récidivistes. C'est alors que l'anthropométrie judiciaire, appelée plus tard le « Bertillonnage » voit le jour.

L'intervention de la Police Technique et Scientifique a longtemps été réservée aux affaires criminelles les plus complexes et les plus médiatiques, comme les homicides ou les viols en série. Depuis les années 2000 et dans le cadre de nombreux plans de lutte contre la délinquance et la criminalité, l'État a souhaité positionner la police scientifique au cœur de l'investigation au sens large. Aujourd'hui, en plus des affaires criminelles, les fonctionnaires de la police technique et scientifique se déploient systématiquement sur les scènes liées à la délinquance de masse, tels que les vols avec effractions, les vols de véhicules ou encore les dégradations de biens. L'activité des laboratoires de police scientifique a ainsi été multipliée par 8 entre 2010 et 2020.

1 L'organisation de la Police scientifique

Depuis le 1er janvier 2021, le Service Central de Police Technique et Scientifique (SCPTS) fusionne avec les 5 laboratoires de l'Institut National de Police Scientifique (INPS) pour ne former qu'une seule unité : le Service National de Police Scientifique (SNPS). Cette nouvelle direction centrale est directement rattachée à la Direction Générale de la Police Nationale (DGPN). Cette structure gère plus de 4 000 fonctionnaires dont près de 3 000 fonctionnaires de police technique et scientifique, 239 services et 5 laboratoires sur l'ensemble du territoire.

Afin d'ancrer son maillage territorial, le SNPS peut compter sur ses 7 délégations zonales implantées dans les nouvelles directions zonales de la sécurité publique en suivant le même découpage territorial que les zones de défense et de sécurité. La force du SNPS repose notamment sur :

- **Son siège** implanté à Ecully près de Lyon (69) avec notamment un laboratoire central de criminalistique numérique spécialisé dans l'exploitation de traces technologiques, un plateau technique de révélation de traces papillaires, des unités d'interventions spécialisées ou encore un plateau national d'odorologie permettant la comparaison d'odeurs humaines.

- **Les laboratoires de police scientifique (LPS)** implantés à Lille, Paris, Lyon, Marseille et Toulouse, à l'intérieur desquels plusieurs sections / divisions / départements traitent les différentes spécialités de la police scientifique (biologie, traces papillaires, balistiques, toxicologie, stupéfiants, incendie-explosions, documents-écritures, physique-chimie).
- **Les Services Départementaux de Police Technique et Scientifique (SDPTS)** de niveau 1 et de niveau 2 interviennent sur la majorité des infractions délictuelles en France et parfois criminelles et révèlent des traces papillaires dans des plateaux techniques. Ces services sont rattachés aux différentes directions de la Sécurité Publique.
- **Les Services Régionaux de Police Technique et Scientifique (SRPTS)** rattachés aux directions de la police judiciaire, ils interviennent dès qu'un service de la police judiciaire est saisi d'une enquête à la demande du procureur de la République et procèdent à des révélations de traces papillaires, à l'exploitation de données numériques ou encore à l'alimentation du fichier automatisé des empreintes digitales.
- **Les Bases de Police Technique et Scientifique** déployées dans la majorité des commissariats de police de France, elles permettent de récolter systématiquement les empreintes papillaires et l'ADN de toutes les personnes susceptibles d'avoir commis une infraction sur le territoire national.

Longtemps scindé en trois grands corps, la Police Technique et Scientifique compte parmi ses effectifs le corps des Techniciens de Police Technique et Scientifique (TPTS) et celui des Ingénieurs de Police Technique et Scientifique. Le corps d'emploi des Agents Spécialisé de Police Technique et Scientifique (ASPTS) de catégorie C est en train de disparaître progressivement. Aucun concours ou recrutement n'est organisé en 2021, ni dans les prochaines années. Les ASPTS en activité sont amenés à basculer dans le corps des Techniciens de Police Technique et Scientifique.

2 L'activité des fonctionnaires de PTS

En réussissant son concours, le Technicien de Police Technique et Scientifique sera affecté dans la zone géographique où il a passé son examen. En revanche, il pourra être affecté aussi bien au sein de l'un des 5 laboratoires de Police Scientifique, dans un plateau technique de révélation de traces papillaires, dans un service régional ou départemental ou encore intégrer une Base de Police Technique et Scientifique. Pour avoir la possibilité de choisir son poste d'affectation, la seule solution est d'arriver dans le peloton de tête lors du concours. Le major de promotion est ainsi le premier à choisir son affectation parmi la liste des postes ouverts.

Les techniciens en poste dans des services d'identité judiciaire peuvent être amenés à se déplacer sur les lieux et ce quelle que soit l'heure du jour ou de la nuit ou encore le jour de la semaine. L'agent qui souhaite intégrer un service d'identité judiciaire doit être conscient que le travail de terrain peut être psychologiquement éprouvant. Le fonctionnaire est régulièrement confronté à la mort ou au côté sombre de la société dans laquelle nous évoluons (homicides, violences, viols, agressions, infanticides, vols, suicides, etc.). Ses missions concernent principalement la recherche de traces et indices sur les affaires délictuelles ou criminelles dont il a la charge, mais également l'alimentation des fichiers de police scientifique comme le Fichier Automatisé des Empreintes Digitales (FAED) ou le Fichier National

Automatisé des Empreintes Génétiques (FNAEG), la révélation de traces papillaires dans un plateau technique ou dans certains cas, l'exploitation de données numériques. Maillon essentiel de l'enquête judiciaire, le Technicien de PTS s'est vu attribuer de nouvelles prérogatives judiciaires comme l'habilitation à constituer ou briser un scellé judiciaire.

Une affectation en laboratoire de police scientifique est essentiellement sédentaire. L'accréditation des laboratoires et les forts volumes de dossiers et de scellés nécessitent de nombreuses opérations administratives pour leur traitement et leur traçabilité.

Quelle que soit l'affectation du technicien de PTS, les qualités à mettre en œuvre sont toutes identiques : curiosité, rigueur, professionnalisme, esprit d'initiative, aptitude au travail en équipe, disponibilité pour n'en citer que quelques-unes. Comme tout fonctionnaire de l'État, celui-ci à des droits mais également des devoirs. Le technicien de PTS et plus généralement le fonctionnaire de police doit respecter le Règlement Général d'emploi de la Police Nationale ainsi que le code de déontologie de la Police Nationale.

3 L'évolution des techniques

Le fonctionnaire de police va régulièrement voir ses missions, ses outils, ses méthodologies évoluer tout au long de sa carrière. Les nouvelles technologies permettent des avancées majeures dans la résolution des enquêtes judiciaires confiées à la police scientifique. Ces avancées techniques et scientifiques s'accompagnent souvent d'avancées législatives et juridiques. C'est ainsi que dans un arrêt du 25 juin 2014, la Cour de Cassation admettait la légalité d'une procédure d'expertise visant à l'identification des caractères morphologiques apparents d'un suspect à partir de traces ADN retrouvés sur des victimes de viols *(portrait-robot génétique)*. Une autre utilisation de l'ADN va révolutionner les enquêtes judiciaires : *la recherche en parentèle*. Elle permet d'identifier un individu par le biais de l'un de ses proches parents, fiché au Fichier National Automatisé des Empreintes Génétiques (FNAEG). Cette technique était utilisée pour la première fois en France en 2011 dans l'affaire Élodie Kulik. En janvier 2002, la jeune femme était enlevée à bord de son véhicule avant d'être violée et tuée. L'objectif de ces deux techniques est de pouvoir interroger l'ADN, non plus seulement pour *prouver* la culpabilité d'une personne, mais pour *rechercher* l'auteur de l'infraction.

L'évolution des techniques ne s'arrête pas à l'utilisation de l'ADN. Toutes les spécialités sont impactées par l'avènement des nouvelles technologies. C'est ainsi, que les techniciens intervenants sur les scènes de crime utilisent depuis quelques années une tablette numérique permettant de rassembler et tracer l'ensemble des actes techniques effectués sur les lieux. À cela s'ajoutent la numérisation tridimensionnelle des lieux ou encore l'utilisation de lampes polychromatiques de plus en plus perfectionnées. En moins de vingt ans, les services de police scientifique en charge des traces technologiques ont explosé. Analyse de téléphones portables, GPS, ordinateurs, objets connectés, données immatérielles (cloud), vidéosurveillances, tableaux de bord de véhicule ou encore utilisation de l'intelligence artificielle, les affaires où l'on rencontre des traces numériques sont quotidiennes. La police scientifique n'a pas fini de monter en puissance…

4 La police scientifique au cœur des sciences forensiques

Les sciences forensiques concernent un vaste champ d'applications de techniques qui ont pour objectif de répondre à des questions juridiques. Par le biais de colloques scientifiques, d'organisations gouvernementales, de groupes de travail, ces policiers et gendarmes scientifiques, toxicologues, morphoanalystes, médecins légistes, anthropologues, odontologues, entomologistes, analystes criminelles et bien d'autres tentent d'harmoniser leurs savoirs, leurs pratiques ou leurs méthodologies. À l'ère de la criminalité itinérante, il est essentiel de valoriser le partage d'informations entre les pays, à l'image du Traité de Prüm permettant l'échange de données automatisées afin d'interroger des bases de données européennes. L'apport de la recherche forensique est indéniable pour l'enquête judiciaire, la poursuite et le jugement des auteurs d'infractions. Mythe ou réalité ? Le crime parfait existe-t-il ? La meilleure réponse à cette question est apportée par Pierre Margot, éminent Professeur de l'École des Sciences Criminelles de l'Université de Lausanne, qu'il dirigea de 1986 à 2014 : « Il n'y a pas de crime parfait, tout comme il n'existe pas non plus d'enquête judiciaire parfaite ».

5 La rémunération

La rémunération mensuelle dépend du grade, de l'échelon, de la zone géographique et du niveau de responsabilité du poste occupé.

Pour un technicien de PTS en poste en province, la rémunération variera (traitement net au 1er janvier 2022) de 2 031 € pour le premier échelon à 3 045 € pour un Technicien en chef en fin de carrière. En Île-de-France, ces valeurs sont légèrement majorées et varient entre 2 146 € et 3 183 €.

6 Les perspectives professionnelles

En tant que Technicien de Police Technique et Scientifique, vous aurez la possibilité de postuler aux concours internes des autres grades et corps après 4 années de services publics effectifs. Vous aurez également la possibilité de participer aux concours externes si vous remplissez les conditions de diplôme.

Il existe également « l'avancement au choix », permettant d'atteindre le grade supérieur sous certaines conditions : inscription sur un tableau d'avancement, justifier d'un an d'ancienneté dans le 6e échelon du grade et comptabiliser au moins 5 années de services effectifs dans le corps.

Enfin un examen professionnel permet d'accéder au grade supérieur si vous avez atteint le 4e échelon du grade et que vous avez comptabilisé au moins 3 années de services effectifs dans le corps.

Le concours

Les modalités relatives à l'organisation, à la nature et au programme des épreuves du concours de technicien de police technique et scientifique, ainsi que la décentralisation de l'organisation des concours font l'objet d'un arrêté en date du 26 juin 2020 (références Journal officiel de la République française n° 0177 du 21/07/2020).

1 L'organisation du concours

Le concours de Technicien de Police Technique et Scientifique est l'un des concours les plus difficiles de la fonction publique. Le nombre de candidats inscrits y est considérable et le nombre de postes ouverts est très souvent inférieur à 10 % voir 5 %. En 2019, lors du concours d'Agent Spécialisé de Police Technique et Scientifique (remplacé depuis 2021 par celui de Technicien de Police Technique et Scientifique), 3 269 candidats étaient inscrits pour moins de 150 postes ouverts. En 2021, pour le premier concours de Technicien de Police Technique et Scientifique, près de 4 000 inscriptions étaient enregistrées dans les Secrétariats Généraux pour l'Administration du Ministère de l'Intérieur (SGAMI) pour un peu moins de 100 postes ouverts.

Les épreuves du concours de Technicien de la Police Technique et Scientifique sont réparties en deux phases : l'admissibilité et l'admission.

2 Les conditions de participation

Les prérequis pour postuler au concours externe de technicien de PTS sont les suivants :

- être âgé de plus de 18 ans au 1er janvier de l'année du concours ;
- être de nationalité française (les candidats en instance d'acquisition de cette nationalité peuvent également postuler. Leur candidature ne sera toutefois définitivement recevable que s'ils l'obtiennent au plus tard à la date des épreuves écrites) ;
- être de bonne moralité, le bulletin n° 2 du casier judiciaire ne devant comporter aucune mention incompatible avec l'exercice de la fonction envisagée. Une enquête administrative sera réalisée dans le cas de réussite au concours (agrément par le préfet territorialement compétent) ;
- être apte physiquement à exercer la fonction (la visite médicale sera réalisée après les résultats du concours) ;
- être titulaire du baccalauréat ou d'un titre ou diplôme de niveau IV, ou d'une qualification reconnue comme équivalente à l'un de ces titres ou diplômes dans les conditions fixées par le décret n° 2007-196 du 13 février 2007 (sauf dérogation) ;
- être recensé et avoir accompli la Journée défense et citoyenneté (JDC ex JAPD) ;
- jouir de l'ensemble de ses droits civiques.

Cas particuliers : les mères et pères d'au moins 3 enfants qu'ils élèvent ou ont élevés effectivement, ainsi que les sportifs de haut niveau sont susceptibles de faire acte de candidature sans condition de diplôme. Certains postes peuvent être ouverts aux travailleurs présentant une situation de handicap.

À savoir

- Le permis de conduire (permis B) est obligatoire au moment de la titularisation pour les techniciens de PTS.
- Les candidats peuvent présenter ce concours autant de fois qu'ils le souhaitent.

Pour les candidats au concours interne, celui-ci est ouvert aux fonctionnaires et agents contractuels de l'État, de la fonction publique territoriale et de la fonction publique hospitalière, aux militaires, ainsi qu'aux agents en fonction dans une organisation internationale intergouvernementale. Le candidat devra compter au moins une année de service public au 1er janvier de l'année du concours.

3 Les épreuves d'admissibilité

Cette phase comporte deux épreuves écrites, complétées par des tests psychotechniques.

a. L'étude d'un texte

L'étude de texte de portée générale permettant de vérifier, à l'aide de questions, la capacité du candidat à repérer et à analyser les informations contenues dans le texte. Le candidat doit, après avoir répondu aux questions, produire un écrit sous forme de composition sur un sujet en rapport avec la problématique soulevée dans le texte support.

L'épreuve est d'une durée de 2 h 30 avec un coefficient 2 (coefficient 3 pour le concours interne). Toute note inférieure à 5 sur 20 est éliminatoire.

b. Des question(s) à choix multiple et/ou question(s) à réponse courte et/ou résolution de problèmes

Ces questions ou problèmes portent sur un programme à caractère scientifique comprenant les mathématiques, la biologie/sciences et vie de la Terre et la chimie (niveau BAC spécialités scientifiques).

L'épreuve est d'une durée de 2 heures avec un coefficient 3 (coefficient 2 pour le concours interne). Toute note inférieure à 5 sur 20 est éliminatoire.

c. Des tests psychotechniques

Ils sont destinés à évaluer la compatibilité du profil psychologique du candidat avec les missions de police scientifique.

L'épreuve est d'une durée de 2 heures mais n'est pas notée.

Si vous parvenez à atteindre cette phase d'admissibilité, il ne vous restera plus qu'à vous présenter à la phase d'admission orale.

4 Les épreuves d'admission

La phase d'admission comporte deux épreuves orales.

a. L'entretien avec le jury

Il s'agit d'une présentation du candidat et permet aux membres du jury d'apprécier ses compétences, ses capacités et ses motivations à exercer les fonctions sur lesquelles il postule. Le jury dispose comme aide à la décision les résultats des tests psychotechniques passés par le candidat interprétés par un psychologue dont la présence est obligatoire, du curriculum vitæ détaillé, remis préalablement par le candidat au service organisateur du concours à l'attention des membres du jury. Ce curriculum vitæ doit faire apparaître les compétences acquises lors du parcours scolaire et extrascolaire.

L'épreuve est d'une durée de 25 minutes dont 5 minutes de présentation avec un coefficient 5 – Toute note inférieure à 5 sur 20 est éliminatoire.

b. L'épreuve facultative de langue

Il s'agit d'une conversation en langue étrangère (anglais, allemand, espagnol, italien). Sur demande formulée lors de l'inscription au concours en indiquant son choix et ne peut être changé au-delà de la date de clôture des inscriptions. **L'épreuve est d'une durée de 15 minutes avec un coefficient 1, et seuls sont pris en compte les points supérieurs à la moyenne de 10 sur 20**.

5 La formation initiale

À l'issue des épreuves orales d'admission, le jury dresse, pour chaque concours (externe et interne), la liste de classement des lauréats et la liste complémentaire. Les emplois non pourvus à la suite de l'un des concours peuvent être attribués aux candidats de l'autre concours.

Après les résultats de la visite médicale auprès d'un médecin agréé par la Police Nationale et de l'enquête administrative, le candidat est affecté en fonction de son rang de sortie (le premier de promotion a le choix entre tous les postes, le dernier de promotion choisit dans les derniers postes restants). Une fois les affectations déterminées, vous entrez en poste et serez convoqués pour les diverses formations au cours de la première et deuxième année.

La formation obligatoire d'adaptation au premier emploi comprend trois phases, organisées sur le principe de l'alternance entre cours théoriques et stages pratiques dans les services :

- un tronc commun relatif à l'environnement professionnel, cette phase dure huit semaines sur le site de l'école nationale de police (ENP) de Nîmes ;
- un stage en immersion sur le site d'affectation du stagiaire, de deux semaines. Ce stage peut avoir lieu avant ou après le tronc commun. Il permet de découvrir les différents services d'un commissariat de police (la durée est de deux jours minimums à cinq jours) et les partenaires institutionnels (justice, gendarmerie, services de secours) ;
- un module d'adaptation au premier poste occupé dans le grade (après le tronc commun), dont la durée est variable en fonction de la spécialité et de l'affectation du stagiaire. Ces formations d'adaptation ont une durée variable et dépendent du poste occupé. Les stages peuvent se présenter sous différents formats : digital learning, en auto-formation, en présentiel à Écully (69) ou directement dans le laboratoire d'affectation.

Certains modules seront en e-formation (classe virtuelle dispensée par un formateur), d'autres seront en auto-formation (notions théoriques que vous pourrez suivre sur une plateforme en ligne) et enfin d'autres stages seront dispensés en présentiel, sur le site d'Ecully. Parmi ces stages, on retiendra :

- **Stage PTS Base Dacty et PTS Base Démo** pour tous les services de l'identité judiciaire.
- **Stage Gestion de Scène d'Infraction de Petite et Moyenne Délinquance (GSPMD)** pour les Services Départementaux de Police Technique et Scientifique de niveau 1 (SDPTS).
- **Stage Gestion de Scène d'Infraction Criminelle (GSC)** pour les Services Départementaux de Police Technique et Scientifique de niveau 2 (SDPTS) et les sections d'intervention des Services Régionaux de Police Technique et Scientifique (SRPTS).
- **Stage Révélations physico-chimiques des traces papillaires** pour les sections Criminalistique conventionnelle des Services Régionaux de Police Technique et Scientifique (SRPTS).
- **Stage Analyse de Traces Numériques (ATN)** pour les sections Criminalistique numérique des Services Régionaux de Police Technique et Scientifique (SRPTS).

6 Optimiser vos chances de réussite avec Forenseek

Développée par une équipe d'experts de la police technique et scientifique, la plateforme digitale Forenseek propose depuis 2022 une préparation en ligne pour le concours de Technicien de Police Technique et Scientifique. En collaboration avec Dunod, ce sont les meilleurs cours, les meilleurs professeurs, les meilleurs intervenants qui ont été sélectionnés afin d'optimiser vos chances de réussite.

Exercices inédits corrigés, visioconférences individuelles, annales corrigées, simulations d'examens et oraux blancs avec jury, activités interactives et ludiques, vidéos interview d'experts, serious games, classes virtuelles, tests psychotechniques, la plateforme Forenseek (www.forenseek.fr) met tout en œuvre dans cette préparation 100 % digitale pour vous préparer au mieux. Un tuteur expert de la police scientifique vous sera attitré dès votre inscription !

Épreuve écrite d'admissibilité n° 1

Étude de texte

(Nathalie Nadaraj)

2 h 30 min • Coef 2 externe Coef 3 interne

1 Présentation
L'étude de texte

1 Présentation

Il s'agit d'une **étude d'un texte de portée** générale permettant de vérifier, à l'aide de questions, la capacité du candidat à repérer et à analyser les informations contenues dans le texte. Le candidat doit, après avoir répondu aux questions, produire un écrit sous forme de composition sur un sujet en rapport avec la problématique soulevée dans le texte support.

Cette épreuve écrite « étude de texte » cherche à mesurer la capacité du candidat à rédiger en maîtrisant **le vocabulaire et la grammaire de la langue française, à lire, à formuler une réponse écrite** face à des questions posées sur un texte.

Cette épreuve est notée sur **20 points**.

2 Contenu

a. Les textes

Les textes proposés sont de type documents ou d'actualité scientifique par exemple « le réchauffement de la planète a créé tel problème... ».

b. Les questions de compréhension de texte

D'une façon générale, la nature du texte induit un certain type de questions. Que vous demande-t-on ?

Attention

Avant tout, **évitez la paraphrase** qui consiste à répéter le texte sans vraiment l'expliquer.

- **Proposer un titre** : choisissez un titre parfaitement adapté qui traduira le sens du texte. Avant de réaliser l'exercice, relisez soigneusement le texte.
- **Expliquer une phrase ou une expression** : pour réaliser cet exercice, n'isolez pas la phrase, abordez-la dans son contexte. Attention vous devez l'expliquer dans sa globalité et non pas mot à mot.
- **Parler d'une situation** : repérez le passage concerné dans le texte.

3 Conseils

- **Apprendre à gérer votre temps** : l'importance des questions peut varier, le barème n'est pas toujours indiqué ; vous devez évaluer vous-même l'importance de la question posée.
- **Lire** est un des moyens les plus efficaces pour entretenir une langue et ce, aussi bien pour l'oral que pour l'écrit. En effet, cela permet **d'enrichir son vocabulaire** et de conserver une **orthographe et une syntaxe de qualité**, ce qui est indispensable pour la **rédaction et autres épreuves écrites et/ou orales** de votre concours.

À noter

- L'usage du dictionnaire ou de tout ouvrage est interdit.
- Un barème peut être attribué, dans ce cas, vous pourrez voir la répartition des points et en conséquence faire le choix de traiter en priorité certaines questions.

2 Méthodologie
Lire un texte

Il existe une méthode pour bien aborder les textes qui vous sont proposés : celle-ci passe avant tout par **la qualité de la lecture**.

1 Prendre son temps

La première règle à respecter est de **ne pas se précipiter**, avant tout, sur les questions afin de savoir immédiatement ce qui va être demandé. Le risque est d'avoir une lecture faussée du texte parce que vous n'y chercheriez que les réponses aux questions posées, sans avoir au préalable la compréhension globale à toute explication.

2 Faire une première lecture

Faire une première lecture de sensibilisation : lors de cette première lecture, il faut s'imprégner du texte et à l'issue de celle-ci être capable de répondre à ces deux questions :

- De quoi parle le texte ?
- Comment l'auteur en parle-t-il ?

Si vous n'arrivez pas à répondre à ces deux questions, c'est que vous avez lu le texte trop rapidement et qu'une relecture s'impose. N'hésitez pas à interroger le texte :

- **Qui** ? Les personnages, le narrateur (qui raconte ?)
- **Où** ? Où se passe l'histoire ?
- **Quand** ? Temps de l'histoire, dates ?
- **Pourquoi** ? Pourquoi avoir choisi ce texte ?
- **Comment** ? Interrogez le vocabulaire, les figures de style, le niveau de la langue. Comment se déroule l'histoire ?

Ces questions sont posées en fonction du texte proposé.

3 Regarder les références

Aborder toujours un texte par **ses références** : le nom de l'auteur, le titre de l'œuvre, de l'article, le chapeau (les quelques lignes qui précèdent l'article) ; sa date de publication, le titre de l'extrait (s'il y en a un). Ces informations permettent par exemple de situer l'extrait dans une époque, dans un courant littéraire…

4 Faire une deuxième lecture

Faire une deuxième lecture efficace : à la suite de votre première lecture lire enfin les questions. L'impression première laissée par le texte va vous permettre à ce moment de relever, par exemple, les phrases, les expressions, les détails qui ont créé presque à votre insu, votre première réaction au texte.

Important

Si vous avez une habitude régulière de lecture, l'approche d'un texte n'en sera que plus facile…

3 Méthodologie
Répondre à des questions de compréhension, apprendre à rédiger ses écrits

1 Comment relever les idées essentielles ?

Une lecture efficace est **une lecture active**, crayon à la main, ce qui permet de repérer au premier regard la structure de l'ensemble.

Sélectionnez **les mots-clés**, porteurs du sens principal (certains membres de phrase contiennent la signification du passage) en supprimant tout ce qui n'est pas nécessaire à la signification d'ensemble : les illustrations, les répétitions notamment, mais aussi les idées secondaires, les détails. Cela suppose un travail de **hiérarchisation** entre les idées-forces à retenir et les idées accessoires à supprimer.

Sélectionnez **les connecteurs logiques** : ils sont **indispensables** et indiquent une relation de sens entre les phrases. Ils jouent **un rôle clé** dans l'organisation du texte : ils en soulignent **les articulations**.

- Connecteurs exprimant la **cause** : car, en effet, parce que, puisque, comme…
- **Connecteurs exprimant la conséquence :** donc, ainsi, c'est pourquoi, si bien que, de sorte que…
- **Connecteurs exprimant l'opposition :** mais, or, pourtant, cependant, bien que, même si, au contraire
- **Connecteurs exprimant l'addition :** et, en outre, de plus, de même que, par ailleurs, ensuite, également…
- **Connecteurs exprimant une explication** : c'est-à-dire, c'est pourquoi, en effet…
- **Connecteurs exprimant une conclusion** : donc, en définitive, enfin, par conséquent…

Attention

- Évitez de reprendre les mêmes structures de phrases que l'auteur.
- « Traduisez » les idées de l'auteur dans votre propre langage sous forme plus concentrée. L'idée principale ne doit pas reprendre une phrase du texte.
- Cet exercice suppose que l'on se « détache » du texte pour en dégager une signification générale. En effet, on résume des idées, non des phrases.

Exemple 1

Retrouver l'idée principale du texte suivant en une seule phrase.

Le gigantisme des cités apporte son cortège de troubles, d'insatisfactions, de contraintes à subir. Le temps perdu d'abord. Dans les files de voitures immobilisées à touche-touche, que faire d'intéressant ? C'est un véritable esclavage, sauf pour les puissants qui téléphonent de leur voiture, dictent des lettres, presque comme au bureau.

Louis Leprince-Ringuet, *L'espoir pour demain ?*

Corrigé

Les mégapoles génèrent bien des désagréments, dont la perte de temps à part pour quelques privilégiés.

2 Comment trouver un titre ?

Le titre demandé lors des concours est un titre qui résume l'essentiel du texte. Il doit impérativement reprendre **le thème du texte**. Pour trouver un bon titre, vous devez répondre à la question : de quoi s'agit-il ?

De manière générale, voici **quatre catégories de sujets** qui peuvent être proposés :

- **une circonstance** : dans les collectivités ;
- **un fait** : voyage vers les pays nordiques ;
- **un thème** : l'urbanisation ;
- **un élément de description** : regard sur la ville.

Vous pouvez utiliser des signes de ponctuation : **les deux points** (ils économisent des mots et mettent en relief le thème), **un point d'interrogation** (peut souligner un sentiment, une impression) ou encore un **point d'exclamation** (surprise ou consternation). À éviter si possible : **les titres avec des verbes conjugués ainsi que les titres dépassant cinq mots.**

Attention

Ne proposez qu'un seul titre, pas deux comme le font parfois certains candidats… la note sur cette question pourrait alors être divisée par deux !

Exemple 2

a) Lire attentivement le texte suivant et proposer un titre différent.

b) Expliquer en quelques lignes l'expression « situation souvent dénoncée comme ubuesque »

c) Expliquer en quelques lignes : « l'interopérabilité des réseaux de radiocommunication »

Policiers municipaux et gardes champêtres habilités pourront accéder « en direct » aux fichiers cartes grises et permis de conduire.

C'est, sinon l'épilogue d'une situation depuis longtemps bloquée, du moins une évolution majeure : un décret paru vendredi au *Journal officiel* autorise enfin les policiers municipaux et les gardes champêtres, sous condition, à accéder directement au Système des immatriculations de véhicules (SIV) et au Système national des permis de conduire (SNPC).

Le décret met en partie fin à une situation souvent dénoncée comme « **ubuesque** » par les maires, de nombreux parlementaires et les syndicats et associations de policiers municipaux : jusqu'à présent, les policiers municipaux n'avaient pas de moyen d'accéder directement au SIV, avec des conséquences parfois fâcheuses. Ainsi, en décembre dernier par exemple, le député du Nord Dimitri Houbron expliquait-il, dans une question écrite au gouvernement, que « les policiers municipaux ont besoin de notifier au SIV l'immobilisation ou l'annulation de l'immobilisation d'un véhicule afin de pouvoir détruire le véhicule placé en fourrière ». Et relatait des cas très concrets : « Le contrevenant, qui s'est vu retirer sa carte grise au moment de l'immobilisation de son véhicule, peut profiter de l'absence d'inscription au SIV pour déclarer la perte de son titre et en demander un duplicata afin de déjouer d'éventuels contrôles. » Jusqu'à maintenant, l'accès aux informations contenues dans ces fichiers ne pouvait se faire que de manière indirecte, via les forces de police ou de gendarmeries nationales.

La première évolution est venu de la loi du 22 mars 2016 sur la prévention et la lutte contre les incivilités, contre les atteintes à la sécurité publique et contre les actes terroristes qui précise que les policiers municipaux (en tant qu'agents de police judiciaire adjoints) et les gardes champêtres se voient communiquer « les informations relatives à l'existence, la catégorie et la validité » des permis de conduire, ainsi que celles « concernant les pièces administratives exigées pour la circulation des véhicules ou affectant la disponibilité de ceux-ci ».

Le décret paru vendredi précise ces dispositions. Pour l'accès au SNPC (fichier des permis de conduire) comme pour l'accès au SIV (fichier des cartes grises), les agents de police municipale et les gardes champêtres disposeront bien d'un « accès direct » – c'est bien ce terme « direct » qui est le plus important – à partir du moment où, sur proposition du maire, ils ont été « individuellement désignés et habilités par le préfet ». Cet accès ne pourra toutefois se faire que dans des limites strictes : « Aux seules fins d'identifier les auteurs des infractions qu'ils sont habilités à constater ».

Au chapitre des réactions, les syndicats de policiers municipaux ont tous fait part de leur satisfaction. L'Association nationale des cadres territoriaux de la sécurité (ANCTS) a publié un communiqué vendredi, où elle se réjouit également de cette avancée, tout en regrettant « qu'il ait fallu 14 années pour qu'elle se concrétise ». L'association regrette également que seuls les fichiers carte grise et permis de conduire soient concernés, mais pas le fichier des personnes recherchées ni celui des objets et véhicules signalés. Et elle se demande « dans quel délai et de quelle façon ces dispositions seront mises en œuvre », notant que le précédent de la mise en place de l'interopérabilité des réseaux de radiocommunication, toujours inaboutie aujourd'hui, a « laissé des traces ».

Côté maires enfin, Pauline Martin, maire de Meung-sur-Loire et rapporteure de la commission Prévention de la délinquance et sécurité de l'AMF, interrogée ce matin par Maire info, se réjouit ce matin d'une « avancée ». « Cela fait des années que nous le réclamons, et cela va permettre davantage de réactivité dans les activités des polices municipales ». Pauline Martin voit ce décret comme « un premier pas » et espère-t-elle aussi que les choses iront plus loin. Tout en n'oubliant pas de rappeler qu'il faut rester vigilant sur « le qui fait quoi et le partage des rôles » : « Les polices municipales ne sont pas là pour faire le travail des forces de police et de gendarmerie nationales. Mais on est, avec ce décret, dans l'état d'esprit voulu par le gouvernement d'un nouveau partenariat entre les polices municipales et les forces de l'ordre nationales ».

F.L. Maire-Info 25 mai 2018

Le quotidien d'information des élus locaux

Corrigé

a) L'accès direct est arrivé !

b) « Situation souvent dénoncée comme ubuesque » : une situation ubuesque est de l'ordre de l'absurde voire du ridicule. Le fait qu'il faille passer par la police nationale ou la gendarmerie nationale pour accéder au fichier national des permis de conduire et au système des immatriculations des véhicules est régulièrement signalé comme grotesque par de nombreux partenaires notamment lors des immobilisations de véhicules.

c) « l'interopérabilité des réseaux de radiocommunication » est la faculté de pouvoir s'adapter et collaborer à d'autres systèmes compatibles. Il s'agit pour la Police municipale de pouvoir écouter et communiquer sur le réseau radio de la police ou de la gendarmerie nationales pour une collaboration efficace. Ainsi, le partage de l'information entre les forces de sécurité de l'État et de la Police municipale sera favorisé et optimisé pour une meilleure réactivité » et une coordination optimale face à un événement. La sécurité des policiers municipaux sera ainsi renforcée.

3 Comment réaliser l'étude d'une idée développée dans le texte ?

La préparation est toujours identique : repérage du thème et des intentions de l'auteur ; vous devez mettre en relation la question avec les paragraphes concernés. Votre réponse est **obligatoirement rédigée**, elle comporte une phrase introductive (celle-ci resitue la question dans son contexte) ; vos idées doivent s'enchaîner (ne pas oublier les connecteurs logiques).

En rédigeant vos réponses, pensez à :

- **soigner la présentation** et la mise en page en réécrivant et en soulignant le terme ou la phrase en question ;
- espacer vos réponses ;
- **rédiger des phrases complètes**, claires, courtes et précises (ne vous contentez pas de fragments de réponses).

Exercice 3

Reprendre la lecture du texte de l'exercice 2

a) Expliquez ce paragraphe en une dizaine de lignes

« C'est, sinon l'épilogue d'une situation depuis longtemps bloquée, du moins une évolution majeure un décret paru vendredi au *Journal officiel* autorise enfin les policiers municipaux et les gardes champêtres, sous condition, à accéder directement au Système des immatriculations de véhicules (SIV) et au Système national des permis de conduire (SNPC).

b) Quels sont les avantages pour les policiers municipaux de la parution de ce décret ? Vous expliquerez votre réponse en une quinzaine de lignes.

Corrigé

a) Jusqu'à présent, les policiers municipaux et les gardes champêtres devaient contacter la police ou la gendarmerie nationale pour obtenir l'identité du propriétaire d'un véhicule. Cette procédure très contraignante pour tous ne trouvait pas de dépositions législatives satisfaisantes pour y remédier. Ainsi, la loi du 22 mars 2016 autorisait la communication des informations contenues dans les fichiers. Désormais, avec la parution d'un nouveau décret en mai 2018 au Journal Officiel, ces agents pourront avoir un accès direct sous condition à ces deux fichiers. Il s'agit donc d'un changement majeur dans leur travail quotidien en matière de police de la route et d'une avancée certaine pour leur profession.

b) Le décret parut en mai 2018 relatif à l'accès au fichier national des permis de conduire et au système des immatriculations des véhicules constitue une avancée notable pour les policiers municipaux. En effet ces agents vont pouvoir bénéficier d'un accès direct à ces fichiers après avoir été, sur proposition du Maire, individuellement désignés et habilités par le préfet. Ainsi, lors de la constatation d'une infraction au Code de la route, ils pourront vérifier si le conducteur est bien titulaire d'un permis de conduire et si celui est valide. De même en cas de besoin d'identification urgente et motivée d'un véhicule, les policiers municipaux pourront en identifier le propriétaire. Dans le cadre de leurs prérogatives en matière de police route, ces agents sont également habilités pour prescrire l'immobilisation d'un véhicule. Dans ce cas, les policiers municipaux doivent inscrire au système de l'immatriculation de véhicules cette immobilisation. Il en est de même lorsque cette mesure est levée. Cela permettra de porter en temps réel cette mention et d'éviter à un propriétaire perfide de profiter du délai d'inscription au SIV (système des immatriculations de véhicules) pour déclarer la perte de son titre et en demander un duplicata afin de déjouer d'éventuels contrôles. En conclusion cette nouvelle disposition va faciliter le travail des agents sur le terrain et apporter une réponse opérationnelle et partenariale efficace.

4 Méthodologie
Composition sur un sujet en rapport avec la problématique soulevée dans le texte support

Cette question requiert de votre part une certaine culture générale. Dans la mesure où les supports proposés sont liés à l'actualité, et aux grands thèmes de société, il est nécessaire d'avoir en tête certaines connaissances indispensables pour comprendre les supports et apporter des informations personnelles.

Durant votre préparation du concours, suivez l'actualité, lisez des articles dans la presse quotidienne et hebdomadaire, n'hésitez pas à prendre des notes, à constituer des fiches sur les thèmes d'actualité… En un mot, soyez actifs devant l'information !

1 La question

La question laisse une place aux idées personnelles, dans ce cas le texte ne peut être ignoré, des éléments peuvent y être puisés, mais il faut ajouter vos idées ; il vous est demandé de présenter **votre opinion et de la défendre**.

2 Ce qui est attendu du candidat

Pour répondre à la question posée, le premier travail est de réfléchir sur le sujet proposé. Les questions à se poser sont donc les suivantes :

De quoi s'agit-il ?

Avant de répondre à cette question, il importe de la définir. Réfléchir sur le sens des mots utilisés dans le libellé du sujet est donc primordial.

Que faut-il démontrer ?

La réponse est à chercher dans vos connaissances. Dans un premier temps, il faut noter toutes les idées et tous les exemples concrets, précis, qui viennent à l'esprit sans jamais oublier le sujet. C'est-à-dire qu'il faut noter l'idée ou l'exemple en indiquant tout de suite le rapport étroit qui peut exister entre cette idée ou cet exemple et le sujet. Toutes les idées sont correctes si toutes se rapportent directement au sujet.

Le jour du concours, face à un sujet, deux réactions sont possibles. Soit le sujet vous paraît familier soit il vous laisse perplexe… Dans les deux cas, il faut travailler avec méthode, notamment dans le cas où vous ne parvenez pas à construire une réflexion, faute d'idées.

3 Comment répondre à cette question ?

La première attitude à adopter consiste à ne pas baisser les bras : chaque sujet est potentiellement porteur d'un thème que vous connaissez, soit de manière directe, soit de manière indirecte. Aussi vous pouvez utiliser le **processus de l'analogie**. Par **association d'idées** en effet, on peut réussir à tisser un ensemble d'idées qui, par la suite, vous servira de trame pour construire une composition. L'association d'idées consiste à écrire le ou les mots qui viennent à la lecture d'un sujet ou d'un autre mot ; à partir d'un premier terme, une suite de mots peut venir et s'enchaîner, de manière à créer une suite analogique.

4 Les dix étapes pour répondre

1. **Lire attentivement le sujet plusieurs fois** : c'est une manière efficace d'entrer directement dans le thème et de vous concentrer sur l'objectif rédactionnel.
2. **Analyser** attentivement **le sujet** : souligner les mots-clés (mots importants) : cette étape est cruciale, car elle vous évite de partir sur un hors sujet.
3. **Noter** au brouillon **les premiers éléments de problématisation** : sous forme de questions, par exemple noter les interrogations que suggère le sujet.
4. **Noter** au brouillon **les premières idées** : c'est le premier travail de recherche qui va vous permettre de rassembler vos idées ainsi que vos connaissances sur le sujet.
5. **Élaborer une première ébauche de plan** : cette étape va vous permettre de construire votre réflexion ; vous allez choisir un type de plan. Suivant la forme du sujet proposé, on peut choisir pour le traiter, parmi les types de plans suivants, celui qui sera le mieux adapté :
   - le plan analytique (problème - causes - solutions) ;
   - le plan par catégories ou plan thématique ;
   - le plan dialectique (appelé également plan critique) ;
   - le plan alternatif ou antithétique ;
   - le plan mixte (ces différents types de plans peuvent souvent se combiner l'un l'autre, ou subir de légères modifications.
6. **Rechercher des exemples** : afin d'approfondir vos idées vous devez trouver des exemples (références) qui viendront étayer vos propos.
7. **Élaborer un plan détaillé** : il s'agit de la trame qui vous servira de guide durant la phase rédactionnelle
8. **Rédiger l'introduction** : une amorce (accroche) qui annonce le thème ; la problématique ; l'annonce du plan ; rédiger cette introduction au brouillon
9. **Rédiger l'ensemble du développement** en suivant votre plan détaillé : ne pas oublier les phrases de transition entre chaque partie
10. **Relire attentivement votre réponse** : la relecture est une étape importante, car elle vous permet d'effectuer d'ultimes vérifications ainsi que d'ultimes corrections.

5 Relire et corriger son écrit

Avant de remettre votre copie, il est nécessaire de vérifier les accords, l'orthographe, le vocabulaire et la construction des phrases.

- Pour le **vocabulaire** : évitez les répétitions, vérifiez le registre de langue ainsi que la précision des mots utilisés.
- Pour **la construction des phrases** : vérifiez la ponctuation et la construction des phrases complexes.

Entraînement

Sujet

Commentant le mode de vie du citadin contemporain l'architecte Xavier Arsène Henry écrit : « seuls profitent des avantages de la ville ceux qui acceptent d'entrer dans une mentalité urbaine ».

- Lire et analyser le sujet.
- Élaborer le plan détaillé.
- Rédiger introduction et conclusion.

Corrigé

Analyse du sujet

Thème : la ville

Analyse du sujet : le citadin contemporain

Mots clés : mentalité urbaine : état d'esprit, comportement moral ?

Questions :

- définir la mentalité urbaine ? Ses limites ?
- définir le milieu urbain ?
- qu'est-ce que la mentalité urbaine ? Un état d'esprit – une pensée – une opinion publique

Mutation importante et rapide de la ville

- les limites de la « mentalité urbaine » : le dysfonctionnement ;
- réflexions à propos de cette citation.

Le plan détaillé

1. Le milieu urbain

Il se définit en termes de rupture avec le milieu « naturel » ; milieu de plus en plus artificiel.

a) Jusqu'à une époque récente : la ville = symbole de la modernité

Ex. : New York au XXIe siècle : ville d'envergure internationale au niveau industriel, commercial.

b) Aujourd'hui, la ville = univers hautement technologique

- le citadin vit au travers des « écrans », ex. : développement des nouvelles technologies (ordinateurs portables, smartphones, géolocalisation…) ;

- le citadin est soumis à des mécanismes de plus en plus sophistiqués dont il est devenu dépendant, ex. : au niveau des transports : billet électronique.

c) Aujourd'hui la ville = univers concentrationnaire

- un homme sur deux est désormais urbain ;
- développement anarchique des villes de plus en plus tentaculaires : les mégalopoles, ex. : Lagos (Nigeria), Mexico.

d) Aujourd'hui on parle de la pathologie des villes

Ex. : difficultés respiratoires pour les jeunes enfants (augmentation des allergies, problèmes asthmatiques) ; pour les adultes : surmenage, stress, tension nerveuse.

Aussi pourrait-on se poser des questions sur la nécessité d'entrer dans une « mentalité urbaine » pour profiter des avantages de la ville. En quoi consiste la « mentalité urbaine » ?

2. En quoi consiste « la mentalité urbaine » ?

On pourrait la définir par un état d'esprit qui a pour effet d'intégrer complètement les éléments de la ville et d'en tirer profit.

a) La ville = polyvalence des activités

- une existence qui favorise la liberté individuelle (ex. : en ville, le citadin est moins soumis au « qu'en-dira-t-on ») ;
- apparition d'un nouveau citadin par la diversité des ethnies (ex. : les villes cosmopolites comme Marseille).

b) La ville = multiples possibilités à différents niveaux

- les loisirs variés (ex. : multiplicité des offres culturelles - musées, cinéma, théâtre, multiplicité des complexes sportifs) ;
- la ville est un lieu de rencontres (ex. : conférences – café littéraire…) ;
- lieux de formations variées (ex. : multiplicité des écoles, des universités) ;
- accessibilité des services (ex. : services administratifs, les banques) ;
- le confort des équipements collectifs (ex. : l'eau courante, le tout-à-l'égout).

c) La ville = un lieu de consommation par excellence :

- le citadin est sans cesse sollicité, ex. : les nouvelles tendances (mode) ; les nouveautés technologiques (nouvelles technologies).

La ville offre de multiples avantages en apparence, mais le citadin doit accepter certaines contraintes s'il veut réellement entrer dans une « mentalité urbaine »

3. Les contraintes pour le citadin

Les dysfonctionnements de la ville.

a) Difficultés d'entrer dans une « mentalité urbaine » pour ceux qui ne peuvent en tirer profit, ex. : phénomène d'exclusion, les SDF, les problèmes de la banlieue en France.

b) La gentrification

L'embourgeoisement urbain, est un phénomène urbain par lequel des arrivants plus aisés s'approprient un espace initialement occupé par des habitants ou usagers moins favorisés, transformant ainsi le profil économique et social du quartier au profit exclusif d'une couche sociale supérieure.

La gentrification peut être vue comme une forme de ségrégation favorisant l'absence de mixité sociale.

c) Une promiscuité excessive ; de nombreux heurts entre citadins

Ex. : les barres d'immeubles sont une fracture sociale.

d) La ville souffre de gigantisme

Il y a une densité excessive de la population, une concentration urbaine, ex. : 48,8 millions de personnes (plus des trois quarts de la population) habitent en ville, selon les données 2012 de l'Insee.

e) La ville souffre de pollution

- elle fait courir des risques graves pour le citadin. Selon l'OMS, 3 millions de personnes meurent chaque année sous l'effet de la pollution atmosphérique (ex. : lors de fortes chaleurs en été, l'air des villes devient irrespirable) ;
- développement du parc automobile (ex. : embouteillages en fin de journée ou le week-end à la sortie des villes).

f) Aujourd'hui le citadin cherche de nouvelles solutions

Ex. : le phénomène de la rurbanisation (il retourne vers la campagne)

Introduction

Monde humain par excellence, la ville et le lieu de vie et de travail d'une part grandissante de la population mondiale. Ainsi, Xavier Arsène Henri, architecte, évoque le mode de vie du citadin contemporain et écrit : « en fait, seuls profitent des avantages de la vielle, ceux qui acceptent d'entrer dans une mentalité urbaine. Il sera nécessaire d'une part par de définir ce que l'on entend par le nouveau milieu urbain afin de comprendre d'autre part, ce que peut-être « une mentalité urbaine » et ainsi réfléchir à ses limites.

Conclusion

La ville de demain, loin d'être simplement un espace où tout sera régi par la technologie connectée, sera un territoire où les citoyens construisent ensemble, à chaque instant, les services et les usages qui répondent à leurs besoins fondamentaux ainsi qu'à leur quête de bien-être.

Épreuve écrite d'admissibilité n° 2

QCM, QRC, problèmes

- Présentation de l'épreuve
- Mathématiques
- Biologie/Sciences de la Vie et de la Terre
- Chimie

2 heures • Coef 3 externe / Coef 2 interne

Méthodologie

Présentation de l'épreuve

1 Modalités de l'épreuve

- L'épreuve de questionnaire à choix multiples et/ou questions à réponses courtes, et/ou problèmes constitue la deuxième épreuve écrite d'admissibilité.
- Cette épreuve est scindée en trois parties : mathématiques, biologie/sciences de la vie et de la Terre et Chimie.
- L'épreuve totale dure 2 heures. Il faut donc répartir ce temps équitablement entre les trois disciplines. Vous devrez consacrer au maximum 40 minutes pour chaque partie.
- L'épreuve est de coefficient 3 en externe, 2 en interne.
- Chaque partie est composée de questions dont le nombre est variable en fonction du sujet.
- L'épreuve est composée de QCM (questions à choix multiples) et/ou de QRC (questions à réponse courte) et/ ou de résolution de problèmes.
- En fonction des sessions, la calculatrice peut être autorisée ou interdite dans l'épreuve de mathématiques.

2 Conseils

a. Lors de votre préparation

Rédigez un planning de révision. Réservez des plages horaires de deux heures dans votre agenda pendant lesquelles vous pourrez travailler sereinement.

Pour chaque partie, faites les révisions dans l'ordre. La progression a été pensée pour faciliter l'acquisition des connaissances.

Entraînez-vous à faire les exemples et les entraînements proposés. Si vous ne les réussissez pas au premier essai, refaites-les lors de la séance de révision suivante. Les mathématiques peuvent être comparés à une pratique sportive. Il faut connaître les règles, les définitions, les théorèmes mais il faut s'exercer pour savoir comment et quand les utiliser.

b. Lors de l'épreuve

Commencez par survoler l'intégralité du sujet et par repérer les questions qui vous semblent les plus simples. Fixez-vous un temps limité par question (maximum 2 minutes par question s'il y a une vingtaine de questions). Faites en premier les questions pour lesquelles vous êtes le plus à l'aise.

Utilisez une feuille de brouillon.

Lisez attentivement les questions. Si besoin, soulignez les éléments importants ou écrivez-les au brouillon.

QCM

Les QCM sont des questions pour lesquelles plusieurs solutions sont proposées. Il peut y avoir une ou plusieurs réponses justes. Ne répondez pas trop vite à ces questions. Une seule erreur dans la réponse entraîne une note nulle.

On ne vous demande pas d'expliquer les réponses mais de choisir les bonnes réponses. En revanche, pour ce type de questions, il est souvent nécessaire d'effectuer des calculs ou autres au brouillon. Ne rédigez pas trop le brouillon, les calculs et raisonnements doivent être rapides pour ne pas perdre de temps.

Pour les QCM, il faudra parfois trouver la réponse à la question posée. Mais, le plus souvent, la stratégie la plus rapide sera de tester les différentes propositions.

QRC

Présente dans les concours de catégorie A et B, l'épreuve consiste en une série de trois à six questions en général, auxquelles le candidat doit répondre en trois ou quatre heures et en une dizaine de lignes par réponse.

Cette épreuve permet de poser plusieurs questions à un candidat pour connaître l'étendue de ses connaissances et apprécier son esprit d'analyse et d'organisation. Vous devez faire un constat ou un état sur un thème donné, le correcteur devant en savoir un maximum en un minimum de lignes et de temps. Cette contrainte permet d'apprécier l'agilité de votre esprit, sa facilité à passer d'un sujet à un autre.

Problèmes

Contrairement aux QCM, on vous demande ici d'expliquer et de rédiger la réponse. Il faut donc soigner le fond et la forme.

Écrivez lisiblement. Soulignez les réponses.

Avant de répondre, si besoin utilisez le brouillon.

Commencez par vous demander ce que vous cherchez et de quels outils vous disposez pour répondre à la question. Puis, lancez-vous dans la rédaction.

Détaillez les calculs, les définitions, les raisonnements. Citez les théorèmes, les formules, etc. que vous utilisez. Il faut montrer au correcteur que vous avez des idées et des connaissances. Vous obtiendrez des points même si votre raisonnement est juste mais que vous avez fait une erreur de calcul ou de déduction.

Soyez rigoureux : par exemple, ajoutez les unités aux réponses, donnez les arrondis, les définitions demandées, etc.

Que ce soit pour les QCM ou les problèmes, vérifier la cohérence de vos réponses.

Une fois l'épreuve terminée, relisez l'intégralité de vos réponses. Si vous avez un peu de temps, refaites, certains exercices. Profitez de l'intégralité des deux heures dont vous disposez. Ne soyez pas trop pressé de rendre votre copie.

QCM, QRC, problèmes

Mathématiques

(Salah Belazreg)

- Suites numériques
- Limites de fonctions
- Dérivées - Primitives
- Fonction logarithme
- Fonctions exponentielles
- Intégrales
- Équations différentielles
- Statistiques descriptives à 2 variables Problèmes d'ajustement
- Exemples de lois à densité
- Approximation d'une loi binomiale $\mathcal{B}(n, p)$ par une loi normale $\mathcal{N}(m, \sigma)$
- Prise de décision Problèmes d'estimation et tests d'hypothèses

1 Notion de suite

a. Suite réelle sur $\mathbb{N}$

Définition

On appelle suite de nombres réels toute application de $\mathbb{N}$ dans $\mathbb{R}$:

$$\boldsymbol{u} : \mathbb{N} \to \mathbb{R}$$

$$\boldsymbol{n} \to \boldsymbol{u}(\boldsymbol{n})$$

Pour tout entier naturel $\boldsymbol{n}$, l'image $\boldsymbol{u}(\boldsymbol{n})$ est appelée terme de rang $\boldsymbol{n}$ de la suite.

On note ce terme $\boldsymbol{u_n}$ et $(\boldsymbol{u_n})_{n \in \mathbb{N}}$, ou encore $(\boldsymbol{u_n})$, la suite.

b. Représentation graphique d'une suite

Étant donnée la suite $(u_n)_{n \in \mathbb{N}}$, sa représentation graphique dans un repère donné est l'ensemble des points de coordonnées $(n\,;u_n)$, c'est-à-dire l'ensemble des points $(0\,;u_0), (1\,;u_1), \ldots (n\,;u_n), \ldots$

La représentation graphique est donc constituée de points « isolés ».

c. Propriétés des suites réelles

Soient $(u_n)_{n \in \mathbb{N}}$ et $(v_n)_{n \in \mathbb{N}}$ deux suites réelles.

- On a $u \leq v$ si et seulement si $\forall n \in \mathbb{N}, u_n \leq v_n$.
- La suite $(u_n)_{n \in \mathbb{N}}$ est dite croissante si et seulement si $\forall n \in \mathbb{N}, u_n \leq u_{n+1}$.
- La suite $(u_n)_{n \in \mathbb{N}}$ est dite décroissante si et seulement si $\forall n \in \mathbb{N}, u_{n+1} \leq u_n$.
- La suite $(u_n)_{n \in \mathbb{N}}$ est dite stationnaire (constante) si et seulement si $\forall n \in \mathbb{N}, u_{n+1} = u_n$.
- La suite $(u_n)_{n \in \mathbb{N}}$ est dite monotone si et seulement elle est soit croissante, soit décroissante, soit stationnaire.

d. Suite définie sur $\mathbb{N}$

Il existe différentes façons pour définir une suite.

Suite définie de manière explicite

Une suite (u_n) est dite définie de manière explicite, si pour tout $n \in \mathbb{N}$ on peut donner une expression du terme u_n (terme de rang n) en fonction n. C'est-à-dire, qu'il existe une fonction f telle que, pour tout $n \in \mathbb{N}$, on a : $u_n = f(n)$.

Exemple

$\forall n \in \mathbb{N} : u_n = 1 + \frac{5}{n+1}$

Suite définie par récurrence

Une suite est dite définie par récurrence si le premier terme de la suite est donné et si on peut donner une expression de chaque terme en fonction du terme du rang précédent, c'est-à-dire s'il existe une fonction f telle que, pour tout entier naturel n, on ait $u_{n+1} = f(u_n)$

Exemple

$\forall n \in \mathbb{N} : u_{n+1} = u_n + 3n$

2 Suites arithmétiques et suites géométriques

a. Suite arithmétique

La suite $(u_n)_{n \in \mathbb{N}}$ est une suite arithmétique si et seulement si :

$$\exists r \in \mathbb{R} \text{ tel que } \forall n \in \mathbb{N} : u_{n+1} = u_n + r \qquad (1)$$

Si u_0 représente le premier de la suite arithmétique et r la raison de la suite, alors :

$$u_n = u_0 + nr$$

Pour tous entiers naturels n et p, on a :

$$u_n = u_p + (n - p)r \qquad (2)$$

La somme des $(n+1)$ d'une suite arithmétique de premier terme u_0 et de raison r est donnée par :

$$S_n = \sum_{k=0}^{n} u_k = n \times \frac{2u_0 + (n-1)r}{2} \qquad (3)$$

Pour tout entier naturel $n \geq 2$, on a : $1 + 2 + 3 + \ldots + n = \frac{n(n+1)}{2}$

b. Suite géométrique

La suite $(u_n)_{n \in \mathbb{N}}$ est une suite géométrique si et seulement si :

$$\exists q \in \mathbb{R} \text{ tel que } \forall n \in \mathbb{N} : u_{n+1} = qu_n$$

- Si u_0 représente le premier de la suite géométrique et q la raison de la suite, alors :

$$u_n = u_0 q^n \qquad (4)$$

- Si $(u_n)_{n\in\mathbb{N}}$ est une suite géométrique et de raison q alors pour tous entiers naturels n et p, avec $n > p$:

$$u_n = u_p \times q^{n-p}$$

La somme des $(n+1)$ premiers termes d'une suite géométrique de premier terme u_0 et de raison q, $q \neq 1$ est donnée par :

$$S_{n+1} = \sum\nolimits_{k=0}^{n} u_k = u_0 \times \frac{1-q^{n+1}}{1-q} \qquad (5)$$

c. Applications

Exemples

- La somme des premiers termes de la suite arithmétique de premier terme $u_0 = 1$ et de raison $r = 2$ (suite de nombres impairs) est :

$$S_n = 1+3+\ldots+(2n+1) = n \times \frac{2\times 1+\ (n-1)\times 2}{2} = n \times \frac{2n}{2} = n^2$$

- La somme des carrés des n premiers entiers naturels s'écrit :

$$S_n = 1^2+2^2+3^2+\ldots+n^2 = \frac{n(n+1)(2n+1)}{6}$$

- La somme des 5 premiers termes d'une suite arithmétique de premier terme $u_0 = 2$ et de raison $r = 6$ est :

$$S_5 = 2+8+14+20+26 = 5\times\frac{2\times 2+\ (5-1)\times 6}{2} = 5\times\frac{28}{2} = 70$$

- Pour la suite de premier terme $u_0 = 1$ et de raison $q = 5$, on a :

$$\sum_{k=0}^{n} 5^k = 1+5+5^2+\ldots+5^n = \frac{1-5^{n+1}}{1-5} = \frac{5^{n+1}-1}{4}$$

- La somme des 5 premiers termes d'une suite géométrique de premier terme $u_0 = 1$ et de raison $q = \frac{3}{2}$ est :

$$S_5 = 1+\frac{3}{2}+\frac{9}{4}+\frac{27}{8}+\frac{81}{16} = 1\times\frac{1-\left(\frac{3}{2}\right)^5}{1-\frac{3}{2}} = \frac{211}{16}$$

- On considère la suite réelle $(u_n)_{n\in\mathbb{N}}$ définie par :

Pour tout entier naturel n, $u_n = 2^{3n+1}$

La suite est-elle une suite géométrique ?

Méthode

Pour montrer qu'une suite $(u_n)_{n\in\mathbb{N}}$ est une suite géométrique, il faut montrer que pour tout entier naturel n :

$$\begin{cases} u_n \neq 0 \\ \dfrac{u_{n+1}}{u_n} = q \end{cases}$$

Pour la suite $(u_n)_{n\in\mathbb{N}}$ tel que $u_n = 2^{3n+1}$, on a :

$$u_0 = 2^{3\times 0+1} = 2^1 = 2 \; ; u_1 = 2^{3\times 1+1} = 2^4 = 16 \; ; u_2 = 2^{3\times 2+1} = 2^7 = 128$$

La suite semble bien une suite géométrique de raison $q = 8$.

Calculons $\dfrac{u_{n+1}}{u_n}$

$$\frac{u_{n+1}}{u_n} = \frac{2^{3(n+1)+1}}{2^{3n+1}} = \frac{2^{3n+4}}{2^{3n+1}} = 2^3 = 8$$

La suite (u_n) est donc une suite géométrique de raison $q = 8$ et de premier terme $u_0 = 2$.

Que vaut la somme des premiers termes de cette suite ?

$$S_n = 2 + 2\times 8 + 2\times 8^2 + \ldots + 2\times 8^n = 2\times\frac{1-8^{n+1}}{1-8}$$

3 Limites d'une suite

a. Suite convergente

La suite $(u_n)_{n\in\mathbb{N}}$ est une suite convergente si et seulement si :

$$\exists l \in \mathbb{R} \text{ tel que } \lim_{n\to\infty} u_n = l$$

Exemple

La suite $(u_n)_{n\in\mathbb{N}}$ de terme général $u_n = \dfrac{1}{n}$ est une suite convergente :

$$\lim_{n\to\infty} u_n = \lim_{n\to\infty} \frac{1}{n} = 0$$

Application

La somme des $(n+1)$ premiers termes d'une suite géometrique de premier terme $u_0 = 1$ et de raison $q = \frac{1}{10}$ est :

$$S_{n+1} = 1 + \frac{1}{10} + \frac{1}{10^2} + \frac{1}{10^3} + \dots + \frac{1}{10^n} = 1 \times \frac{1-\left(\frac{1}{10}\right)^{n+1}}{1-\frac{1}{10}}$$

Comme $\lim\limits_{n\to\infty}\left(\frac{1}{10}\right)^{n+1} = 0$, alors :

$$S_{n+1} = 1 + \frac{1}{10} + \frac{1}{10^2} + \frac{1}{10^3} + \dots + \frac{1}{10^n} = 1 \times \frac{1}{1-\frac{1}{10}} = \frac{10}{9}$$

b. Suite divergente

La suite $(u_n)_{n\in\mathbb{N}}$ est une suite divergente si et seulement si elle n'est pas convergente, et :

$$\lim_{n\to\infty} u_n = \pm\infty$$

Exemple

La suite $(u_n)_{n\in\mathbb{N}}$ de terme général $u_n = n^2$ est une suite divergente :

$$\lim_{n\to\infty} u_n = \lim_{n\to\infty} n^2 = +\infty$$

Cours

2 Limites de fonctions

1 Généralités sur les fonctions

a. Fonction d'une variable réelle

Si, à tout élément $x \in I$ ($I \subset \mathbb{R}$) on fait correspondre au plus un élément $y \in \mathbb{R}$, on dit que y est une **fonction numérique** de la variable indépendante x.

On désigne par f cette correspondance et on note :

$$f : x \to y \text{ ou } y = f(x) \quad (1)$$

(on dit que y est l'image de x par la fonction f)

L'ensemble des éléments de I admettant une image est appelé **ensemble de définition** de la fonction f, et on note $\mathcal{D}_f$.

b. Graphe d'une fonction

Soit une fonction f définie sur un intervalle I ($I \subset \mathbb{R}$) telle que $y = f(x)$.

On appelle **graphe** de la fonction f ou courbe représentative, l'ensemble des points M de coordonnées $(x, f(x))$ relativement à un système d'axes $(x'Ox, y'Oy)$.

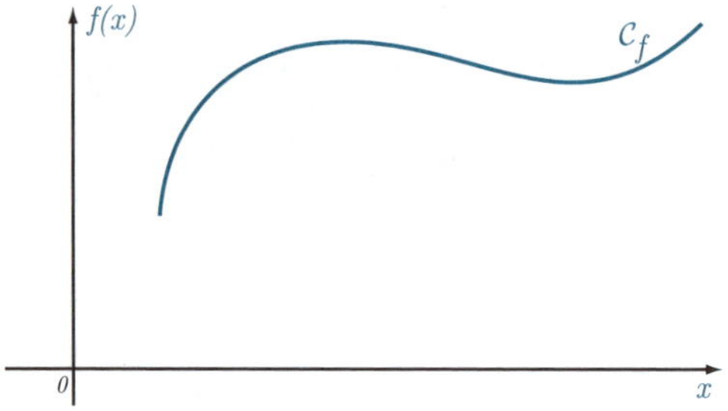

c. Fonctions bornées

Soit une fonction f définie sur un intervalle I ($I \subset \mathbb{R}$) telle que $y = f(x)$.

- S'il existe un réel M tel que $\forall x \in I$ ($I \subset \mathbb{R}$), $f(x) \leqslant M$, on dit que la fonction f est **majorée** sur cet intervalle et le réel M est appelé un **majorant** de la fonction f.
- S'il existe un réel m tel que $\forall x \in I$ ($I \subset \mathbb{R}$), $f(x) \geqslant m$, on dit que la fonction f est **minorée** sur cet intervalle et le réel m est appelé un **minorant** de la fonction f.
- Si $\forall x \in I$ ($I \subset \mathbb{R}$), $m \leqslant f(x) \leqslant M$, on dit que la fonction f est **bornée** sur cet intervalle.

d. Croissance et décroissance d'une fonction. Monotonie

Soit une fonction f définie sur un intervalle I ($I \subset \mathbb{R}$) telle que $y = f(x)$.

Fonction croissante

On dit que la fonction f est **croissante** sur l'intervalle I si $\forall x_0 \in I, \forall x_1 \in I$, on a :

$$\text{si } x_0 < x_1, \text{ alors } f(x_0) < f(x_1).$$

Il en résulte :

$$\frac{f(x_0) - f(x_1)}{x_0 - x_1} \geqslant 0 \text{ dans l'intervalle } I$$

Si les inégalités sont strictes alors la fonction est strictement croissante.

Fonction décroissante

On dit que la fonction f est **décroissante** sur l'intervalle I si $\forall x_0 \in I, \forall x_1 \in I$, on a :

$$si\ x_0 < x_1, \text{ alors } f(x_0) \geqslant f(x_1).$$

Il en résulte :

$$\frac{f(x_0) - f(x_1)}{x_0 - x_1} \leqslant 0 \text{ dans l'intervalle } I$$

Fonction constante

On dit que la fonction f est **constante** sur l'intervalle I si :

$$\forall x_0 \in I, \forall x_1 \in I, f(x_0) = f(x_1)$$

Fonction monotone

Une fonction dont le sens de variation ne change pas dans un intervalle I est dite **monotone** dans cet intervalle.

e. Extremums d'une fonction

Soit f une fonction définie sur un intervalle I $(I \subset \mathbb{R})$ telle que $y = f(x)$.

- On dit que la fonction f admet un **maximum** en $x = c$ si, et seulement si :

$$\forall x \in \mathcal{D}_f\ , f(x) \leqslant f(c)$$

La fonction f admet un maximum relatif en c si, et seulement si, il existe un intervalle ouvert J de centre c tel que :

$$\forall x \in J \subset I, f(x) \leqslant f(c)$$

Remarque

Un intervalle ouvert centré en c est de la forme $]c - h, c + h[$ avec $h > 0$.

- On dit que la fonction f admet un **minimum** pour $x = d$ si, et seulement si :

$$\forall x \in \mathcal{D}_f, f(x) \geqslant f(d)$$

f. Fonctions paires, fonctions impaires et fonctions périodiques

Soit une fonction f définie sur un intervalle I ($I \subset \mathbb{R}$) telle que $y = f(x)$.

- La fonction f est une **fonction paire** si :

$$\forall x \in I (I \subset \mathbb{R}), -x \in I \ ; \forall x \in I (I \subset \mathbb{R}) \text{ on a } f(x) = f(-x)$$

Exemple

La fonction $y = x^2$, représentée par la parabole $(\mathcal{P})$ est une fonction paire (figure ci-dessous).

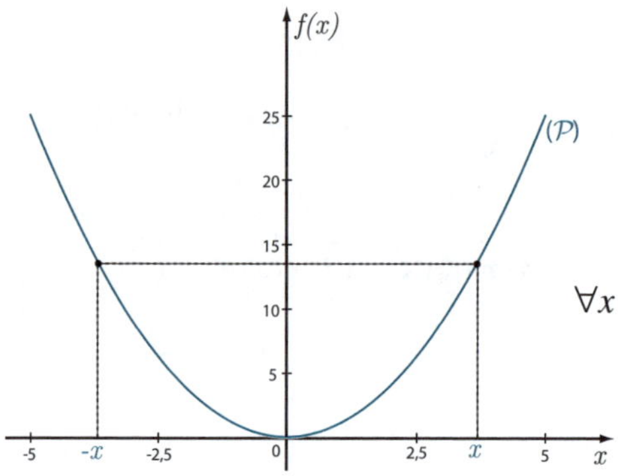

$$\forall x \in I ; f(x) = f(-x)$$

- La fonction f est une **fonction impaire** si :

$$\forall x \in I (I \subset \mathbb{R}), -x \in I \ ; \forall x \in I (I \subset \mathbb{R}) \text{ on a } f(x) = -f(-x)$$

Exemple

La fonction $y = x^3$ dont le graphe est représenté ci-dessous est une fonction impaire.

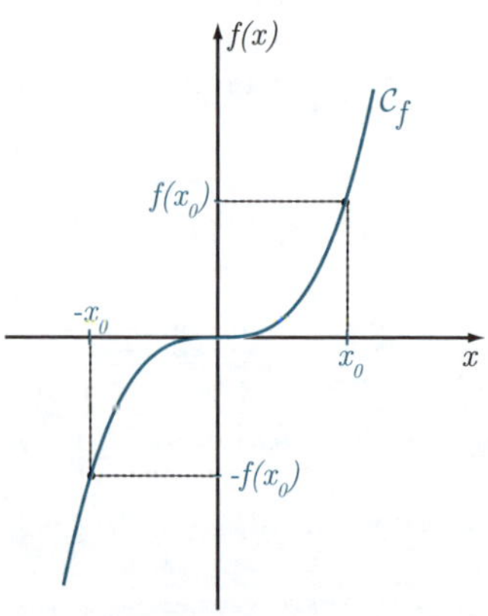

$$\forall x \in I ; f(x) = -f(-x)$$

- La fonction f est une **fonction périodique** et de période T si :

$$\forall x \in I (I \subset \mathbb{R}), \text{ on a } f(x) = f(x+T)$$

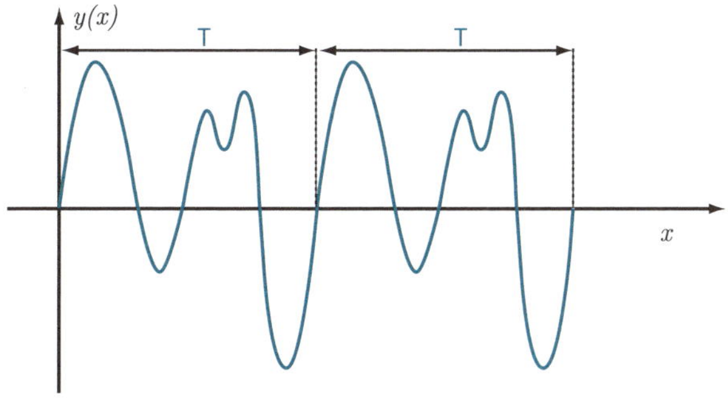

Exemple

Les fonctions trigonométriques définies par $f(x) = \sin x$ et $g(x) = \cos x$ sont des fonctions périodiques de période 2π.

9. Fonction composée

Soient deux fonctions : f définie sur E ($E \subset \mathbb{R}$) et à valeurs dans F ($F \subset E$) et g définie sur F à valeurs dans G.

La fonction $h = g \circ f$ définie par : $h(x) = g \circ f(x) = g(f(x))$ est la **fonction composée** de g et de f.

Le réel x admettra une image par la fonction $f \circ g$ si, et seulement si, $g(x)$ est élément de $\mathcal{D}_f$.

En général $f \circ g \neq g \circ f$.

Exemple

Soient $f(x) = \sqrt{x}$ et $g(x) = \dfrac{x+1}{x-1}$.

L'ensemble de définition de la fonction f est $\mathcal{D}_f = \mathbb{R}_+$ et celui de g est $\mathcal{D}_g =]-\infty, 1[\cup]1, +\infty[$.

La fonction $f \circ g$ est définie si $x \neq 1$ et $\dfrac{x+1}{x-1} \geqslant 0$.

Donc $\mathcal{D}_{f \circ g} =]-\infty, -1[\cup]1, +\infty[$.

Pour tout $x \in \mathcal{D}_{f \circ g}$, on a :

$$f \circ g(x) = \sqrt{\frac{x+1}{x-1}}$$

La fonction $g \circ f$ est définie si $x \geqslant 0$ et $\sqrt{x} \neq 1$.

Donc $\mathcal{D}_{g \circ f} =]-\infty, 1[\cup]1, +\infty[$.

Pour tout $x \in \mathcal{D}_{g \circ f}$, on a :

$$g \circ f(x) = \frac{\sqrt{x}+1}{\sqrt{x}-1}$$

2 Limites de fonctions

Soit une fonction f définie sur un intervalle I ($I \subset \mathbb{R}$) telle que $y = f(x)$.

a. Limite d'une fonction en un réel x_0

Soit l un réel, $l \in \mathbb{R}$. La fonction f a pour limite le réel l lorsque $x \to x_0$ si, et seulement si :

$$\forall \varepsilon > 0,\ \exists \delta > 0 \text{ tel que } |f(x) - l| \leq \varepsilon \text{ quand } 0 < |x - x_0| < \delta$$

On écrit :

$$\lim_{x \to x_0} f(x) = l \tag{2}$$

Si $\lim\limits_{x \to x_0 -} f(x) = l_1$ et $\lim\limits_{x \to x_0 +} f(x) = l_2$ alors l_1 et l_2 sont respectivement les limites à droite et à gauche de $f(x)$ en x_0.

b. Limites à l'infini

- Si $\forall \varepsilon > 0, \exists N > 0$ tel que $|f(x) - l| \leq \varepsilon$ pour $x > N$, alors :

$$\lim_{x \to +\infty} f(x) = l \tag{3}$$

- Si $\forall \varepsilon > 0, \exists N > 0$ tel que $|f(x) - l| \leq \varepsilon$ pour $x < -N$, alors :

$$\lim_{x \to -\infty} f(x) = l \tag{4}$$

c. Limites infinies

- Si $x \to x_0$ et f est croissante ou décroissante sans rester bornée, alors :

$$\lim_{x \to x_0} f(x) = +\infty \text{ ou } \lim_{x \to x_0} f(x) = -\infty$$

De façon formelle si $\forall M > 0, \exists \delta > 0$ tel que $f(x) > M$ et pour tout x tel que $0 < |x - x_0| < \delta$, alors :

$$\lim_{x \to x_0} f(x) = +\infty \tag{5}$$

- Si $\forall M > 0, \exists \delta > 0$ tel que $f(x) < -M$ et pour tout x tel que $0 < |x - x_0| < \delta$, alors :

$$\lim_{x \to x_0} f(x) = -\infty \tag{6}$$

Propriétés

- $\lim\limits_{x\to+\infty} x^n = +\infty$ pour tout entier naturel $n \neq 0$.
- $\lim\limits_{x\to-\infty} x^n = +\infty$ pour $n \in \mathbb{N}^*$ si n est pair et $\lim\limits_{x\to-\infty} x^n = -\infty$ pour $n \in \mathbb{N}^*$ *si* n est impair.
- $\lim\limits_{x\to+\infty} \dfrac{1}{x^n} = 0$; $\lim\limits_{x\to-\infty} \dfrac{1}{x^n} = 0$ pour $n \in \mathbb{N}^*$.
- Si $\lim\limits_{x\to x_0} f(x) = 0$, alors : $\lim\limits_{\substack{x\to x_0 \\ x<x_0}} \dfrac{1}{|f(x)|} = +\infty$ et $\lim\limits_{\substack{x\to x_0 \\ x>x_0}} \dfrac{1}{|f(x)|} = +\infty$.

Exemple

$$\lim_{x\to 1}\frac{1}{(x-1)^2} = +\infty \text{ et } \lim_{x\to 0} -\frac{1}{x^2} = -\infty$$

- La limite à l'infini d'une fonction polynôme est la même que celle de son monôme de plus haut degré.

Exemple

$$\lim_{x\to+\infty} 3x^3 - 2x^2 - 5 = \lim_{x\to+\infty} 3x^3 = +\infty$$

- La limite à l'infini d'une fonction rationnelle est la même que celle du quotient des monômes de plus haut degré de son numérateur et de son dénominateur.

Exemple

$$\lim_{x\to+\infty} \frac{3x^2-1}{2x+5} = \lim_{x\to+\infty} \frac{3x^2}{2x} = \lim_{x\to+\infty} \frac{3x}{2} = +\infty$$

d. Théorèmes sur les limites

Si $\lim\limits_{x\to x_0} f(x) = \alpha$ et $\lim\limits_{x\to x_0} g(x) = \beta$, alors :

$$\lim_{x\to x_0} (f(x)+g(x)) = \lim_{x\to x_0} f(x) + \lim_{x\to x_0} g(x) = \alpha+\beta$$

$$\lim_{x\to x_0} (f(x)-g(x)) = \lim_{x\to x_0} f(x) - \lim_{x\to x_0} g(x) = \alpha-\beta$$

$$\lim_{x\to x_0} (f(x)\times g(x)) = \lim_{x\to x_0} f(x) \times \lim_{x\to x_0} g(x) = \alpha\times\beta$$

$$\lim_{x\to x_0} \frac{f(x)}{g(x)} = \frac{\lim\limits_{x\to x_0} f(x)}{\lim\limits_{x\to x_0} g(x)} = \frac{\alpha}{\beta}, \text{ si } \beta \neq 0$$

Exemples

- Soient f et g deux fonctions définies par :

$$f(x)=x^2+x \text{ et } g(x)=\frac{1}{x}\ (x\neq 0)$$

On a $\lim\limits_{x\to+\infty} f(x)=+\infty$ et $\lim\limits_{x\to+\infty} g(x)=0$, donc : $\lim\limits_{x\to+\infty} (f(x)+g(x))=+\infty$

- Soient f et g deux fonctions définies par :

$$f(x)=x^2+x+\frac{1}{x} \qquad (x\neq 0) \text{ et } g(x)=-x$$

On a $\lim\limits_{x\to+\infty} f(x)=+\infty$ et $\lim\limits_{x\to+\infty} g(x)=-\infty$.

Au voisinage de l'infini $f+g$ est de la forme indéterminée.

On étudie le problème : $f(x)+g(x)=x^2+x+\frac{1}{x}-x=x^2+\frac{1}{x}$

Et par suite : $\lim\limits_{x\to+\infty} (f(x)+g(x)=+\infty$

- Soient f et g deux fonctions définies par :

$$f(x)=x^2+x+\frac{1}{x}\ (x\neq 0) \text{ et } g(x)=-x^2-x+3$$

On a $\lim\limits_{x\to+\infty} f(x)=+\infty$ et $\lim\limits_{x\to+\infty} g(x)=-\infty$.

Au voisinage de l'infini $f+g$ est de la forme indéterminée.

On étudie le problème :

$$f(x)+g(x)=x^2+x+\frac{1}{x}+\left(-x^2-x+3\right)=\frac{1}{x}+3$$

Et par suite : $\lim\limits_{x\to+\infty} (f(x)+g(x)=3$

- Soient f et g deux fonctions définies par :

$$f(x)=x^2\ (x\neq 0) \text{ et } g(x)=x$$

On a $\lim\limits_{x\to+\infty} f(x)=+\infty$ et $\lim\limits_{x\to+\infty} g(x)=+\infty$.

Au voisinage de l'infini $\frac{f}{g}$ est de la forme indéterminée.

On étudie le problème :

$$\frac{f(x)}{g(x)}=x$$

Et par suite :

$$\lim_{x\to+\infty} \frac{f(x)}{g(x)} = +\infty$$

De même :

$$\frac{g(x)}{f(x)} = \frac{1}{x}$$

$$\lim_{x\to+\infty} \frac{g(x)}{f(x)} = 0$$

3 Asymptotes

- Si $\lim_{x\to a} |f(x)| = +\infty$, alors la droite d'équation $x = a$ est asymptote à la courbe C_f représentative de la fonction f.

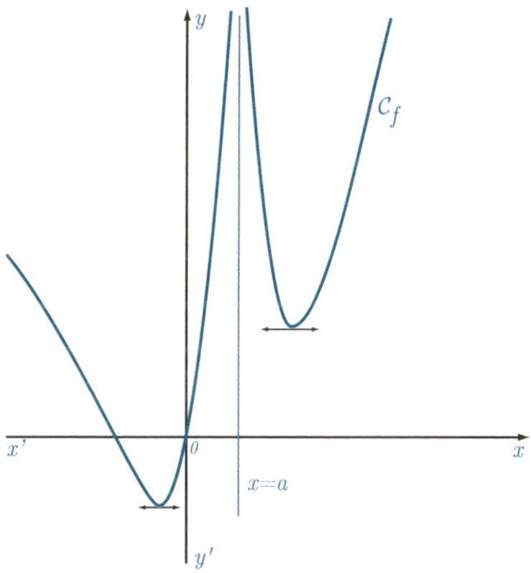

La droite d'équation $\boldsymbol{x = a}$ est asymptote à la courbe $\boldsymbol{C_f}$.

- Soient f et g deux fonctions réelles.

Si $f(x) = a + g(x)$ avec : $\lim_{x\to-\infty} g(x) = 0$ *et* $\lim_{x\to+\infty} g(x) = 0$

alors : $\lim_{x\to-\infty} f(x) = \lim_{x\to+\infty} f(x) = a$

Ainsi, la droite d'équation $y = a$ est une asymptote à la courbe C_f représentative de la fonction f.

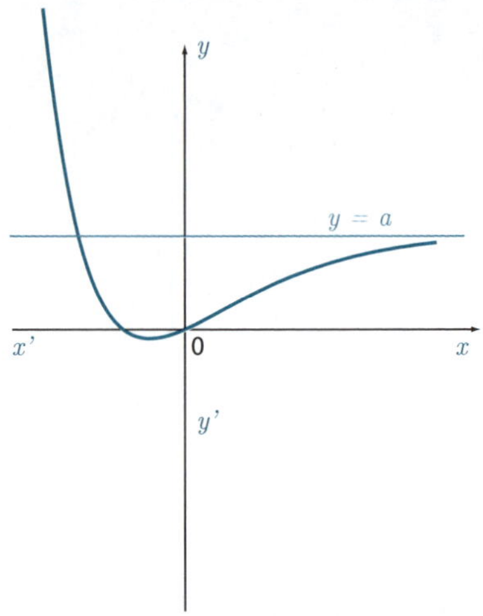

La droite d'équation $\boldsymbol{y = a}$ est asymptote à la courbe $\boldsymbol{C_f}$ en $+\infty$.

Exemple

Soit f la fonction définie sur $\mathbb{R}$ par : $f(x) = 2xe^{1-x}$

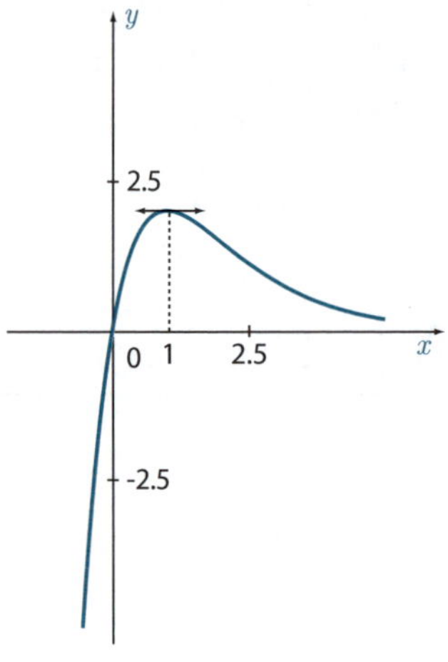

La droite d'équation $y = 0$ est asymptote à la courbe C_f.

En effet : $\lim\limits_{x \to \pm\infty} 2xe^{1-x} = 0$

- Soient f et g deux fonctions réelles.

Si $f(x) = ax + b + g(x)$

avec : $\lim\limits_{x \to -\infty} g(x) = 0$ *et* $\lim\limits_{x \to +\infty} g(x) = 0$

alors la droite d'équation $y = ax + b$ est asymptote à la courbe C_f représentative de la fonction f.

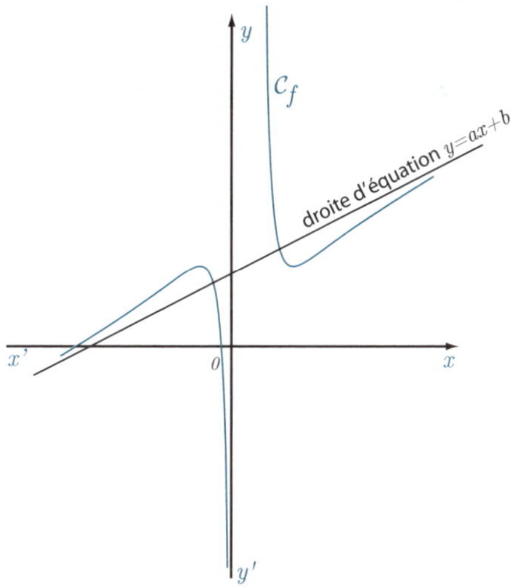

La droite d'équation $\boldsymbol{y = ax + b}$ est asymptote à la courbe $\boldsymbol{C_f}$.

Exemple

Soit f la fonction définie sur $\mathbb{R}^*$, par $f(x) = \dfrac{(x^2-1)^2}{x^3}$

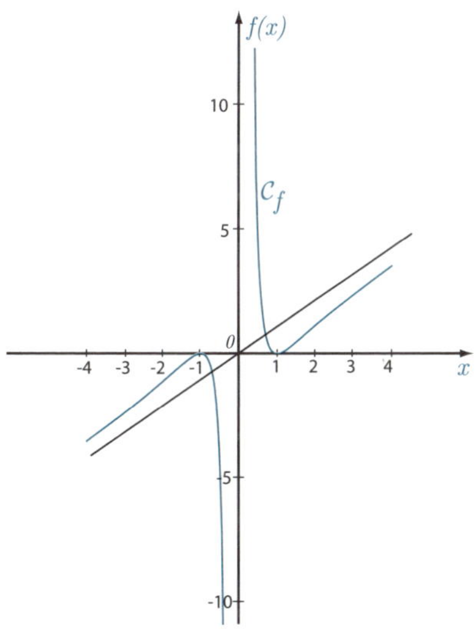

La droite d'équation $y = x$ est asymptote à la courbe C_f.

En effet : $f(x) = \dfrac{(x^2-1)^2}{x^3} = x + \dfrac{1-2x^2}{x^3}$

Avec $\lim\limits_{x \to \pm\infty} \dfrac{1-2x^2}{x^3} = 0$

3

Cours
Dérivées - Primitives

1 Dérivées

a. L'aspect géométrique

Corde à une courbe

Soit f une fonction de la variable x définie sur un intervalle $I = [a,b]$ telle que $y = f(x)$.

À tous nombres x_0 et x_1 appartenant à l'ensemble de définition de la fonction f, on peut associer la droite (Δ) qui joint les points M_0 et M_1 d'abscisses respectives x_0 et x_1. La droite (Δ) représente la corde au graphe $\mathcal{C}_f$ de la fonction f.

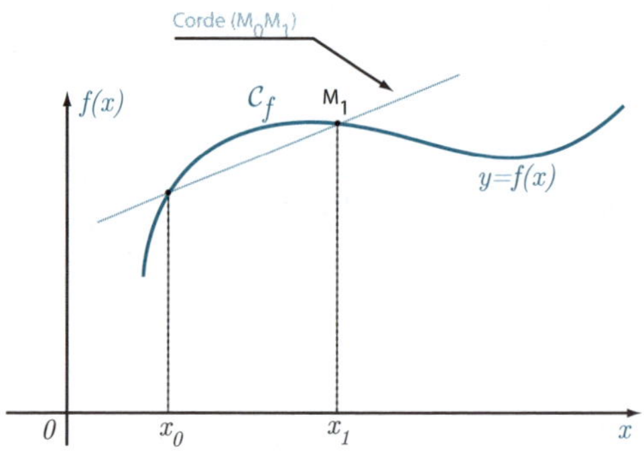

Tangente à une courbe

La **tangente** à la courbe $\mathcal{C}_f$ de la fonction f au point M_0 d'abscisse x_0 représente la droite limite, lorsqu'elle existe, de la corde (Δ) quand x_1 tend vers x_0.

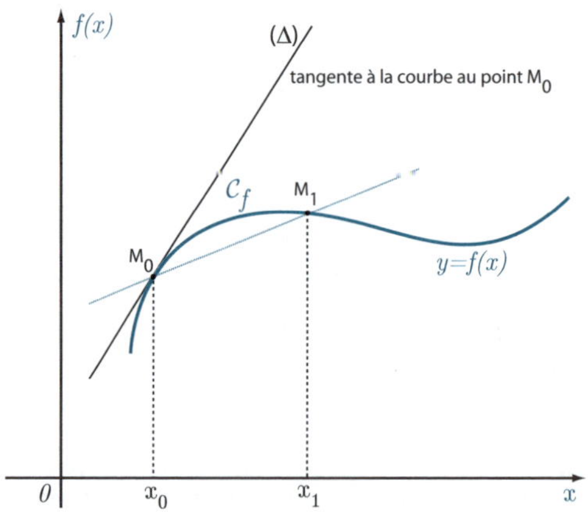

On appelle **dérivée** de la fonction f en x_0, la pente de la tangente au graphe $\mathcal{C}_f$, lorsque cette tangente existe, au point M_0 d'abscisse x_0.

On note par $f'(x_0)$ la pente de cette tangente.

b. L'aspect analytique

Définition

Soit f une fonction définie en un point x_0 d'un intervalle $[a,b]$.
La **dérivée** de la fonction f en $x = x_0$ est la limite, si elle existe, de $\frac{f(x)-f(x_0)}{x-x_0}$ lorsque x tend vers x_0, soit :

$$f'(x_0)=\lim_{h\to 0}\frac{f(x_0+h)-f(x_0)}{h} \quad \text{avec} \quad h=x-x_0 \qquad (1)$$

On dit qu'une fonction est dérivable au point $x = x_0$, si $f'(x_0)$ existe.

Si f est dérivable en x_0 alors f est continue en ce point, c'est-à-dire $f(x_0+h)-f(x_0)$ tend vers zéro quand h tend vers zéro. Cependant, la réciproque n'est pas vraie.

Remarque

Un développement limité d'ordre 1 de la fonction f en x_0 s'écrit :

$$\forall h\in I, f(x_0+h)=f(x_0)+h\cdot f'(x_0)+h\cdot\varepsilon(h) \quad \text{avec} \quad \lim_{h\to 0}\varepsilon(h)=0$$

La relation précédente permet d'écrire l'approximation :

$$f(x_0+h)\simeq f(x_0)+h\cdot f'(x_0) \qquad (2)$$

Interprétation géométrique du nombre dérivé de f en x_0

• Si f est dérivable en x_0, alors le graphe $\mathcal{C}_f$ de la fonction f admet au point $M_0(x_0, f(x_0))$ une tangente non parallèle à l'axe des ordonnées de coefficient directeur $f'(x_0)$.

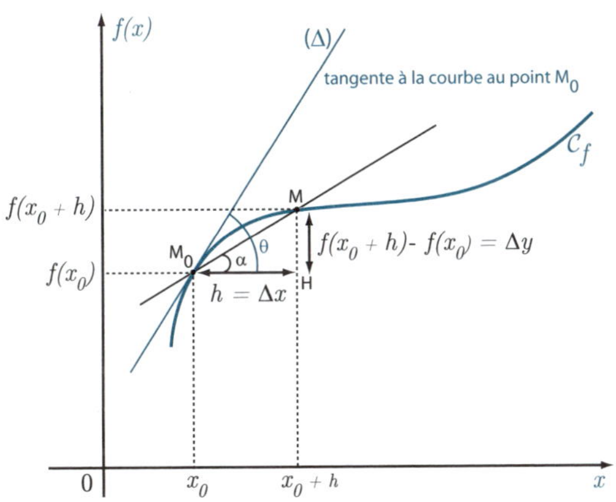

La pente de la droite M_0M s'écrit : $\tan\alpha = \frac{MH}{M_0H} = \frac{f(x_0+h)-f(x_0)}{h}$

Quand $h \to 0$, la droite (M_0M) tend vers la tangente (Δ) à la courbe $\mathcal{C}_f$, au point M_0 et par suite :

$$\lim_{h\to 0} \frac{f(x_0+h)-f(x_0)}{h} = f'(x_0) = \tan\theta$$

La pente de la tangente à la courbe au point M_0 est égale au nombre dérivé $f'(x_0)$.

L'équation de la tangente à la courbe $\mathcal{C}_f$ au point M_0 d'abscisse x_0 s'écrit :

$$y - f(x_0) = f'(x_0)(x - x_0) \qquad (3)$$

Exemple

La figure ci dessous représente le cas d'une fonction continue en un point x_0 et non dérivable en ce point.

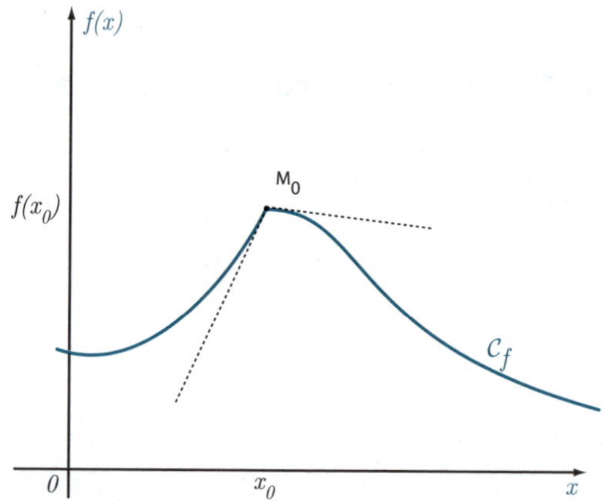

Au point M_0 d'abscisse x_0 existent deux demi-tangentes de pentes respectives $f'_-(x_0)$ et $f'_+(x_0)$.

c. Exemple d'application de la courbe dérivée

Au cours du dosage d'un acide fort (l'acide chlorhydrique) par une base forte (la soude), la courbe donnant l'évolution du pH en fonction du volume de soude versée, $pH = f(v_B)$, est une fonction croissante et présente un point singulier pour un volume versé voisin de 20 mL autour duquel le pH croît très rapidement pour de faibles ajouts de solution de soude.

Étude de la courbe donnant les variations du taux de variation du pH en fonction du volume v_B :

$$g(v_B) = \frac{dpH}{dv_B}$$

La courbe $\dfrac{dpH}{dv_B} = g(v_B)$ fait apparaître un pic dont l'abscisse est celle du point d'inflexion E de la courbe de titrage. En effet, le point d'inflexion correspond à un extremum du coefficient directeur de la tangente à la courbe $pH = f(v_B)$ (figure ci-dessous).

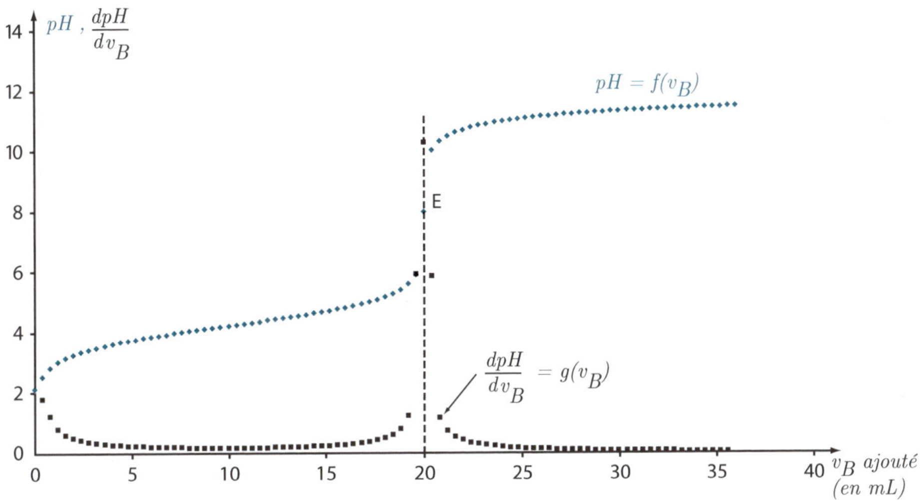

d. Opérations sur les dérivées

Fonction	Dérivée
$f+g$	$f'+g'$
$k\cdot f$	$k\cdot f'$
$f\cdot g$	$f'\cdot g+f\cdot g'$
$\dfrac{1}{f}$	$-\dfrac{f'}{f^2}$
$\dfrac{f}{g}$	$\dfrac{f'\cdot g-f\cdot g'}{g^2}$
$g\circ f$	$(g'\circ f)\cdot f'$
u^α	$\alpha u'\cdot u^{\alpha-1}$

e. Dérivées des fonctions usuelles

$f(x)$	$f'(x)$
$k=cste$	0
x	1

$f(x)$	$f'(x)$
$x^n\left(n \in \mathbb{N}^*\right)$	nx^{n-1}
$\frac{1}{x}$	$-\frac{1}{x^2}$
$\frac{ax+b}{cx+d}$; $(cx+d \neq 0)$	$\frac{ad-bc}{(cx+d)^2}$
$\sqrt{x}$	$\frac{1}{2\sqrt{x}}$
$\sin(ax+b)$	$a\cos(ax+b)$
$\cos(ax+b)$	$-a\sin(ax+b)$
$\tan x$	$\frac{1}{\cos^2 x} = 1+\tan^2 x$
$\ln(u(x))$	$\frac{u'(x)}{u(x)}$
$e^{u(x)}$	$u'(x)e^{u(x)}$

2 Primitive d'une fonction réelle

a. Primitives

Définition

I désigne un intervalle quelconque de $\mathbb{R}$.

Soient f et F deux fonctions numériques définies sur un même intervalle I de $\mathbb{R}$ sur lequel F est dérivable. On dit que F est une **primitive** de f sur I si :

$$\text{pour tout élément } x \text{ de } I, F'(x) = f(x)$$

Condition nécessaire et suffisante d'existence d'une primitive

- Toute fonction f définie et continue sur un intervalle I admet une primitive sur I.
- Si F est une primitive de f alors, quel que soit le réel k, la fonction $G = F + cste$ est aussi une primitive de f sur I.
- Réciproquement, deux primitives de f diffèrent d'une constante. On dit encore qu'une primitive est définie à une constante près.
- Si F et G sont des primitives respectives sur I de f et de g, alors quels que soient les réels α et β, $\alpha F + \beta G$ est une primitive de $\alpha f + \beta g$ sur I.
- On note $f(x)dx = F(x) + cste$: on la nomme aussi « intégrale indéfinie ».
- $\int f(x)dx$ représente l'ensemble des primitives de la fonction f.

Exemple

Soit à déterminer une primitive de la fonction f définie par : $f(x) = \cos x$;$I = \mathbb{R}$

On cherche la fonction F telle que pour tout x élément de $\mathbb{R}$, on a : $F'(x) = f(x)$

Pour $F(x) = \sin x$, $F'(x) = \cos x$.

Donc une primitive de $f(x) = \cos x$ est la fonction $F(x) = \sin x$.

Ainsi, les primitives de la fonction $f(x) = \cos x$ sont telles que :

$$x \mapsto \sin x + k \ ; k = cste$$

b. Primitives usuelles

Le tableau ci-dessous donne les primitives des fonctions usuelles que vous pourrez rencontrer au concours d'accès des techniciens de police technique et scientifique de la police nationale.

$f(x)$	$\int f(x).dx$	$f(x)$	$\int f(x).dx$
$\mathbf{0}$	C (constante)	$sinax$	$-\frac{1}{a}\cos(ax)+C$
$\boldsymbol{cste = a}$	$ax+C$	$\cos ax$	$\frac{1}{a}\sin(ax)+C$
$\boldsymbol{x^n}$ $\mathbf{(}\boldsymbol{n \neq 0}\mathbf{)}$	$\frac{x^{n+1}}{n+1}+C$	$\frac{1}{\cos^2 x}$	$\tan x+C$
$\boldsymbol{x^{-1} = \frac{1}{x}}$	$\ln\lvert x\rvert+C$	$\frac{1}{\sin^2 x}$	$-\cot x = -\frac{1}{\tan x}+C$
$\ln \boldsymbol{x}$	$x(\ln x-1)+C$	$\frac{1}{\sqrt{1-x^2}}$	$\arcsin x+C$
$\boldsymbol{e^{kx}}$ $\mathbf{(}\boldsymbol{k \neq 0}\mathbf{)}$	$\frac{1}{k}e^{kx}+C$	$\frac{1}{1+x^2}$	$\arctan x+C$

4 Cours
Fonction logarithme

1 Fonction logarithme népérien

a. Définition

La fonction ln est définie, continue et dérivable sur $\mathbb{R}_+^*$ avec $\mathbb{R}_+^* =]0, +\infty[$.

Pour tout élément x de $\mathbb{R}_+^*$, on a : $(\ln x)' = \frac{1}{x}$

La fonction ln est strictement croissante sur $\mathbb{R}_+^*$ (Fig. 1).

De plus : $\ln 1 = 0$ et :

- si $0 < x < 1$, alors $\ln x < 0$;
- si $x > 1$, alors $\ln x > 0$.

b. Variation et graphe de la fonction logarithme népérien

La fonction logarithme népérien est définie pour $x > 0$. Elle est continue et dérivable sur $\mathbb{R}_+^*$.

Limites

- $\lim\limits_{x \to 0^+} \ln x = -\infty$
- $\lim\limits_{x \to +\infty} \ln x = +\infty$

Autres limites à connaître :

- $\lim\limits_{x \to 0^+} \frac{\ln(x+1)}{x} = +1$: cette limite représente le nombre dérivé en $x = 1$ de la fonction logarithme népérien.
- $\lim\limits_{x \to +\infty} \frac{\ln x}{x} = 0$.

D'où le tableau de variations suivant :

x	0			1	e		$+\infty$
Signe de $f'(x) = \frac{1}{x}$	||		+	1	$\frac{1}{e}$	+	
$f(x) = \ln x$	||	$-\infty$	↗	0	1	↗	$+\infty$

Propriété

La fonction logarithme népérien est strictement croissante sur l'intervalle]0, +∞[.

Conséquences du sens de variation

Quels que soient les réels a et b strictement positifs :

- $\ln a = \ln b \quad \Leftrightarrow \quad a = b$
- $\ln a < \ln b \quad \Leftrightarrow \quad a < b$

Quel que soit le réel x strictement positif :

- $\ln x > 0 \quad \Leftrightarrow \quad x > 1$
- $\ln x < 0 \quad \Leftrightarrow \quad 0 < x < 1$

Graphe de la fonction

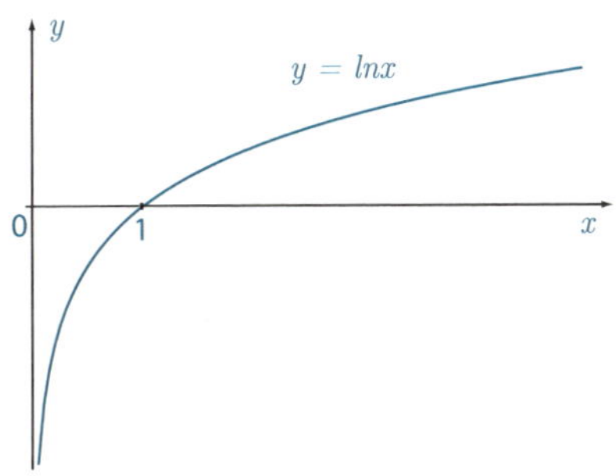

Remarques

La concavité du graphe sera toujours tournée vers les y négatifs car $y = f(x) = -\frac{1}{x^2} < 0$, $\forall x \in \mathbb{R}_+^*$.

Comme $\lim\limits_{x \to 0^+} \ln x = -\infty$, alors la droite d'équation $x = 0$ est une asymptote à la courbe.

2 Propriétés de la fonction logarithme népérien

Propriétés algébriques

Quels que soient les réels strictement positifs a et b et pour tout élément $n \in \mathbb{Z}$:

- $\ln(a \times b) = \ln a + \ln b$
- $\ln \frac{1}{b} = -\ln b$
- $\ln\left(\frac{a}{b}\right) = \ln a - \ln b$
- $\ln \sqrt{a} = \frac{1}{2} \ln a$
- $\ln(a^n) = n \ln a$

3 Autres fonctions logarithmiques

Soit a un réel strictement positif et différent de 1. On appelle logarithme de base a, la fonction définie sur $\mathbb{R}_+^*$ par :

$$y = \log_a x = \frac{\ln x}{\ln a}$$

Le logarithme népérien correspond au logarithme de base e : $\ln x = \log_e x$.

Le logarithme décimal correspond au logarithme de base 10 : $\log_{10} x = \log x$.

Propriétés

$$\log(10) = 1$$

Quels que soient les réels strictement positifs a et b et pour tout élément $n \in \mathbb{Z}$:

$$\log(a \times b) = \log a + \log b$$

$$\log\left(\frac{a}{b}\right) = \log a - \log b$$

$$\log(a^n) = n\log a$$

$$\log(10^n) = n$$

La numération décimale a fait jouer un rôle important au logarithme décimal. De même, il est très utilisé en physique et en chimie.

Exemples

- En chimie, pour le pH : $pH = -\log\frac{[H_3O^+]}{C^0}$.
- En physique, pour le niveau sonore : $L = 10 \times \log\left(\frac{I}{I_0}\right)$.

Fonctions exponentielles

1 Fonction puissance

Elle est de la forme : $y = f(x) = x^m$; m est un nombre réel.

- Si m est un entier positif, la fonction f est définie en tout point de $\mathbb{R} =]-\infty, +\infty[$

Exemples

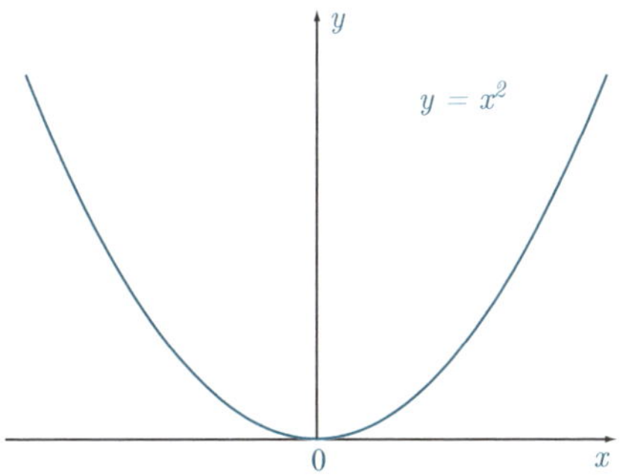

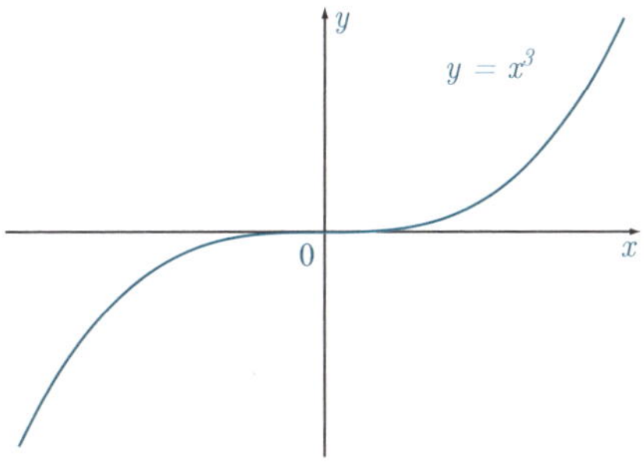

- Si m est un entier négatif, la fonction f est définie en tout point de $\mathbb{R}^* =]-\infty, 0[\cup]0, +\infty[$.

Exemples

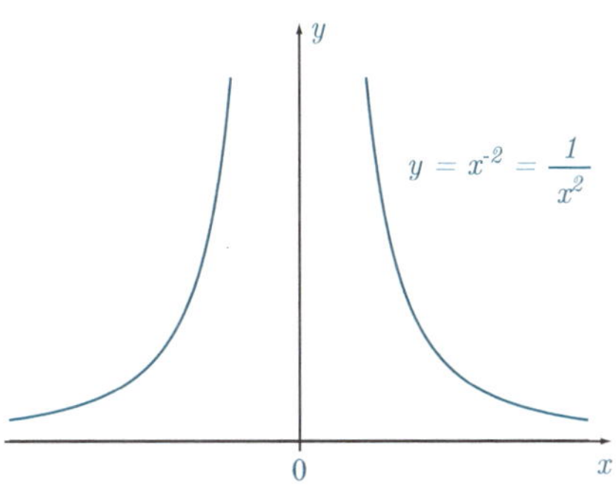

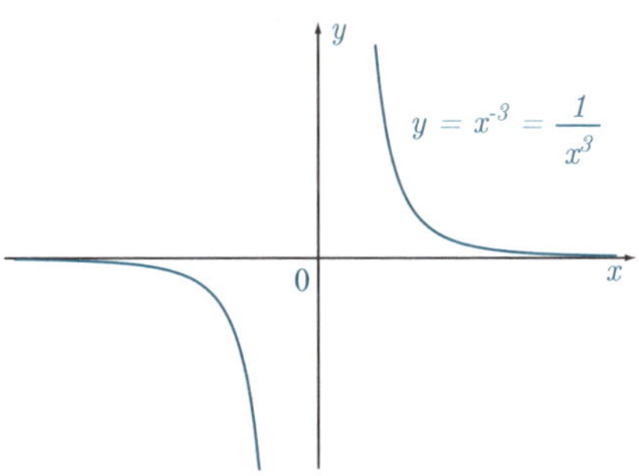

- Si m est un nombre rationnel fractionnaire.

Exemples

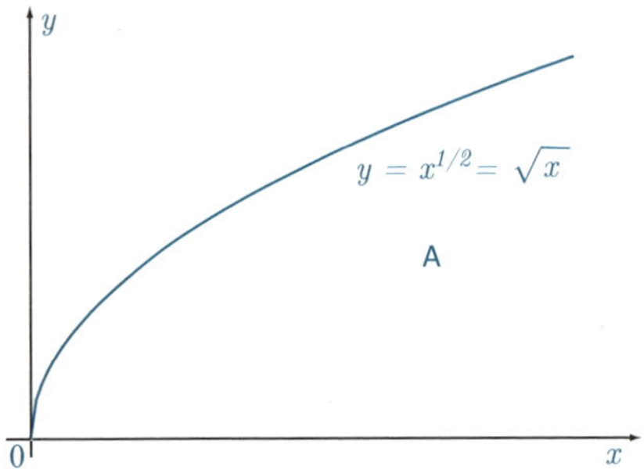

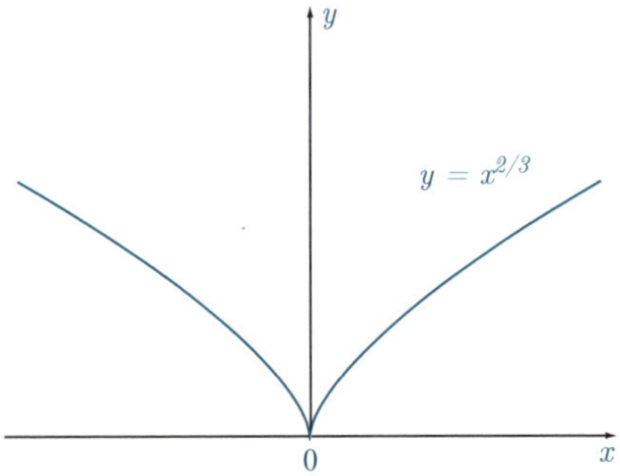

2 Fonction exponentielle

Elle est de la forme : $y = f(x) = a^x, \quad a > 0$

La fonction $y = a^x$ est appelée **exponentielle de base *a*** et elle est définie pour tout $x \in \mathbb{R}$.

Si $a = e$, on obtient la fonction exponentielle de base e définie par :

$$x \mapsto \exp(x) = e^x ; x \in \mathbb{R}$$

- Elle est continue sur $\mathbb{R}$ à valeurs dans $\mathbb{R}_+^*$.
- Elle est strictement croissante sur $\mathbb{R}$.
- Pour tout réel x, $y = e^x$ équivaut à $x = \ln y$.
- Limites :

$$\lim_{x \to -\infty} e^x = 0^+$$

$$\lim_{x \to +\infty} e^x = +\infty$$

- Autres limites à connaître :

$$\lim_{x \to +\infty} \frac{e^x}{x} = +\infty$$

$$\lim_{x \to -\infty} x\, e^x = 0$$

$$\lim_{x \to 0} \frac{e^x - 1}{x} = +1$$

$$\lim_{x \to +\infty} \frac{e^x}{x^n} = +\infty, \forall n \in \mathbb{N}$$

D'où le tableau de variations

x	$-\infty$		0	1		$+\infty$
$f'(x) = e^x$	0	+	1	e	+	
$f(x) = e^x$	0	↗	1	e	↗	$+\infty$

Le graphe de la fonction $x \mapsto \exp x = e^x$; $x \in \mathbb{R}$, est représenté ci-après :

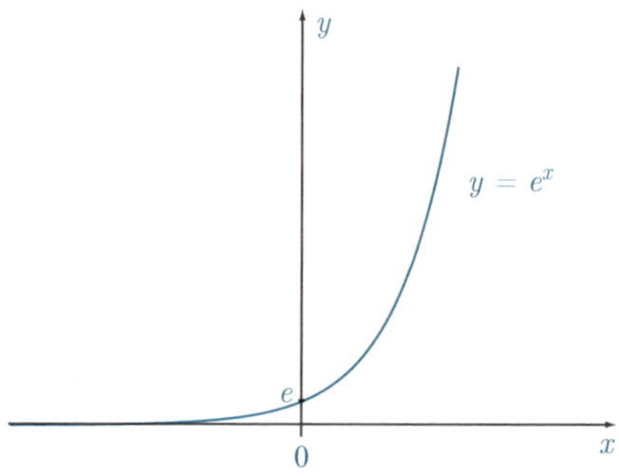

Si $a = 10$, on obtient la fonction puissance de base 10 définie par :

$$x \mapsto y = 10^x;\ x \in \mathbb{R}$$

D'où le tableau de variations

x	$-\infty$		0	1		$+\infty$
$f'(x) = \ln 10 \times 10^x$	0	+	+	+	+	
$f(x) = 10^x$	0	↗	1	10	↗	$+\infty$

Le graphe de la fonction $x \mapsto y = 10^x$; $x \in \mathbb{R}$, est représenté ci-après :

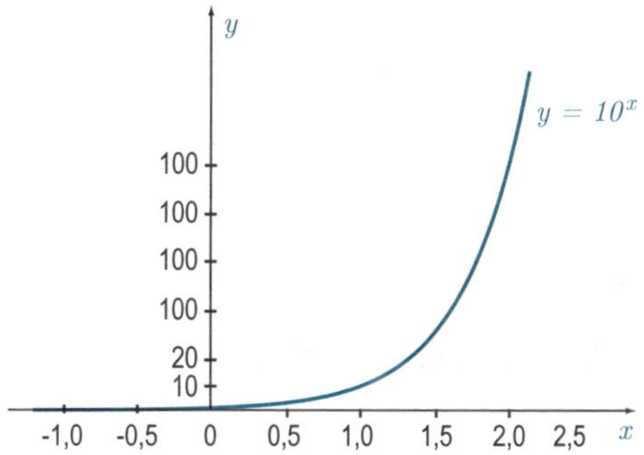

À noter

$10^x = e^{x \times \ln 10}$ et $(10^x)' = \ln 10 \times 10^x$

3 Étude de la fonction puissance

Soit f la fonction puissance d'exposant m définie de $]0, +\infty[$ sur $\mathbb{R}$:

$$y = f(x) = x^m \text{ ; } m \text{ est un nombre réel}$$

$$x^m = e^{m\ln x}$$

- Elle est continue sur $]0, +\infty[$ à valeurs dans $\mathbb{R}_+^*$.
- Elle est strictement croissante et dérivable sur $\mathbb{R}_+^*$.

Dérivée

Comme $f(x) = x^m$, alors $f'(x) = mx^{m-1}$

Primitive

Soit m un réel différent de -1.

Une primitive de $f(x) = x^m$ sur $]0, +\infty[$ est $F(x) = \dfrac{x^{m+1}}{m+1}$

D'où le tableau de variations :

x	$-\infty$		0	1		$+\infty$
$f'(x) = mx^{m-1}$	0	+	1	m	+	
$f(x) = x^m$	0	↗	1	1	↗	$+\infty$

4 Propriétés fondamentales de la fonction exponentielle

Quels que soient les réels a et b et pour tout élément $m \in \mathbb{Q}$:

$$\exp(a+b) = \exp a \times \exp b$$

$$\exp(-a) = \frac{1}{\exp a}$$

$$\exp(a-b) = \frac{\exp a}{\exp b}$$

$$\exp(ma) = (\exp a)^m$$

5 Passage d'une base à une autre

Soit la fonction définie par : $y = a^x, a > 0$

Le but est de trouver le réel α tel que : $y = b^{\alpha x}$

En prenant les logarithmes népériens, il vient : $\ln y = \ln(a^x)$ *et* $\ln y = \ln(b^{\alpha x})$ soient :

$$\ln y = x\ln(a) \; et \; \ln y = \alpha x \ln(\mathrm{b})$$

d'où :

$$\ln a = \alpha \ln b \text{ , soit } \alpha = \frac{\ln a}{\ln b}$$

ainsi :

$$a^x = b^{x\frac{\ln a}{\ln b}} = b^{x\log_b a}$$

et pour $b = e$, il vient :

$$\boldsymbol{a^x = e^{x \ln a}}$$

Exercice d'application

Si $X = \ln x$ et $Y = \ln y$ avec $Y = aX + b$, déterminer une relation entre y et x.

Corrigé

Comme $Y = \ln y$ et $X = \ln x$ alors $\ln y = a\ln x + b = \ln x^a + b$.

$$\ln y = a\ln x + b = \ln x^a + b$$

En remplaçant b par $\ln e^b$, il vient :

$$\ln y = \ln x^a + \ln e^b = \ln(x^a e^b)$$

Et par suite :

$$y = e^b x^a$$

6 Cours
Intégrales

1 Définition

Soit $I = [a, b]$, un intervalle fermé borné de $\mathbb{R}$. Si f est continue sur I et si F est une primitive de f sur I, alors le nombre $F(b) - F(a)$ ne dépend pas du choix de F : on l'appelle intégrale (définie) de f sur $I = [a, b]$.

On note : $\int_a^b f(x)dx = [F(x)]_a^b = F(b) - F(a)$

Remarques

- Le symbole $\int_a^b f(x)dx$ se lit « somme de a à b de $f(x)dx$ ».
- On montre que ce réel représente l'aire algébrique comprise entre la courbe $\mathcal{C}_f$, l'axe des abscisses et les droites d'équations $x = a$ et $x = b$.

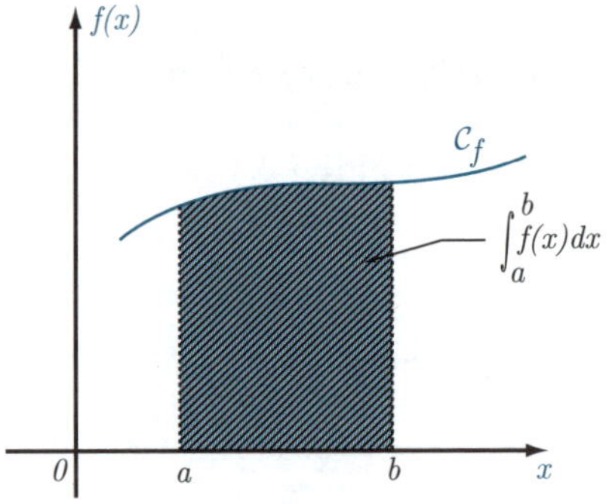

Conséquences

De la définition de l'intégrale, il en résulte que :

$\forall a \in \mathbb{R}, \forall b \in \mathbb{R}$, on a :

$$\int_a^b dx = [x]_a^b = b - a \;;\; \int_a^b xdx = \left[\frac{x^2}{2}\right]_a^b = \frac{1}{2}(b^2 - a^2)$$

$$\int_0^1 e^x dx = [e^x]_0^1 = e - 1 \;;\; \int_1^x \frac{1}{t}dt = [lnx]_1^x = lnx$$

2 Propriétés des intégrales définies

f et g sont des fonctions définies et continues sur un intervalle $I=[a, b]$.

$$\int_a^b f(x)dx = -\int_b^a f(x)dx$$

$$\int_a^a f(x)dx = 0$$

Linéarité de l'intégrale

Quels que soient les réels α et β,

$$\int_a^b [\alpha f(x)dx + \beta g(x)]dx = \alpha\int_a^b f(x)dx + \beta\int_a^b g(x)dx$$

Relation de Chasles

Quels que soient a, b et c éléments de I, on a :

$$\int_a^b f(x)dx = \int_a^c f(x)dx + \int_c^b f(x)dx$$

- Si f est positive sur I alors :

$$\int f(x).dx \geq 0$$

- Si $f \leq g$ alors :

$$\int_a^b f(x)dx \leq \int_a^b g(x)dx$$

$$\left|\int_a^b f(x)dx\right| \leq \int_a^b |f(x)|dx$$

3 Méthodes de calcul des intégrales

a. Intégration par parties

Soient u et v deux fonctions dérivables sur un intervalle $[a, b]$ et dont les dérivées u' et v' sont continues sur $[a, b]$.

De la règle de dérivation d'un produit, il résulte :

$$[u(x)v(x)]' = u(x)v'(x) + u'(x)v(x)$$

ou encore :

$$d(uv) = udv + vdu$$

La relation précédente permet de conclure que le produit uv est la somme d'une primitive uv' et d'une primitive $u'v$.

On a donc, sur $[a, b]$:

$$\int_a^b u(x)v'(x)dx = [u(x)v(x)]_a^b - \int_a^b u'(x)v(x)dx$$

b. Changement de variables

La méthode consiste à introduire une variable auxilaire, t par exemple, dont la variable x est une fonction élémentaire, soit :

$$x = u(t)$$

Ainsi :

$$dx = u'(t)dt$$

Par suite :

$$\int_a^b f(x)dx = \int_a^b f(u(t))u'(t)dt \text{ avec } f(u(t)) = f \circ u(t)$$

Exemple

Soit à calculer l'intégrale suivante :

$$A = \int_0^1 \frac{1}{1+x^2}dx$$

On procède au changement de variable suivant :

$$x = u(t) = \tan t$$

Comme $x = \tan t$, alors :

$$\left| \begin{array}{l} dx = \left(1+\tan^2 t\right)dt \\ \tan(0) = 0 \text{ et } \tan\left(\dfrac{\pi}{4}\right) = 1 \end{array} \right.$$

D'où :

$$A = \int_0^{\frac{\pi}{4}} \frac{1}{1+\tan^2 t} \cdot \left(1+\tan^2 t\right)dt = \int_0^{\frac{\pi}{4}} dt = [t]_0^{\frac{\pi}{4}} = \frac{\pi}{4}$$

7 Équations différentielles

1 Généralités

Les équations différentielles et leur résolution (ou intégration) interviennent dans de nombreux domaines des sciences. Elles gouvernent essentiellement des phénomènes complexes où des quantités variables évoluent dans le temps.

Soit à l'instant x un système décrit par une grandeur physique $y(x)$.

À $x+dx$, le système sera décrit par la grandeur $y(x+dx) = y(x)+dy$.

Soit f une fonction définie de $I \to \mathbb{R}$, I un intervalle ouvert de $\mathbb{R}$, telle que : $x \mapsto y = f(x)$ et f est n fois dérivable.

On appelle **équation différentielle** une relation du type :

$$\Phi(x, y\ , y', \cdots, y^{(n)}) = 0, \Phi : \Delta \subset \mathbb{R}^{n+2} \to \mathbb{R} \qquad (1)$$

Toute relation pouvant se ramener à la forme (1) porte le même nom.

Le problème qui consiste à trouver l'ensemble des solutions est appelé intégration ou résolution de l'équation différentielle.

Le graphique d'une solution quelconque de l'équation différentielle est appelé courbe intégrale.

Si y est une fonction de x, l'équation différentielle s'écrit sous la forme : $\Phi\left(y, \dfrac{dy}{dx}, \dfrac{d^2y}{dx^2}, \cdots, x\right) = 0$

Lorsque $f(x) = 0$, on dit que l'équation différentielle est sans second membre ou homogène.

Remarque

Dans ce chapitre, on ne traitera que les équations différentielles à coefficients constants, de la forme :

$$a_n \frac{d^n y}{dx^n} + \cdots + a_2 \frac{d^2 y}{dx^2} + a_1 \frac{dy}{dx} + a_0 y = f(x)$$

Où f est une fonction continue sur un intervalle.

2 Équations différentielles linéaires du premier ordre

a. Équations différentielles linéaires du premier ordre à coefficients constants sans second membre

Elles sont de la forme :

$$y' + by = 0 \; ; y = f(x) \text{ et } y' = \frac{dy}{dx} \tag{2}$$

On a alors immédiatement :

$$\frac{dy}{y} = -bdx$$

Et ont pour solution générale :

$$y = ke^{-bx}, k = cste, \text{ qui pourra être fixée par une condition initiale} \tag{3}$$

b. Équation différentielle linéaire du premier ordre à coefficients constants avec second membre

Elles sont de la forme :

$$a\frac{dy}{dx} + by = f(x) \text{ où } f(x) \text{ est une fonction de } x \tag{4}$$

Solution générale

On montre que la solution générale de l'équation est la somme de la solution générale de l'équation sans second membre et de la solution particulière, soit :

$$y(x) = y_0 + y_p \text{ avec } y_0 = k \cdot e^{-\frac{b}{a}x} \tag{5}$$

y_0 : solution générale de l'équation sans second membre

y_p : solution particulière

Remarque

Si $y_0(x)$ est solution générale de l'équation sans second membre :

$$ay_0' + by_0 = 0$$

Et y_p solution particulière de l'équation avec second membre :

$$ay_p' + by_p = f(x)$$

On voit que : $y(x) = y_0(x) + y_p(x)$ est solution générale de l'équation $ay' + by = f(x)$.

Physiquement, la solution $y_p(x)$ correspond au régime permanent de l'évolution de y et y_0 à celle du régime transitoire.

Recherche d'une solution particulière

On la cherche sous une forme simple.

- Si $f(x) = cste = A$, alors $y_p = \frac{A}{b}$.
- Si $g(x)$ est la forme $\alpha x + \beta$ alors $y_p = ux + v$.
- Si $g(x) = Ae^{nx}$ et si $n \neq \frac{-b}{a}$, on prendra $y_p = ke^{nx}$. Si $n = \frac{-b}{a}$, on prendra $y_p = kxe^{nx}$.

Étude de quelques exemples

Exemple 1

Soit à résoudre l'équation différentielle : $y' - y = x$

Attention

Ici, y est une fonction de x.

- Recherche de la solution générale de l'équation homogène $y' - y = 0$.

L'équation différentielle sans second membre est : $y' - y = 0$

soit :

$$\frac{dy}{dx} - y = 0 \text{ ou encore } \frac{dy}{y} = dx$$

d'où :

$$\int \frac{dy}{y} = \int dx \text{ soit } \ln|y| = x + cste$$

Et par suite : $y = ke^x$

La solution générale de l'équation sans second membre est : $y_0 = ke^x$

- Recherche d'une solution particulière.

Le second membre est un monôme du 1er degré, on prendra donc y_p sous la forme :

$$y_p = ax + b \text{ où } a \text{ et } b \text{ sont des constantes}$$

Comme $y_p = ax + b$, alors $y_p' = a$.

Remplaçons à présent y_p' et y_p par leurs expressions dans l'équation différentielle :

$$a - (ax + b) = x$$

Soit :

$$-ax + (a - b) = x$$

Cette égalité est vraie quel que soit x, si et seulement si :

$$\begin{cases} -a = 1 \\ \text{et} \\ a - b = 0 \end{cases}, \text{ soit } \begin{cases} a = -1 \\ \text{et} \\ b = -1 \end{cases}$$

La solution particulière s'écrit donc :

$$y_p = -x - 1$$

La solution générale de l'équation différentielle $y' - y = x$ est :

$$y = ke^x - x - 1$$

Exemple 2 (méthode de séparations des variables)

Soit à résoudre l'équation différentielle : $y'\sqrt{x} = 1$

Cette équation différentielle n'est pas une équation linéaire homogène.

Pour la résoudre, il suffit de séparer les variables puis d'intégrer.

Comme $y' = \dfrac{dy}{dx}$, alors :

$$\frac{dy}{dx}\sqrt{x} = 1$$

Soit, après séparation des variables :

$$dy = \frac{1}{\sqrt{x}}dx$$

Ainsi :

$$\int dy = \int \frac{1}{\sqrt{x}}dx = 2\int \frac{1}{2\sqrt{x}}dx$$

et par suite : $y = 2\sqrt{x} + cste$

8 Statistiques descriptives à 2 variables Problèmes d'ajustement

1 Ajustement linéaire. Méthode des moindres carrés

a. Ajustement linéaire graphique

La méthode d'ajustement linéaire comprend trois étapes :

- étape 1 : on construit les points figuratifs M_i de coordonnées (x_i, y_i);
- étape 2 : à l'aide d'une règle transparente, on trace la droite d'ajustement ;
- étape 3 : à partir du graphique, on détermine les paramètres a et b de la droite d'ajustement :

$$y = ax + b$$

Exemple

On considère les couples (x_i, y_i)

x	10	20	30	40	50	60
y	11	13	16	18	19	22

On construit les points figuratifs M_i de coordonnées (x_i, y_i)

À l'aide d'une règle transparente, on trace la droite d'ajustement.

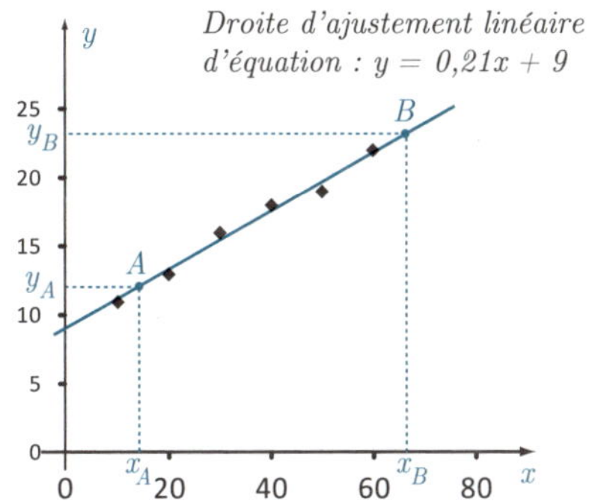

À partir du graphique, on détermine les paramètres a et b de la droite d'ajustement

$$y = ax + b.$$

Pour déterminer le coefficient directeur a, on choisit deux points A et B de coordonnées (x_A, y_A) et (x_B, y_B) :

$$a = \frac{y_B - y_A}{x_B - x_A}$$

Numériquement, on trouve $a = 0{,}21$.

b représente l'ordonnée à l'origine, donc l'intersection de la droite avec l'axe des ordonnées.

Graphiquement, on trouve $b = 9$.

b. Méthode des moindres carrés

L'allure du nuage de points peut nous suggérer un ajustement par une droite d'équation :

$$Y = aX + b \tag{1}$$

La méthode des moindres carrés consiste à choisir a et b de telle sorte que la somme

$$S = \sum_{i=1}^{p} n_i \cdot \left(y_i - \left(ax_i + b\right)\right)^2 \tag{2}$$

soit minimale.

S est la somme des carrés des écarts verticaux entre les points du nuage et la droite.

La droite ainsi obtenue est celle qui passe par le point moyen $M(\overline{x}, \overline{y})$ et dont la pente est :

$$a = \frac{\operatorname{cov}(X,Y)}{V(X)} = \frac{\operatorname{cov}(x,y)}{\sigma^2} \tag{3}$$

Elle est appelée **droite de régression linéaire** de y par rapport à x.

L'ajustement est d'autant plus précis que $|r|$ (ou dans la pratique r^2) est proche de 1.

La droite de régression linéaire de y en x a pour équation :

$$y - \overline{y} = a(x - \overline{x}) \quad \left| \begin{array}{l} a = \dfrac{\operatorname{cov}(x,y)}{\sigma^2} \\ b = \overline{y} - a\overline{x} \end{array} \right. \tag{4}$$

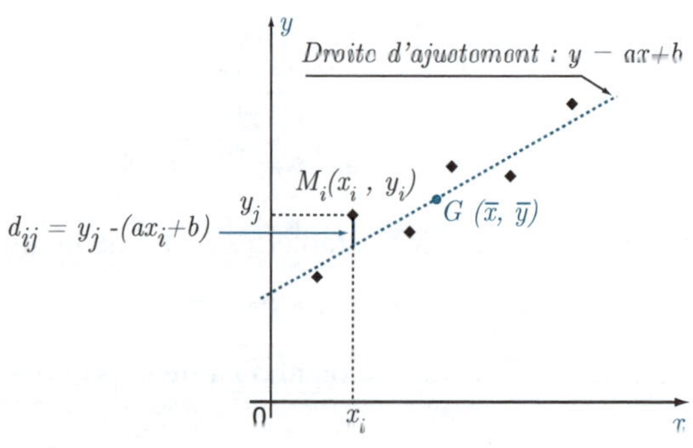

2 Ajustement exponentiel

L'allure du nuage de points peut nous suggérer un ajustement de la forme :

$$Y = ae^{-kX} \qquad (5)$$

Il s'agit de déterminer la droite de régression linéaire de $\ln Y$ par rapport à X, de la forme :

$$\ln Y = \ln a - kX \qquad (6)$$

L'ajustement est d'autant plus précis que $|r|$ (ou dans la pratique r^2) est proche de 1.

Exemple

On étudie l'évolution d'une population en extinction. On observe pendant 8 mois un échantillon composé initialement de 200 individus et on note à la fin de chaque mois le nombre de survivants. Les résultats observés sont les suivants :

t (en mois)	0	1	2	3	4	5	6	7	8
N (nb de survivants)	200	180	157	140	125	110	97	85	76

L'étude théorique conduit à penser que le nombre d'individus N de cette population varie avec le temps suivant une loi du type :

$$\mathrm{N}(\mathrm{t}) = \mathrm{ae}^{-\mathrm{kt}}; \quad \text{a et k sont deux constantes strictement potitives}$$

Pour vérifier ce modèle, on commence par le linéariser.

De $\mathrm{N}(\mathrm{t}) = \mathrm{ae}^{-\mathrm{kt}}$, il vient :

$$\ln \mathrm{N}(\mathrm{t}) = \ln \mathrm{a} - \mathrm{kt}$$

Du tableau précédent, il vient :

t (en mois)	0	1	2	3	4	5	6	7	8
Ln(N) nb de survivants	5,298	5,193	5,056	4,942	4,828	4,700	4,575	4,443	4,431

La droite de régression linéaire de $\ln \mathrm{N}(t)$ par rapport à t est donnée ci-après.

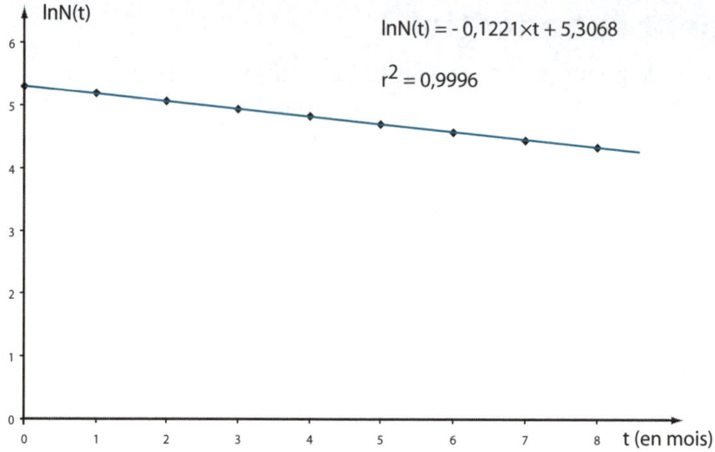

La méthode des moindres carrés donne : $\ln a = 5{,}3068$, $k = 0{,}1221$ et $r^2 = 0{,}9996$.

Comme $r^2 \simeq 1$, on peut donc estimer que le modèle linéaire est bien ajustable.

Expression de $\mathrm{N}(t)$.

Comme $\ln a = 5{,}3068$, alors $a = e^{5{,}3068} \simeq 202$.

D'où : $\mathrm{N}(t) = 202e^{-0{,}1124 \cdot t}$

L'évolution du nombre de survivants en fonction de t est donnée ci-après :

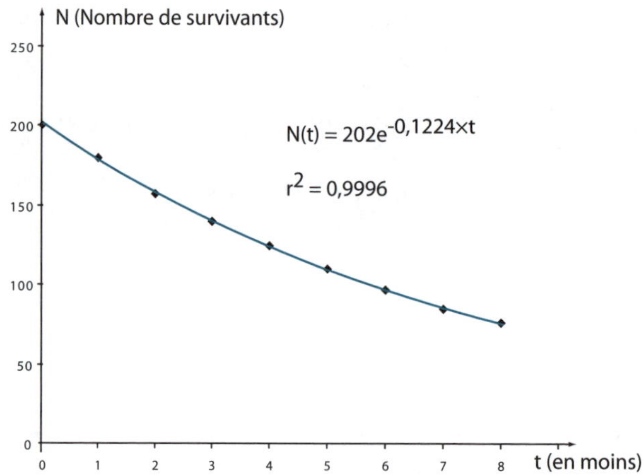

Entraînement

Un dé cubique dont les faces sont numérotées de 1 à 6 a été « pipé » de façon que les probabilités de sortie de chaque face soient différentes.

On teste ce dé en faisant une série de mille lancers.

On appelle x_i les numéros portés par les faces du dé et y_i les fréquences correspondantes obtenues.

Le résultat de l'expérience est donné dans le tableau suivant :

x	1	2	3	4	5	6
y	0,118	0,130	0,153	0,181	0,202	0,216

1. Calculer les moyennes $\bar{x}$ et $\bar{y}$ de ces deux variables x et y. Représenter le nuage de points de cette double série statistique.

2. Déterminer par la méthode des moindres carrés, une équation de (D), droite de régression de y en x.

3. Calculer les fréquences estimées à l'aide de l'équation de (D), droite de régression précédente, pour $x = 5$ et $x = 6$.

4. On admettra qu'avec un tel dé, les probabilités d'obtenir un numéro sont égales aux fréquences estimées précédentes.

a) Calculer la probabilité d'obtenir un numéro égal à 5.

b) Quelle est la probabilité pour qu'au cours de 10 lancers successifs on obtienne 4 fois et 4 fois seulement un numéro égal à 5 ?

Corrigé

1. Comme

x	1	2	3	4	5	6
y	0,118	0,130	0,153	0,181	0,202	0,216

alors :

$$\bar{x} = \frac{1+2+3+4+5+6}{6} = 3,5$$

$$\bar{y} = \frac{0,118+0,130+0,153+0,181+0,202+0,216}{6} = \frac{1}{6} \simeq 0,167$$

Le point G, point moyen du nuage, a donc pour coordonnées (0,35 ; 0,167).

2. Calculons $\sum_1^6 x_i^2$, $\sum_1^6 y_i^2$ et $\sum_1^6 x_i.y_i$

$$\sum_1^6 x_i^2 = 1^2+2^2+3^2+4^2+5^2+6^2 = 9$$

$$\sum_1^6 y_i^2 = 0{,}118^2+0{,}130^2+0{,}153^2+0{,}181^2+0{,}202^2+0{,}216^2 = 0{,}174454$$

$$\sum_1^6 x_i.y_i = 1\times 0{,}118+2\times 0{,}130+3\times 0{,}153+4\times 0{,}181+5\times 0{,}202+6\times 0{,}216 = 3{,}867$$

La droite de régression linéaire de y par rapport à x a pour équation : $y-\overline{y}=b(x-\overline{x})$

$$\text{avec : } b=\frac{\operatorname{cov}(x,y)}{\sigma^2}=\frac{\sum_1^6(x_i-\overline{x})\cdot(y_i-\overline{y})}{\sum_1^6(x_i-\overline{x})^2}=\frac{\left(\frac{1}{6}\sum_1^6 x_i.y_i\right)-\overline{x}\cdot\overline{y}}{\frac{1}{6}\sum_1^6 x_i^2-\overline{x}^2} \text{ avec } \overline{x}\cdot\overline{y}=\frac{3{,}5}{6}$$

Numériquement :

$$b=\frac{\left(\frac{1}{6}\sum_1^6(x_i.y_i)\right)-\frac{3{,}5}{6}}{\left(\frac{1}{6}\right)\sum_1^6 x_i^2-12{,}25}=\frac{\frac{1}{6}\left(\sum_1^6(x_i.y_i)-3{,}5\right)}{\left(\frac{1}{6}\right)\sum_1^6 x_i^2-12{,}25}=\frac{\frac{1}{6}\times(3{,}867-3{,}5)}{\left(\frac{1}{6}\times 91\right)-12{,}25}\simeq 0{,}021$$

L'équation de la droite (D) s'écrit donc :

$$y-\frac{1}{6}=0{,}021(x-3{,}5),$$

soit $y=0{,}021x+0{,}094$.

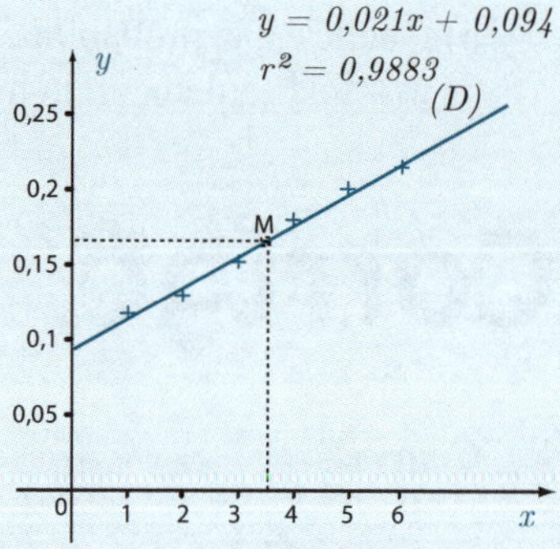

3. Pour $x=5$, $y=0{,}021\times 5+0{,}094\simeq 0{,}200$.

Pour $x=6$, $y=0{,}021\times 6+0{,}094=0{,}220$.

4. **a)** De la question précédente, il vient : $P(5)=0{,}200$.

b) Soit E l'événement « au cours de 10 lancers successifs on obtient 4 fois et 4 fois seulement un numéro égal à 5 ». E suit une loi binomiale avec $n=10$, $p=0{,}20$ et $k=4$

$$P(E)=C_{10}^4\times(0{,}200)^4\times(1-0{,}200)^6=0{,}100.$$

Cours

9 Exemples de lois à densité

1 Variables aléatoires, loi de probabilité et fonction de répartition

a. Variable aléatoire discrète

Exemple

On dispose de deux dés cubiques bien équilibrés, un noir et un blanc. On jette ces dés et on note (i, j) le couple des nombres obtenus où i et j sont respectivement les résultats du dé noir et du dé blanc.

L'univers Ω est constitué de 36 couples et, puisque les dés sont bien équilibrés, il y a équiprobabilité.

Soit X l'application définie pour tout couple (i, j) par $X(i, j) = i + j$. On dit que X est une variable aléatoire définie sur l'espace probabilisé $(\Omega, \mathcal{P}(\Omega), p)$.

Définition

Soit E une épreuve à laquelle est associée l'ensemble Ω (l'univers) de toutes les éventualités.

On appelle **variable aléatoire** sur un espace probabilisable $(\Omega, \mathcal{P}(\Omega), p)$, l'application X de Ω dans $\mathbb{R}$

$$X : \Omega \to \mathbb{R}$$

Loi de probabilité

Reprenons l'exemple ci-dessus (exemple des deux dés cubiques).

L'ensemble des valeurs prises par X, noté $X(\Omega)$, est : $\{2 \ ;3 \ ;4 \ ;\cdots \ ;12\}$.

On s'intéresse à la probabilité que X prenne l'une de ces valeurs ; par exemple 4.

Notons l'ensemble des couples (i, j) tels que $i + j = 4$. On a :

$$A_4 = \{(1 \ ;3),(2 \ ;2),(3 \ ;1)\}$$

On obtient, en raison de l'équiprobabilité :

$$\mathrm{P}(X = 4) = P(A_4) = \frac{3}{36} = \frac{1}{12}$$

En généralisant : on appelle loi de probabilité de la variable aléatoire X, la fonction définie par :

$$x_i \to p_i = \mathrm{P}(X = x_i)$$

Remarque

On peut représenter la loi de probabilité par un tableau ou par un diagramme en bâtons.

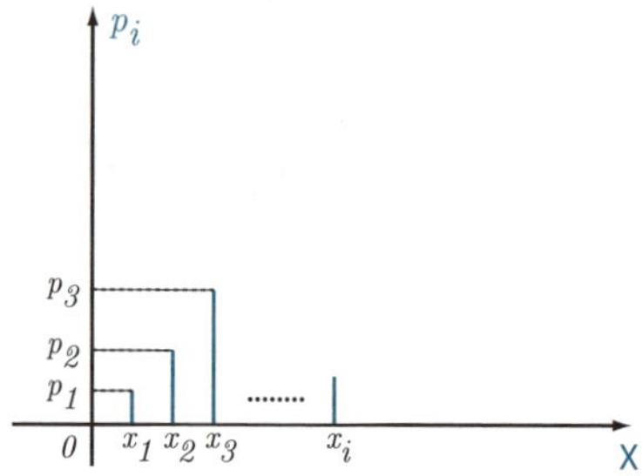

X	x_i	x_2	x_3	...	x_i	...
$p_i = \mathrm{P}(X = x_i)$	p_1	p_2	p_3		p_i	

Propriétés

$$\begin{cases} \forall i, p_i \geq 0 \\ \sum_i p_i = 1 \end{cases} \quad (1)$$

b. Fonction de répartition

On appelle **fonction de répartition** de la variable aléatoire X, la fonction $F(x)$ définie de $\mathbb{R} \to \mathbb{R}$ par :

$$\forall x \in \mathbb{R}, F(X) = \mathrm{P}(X \leq x) \quad (2)$$

Si X prend les valeurs $x_1 < x_2 < \cdots < x_n$ alors :

$$F(x) = \mathrm{P}(X \leqslant x) = \mathrm{P}\left(X \leqslant x_i\right) - \mathrm{P}(X < x_i)$$

À partir de la loi de probabilité, on obtient le tableau :

X	$-\infty$	x_1		x_2		x_3	...
$F(X) = \mathrm{P}(X \leq x)$	0	p_1	p_1	$p_1 + p_2$	$p_1 + p_2$	$p_1 + p_2 + p_3$	...

Le graphe de la fonction de répartition ou fonction cumulée est donné ci-après.

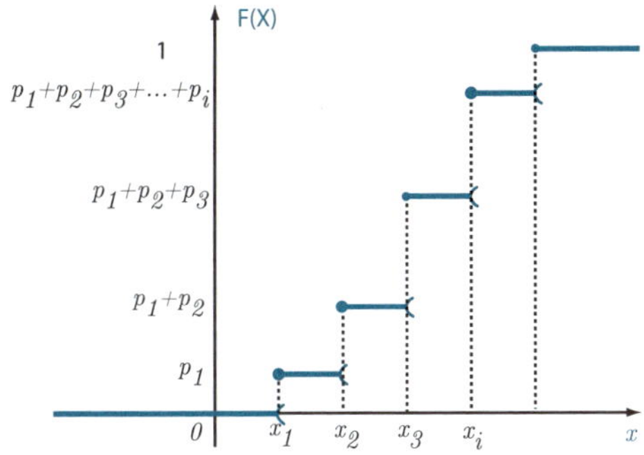

$$F(X) = \mathrm{P}(X \leq x) = p_1 + p_2 + \cdots + p_i = \sum_k^i p_k \qquad (3)$$

c. Variable aléatoire continue

Une variable aléatoire X est continue s'il existe une fonction f, appelée **densité de probabilité**, telle que :

$$\forall x \in \mathbb{R},\ F(X) = \int_{-\infty}^{x} f(t)dt \qquad \text{avec} \qquad \begin{cases} f(x) \geq 0 \text{ pour tout } x \\ \text{et} \\ f(x) = F'(x) = \dfrac{dF(x)}{dx} \end{cases} \qquad (4)$$

Propriétés de la fonction de répartition

- F est une fonction croissante de x
- $F(+\infty) = 1$
- $F(-\infty) = 0$

d. Espérance mathématique ou moyenne

La **valeur moyenne** m ou **espérance mathématique** $E(X)$ d'une variable aléatoire X est :

Cas d'une variable aléatoire discrète	Cas d'une variable aléatoire continue
$m = E(X) = \sum_i^n x_i p_i$	$m = E(X) = \int_{-\infty}^{+\infty} xf(x)dx$ (sous réserve que l'intégrale existe)

Propriétés

$$\begin{cases} E(X+Y)=E(X)+E(Y) \\ E(\lambda \cdot X)=\lambda \cdot E(X) \\ E(X \cdot Y)=E(X)\cdot E(Y) \text{(si les variables } X \text{ et } Y \text{ sont indépendantes)} \end{cases}$$

e. Moment d'une variable aléatoire

Le **moment d'ordre** k de la variable aléatoire X est :

Cas d'une variable aléatoire discrète	Cas d'une variable aléatoire continue
$m_k(X)=\sum_i^n x_i^k p_i$	$m_k(X)=\int_{-\infty}^{+\infty} x^k f(x)dx$ (sous réserve que l'intégrale existe)

Remarques

- Le moment d'ordre 0 est $m_0 = \sum_i^n p_i = 1$.
- Le moment d'ordre 1 est $m_1 = \sum_i^n x_i p_i$, soit $m_1 = E(X)$.

Le moment d'ordre 1 est égal à l'espérance mathématique.

f. Variance et écart type

Variance

La **variance** d'une variable aléatoire X représente la moyenne des carrés des écarts à l'espérance de X (ou à la moyenne).

Cas d'une variable aléatoire discrète	Cas d'une variable aléatoire continue
$V(X)=\sum_i (x_i - m)^2$	$V(X)=\int_{-\infty}^{+\infty}(x-m)^2 \cdot f(x)dx$ (sous réserve que l'intégrale existe)

Remarques

- La variance mesure la tendance de X à la dispersion des valeurs par rapport à la moyenne.
- La variance est égale au moment centré d'ordre 2, soit $V(X)=\mu_2$.

Propriétés

Si X et Y sont deux variables aléatoires indépendantes, alors :

$$\begin{cases} V(X+\lambda)=V(X) \\ V(X+Y)=V(X)+V(Y) \end{cases}$$

Écart-type

L'**écart-type** d'une variable aléatoire X est égal à la racine carrée de sa variance, soit :

$$\sigma(X)=\sqrt{V(X)} \quad (5)$$

Remarque

L'écart-type mesure également la tendance à la dispersion de la variance.

2 Lois de probabilités de variables aléatoires continues

a. Loi uniforme

Soient a et b deux nombres réels tels que $a < b$.

On appelle **variable uniforme** sur l'intervalle ouvert $[a, b]$, la variable aléatoire absolument continue et admettant comme densité de probabilité la fonction f définie par :

$$f(x)=\begin{cases} 0 & \text{si} \quad x<a \\ \dfrac{1}{b-a} & \text{si} \quad a \leqslant x \leqslant b \\ 0 & \text{si} \quad x>b \end{cases} \quad (6)$$

La fonction de répartition F de la fonction f est telle que :

$$F(x)=\begin{cases} 0 & \text{si} \quad x<a \\ \dfrac{x-a}{b-a} & \text{si} \quad a \leqslant x \leqslant b \\ 1 & \text{si} \quad x>b \end{cases} \quad (7)$$

Valeurs caractéristiques

$$E(X)=\frac{a+b}{2};V(X)=\frac{(b-a)^2}{12};\sigma=\frac{b-a}{2\sqrt{3}}$$

Graphes des fonctions f et F :

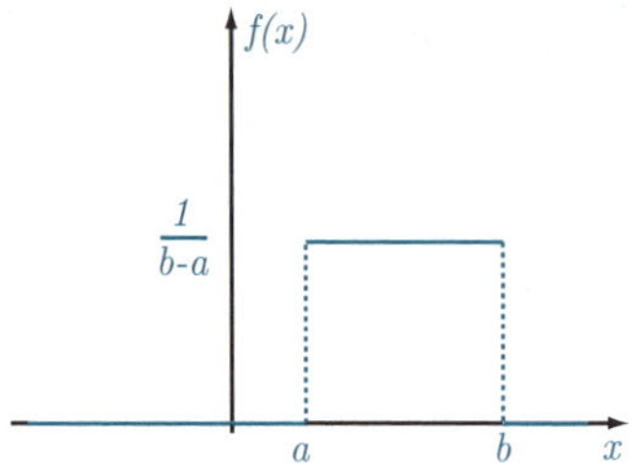

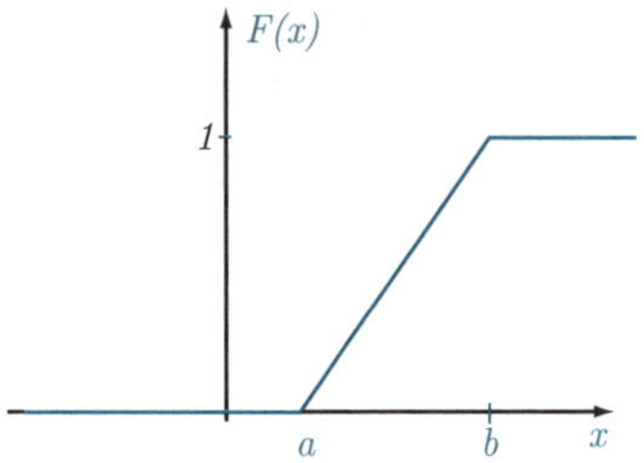

b. Loi exponentielle

Soit μ un réel strictement positif. On appelle variable exponentielle, de paramètre μ, une variable aléatoire absolument continue admettant comme densité de probabilité la fonction f telle que :

$$f(x)=\begin{cases} 0 & \text{si} \quad x<0 \\ \mu e^{-\mu x} & \text{si} \quad x \geqslant 0 \end{cases} \tag{8}$$

Remarques

- Elle dépend d'un paramètre réel positif μ.
- C'est la loi de l'instant de décès dans un processus de mort sans vieillissement.
- Une telle variable aléatoire est souvent qualifiée de temps d'attente exponentiel.
- La fonction de répartition F de la fonction f est telle que :

$$F(x)=\begin{cases} 0 & \text{si} \quad x<a \\ 1-e^{-\mu x} & \text{si} \quad x \geqslant 0 \end{cases} \tag{9}$$

- Valeurs caractéristiques

$$E(X)=\frac{1}{\mu}\,;\, V(X)=\frac{1}{\mu^2}\,;\, \sigma=\frac{1}{\mu} \tag{10}$$

- Graphes des fonctions f et F :

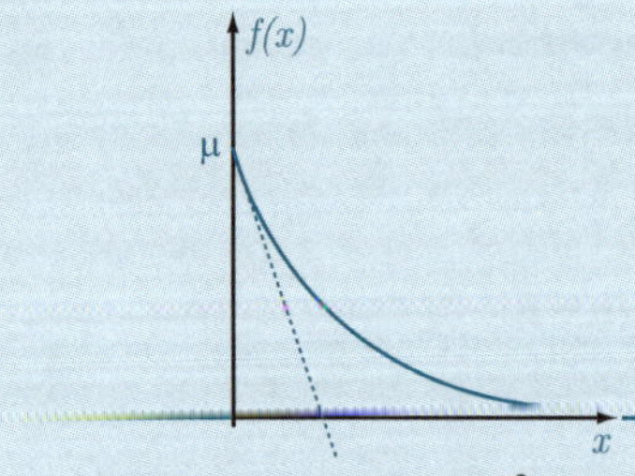

pente de la tangente à l'origine : $p = -\mu^2$

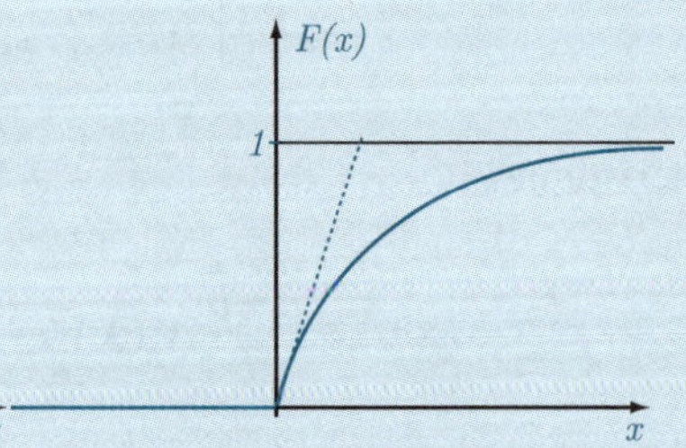

pente de la tangente à l'origine : $p = \mu$

Cours 10 Approximation d'une loi binomiale $\mathcal{B}(n, p)$ par une loi normale $\mathcal{N}(m, \sigma)$

1 L'approche générale

Soit une urne contenant N objets : a objets d'un type A et b objets d'un type B avec $N = a + b$.

Dans le cas de l'équiprobabilité, la probabilité de tirer un objet de type A est :

$$\mathrm{P}(A) = p = \frac{a}{a+b} = \frac{a}{N}$$

La probabilité de tirer un objet de type B, est :

$$\mathrm{P}(B) = 1 - p = \frac{b}{a+b} = \frac{b}{N}$$

d'où :

$$a = pN \quad \text{et} \quad b = N(1-p)$$

On tire n objets de l'urne et on appelle X la variable aléatoire : nombre d'objets de type A obtenus.

- **Cas d'un tirage sans remise. Loi hypergéométrique**

La probabilité d'observer la valeur k est :

$$\mathrm{P}(X = k) = \frac{\begin{pmatrix} a \\ k \end{pmatrix}\begin{pmatrix} b \\ n-k \end{pmatrix}}{\begin{pmatrix} N \\ n \end{pmatrix}} \text{ avec } \frac{\begin{pmatrix} a \\ k \end{pmatrix}\begin{pmatrix} b \\ n-k \end{pmatrix}}{\begin{pmatrix} N \\ n \end{pmatrix}} = \frac{C_a^k \cdot C_b^{n-k}}{C_{a+b}^n} = \frac{C_{pN}^k \cdot C_{(1-p)N}^{n-k}}{C_N^n}$$

Son espérance mathématique est : $E(X) = np$

Sa variance est :

$$V(X) = np(1-p)\frac{N-n}{N-1}$$

- **Cas d'un tirage avec remise. Loi binomiale**

C'est la loi du nombre de succès en n expériences indépendantes, toutes de probabilité de succès p.

La probabilité d'observer la valeur k est : $\mathrm{P}(X = k) = \begin{pmatrix} k \\ n \end{pmatrix} \cdot p^k \cdot (1-p)^{n-k}$

Son espérance mathématique est : $E(X) = np$

Sa variance est : $V(X) = np(1-p)$

2 Loi binomiale de probabilité

C'est le cas où le résultat d'un tirage ou une épreuve E ne peuvent conduire qu'à deux états possibles (dénommés succès, éventualité A, et échec, éventualité B) avec les probabilités p et $q = 1 - p$.

On répète l'épreuve n fois (les répétitions sont indépendantes).

Si X est la variable aléatoire : nombre d'éventualités A obtenues aux n épreuves, alors :

$$\mathrm{P}(X = k) = \begin{pmatrix} k \\ n \end{pmatrix} p^k q^{n-k}$$

$\mathrm{P}(X = k)$: probabilité d'observer la valeur k

$$\begin{pmatrix} k \\ n \end{pmatrix} = \frac{n!}{k!(n-k)!}$$

La loi binomiale $\mathcal{B}(n, p)$ correspond à la loi de probabilité :

X	0	1	...	x_k	...
$p_k = \mathrm{P}(X{=}k)$	$p_0 = q^n$	$p_1 = \begin{pmatrix} 1 \\ n \end{pmatrix} pq^{n-1}$	...	$\begin{pmatrix} k \\ n \end{pmatrix} p^k q^{n-k}$	...

Remarques

$$\sum_{k=0}^{n} \mathrm{P}(X = k) = (p + q)^n = 1$$

La probabilité cumulée est : $F(k) = \sum_{i=0}^{k} \begin{pmatrix} i \\ n \end{pmatrix} p^i q^{n-i}$

Attention

Pour une bonne utilisation de la loi binomiale, il faut d'abord définir les termes de la loi binomiale.

	Dans l'étude d'un échantillon	Dans les jeux de hasard
n	Représente la taille de l'échantillon	Représente le nombre de tentatives
p	Représente la proportion de sujets porteurs d'une caractéristique donnée	Représente la probabilité de gagner à chaque tentative
k	Représente le nombre de sujets porteurs de la caractéristique étudiée	Représente le nombre d'événements gagnants

Conditions d'application de la loi binomiale

Pour pouvoir utiliser la loi binomiale, il faut s'assurer que la variable étudiée ne puisse présenter que sous deux états possibles :

Dans l'étude d'un échantillon	Dans les jeux de hasard
Que l'échantillon soit tiré au sort	Que les tentatives soient indépendantes

Espérance mathématique, variance et écart-type

Pour n épreuves :

Espérance	Variance	Écart-type
$E(X) = np$	$V(X) = npq$	$\sigma(X) = \sqrt{npq}$

3 Loi des fréquences

a. Définition

Considérons une épreuve E consistant à répéter n fois une épreuve C qui ne peut conduire qu'à deux états possibles avec les probabilités p et $q = 1 - p$.

On définit la variable aléatoire $Y = f = \dfrac{X}{n}$.

La probabilité pour que Y prenne la valeur $\dfrac{k}{n}$ est :

$$p_k = \mathrm{P}\left(Y = \frac{k}{n}\right) = \begin{pmatrix} k \\ n \end{pmatrix} p^k q^{n-k} \qquad (1)$$

b. Espérance, écart-type et variance

Espérance ou moyenne	Variance	Écart-type
$E(f) = E\left(\dfrac{X}{n}\right) = p$	$V(f) = V\left(\dfrac{X}{n}\right) = \dfrac{pq}{n}$	$\sigma(X) = \sqrt{\dfrac{pq}{n}}$

4 Loi de Laplace-Gauss ou loi normale $\mathcal{N}(m, \sigma)$

On appelle **loi de Laplace-Gauss**, la loi de probabilité d'une variable aléatoire continue dont la densité de probabilité s'écrit :

$$f(x) = \frac{1}{\sigma\sqrt{2\pi}} e^{-\frac{(x-m)^2}{2\sigma^2}} \left| \begin{array}{l} \sigma \in \mathbb{R}_+^* \\ m = E(X) \in \mathbb{R} \end{array} \right. \qquad (2)$$

Elle dépend de deux paramètres réels m et σ.

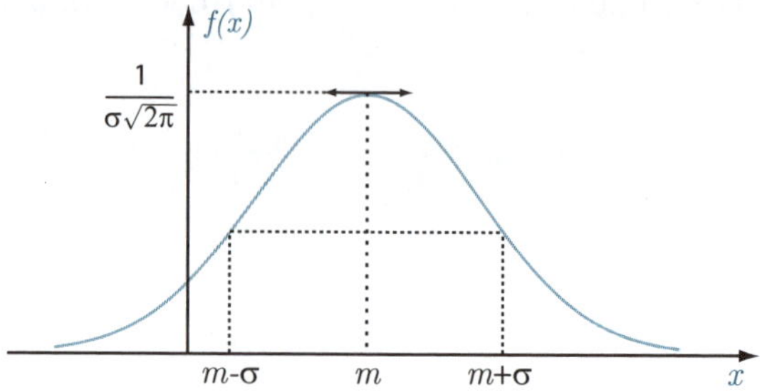

La fonction de répartition F permet de calculer la probabilité pour la variable aléatoire X d'appartenir à un intervalle quelconque. La fonction F est telle que :

$$F(x) = \mathrm{P}(X \leq x) = \int_{-\infty}^{x} f(t)dt \qquad (3)$$

Pour $a < b$:

$$\mathrm{P}(a < X < b) = F(b) - F(a) = \int_{a}^{b} f(t)dt \qquad (4)$$

$\mathrm{P}(a < X < b)$ représente la mesure de l'aire comprise entre la courbe $\mathcal{C}_f$ (courbe représentative de la fonction f), l'axe des abscisses et les droites d'équations $x = a$ et $x = b$).

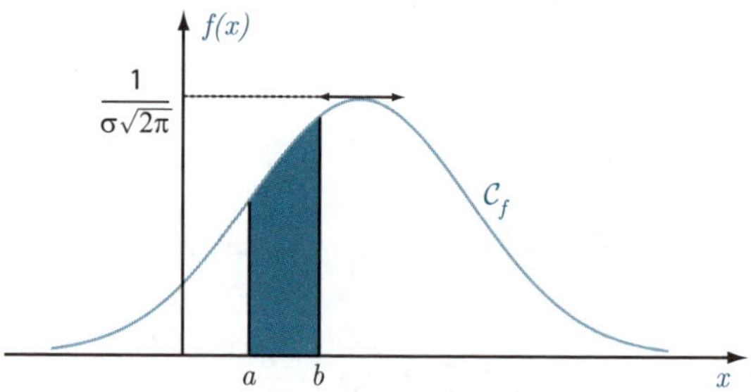

Remarques

- Bien que l'événement $X = a$ soit possible, $\mathrm{P}(X = a) = 0$ (elle correspond à la mesure de l'aire d'un segment).
- $f(x) = \lim\limits_{t \to 0} \dfrac{P(x \leqslant X < x + t)}{t}$, et l'on admet que :

$$\int_{-\infty}^{+\infty} f(x)dx = 1$$

- L'espérance mathématique est :

$$E(X) = \int_{-\infty}^{+\infty} xf(x)dx$$

- La variance $V(X)$ est :

$$V(X)=\int_{-\infty}^{+\infty}[x-E(X)]^2 f(x)dx$$

- L'écart-type $\sigma(X)$ est :

$$\sigma(X)=\sqrt{V(X)}$$

5 Loi normale centrée réduite $\mathcal{N}(0,1)$

En procédant au changement de variable :

$$t=\frac{z-m}{\sigma}$$

On obtient une variable aléatoire centrée normale T appelée variable réduite.

Elle satisfait à la loi normale centrée réduite $\mathcal{N}(0,1)$ avec :

$$E(T)=E\left(\frac{X-m}{\sigma}\right)=\frac{1}{\sigma}E(X-m)=0 \qquad (5)$$

et

$$V(T)=V\left(\frac{X-m}{\sigma}\right)=\frac{1}{\sigma^2}V(X)=1 \qquad (6)$$

Sa fonction densité de probabilité, définie par :

$$g(t)=\frac{1}{\sqrt{2\pi}}e^{-\frac{t^2}{2}} \qquad (7)$$

donne une courbe de référence ne dépendant plus d'aucun paramètre.

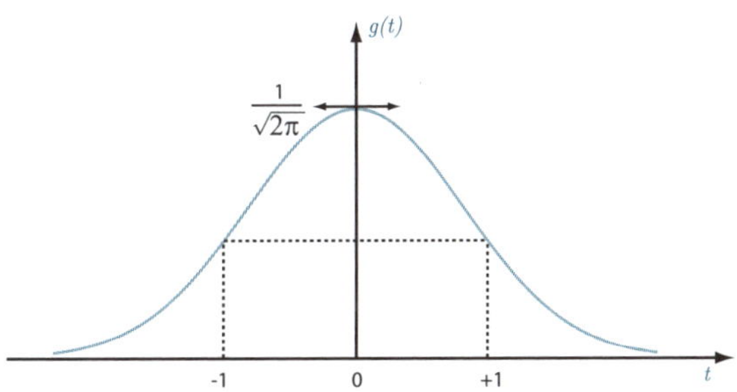

Les tables donnent :

$$\mathrm{P}(T \leqslant t)=\Pi(t)=\int_{-\infty}^{t} g(t)dt \qquad \mathrm{P}(0 \leqslant T < t)=G(t)=\int_{0}^{t} g(t)\,dt=\Pi(t)-0{,}5$$

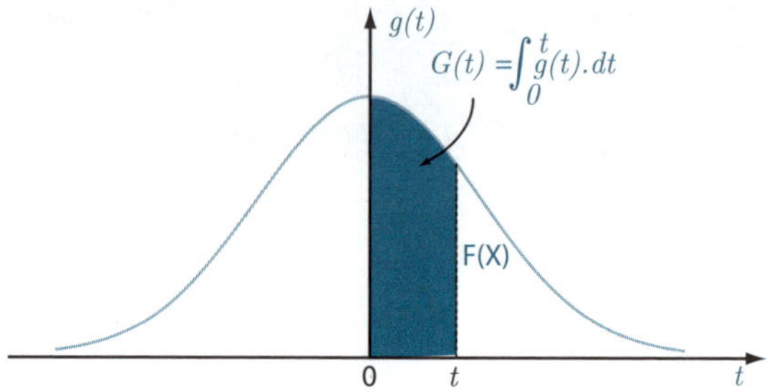

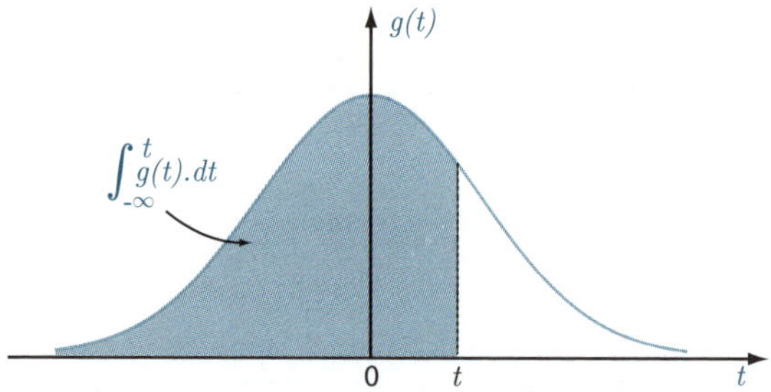

Remarques

- D'après le théorème de la limite centrée, on peut approximer une loi binomiale $\mathcal{B}(n, p)$ par une loi normale $\mathcal{N}(np, \sqrt{npq})$ si les conditions suivantes sont remplies : lorsque n est grand, et que p et $q = 1 - p$ ne sont pas proches de 0 (en pratique $np \geqslant 15$ et $nq \geqslant 15$). Cependant, il faut se souvenir que, si une variable est à densité, la probabilité qu'elle prenne une valeur précise est nulle. Passant d'une variable discrète à une variable continue, on fait une correction de continuité en écrivant :

$$\mathrm{P}(X = k) = \mathrm{P}(k - 0{,}5 < X < k + 0{,}5)$$

- Pour quelles raisons faire une approximation normale ? On le fait parce que l'on a juste à utiliser la table de loi normale centrée, ce qui facilite les calculs.

Cours

11 Prise de décision Problèmes d'estimation et tests d'hypothèses

1 Problèmes d'estimation

a. Introduction

Pour établir une série statistique, il est important de définir clairement la population ainsi que le caractère étudiés. Pour l'étude de cette population statistique, on a recours à deux méthodes :

- la méthode des sondages : elle consiste à examiner un échantillon de la population. Cette méthode comprend deux parties :
  - l'échantillonnage : il permet de passer d'une population totale P connue à un échantillon de taille n ;
  - l'estimation : elle consiste à induire à partir des résultats observés sur l'échantillon choisi des résultats concernant la population P ;
- Le recensement ou méthode exhaustive : il consiste à examiner chaque individu de la population selon les caractères étudiés (méthode peu employée).

La fiabilité des informations obtenues concernant une population P dépend évidemment du choix convenable de l'échantillon représentatif. L'un des problèmes les plus importants de l'inférence statistique est celui du choix de cet échantillon.

Une question se pose : dans quelle mesure les paramètres obtenus à partir de l'échantillon choisi nous renseignent-ils sur les paramètres de la population P ?

b. Estimation

Définition

Un estimateur permet d'évaluer un paramètre statistique numérique comme une grandeur moyenne ou une variance sur une population totale à partir de données obtenues sur un échantillon comme, lors d'un sondage.

La définition et l'utilisation de tels estimateurs constituent la statistique inférentielle.

Estimation ponctuelle

Soit X une variable aléatoire dont la loi dépend d'un paramètre inconnu θ et soient X_1, X_2,..., X_i,..., X_n un $n-$échantillon de X et $(x_1,\ldots,x_n)$ sa réalisation. Il s'agit d'estimer le paramètre θ.

Un estimateur est une variable aléatoire T fonction du n-échantillon de variables $T_n = f(X_1,\ldots,X_n)$.

La valeur $f(x_1,\ldots,x_n)$ souvent notée $\hat{\theta}$ prise par l'estimateur est appelée estimation de θ.

Les paramètres à estimer sont souvent :

- la moyenne m ;
- l'écart-type σ ;

- la variance σ^2 ;
- la proportion π.

Erreur d'estimation

On appelle erreur d'estimation la grandeur T–θ.

L'erreur d'estimation peut se décomposer de la façon suivante :

$T-\theta=(T-E(T))+(E(T)-\theta))$	$T-E(T)$: terme qui traduit la fluctuation de T autour de son spérance $b=E(T)-\theta$: erreur systèmatique ou biais de l'estimateur.

c. Qualités

Le biais de T comme estimateur de θ est $b=E(T-\theta)=E(T)-\theta$. Il représente l'écart moyen entre la valeur prise par T et la valeur à estimer θ.

- Quand le biais est nul, soit $E(T)=\theta$: on dit l'estimateur sans biais ; il donne alors en moyenne la bonne valeur.
- Si $E(T)<\theta$ alors les estimations sont systématiquement trop petites.
- Si $E(T)>\theta$ alors les estimations sont systématiquement trop grandes.

Exemples

- $\hat{\mu}$ est un estimateur de la moyenne $\mu=m$ de la population et l'estimateur est la variable aléatoire :

$$\bar{X}=\frac{1}{n}\sum_{i=1}^{n}X_i$$

- Pour un lancer de pièce : X = 1 si la pièce donne Pile et X = 0 si la pièce Face. X suit une loi de Bernouilli de paramètre $p=P(\text{Pile})$ et on se donne un n-échantillon de variables de même loi que X : $(X_1 \dots X_n)$. Soit $T=X_1$, on a $E(T)=E(X_1)=p$: l'estimateur est sans biais mais les valeurs prises par T (0 ou 1) ne s'approcheront jamais de la valeur à estimer p.

d. Distribution des moyennes d'échantillon

Considérons une population mère P. On étudie un caractère pour lequel la moyenne de la population est m et l'écart-type σ.

Soient des échantillons de taille n issus de la population mère P :

- E_1 : effectif n ; moyenne $\bar{x}_1$; écart-type σ'_1 ;
- E_2 : effectif n ; moyenne $\bar{x}_2$; écart-type σ'_2 ;
- $\vdots$
- E_i : effectif n ; moyenne $\bar{x}_i$; écart-type σ'_i.

L'ensemble $\overline{X} = \{\overline{x}_1 ; \overline{x}_2 ; \cdots \overline{x}_i\}$ est une série statistique d'effectif i appelée distribution des moyennes.

- La moyenne de la distribution d'échantillonnages des moyennes est :

$$E(\overline{X}) = \mu_{\overline{X}} = m \text{ ; } m \text{ étant la moyenne de la population mère P}$$

La valeur espérée de la moyenne de l'échantillon est égale à la moyenne de la population.

- La variable aléatoire X suit une loi normale $\mathcal{N}(m, \sigma)$ sur la population P.

On prélève, au hasard, un échantillon (tirages avec remise ou assimilés) de taille n.

Si la population est infinie ou si l'échantillonnage est non exhaustif (remise à chaque fois dans la population P de l'échantillon tiré), alors :

$$E\left[(\overline{X} - m)^2\right] = \sigma_{\overline{X}}^2 = \frac{\sigma^2}{n} \text{ ; } \sigma^2 \text{ étant la variance de la population mère P}$$

La variable aléatoire $\overline{X}$ suit également une loi normale $\mathcal{N}\left(m, \frac{\sigma}{\sqrt{n}}\right)$: $\frac{\sigma}{\sqrt{n}}$ représente l'atténuation de la dispersion par le processus d'échantillonnage.

Remarques

- Un tirage avec remise est encore appelé tirage non exhaustif.
- Si on fait un tirage sans remise (tirage exhaustif), on modifie la taille de la population au fur et à mesure des tirages.
- Pour des grandes populations, le tirage sans remise s'assimile à un tirage avec remise.

Exemple

Les statistiques des notes obtenues en sciences physiques spécialité Physique-Chimie pour l'année 2019 sont :

- Moyenne nationale : $m = 10,44$
- Écart-type : $\sigma = 1,46$

Une classe de Terminale comporte 35 élèves en 2018/2019 issus d'un BAC Scientifique de la session de juin 2019. Quelle est la probabilité pour que la moyenne de cette classe soit supérieure à 10 ?

Nous ne connaissons pas la loi sur la population, mais l'effectif n de l'échantillon est supérieur à 30.

Notons $\overline{X}$ la variable aléatoire qui, à tout échantillon de taille $n = 35$, fait correspondre sa moyenne.

$\overline{X}$ suit une loi normale $\mathcal{N}\left(m, \ \frac{\sigma}{\sqrt{n}}\right)$, soit $\mathcal{N}\left(10,44, \ \frac{1,46}{\sqrt{35}}\right)$.

Posons : $Z = \dfrac{\overline{X} - m}{\dfrac{\sigma}{\sqrt{n}}}$

Ainsi Z suit une loi normale $\mathcal{N}(0, 1)$.

On obtient alors par centrage et réduction :

$$P(\bar{X} \geqslant 10) = P(Z \geqslant -1{,}78) = P(Z \leqslant 1{,}78) = \Pi(1{,}78)$$

Et par lecture directe de la table de la loi normale centrée-réduite : $\Pi(1{,}78) = 0{,}9625$.

Conclusion : il y a environ 96 % de chance que, dans cette classe de terminal, la moyenne des notes au baccalauréat de sciences physiques soit supérieure à 10.

Si la taille de la population mère est N, taille finie, alors : $\sigma_{\bar{X}}^2 = \frac{\sigma^2}{n}\left(\frac{N-n}{N-1}\right)$

Pour un échantillon non exhaustif de taille n telle que $n \geqslant 30$, la variable réduite associée à $\bar{X}$ s'exprime : $Z = \dfrac{\bar{X} - m}{\frac{\sigma}{n}}$

La variable réduite Z est asymptotiquement normale, c'est-à-dire que Z suit une loi normale $\mathcal{N}(0, 1)$.

e. Distribution des pourcentages ou des fréquences

Soit une population mère P de taille infinie et normalement distribuée et soient p et $q = 1 - p$ les probabilités pour qu'un membre de cette population mère présente ou non une propriété donnée. On définit une variable aléatoire X telle que :

- elle prend la valeur 1 aux éléments de P possédant la propriété étudiée ;
- elle prend la valeur 0 aux éléments de P ne possédant pas la propriété étudiée.

Pour tous les échantillons possibles de taille n de cette population mère, on peut déterminer la statistique qui représente la proportion de succès de cette propriété.

Pour un échantillon non exhaustif, si f est la fréquence des éléments possédant la propriété, on définit une nouvelle variable aléatoire F telle que :

$$E(F) = m = p \quad \text{et} \quad \sigma_f = \sqrt{\frac{p(1-p)}{n}} \qquad (1)$$

f. Moyenne et écart-type d'échantillons

Il existe deux façons de choisir un échantillon :

- le choix d'un échantillon « au hasard » permet d'appliquer le calcul des probabilités ; il est donc de nature plus précise. Mais il impose la vérification du fait que le choix a lieu au hasard et l'utilisation d'échantillon de taille assez importante ;
- on peut aussi procéder par un choix raisonné au sein de la population en s'efforçant de reconstituer dans l'échantillon les différentes couches de l'ensemble statistique. Cette méthode revient à miniaturiser la population, mais elle suppose une grande connaissance de l'ensemble statistique à étudier. C'est néanmoins la méthode la plus employée, car elle est de loin la moins coûteuse.

Considérons un échantillon ayant pour effectif n et parmi ces n objets r possèdent un caractère C de fréquence observée $f = \frac{r}{n}$.
Le but est de comparer la fréquence observée f à la fréquence p que devrait avoir théoriquement ce caractère.

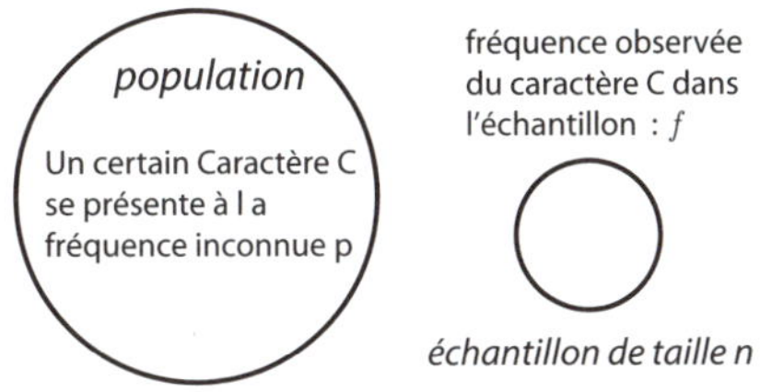

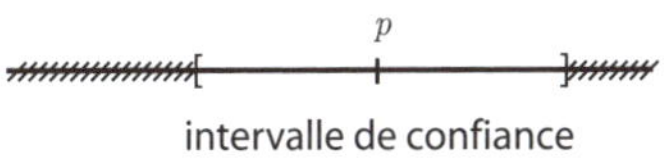

La distribution des pourcentages du caractère C parmi les échantillons de même effectif suit une loi de distribution binomiale, de moyenne p et d'écart type $\sigma = \sqrt{\frac{f(1-f)}{n}}$. Cette loi est centrée sur le pourcentage p de la population.

9. Estimation d'un pourcentage par un intervalle de confiance

Pour un caractère qualitatif :

- on recherche la fréquence p (ou pourcentage) d'apparition d'un caractère X dans une population ;
- on étudie un échantillon de taille n de cette population ;
- on obtient une fréquence f d'apparition du caractère X dans l'échantillon.

Dans le cas où $n \geqslant 30$ et p n'est ni voisin de 1 ni voisin de 0, soit $np \geqslant 5$ et $n(1-p) \geqslant 5$, alors l'intervalle de confiance de p au coefficient de risque α est :

$$\left]f - t_\alpha\sqrt{\frac{f(1-f)}{n}}, f + t_\alpha\sqrt{\frac{f(1-f)}{n}}\right[, \text{avec } \alpha \in]0,1[\qquad (2)$$

(la chance que p se trouve dans cet intervalle est $(1-\alpha)$)

t_α est donné dans la table de la loi normale réduite (voir annexe).

Remarque

Les deux conditions $np \geqslant 5$ et $n(1-p) \geqslant 5$ entraînent $1/6 \leqslant p \leqslant 5/6$.

Exemple

Sur l'ensemble des candidats au baccalauréat de la série S, dans la région Poitou-Charentes, on a noté en 2008, sur 400 noms pris au hasard, 364 succès et 36 échecs. Entre quelles limites peut-on admettre que se trouve le pourcentage de succès au seuil de $\alpha = 0{,}05$?

On a $n = 400$ et $f = 364 / 400 = 0{,}91$; $1 - f = 0{,}09$.

L'écart-type σ de la répartition des fréquences de succès dans l'échantillon est :

$$\sigma = \sqrt{\frac{f(1-f)}{n}}, \text{ soit } \sigma = \sqrt{\frac{0{,}91 \times 0{,}09}{400}} = 0{,}0143$$

h. Estimation d'une moyenne par un intervalle de confiance

Pour un caractère quantitatif :

- on recherche la moyenne m d'un caractère quantitatif dans une population ;
- on étudie un échantillon de taille n de cette population ;
- on obtient sur cet échantillon une moyenne $\overline{x}$ et un écart-type σ.

Pour $n \geqslant 30$, alors l'intervalle de confiance de m au coefficient de risque α est :

$$\left]\overline{x} - t_\alpha \frac{\sigma}{\sqrt{n-1}}, \overline{x} + t_\alpha \frac{\sigma}{\sqrt{n-1}}\right[, \text{avec } \alpha \in]0,1[\qquad (3)$$

(la chance que m se trouve dans cet intervalle est $(1-\alpha)$)

2 Tests statistiques

a. Introduction

En général, les statisticiens cherchent à prendre des décisions sur des populations à partir de renseignements recueillis sur des échantillons de taille n. Ils sont alors amenés à faire des hypothèses sur les populations concernées, hypothèses qui peuvent être vraies ou fausses.

Plusieurs types de questions peuvent se poser aux statisticiens :

- **Question 1 – En matière économique**

On désire faire une estimation d'une dépense moyenne par différentes catégories socioprofessionnelles d'une population P sur la diffusion d'un nouveau produit et aussi connaître la précision de cette estimation.

Pour trouver une réponse à cette question, il faut faire :

- des estimations ponctuelles ;
- des estimations par intervalle de confiance.

- **Question 2 – En matière de contrôle de qualité**

On souhaite lors de la réception d'échantillons d'un produit comparer le taux de déchets observés par rapport à la norme fixée de manière à refuser le lot si son taux de déchets dépasse la norme.

Dans la plupart des situations réelles, la valeur du paramètre est inconnue, mais il arrive que l'on ait une idée du paramètre et qu'on puisse formuler une hypothèse concernant la valeur de celui-ci. Les tests de conformité sont destinés à vérifier si un échantillon peut être considéré comme extrait d'une population donnée ou représentatif de cette population, vis-à-vis d'un paramètre (moyenne, variance ou fréquence observée).

Une réponse à cette question : on réalise des tests de conformité.

- **Question 3 – Comparaison entre deux échantillons**

Par exemple, un laboratoire pharmaceutique est souvent amené à déterminer si deux populations données sont semblables ou nettement différentes par rapport à une caractéristique particulière. La réponse à un certain médicament (expérimental) diffère-t-elle d'un groupe à un autre ?

Une réponse à cette question : on réalise des tests de comparaison.

- **Question 4 – Une population particulière suit-elle une distribution particulière connue ?**

Si on désire savoir, par exemple, si une population donnée suit une loi de probabilité particulière connue.

Une réponse à cette question : ce sont les tests d'ajustement (analytique) qui permettent de vérifier la qualité de l'ajustement de la population étudiée à une loi normale, binomiale, de Poisson ou encore uniforme.

- **Question 5 – Homogénéité par rapport à un certain caractère.**

On désire savoir si plusieurs populations sont homogènes par rapport à un certain caractère.

Une réponse à cette question : il faut faire des tests d'homogénéité.

b. Comparaison d'une moyenne à une norme

Le problème est de comparer une moyenne observée à une moyenne théorique (conformité).

Par exemple, lors de la fabrication d'un médicament sous forme de comprimés de 5 mg, on veut vérifier que la production est bien conforme à cette norme.

On choisit un échantillon « au hasard » de taille n ($n > 30$) dont la moyenne est $\overline{x}$ et l'écart-type est σ.

Hypothèses

Hypothèse nulle (H_0) :

- La moyenne observée $\overline{x}$ est un estimateur de la moyenne μ_0, m étant la moyenne théorique ;
- $\mu_0 = m$.

Test bilatéral

Dans cet exemple, le test est bilatéral car la masse ne doit pas s'écarter de la norme d'un certain pourcentage, ni dans un sens ni dans l'autre.

On veut tester l'hypothèse nulle H_0 que la moyenne de la population $\overline{x}$ est égale à une norme m.

On accepte H_0 au niveau $\alpha = 0{,}05$ si pour l'échantillon donné : $-1{,}96 \leqslant \dfrac{\overline{x} - m}{\dfrac{\sigma}{\sqrt{n}}} \leqslant +1{,}96$

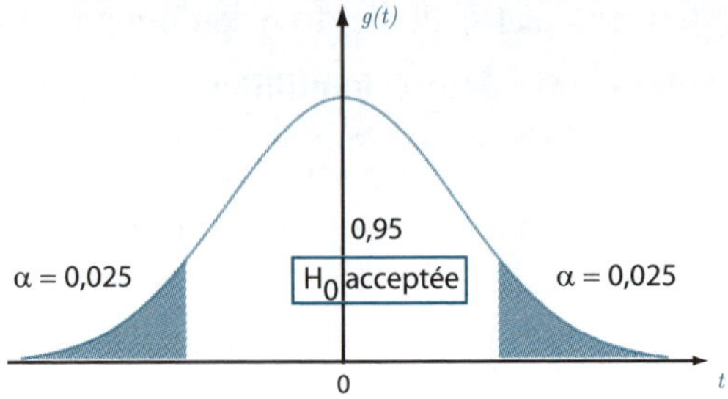

Si H_0 est vraie, la quantité $\dfrac{\overline{x} - m}{\dfrac{\sigma}{\sqrt{n}}}$ Suit une loi de normale si la distribution de la variable suit une loi normale $\mathcal{N}\left(m, \dfrac{\sigma}{\sqrt{n}}\right)$.

QCM, QRC, problèmes

Biologie/Sciences de la vie et de la Terre

(Cédric Bordi)

- Le cycle cellulaire des cellules eucaryotes
- La génétique moléculaire
- L'hérédité humaine
- Anatomie des appareils reproducteurs, gamétogenèse et fécondation
- L'organisation du système immunitaire
- Variations génétiques et santé

Cours

1 Le cycle cellulaire des cellules eucaryotes

1 Structure et ultrastructure des chromosomes

a. Organisation de la molécule d'ADN

L'ADN, ou **acide désoxyribonucléique**, est le support universel de l'information génétique. Il est présent dans chaque cellule sous la forme d'un ou plusieurs **chromosomes** dans le noyau des cellules eucaryotes.

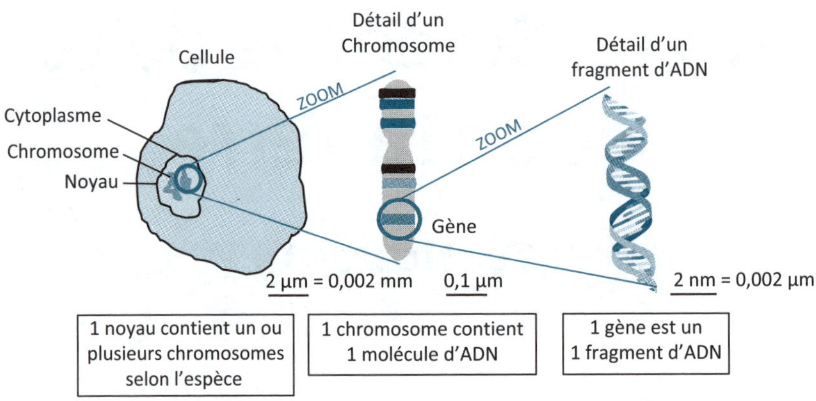

Le lien entre noyau, chromosome et ADN

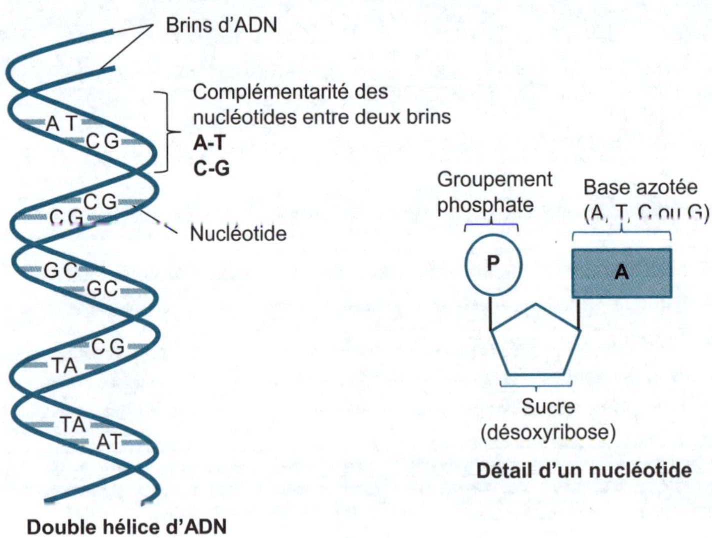

La structure de la molécule d'ADN

L'ADN est une molécule constituée de deux brins enroulés qui forment une **double hélice**. Chaque brin porte une séquence de **nucléotides**. Un nucléotide est composé dans cette molécule d'un groupement phosphate, d'un sucre nommé désoxyribose, et d'une **base azotée**. Il existe quatre nucléotides différents dans l'ADN qui diffèrent par leur base azotée : l'adénine (A), la thymine (T), la cytosine (C) et la guanine (G).

La **séquence** d'un brin d'ADN détermine la séquence du brin complémentaire par **complémentarité des bases azotées** : les bases A sont toujours en face des bases T, et les bases C sont toujours en face des bases G.

b. Les différents niveaux d'organisation de la chromatine

Les cellules alternent des phases de croissance et des phases de division qui constituent le **cycle cellulaire**. La période pendant laquelle les cellules eucaryotes ne se divisent pas est nommée l'**interphase**.

L'ADN est présent dans les cellules associées à des protéines formant la **chromatine**. Cette chromatine est décondensée en interphase. Le nombre de molécules d'ADN par chromosome varie au cours du cycle cellulaire :

- en phase G1, les chromosomes sont décondensés et à une seule chromatide ;
- en phase S, l'ADN est répliqué et sa quantité double dans la cellule à la fin de cette phase ;
- en phase G2, les chromosomes sont toujours décondensés mais chaque chromosome possède deux chromatides.

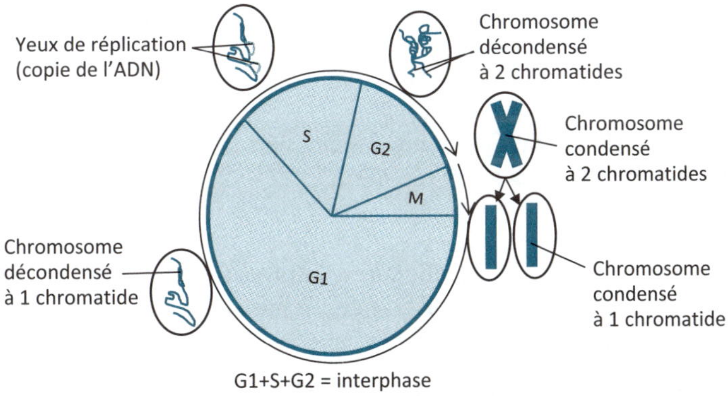

ADN et chromosomes au cours du cycle cellulaire

Les chromosomes correspondent au niveau maximal de condensation de la chromatine et ne sont visibles qu'au cours des divisions cellulaires. Au microscope électronique, il est possible de voir des états plus ou moins condensés de cette chromatine interphasique, avec une formation en collier de perles, de 11 nm, constituée d'une molécule d'ADN entourant régulièrement des protéines. Cette structure peut s'enrouler en spirale par regroupement des « perles ». Le niveau maximal de condensation est permis par association de cette forme en spirale à une charpente protéique.

Cette compaction permet à une molécule d'ADN, de quelques millions de paires de bases, soit d'une taille moyenne de l'ordre du millimètre, d'être présente dans un noyau qui est mille fois plus petit, de l'ordre de quelques micromètres.

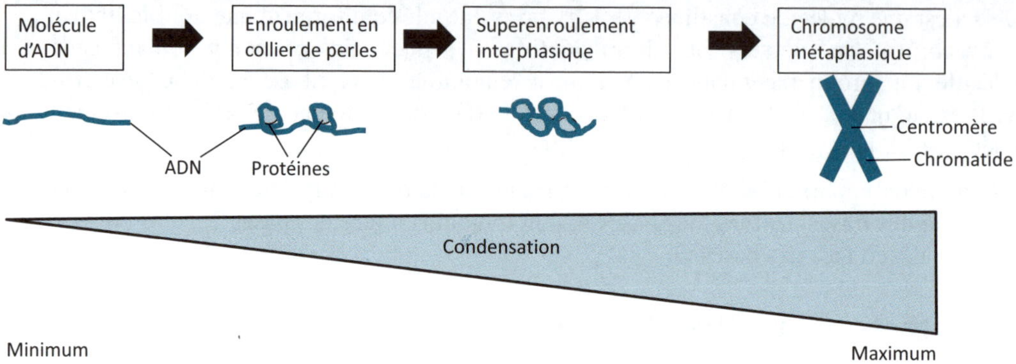

Les niveaux de compaction de l'ADN

2 Les divisions cellulaires

Selon la cellule étudiée, la division cellulaire cellulaire peut aboutir :

- à la production de deux cellules filles identiques à la cellule mère : il s'agit d'une **mitose** ;
- à la production de quatre cellules filles ne contenant qu'une partie de l'information génétique de la cellule mère : il s'agit d'une **méiose**.

a. Une division conforme : la mitose

Définition

La **mitose** est une division cellulaire conforme qui permet la production de deux cellules filles génétiquement identiques à la cellule mère.

Chez les organismes eucaryotes pluricellulaires, la mitose se déroule principalement dans les **tissus somatiques**, ceux qui sont à l'origine de tous les tissus sauf les gamètes. Cette division cellulaire se déroule en 4 phases :

- en **prophase**, les chromosomes à deux chromatides sont visibles suite à leur condensation et l'enveloppe nucléaire disparaît dans les cellules animales et végétales ;
- en **métaphase**, les cellules s'alignent sur la plaque équatoriale de la cellule grâce à un fuseau mitotique qui se fixe sur les centromères des chromosomes ;
- en **anaphase**, les chromatides sœurs de chaque chromosome sont séparées et migrent vers les pôles de la cellule ;
- en **télophase**, les chromosomes à une chromatide sont regroupés dans un noyau et le cytoplasme des deux cellules filles est séparé par **cytodiérèse**.

Aux mutations près, les cellules portent exactement la même information génétique que la cellule mère, ce sont des **clones**.

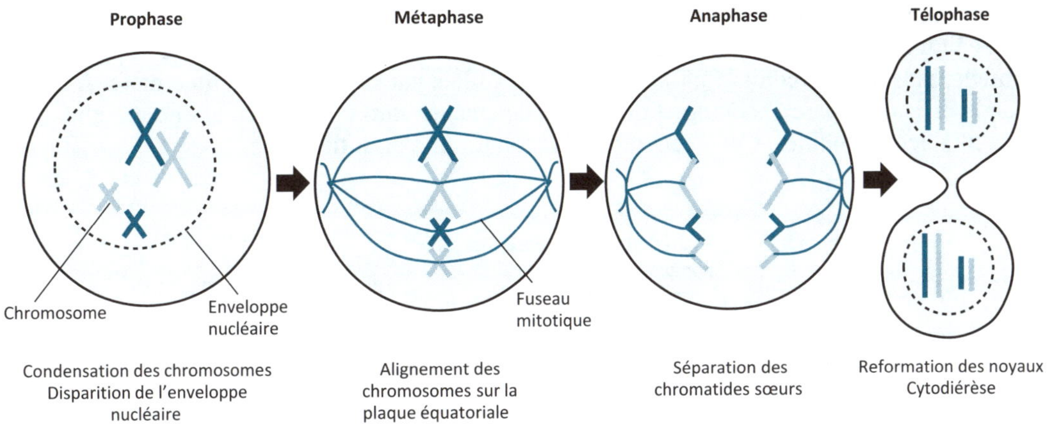

Les étapes de la mitose

b. Une division non conforme : la méiose

Définitions

La **méiose** est une division cellulaire non conforme qui aboutit à la formation de quatre cellules filles haploïdes à partir d'une cellule mère diploïde.

La **ploïdie** correspond au nombre d'exemplaires de chaque chromosome dans une cellule eucaryote. Une cellule **haploïde** possède chaque chromosome en un seul exemplaire tandis qu'une cellule **diploïde** possède chaque chromosome en deux exemplaires. Les différents exemplaires d'un même chromosome sont des **chromosomes homologues**.

La méiose réduit la ploïdie des cellules

Chez les animaux, dont l'espèce humaine, la méiose est une division cellulaire qui se produit dans la **lignée germinale** et qui permet la formation des gamètes. Elle est constituée de deux divisions successives, chacune découpée en 4 phases :

- en prophase I, il y a condensation des chromosomes et association des chromosomes homologues par paires ;
- la métaphase I correspond à la disposition des paires de chromosomes homologues de part et d'autre de la plaque équatoriale grâce au fuseau de division ;
- l'anaphase est la séparation des chromosomes homologues et migration des chromosomes vers les pôles des cellules ;
- la télophase I est la séparation du cytoplasme et la formation de deux cellules filles ;
- en prophase II, les chromosomes sont condensés ;
- en métaphase II, les chromosomes sont alignés par le fuseau de division sur la plaque équatoriale ;
- l'anaphase II correspond à la séparation des chromatides sœurs ;
- La télophase II est la cytodiérèse et la formation des cellules filles.

Lors de la première division, il y a séparation des chromosomes homologues, chaque cellule fille reçoit un seul exemplaire de chaque chromosome. On qualifie cette division de **réductionnelle**, puisqu'elle réduit la ploïdie des cellules filles par rapport à la cellule mère. La seconde division sépare les chromatides sœurs de chaque chromosome, ce qui ne modifie pas la ploïdie des cellules. Cette deuxième division est dite **équationnelle**.

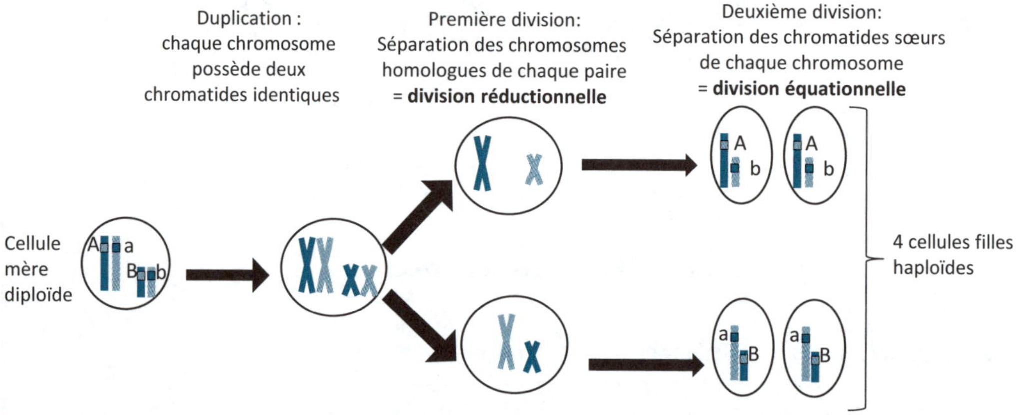

Les étapes de la méiose

La méiose est à l'origine d'un brassage génétique

En prophase I, l'appariement des chromosomes homologues entraîne régulièrement la formation de **chiasmas**, visibles au microscope, à l'origine d'échanges de fragments de chromosomes homologues ou **crossing-over**. La conséquence est la modification des combinaisons alléliques portées par les chromatides concernées. Il y a un brassage **génétique intrachromosomique** par recombinaison.

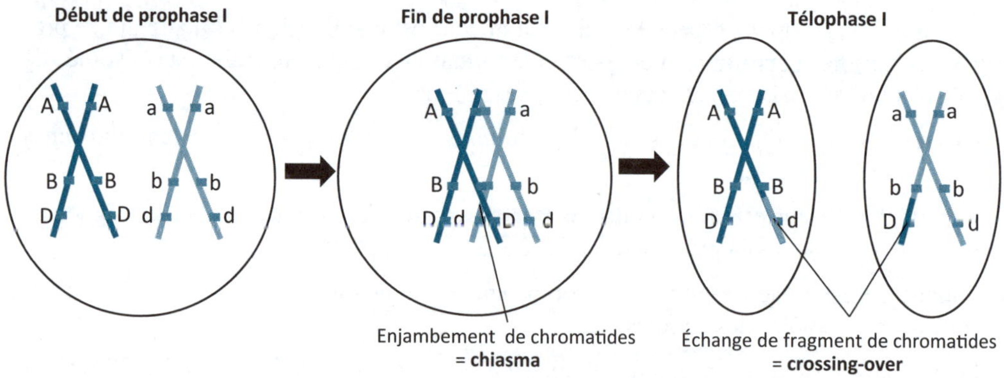

Le brassage intrachromosomique

En anaphase I, la séparation aléatoire des chromosomes homologues de chaque paire est à l'origine d'un **brassage interchromosomique**.

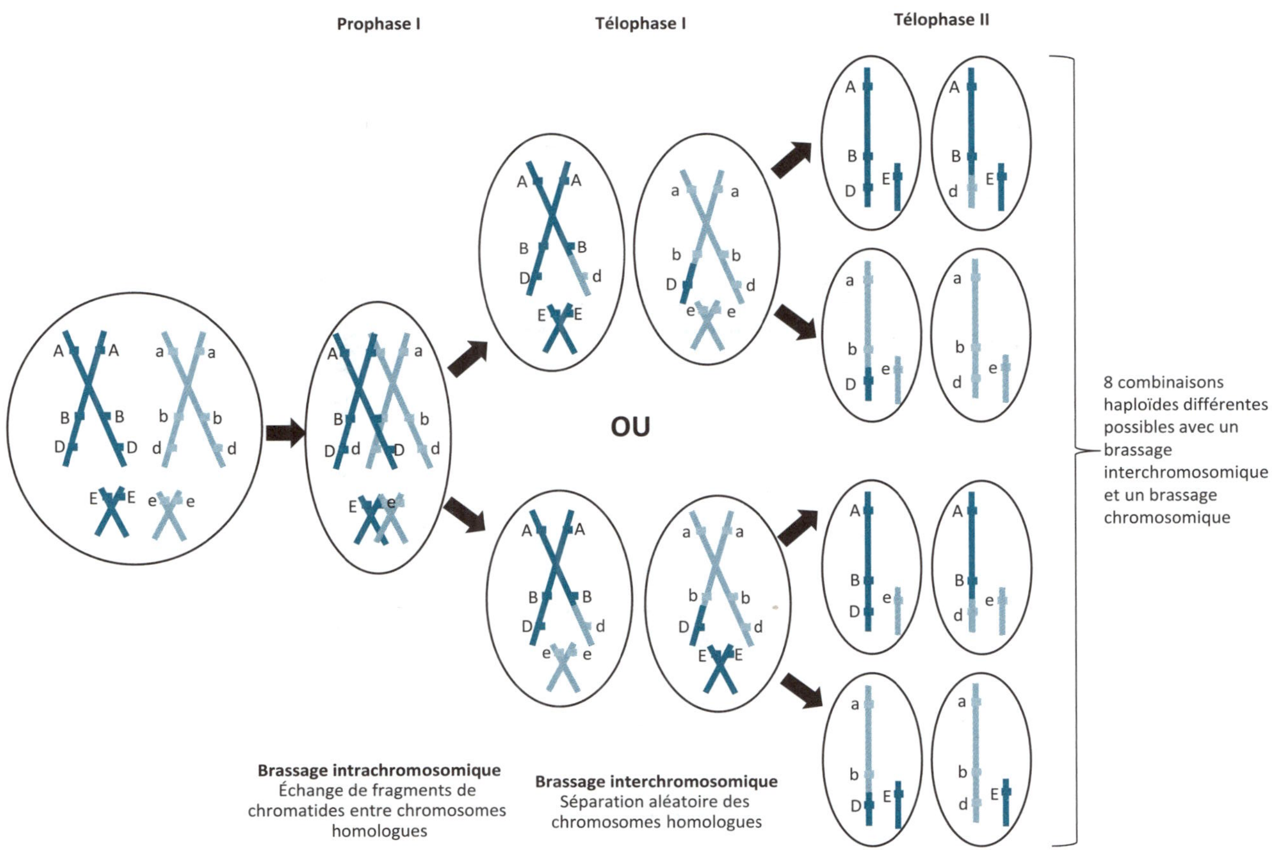

Les brassages génétiques induits par la méiose

L'ensemble de ces brassages est à l'origine d'une grande diversité des cellules haploïdes qui peuvent être produites à partir d'une même cellule diploïde : la transmission n'est pas conforme.

S'il y a « n » crossing-over par méiose et « p » paires de chromosomes dans une cellule, il y a 2^{n+p} combinaisons alléliques différents possibles dans les cellules haploïdes.

Dans l'espèce humaine, cela fait plus de un milliard de possibilités par individu.

c. Une réplication en phase S précède les divisions cellulaires

Au début d'une division cellulaire, les chromosomes possèdent deux chromatides sœurs alors qu'il n'y en a qu'une seule par chromosome au début de l'interphase. La quantité d'ADN est doublée par **réplication semi-conservative** au cours de la phase S de l'interphase. Ce mécanisme repose sur l'ouverture de la double hélice d'ADN par une enzyme, l'ADN polymérase, qui synthétise un brin nouveau brin par complémentarité des bases avec le brin matrice.

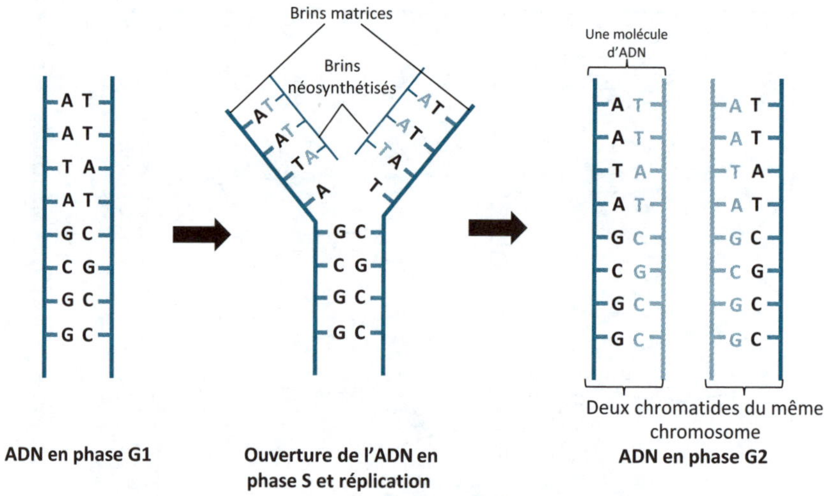

La réplication semi-conservative de l'ADN

Cours

2 La génétique moléculaire

1 Les acides nucléiques

Il existe dans les cellules deux types d'acides nucléiques : l'ADN et l'ARN. Si l'ADN est constitué de deux molécules enroulées, l'ARN est composé d'un seul brin. Les bases azotées ne sont pas les mêmes, ainsi que leur localisation dans les cellules et leur rôle.

Comparaison ADN/ARN chez les eucaryotes

	ADN	ARN
Nombre de brins	Double brin	Simple brin
Sucre présent	Désoxyribose	Ribose
Bases azotées	A, T, C, G	A, U, C, G
Taille moyenne	Quelques millions à quelques milliards de nucléotides	Quelques dizaines à quelques milliers de nucléotides
Localisation	Noyau	Noyau et cytoplasme
Réaction de synthèse	Réplication	Transcription
Rôle	Support de l'information génétique	Relai entre le noyau et le cytoplasme, permet la synthèse des protéines
Condensation	Variable au cours du cycle cellulaire	Pas de condensation au sens strict

L'ADN stocké dans le noyau, permet la synthèse d'ARN en interphase au cours de la **transcription** de certaines parties codantes de l'ADN, nommées **gènes**. Les ARN synthétisés sont transportés vers le cytoplasme et permettent la synthèse de protéines au cours de la **traduction**.

2 La transcription

Définition

La **transcription** est le processus de synthèse des ARN par complémentarité des nucléotides à partir d'une portion de séquence d'ADN codante nommée gène.

Chez les eucaryotes, la transcription a lieu dans le noyau. L'**ARN polymérase**, une enzyme, reconnaît un gène et copie le brin transcrit par complémentarité des nucléotides, le nucléotide U s'appariant avec le nucléotide A.

Les ARN peuvent subir une maturation dans le noyau, c'est-à-dire des modifications de sa structure, par exemple l'élimination d'une ou plusieurs parties de la séquence. Suite à cette **maturation**, les ARN sont exportés dans le cytoplasme à travers les pores nucléaires du noyau.

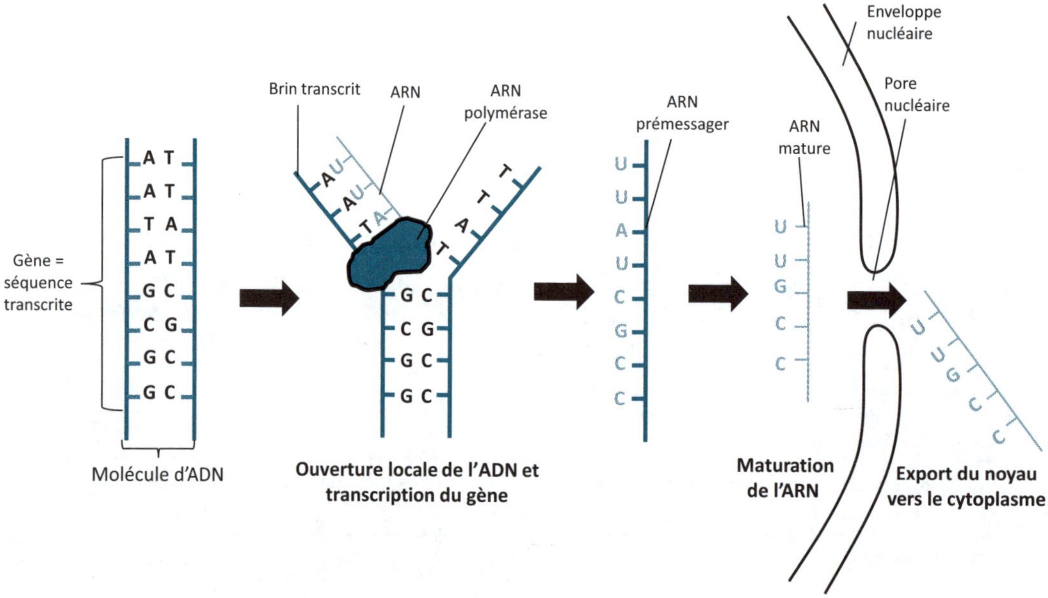

La transcription et la maturation des ARN

3 Le code génétique et la traduction

Certains des ARN, nommés ARN messagers et notés ARNm, sont traduits en protéines. Une **protéine** est une molécule constituée d'une séquence d'acides aminés et qui réalise des fonctions dans la cellule, comme les enzymes. Il existe 20 acides aminés différents dans les protéines des cellules pour seulement 4 nucléotides différents par acide nucléique. Chaque protéine, de par sa séquence unique, possède un rôle dans la cellule ou l'organisme.

Définitions

La **traduction** est le processus de synthèse des protéines à partir d'un ARNm grâce au ribosome.

Le **code génétique** est un système de correspondance qui permet d'associer à un triplet de nucléotides d'un ARNm, ou **codon**, un acide aminé. Ce code génétique est universel.

La synthèse des protéines est réalisée par des **ribosomes** qui se fixent sur l'ARNm et le parcourent. Les ribosomes convertissent l'information portée par l'ARN messager, sous la forme de codons successifs non chevauchants, en une information fonctionnelle qui est la séquence en acides aminés d'une protéine. Cette séquence détermine la fonction de la protéine.

Cette conversion de l'information repose sur un **code génétique** qui associe un acide aminé à un codon. Un **codon** étant un triplet de nucléotides, il existe soixante-quatre codons pour seulement vingt acides aminés. Plusieurs codons codent pour le même acide aminé, le code génétique est **redondant**. Trois codons ne codent pour aucun acide aminé et déclenchent la fin de la traduction, ce sont des **codons stop**.

Le tableau du code génétique

Première lettre	Deuxième lettre : U		Deuxième lettre : C		Deuxième lettre : A		Deuxième lettre : G		Troisième lettre
U	UUU	Phe	UCU	Ser	UAU	Tyr	UGU	Cys	U
	UUC		UCC		UAC		UGC		C
	UUA	Leu	UCA		UAA	Codons stop	UGA	Codon stop	A
	UUG		UCG		UAG		UGG	Trp	G
C	CUU	Leu	CCU	Pro	CAU	His	CGU	Arg	U
	CUC		CCC		CAC		CGC		C
	CUA		CCA		CAA	Gln	CGA		A
	CUG		CCG		CAG		CGG		G
A	AUU	Ile	ACU	Thr	AAU	Asn	AGU	Ser	U
	AUC		ACC		AAC		AGC		C
	AUA		ACA		AAA	Lys	AGA	Arg	A
	AUG	Met	ACG		AAG		AGG		G
G	GUU	Val	GCU	Ala	GAU	Asp	GGU	Gly	U
	GUC		GCC		GAC		GGC		C
	GUA		GCA		GAA	Glu	GGA		A
	GUG		GCG		GAG		GGG		G

Les acides aminés sont souvent identifiés par une abréviation à trois lettres, par exemple Val pour valine ou Asn pour asparagine.

4 Les étapes de la traduction

Après une phase d'initiation pendant laquelle le ribosome se fixe sur l'ARN et se déplace jusqu'à un codon initiateur AUG, l'élongation se fait par la lecture des codons successifs, non chevauchants, et la synthèse de la protéine par ajout successif d'acides aminés. La traduction cesse et le ribosome se détache de l'ARNm lorsqu'il arrive à un codon stop.

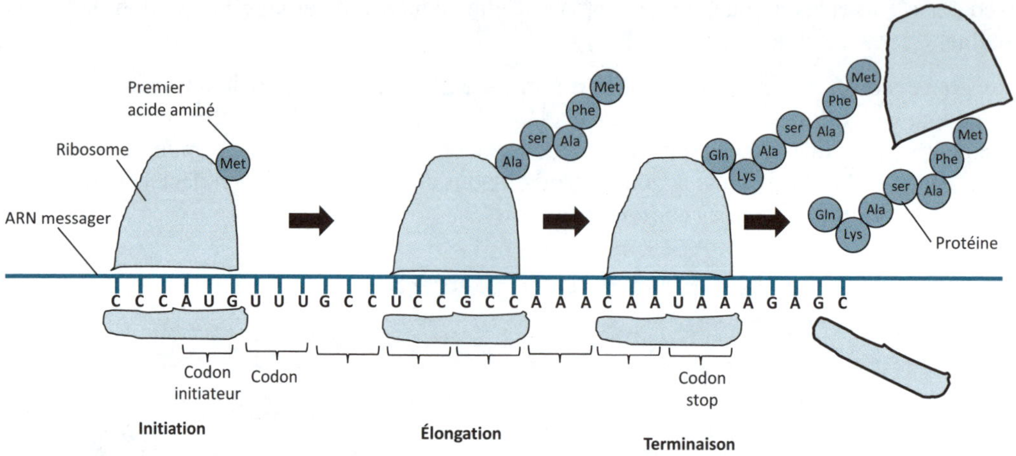

Les étapes de la traduction

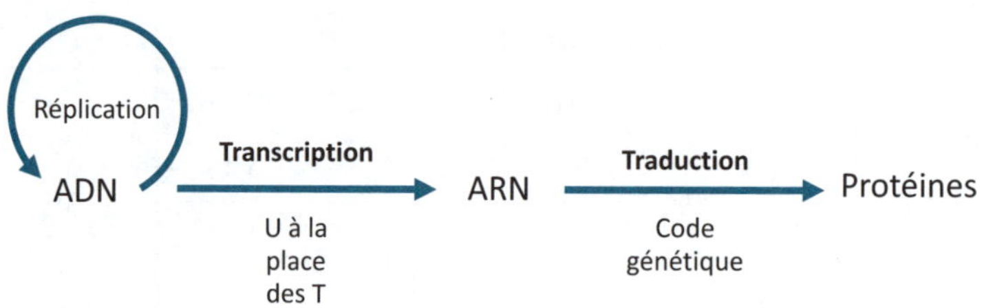

Résumé des liens entre ADN, ARN et protéines

5 Les mutations ponctuelles

Tous les caractères de l'organisme peuvent exister sous différentes formes, par exemple la couleur d'un tissu, ou la forme des oreilles pour des caractères bien visibles. Ces différences sont la conséquence soit d'une différence dans l'information génétique portée par les individus, soit d'une influence de l'environnement.

Définitions

Une **mutation** est une modification de la séquence d'ADN d'une cellule. Une mutation est **ponctuelle** lorsqu'il s'agit de la modification d'un ou de quelques nucléotides. Lorsqu'un fragment de chromosome identifiable au microscope est modifié (raccourcissement, allongement ou modification du nombre de chromosomes), il s'agit d'une **mutation chromosomique**.

Les mutations sont à l'origine des différentes versions existantes dans une population d'un même gène que l'on nomme les allèles. Les mutations ponctuelles peuvent apparaître de trois manières :

- certaines mutations apparaissent par modification spontanée des bases azotées, ce qui change la complémentarité entre les bases azotées ;
- certaines mutations apparaissent au cours de la réplication, suite à des erreurs de copie par complémentarité des nucléotides par l'ADN polymérase ;
- certaines mutations enfin résultent de modifications chimiques des bases induites par des agents mutagènes comme les rayonnements ultraviolets, certains produits chimiques ou des radiations radioactives. Ces agents mutagènes augmentent la fréquence d'apparition des mutations.

Ces mutations ponctuelles peuvent être des **substitutions** (un nucléotide est remplacé par un autre), des **délétions** (des nucléotides sont supprimés dans la molécule d'ADN) ou au contraire des **insertions**.

La plupart des mutations sont réparées grâce à des **enzymes de réparation** de l'ADN. Celles-ci reconnaissent l'ADN endommagé et catalysent la modification de la séquence du brin modifié. C'est ce qui explique la très faible fréquence d'apparition des mutations dans les cellules eucaryotes, de l'ordre de 10^{-9}, ce qui signifie une mutation environ pour un milliard de nucléotides copiés.

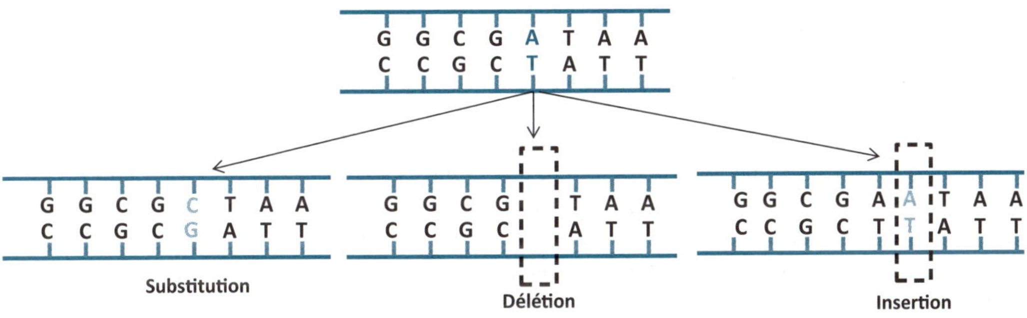

La diversité des mutations ponctuelles

Les conséquences des mutations ponctuelles sur le phénotype sont variables. Dans le cas de mutations dans les séquences codantes de l'ADN, on distingue :

- les **mutations silencieuses**, qui codent le même acide aminé du fait de la redondance du code génétique (ex. : une mutation qui remplacerait le codon CUU par CUA) ;
- les **mutations faux sens**, qui modifient un acide aminé de la protéine, ce qui peut modifier ou non sa fonction (ex. : la mutation à l'origine de la drépanocytose remplace un acide glutamique par une valine dans la protéine) ;
- les **mutations non sens**, qui entraînent l'apparition prématurée d'un codon stop, à l'origine d'une protéine tronquée souvent non fonctionnelle (ex. : cas de certaines β-thalassémie, à l'origine d'anémies graves) ;
- les mutations à l'origine de **décalage du cadre de lecture**. Comme les ribosomes lisent des triplets de nucléotides, toute délétion ou insertion qui n'est pas un multiple de trois modifie complètement la protéine synthétisée à partir de la mutation, ce qui entraîne une protéine généralement non fonctionnelle.

Les mutations ponctuelles et leurs conséquences

Type de mutation	Modification de l'ADN	Modification de l'ARN	Modification de la protéine
Substitution silencieuse	Modification d'une base dans le gène	Modification d'un codon mais code le même acide aminé	Protéine non modifiée, fonctionnelle
Substitution faux sens	Modification d'une base dans le gène	Modification d'un codon qui code un autre acide aminé	Protéine modifiée d'un acide aminé, peut changer de fonctionnement
Substitution faux sens	Mutation entraînant un codon stop dans la séquence codante	Apparition précoce d'un codon stop dans l'ARN	Protéine tronquée, non fonctionnelle
Insertion ou délétion	Séquence dont la longueur est modifiée	Modification de tous les codons à partir de l'insertion ou de la délétion	Protéine modifiée, souvent tronquée avec un codon stop précoce, non fonctionnelle

Les outils de la biologie moléculaire permettent de nos jours d'introduire des séquences d'ADN dans l'ADN de cellules d'un être humain ou d'un autre organisme. La **thérapie génique** consiste à modifier une séquence d'un gène pour introduire un allèle modifié chez un patient qui souffre d'une maladie d'origine génétique. L'introduction de cette mutation artificielle permet de restaurer un allèle fonctionnel chez le patient et donc de le guérir. Lorsqu'il s'agit d'introduire une nouvelle séquence d'ADN pour modifier le fonctionnement d'un organisme ou lui donner de nouvelles propriétés, par exemple la résistance à un pesticide, la mutation artificiellement introduire est à l'origine d'un organisme génétiquement modifié ou **OGM**.

6 La technique d'amplification de l'ADN par PCR

Les connaissances sur la structure de l'ADN et les enzymes de sa réplication ont permis de développer des techniques de biologie moléculaire pour multiplier des séquences d'ADN.

La **PCR** (*Polymerase Chain Reaction*, ou Réaction de Polymérisation en Chaîne) est une technique qui permet de copier de manière successive et à l'identique un fragment d'ADN. L'utilisation de cette technique repose sur l'utilisation d'une ADN polymérase de la bactérie *Thermus aquaticus*, qui fonctionne à haute température, ce qui permet d'amplifier de manière spécifique une séquence d'intérêt. Elle repose sur la répétition d'un cycle de trois étapes permettant de doubler à chaque cycle le nombre de copies de l'ADN étudié :

- une **dénaturation** par séparation des deux brins d'ADN à une température de 95 °C ;
- une **hybridation** avec des amorces à une température qui dépend des amorces choisies, ce qui permet à l'ADN polymérase de n'amplifier que l'ADN présent entre ces amorces ;
- une phase d'**élongation** à 72 °C, qui permet à l'ARN polymérase de catalyser la synthèse du nouveau brin à partir des brins matrices et de l'amorce hybridée sur chaque brin.

Cette technique est couramment employée dans la police scientifique pour identifier des suspects, en recherche fondamentale ou appliquée pour obtenir des séquences d'ADN en quantité suffisante, ou dans les tests cliniques pour rechercher des maladies génétiques ou la présence de certains virus.

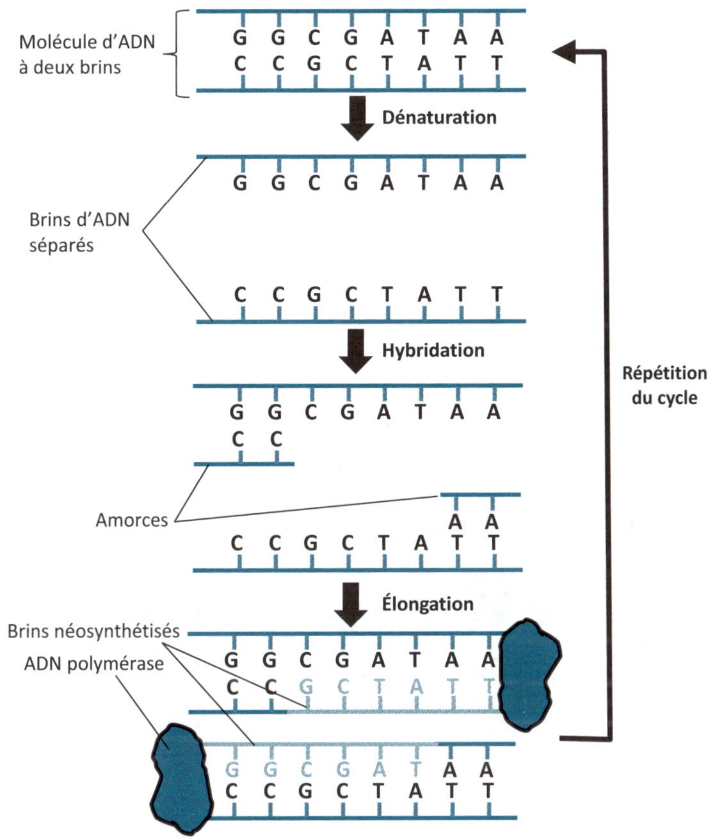

Les étapes de la PCR

3 Cours
L'hérédité humaine

1 Le caryotype

Les études de la transmission de caractères héréditaires ou de maladies génétiques ont longtemps reposé sur l'étude des caryotypes. Un **caryotype** est l'arrangement de l'ensemble des chromosomes d'une cellule. À partir de cellules bloquées en métaphase de mitose grâce à des produits chimiques qui bloquent la mise en place du fuseau de division, des photos sont réalisées et les chromosomes, après coloration, sont ordonnés du plus grand au plus petit et regroupés par paires. Ceci permet d'identifier le caryotype d'un individu et notamment d'y détecter une éventuelle anomalie chromosomique.

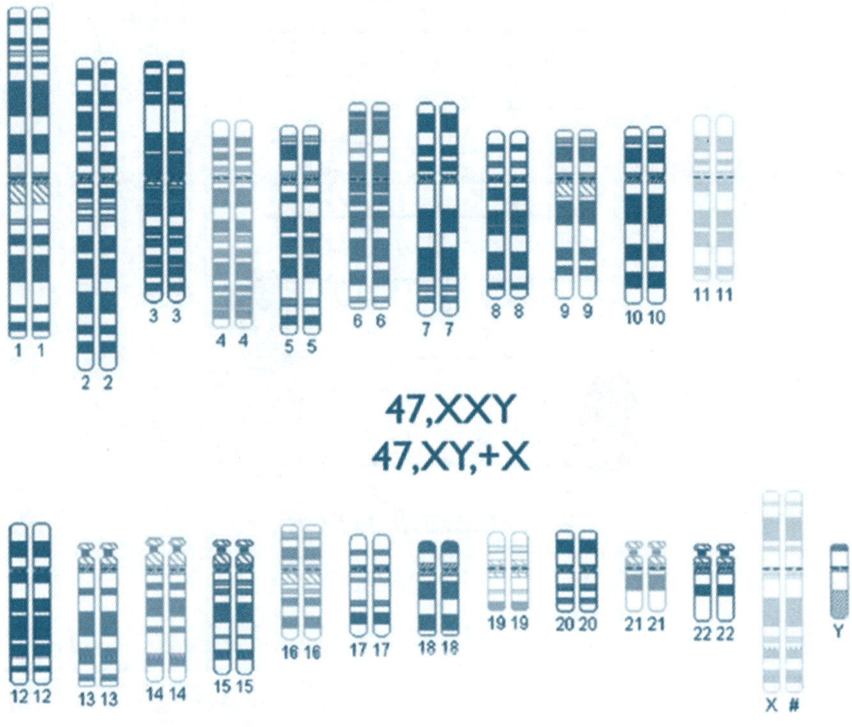

Représentation d'un caryotype pour un syndrome de Klinefelter

2 Le génome, le génotype, un gène et des allèles

L'hérédité humaine consiste à étudier la transmission des caractères dans la population humaine. Elle repose à la fois sur des approches anciennes mais encore couramment utilisées, par exemple en diagnostic prénatal, comme l'étude du caryotype, mais aussi sur le séquençage et l'analyse du génome humain.

Définitions

Le **génome** est l'ensemble des molécules d'ADN d'une cellule et l'information génétique qu'elles portent.

Le **génotype** correspond aux allèles portés par une cellule pour un phénotype donné, donc pour un ou quelques gènes.

Le **phénotype** est l'état d'un caractère ou de l'ensemble des caractères d'un individu. Il peut être défini à différentes échelles et peut concerner aussi bien des caractéristiques macroscopiques, que cellulaires ou moléculaires.

Un **gène** est un fragment d'ADN transcrit en ARN à l'origine de tout ou partie d'un caractère. Un gène peut coder une protéine, mais pas forcément.

Les différentes versions d'un gène, codant une version différente d'un caractère, sont des **allèles**, ce sont donc des séquences d'ADN différentes d'un même gène.

Comprendre la transmission d'un caractère implique donc de déterminer le ou les gènes impliqués, de recenser la diversité des allèles existants et leurs conséquences phénotypiques, et l'influence de l'environnement sur le phénotype étudié pour connaître l'importance de la composante génétique par rapport à la composante environnementale dans un phénotype donné.

Lorsque l'on étudie des croisements en laboratoires ou lors de l'étude de familles pour étudier l'hérédité d'un caractère ou d'une maladie, des conventions sont utilisées dans l'écriture :

- l'allèle le plus répandu ou dominant est noté en majuscule ou avec l'indice « + » (ex. : A, vg^+) ;
- l'allèle récessif est noté en minuscule ;
- un génotype s'écrit entre parenthèses (ex. : (A//B) est le génotype d'un individu de groupe sanguin AB), avec l'allèle récessif en dessous, chaque trait représente le chromosome porteur de l'allèle étudié ;
- un phénotype s'écrit entre crochets (ex. : [AB] est le phénotype d'un individu de groupe sanguin AB).

Le phénotype correspond à ce qui est visible et ne reflète pas forcément son génotype. Un individu de groupe sanguin A a pour phénotype [A] mais peut avoir comme génotype (A//A) ou (A//O) car l'allèle A est dominant sur l'allèle O. Un individu est dit **homozygote** s'il possède deux fois le même allèle pour un gène donné, sinon il est **hétérozygote**.

Lorsque plusieurs gènes sont étudiés, ces derniers peuvent être portés soit par le même chromosome, ce sont alors des **gènes liés**, soit portés par des chromosomes différents, ces gènes sont alors **indépendants**. Par convention, les gènes liés sont représentés sur un même trait de fraction, alors que les gènes indépendants sont séparés par des points-virgules.

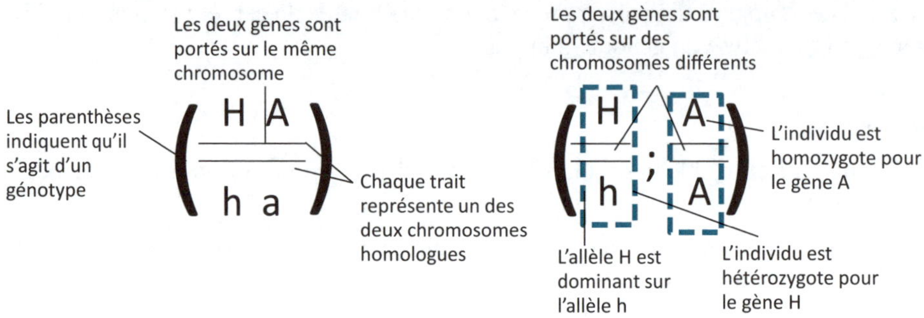

Convention d'écriture pour les génotypes

3 Du génotype au phénotype

Le phénotype résulte au moins en partie selon les caractères étudiés de l'expression du génome, c'est-à-dire de la production des protéines ou des ARN à partir de l'information génétique portée par l'ADN.

Le génotype que possède l'individu pour un caractère donné détermine les protéines qu'il possède. Les protéines sont à l'origine du phénotype moléculaire de l'individu. Elles participent au fonctionnement d'une cellule et déterminent ainsi le phénotype cellulaire. Chez les organismes pluricellulaires comme les humains, la présence de ces cellules au sein de tissus et d'organes est à l'origine du phénotype macroscopique de l'organisme.

Un caractère peut dépendre soit d'un seul gène (ex : le groupe sanguin, A, B ou O dépend du gène ABO existant sous trois formes alléliques), soit de plusieurs gènes (cas de la pigmentation de la peau). De nombreux traits de caractère dépendent à la fois des allèles possédés par les individus, mais aussi de l'environnement : par exemple, la pigmentation de la peau dépend à la fois des allèles possédés, mais aussi de l'exposition aux rayonnements ultraviolets.

Les différentes échelles du phénotype, exemple de la drépanocytose

	Phénotype moléculaire	Phénotype cellulaire	Phénotype macroscopique (organe)	Phénotype macroscopique (organisme)
Phénotype sain	Séquence d'acide aminé fonctionnelle Hémoglobine HbA soluble	Globule rouge en forme de disque biconcave	Oxygénation normale des tissus	Vie normale
Phénotype modifié	Séquence modifiée (substitution d'un acide aminé) Hémoglobine HbS qui forme des fibres en absence de dioxygène	Hématie en forme de faucille à cause des fibres d'hémoglobines	Douleurs articulaires	Fièvres, anémies, mortalité précoce

4 Transmission des maladies héréditaires

Les humains sont des organismes diploïdes, ils possèdent donc deux allèles, identiques ou différents, pour chaque gène considéré.

Un allèle dont la présence en un seul exemplaire détermine ou modifie le phénotype est un **allèle dominant**, tandis qu'un allèle qui ne détermine le phénotype que lorsqu'il est présent en deux exemplaires est un **allèle récessif**. Deux allèles qui modifient conjointement le phénotype sont des **allèles codominants**.

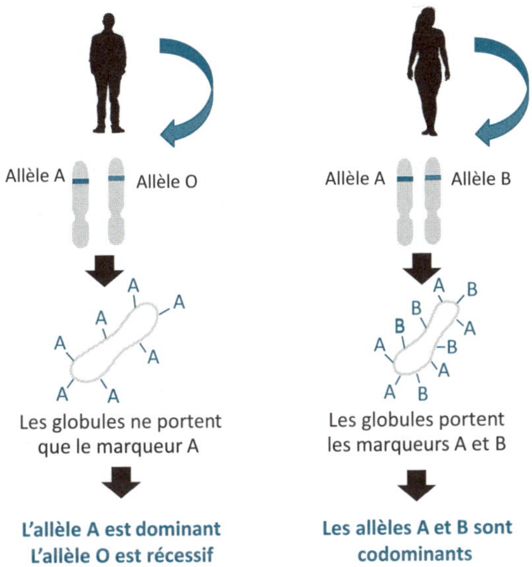

Dominance, récessivité et codominance des allèles

L'étude des arbres généalogiques d'une famille permet d'identifier le caractère dominant ou récessif d'une maladie génétique. Il permet aussi de déterminer si le gène est porté par les **chromosomes sexuels** (X ou Y) ou par les **autosomes** (chromosomes non sexuels). Les maladies d'origine génétique les mieux étudiées sont les maladies qui dépendent d'un seul gène, mais souvent un caractère du phénotype dépend de nombreux gènes.

Une maladie déterminée par un allèle récessif apparaît typiquement chez un enfant alors que ces parents ne semblent pas malades. Elle n'apparaît pas chez un enfant si un des parents est malade et que l'autre parent n'est pas porteur de la maladie.

Une maladie portée par le chromosome Y ne peut toucher que les individus masculins d'une famille. Une maladie portée par le chromosome X est à l'origine de la maladie de manière systématique chez un garçon porteur de ce chromosome. C'est plus variable chez les femmes car un des deux chromosomes est inactivé aléatoirement dans les cellules, donc la maladie ne se traduit pas forcément dans le phénotype ou avec une moindre gravité.

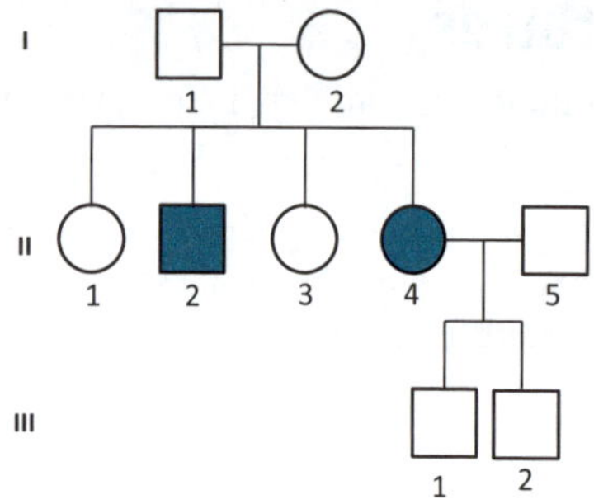

Maladie autosomale récessive : la mucoviscidose

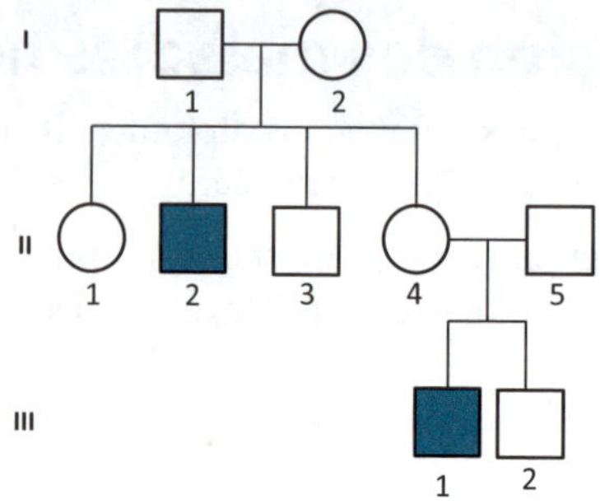

Maladie liée au chromosome X récessive : l'hémophilie A

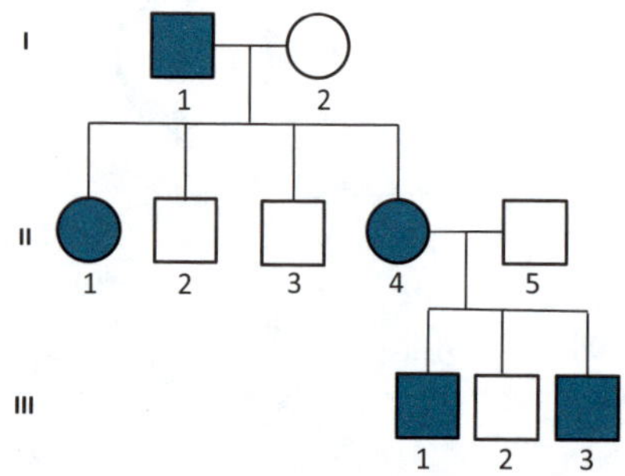

Maladie liée au chromosome X dominante : syndrome de l'X fragile

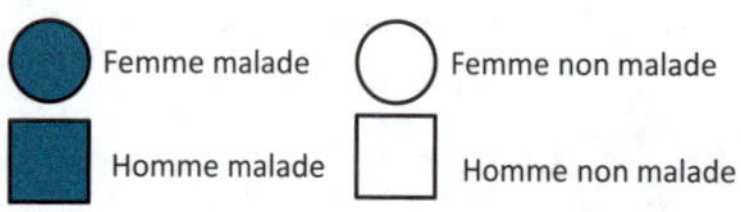

Arbre généalogique de quelques maladies génétiques

Si un caractère héréditaire est un caractère transmis, il n'est pas forcément d'origine génétique car les parents transmettent aussi des éléments extrachromosomiques à leur descendance. Le microbiote de la mère est ainsi transmis en partie aux enfants lors de l'accouchement, et n'est pas le même lors d'un accouchement par les voies naturelles ou par césarienne. Il en est de même lors de l'alimentation, l'allaitement au sein entraînant un microbiote différent chez l'enfant que lors d'un allaitement au biberon. La prédisposition à certaines maladies, qui peuvent sembler héréditaires, dépend du microbiote de l'individu, hérité en partie de ses parents.

4 Cours
Anatomie des appareils reproducteurs, gamétogenèse et fécondation

1 Le fonctionnement des appareils reproducteurs

a. Le fonctionnement cyclique de l'appareil génital féminin

Les **ovaires** ont un stock d'ovules déterminé à la naissance. À partir de la puberté, chaque ovaire émet à tour de rôle, de manière cyclique, un ovule au cours de l'**ovulation**. Lorsqu'il n'y a plus d'ovule, l'appareil génital féminin cesse son activité : c'est la **ménopause**.

En plus de l'activité cyclique des ovaires, ou **cycle ovarien**, il existe une variation cyclique des parois de la muqueuse utérine, ou **cycle utérin**. Le cycle commence au premier jour des règles, ou menstruation, qui correspond à l'élimination d'une grande partie de la muqueuse utérine. Il y a une régénération de la muqueuse utérine et la mise en place de nombreux vaisseaux sanguins. En absence de fécondation, cette muqueuse est alors éliminée et un nouveau cycle commence.

La durée d'un cycle varie grandement d'une femme à l'autre, au cours de sa vie et selon son environnement. Il peut durer de 20 à 36 jours avec une moyenne autour de 28 jours.

b. Le fonctionnement de l'appareil génital masculin

La production des spermatozoïdes a lieu dans les **tubes séminifères** à l'intérieur des **testicules** de la puberté jusqu'à la mort de l'individu. Les spermatozoïdes sont des cellules mobiles qui sont libérées avec du **liquide séminal**, formant ainsi le sperme, au cours de l'éjaculation. Le liquide séminal est produit par la prostate et les vésicules séminales.

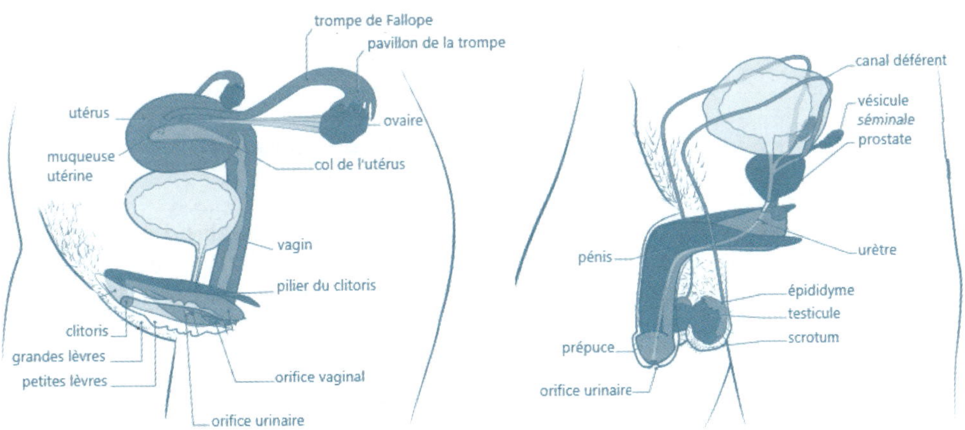

Organisation des appareils génitaux féminin et masculin

2 Le cycle de développement de l'espèce humaine

Les cellules de la **lignée germinale**, à l'origine des gamètes, se situent dans les **gonades**, respectivement les ovaires chez les femmes et les testicules chez les hommes. Ces cellules germinales sont des cellules mères diploïdes à l'origine des gamètes par méiose et différenciation des cellules.

Les **ovogonies** sont les cellules mères des ovules. À chaque cycle, plusieurs **follicules**, assemblage d'un ovocyte et de cellules folliculaires qui l'entraînent, entrent dans une phase de maturation, mais un seul ovocyte devient mature au sein d'un follicule mûr. Ce follicule libère l'ovocyte dans les trompes lors de l'ovulation. Il est bloqué en métaphase II de méiose et ne poursuit sa méiose qu'en cas de fécondation.

Les **spermatogonies** sont les cellules mères des spermatozoïdes dans les parois des tubes séminifères. Ces cellules se divisent par mitose, ce qui permet de maintenir un pool de spermatogonies, au contraire des ovocytes, et seule une partie des spermatogonies entre en méiose. Ceci permet une production continue de spermatozoïdes à partir de la puberté.

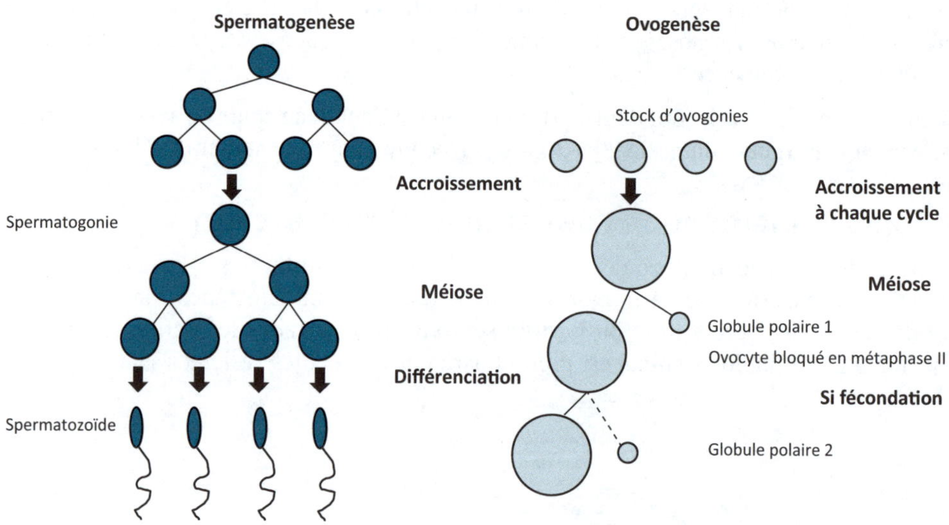

La gamétogenèse dans l'espèce humaine

Les gamètes sont des **cellules haploïdes**. La **fécondation** est à l'origine d'une cellule œuf diploïde. La construction de l'embryon et de l'organisme jusqu'à l'âge adulte se fait par des mitoses, ce qui maintient l'état diploïde dans chaque cellule de l'organisme au cours du cycle de développement.

L'alternance entre méiose et fécondation est à l'origine d'une alternance entre la présence d'un organisme diploïde et de gamètes haploïdes au cours du cycle de développement, maintenant le caryotype d'une génération à la suivante.

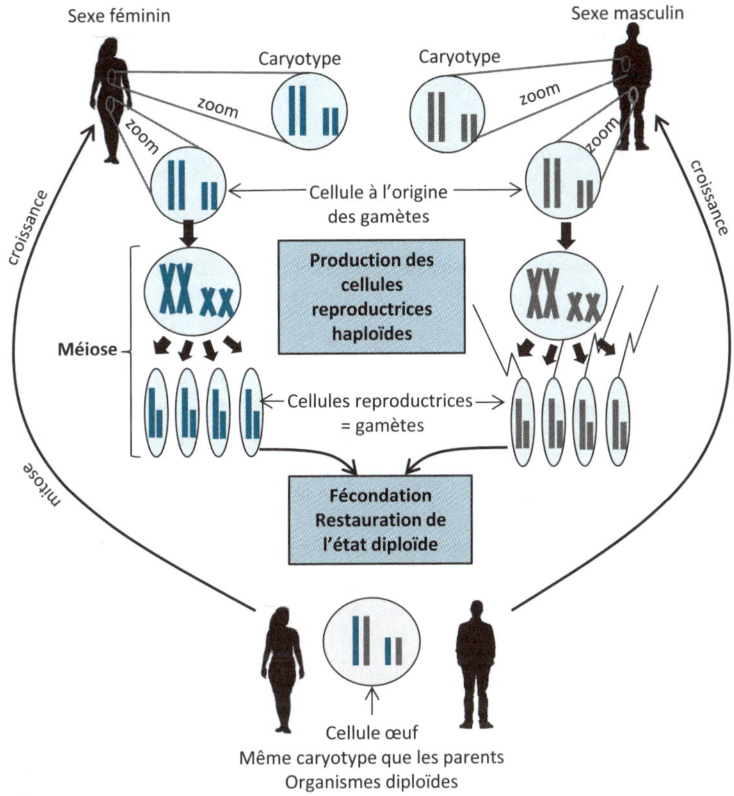

Reproduction sexuée et cycle de développement

3 De la fécondation à l'accouchement

a. La fécondation

Après un rapport sexuel, plusieurs centaines de millions de spermatozoïdes sont libérés dans le vagin. Quelques centaines franchissent le col de l'utérus puis la cavité utérine jusqu'aux **trompes de Fallope**. S'il y a eu ovulation, un ovule et quelques spermatozoïdes se rencontrent dans les trompes. Un seul spermatozoïde fusionne avec l'ovule, donnant un embryon.

b. La nidation et la grossesse

Cet embryon progresse dans la trompe grâce aux cellules ciliées qui s'y trouvent jusqu'à s'implanter dans la muqueuse utérine au cours de la **nidation**. Au bout de quelques semaines, un **placenta** se met en place, permettant à l'embryon de prélever les nutriments et le dioxygène nécessaires à ses cellules directement dans le sang de sa mère. Au bout de 9 mois de développement, les contractions de l'utérus provoquent un accouchement après plusieurs heures de travail.

4 La reproduction est contrôlée par des hormones

Définition

Une **hormone** est une molécule, produite par une glande endocrine, libérée dans le sang et qui agit sur des cellules cibles en modifiant leur activité.

La production de spermatozoïdes chez les hommes est permise grâce à la **testostérone**, une hormone produite dans les testicules par les cellules de Leydig.

Le développement de la muqueuse utérine chez les femmes est contrôlé par des **hormones ovariennes**, les **œstrogènes** et la **progestérone**. Avant l'ovulation, le follicule qui mûrit dans l'ovaire produit principalement de l'œstradiol, qui finit par déclencher l'ovulation. Après l'ovulation, le follicule se transforme en corps jaune dans l'ovaire et produit de la progestérone. Le taux de cette hormone chute au bout de 14 jours ce qui déclenche, en absence de fécondation, les règles.

La chute du taux de progestérone permet à nouveau à un follicule de l'ovaire de produire de l'œstradiol.

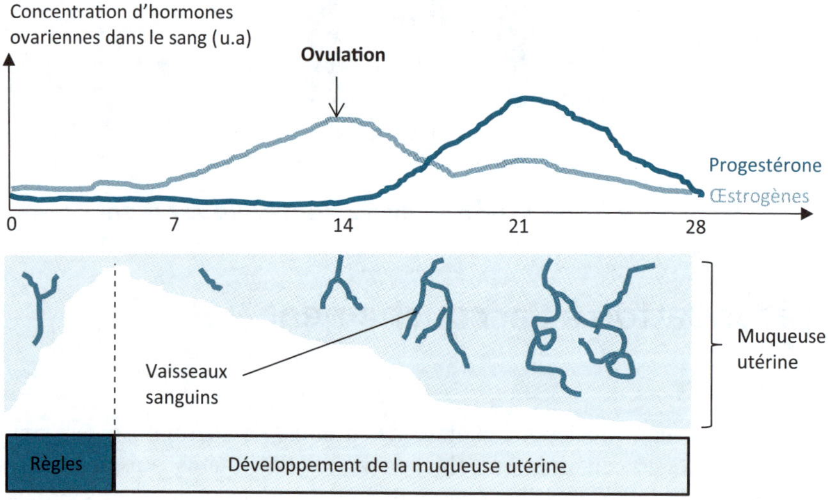

Variation des taux d'hormones ovariennes au cours du cycle féminin

Les hormones sexuelles, sécrétées par les ovaires, sont sous le contrôle du **complexe hypothalamao-hypophysaire**, situé dans le cerveau. L'hypothalamus sécrète une neurohorme, la **GnRH**, qui stimule la sécrétion de **FSH** et de **LH** par l'hypophyse. Ces hormones stimulent les gonades :

- FSH stimule la gamétogenèse et la maturation des follicules ;
- LH déclenche l'ovulation et permet la transformation du follicule en corps jaune après l'ovulation.

Ces hormones contrôlent la sécrétion des hormones sexuelles dans le sang, ce qui contrôle la quantité de FSH et de LH, on parle de **rétrocontrôle**.

Cours

5 L'organisation du système immunitaire

1 Le soi et le non-soi

Le système immunitaire est un ensemble de molécules, cellules et organes qui reconnaissent les cellules de l'organisme et qui éliminent les éléments étrangers. Le principe de la reconnaissance des cellules du **soi** (les cellules de l'organisme) et du **non soi** (les autres cellules) repose sur l'existence de protéines propres à chaque individu à la surface des cellules, marqueurs de l'identité des cellules appartenant à un même organisme : les molécules du **complexe majeur d'histocompatibilité (CMH)**. L'existence de ces protéines et leur reconnaissance par le système immunitaire expliquent que la réponse immunitaire soit dirigée uniquement vers les cellules différentes de celles de l'organisme ou les cellules infectées.

Les molécules du CMH ont de plus la particularité de présenter à leur surface des fragments de protéines présentes dans leur cytoplasme, ou **antigènes**, ce qui permet aux acteurs de l'immunité de repérer les cellules infectées ou les cellules cancéreuses.

Définition

Un **antigène** est une partie d'une molécule du non soi reconnue par une cellule ou une molécule du système immunitaire et déclenchant une réponse. Chaque élément du non soi porte à sa surface plusieurs antigènes qui peuvent être reconnus par le système immunitaire.

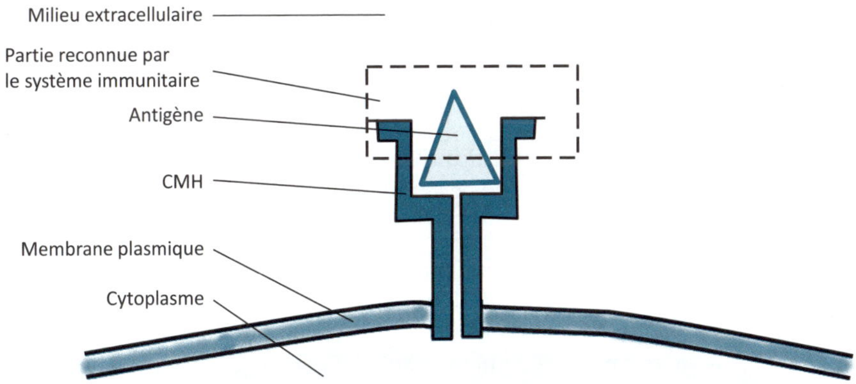

Les antigènes et le CMH

2 Les acteurs de l'immunité

Il existe une diversité d'organes, cellules et molécules impliquées dans le fonctionnement du système immunitaire. Les organes lymphoïdes sont à l'origine de la production des cellules du système immunitaire ou de leur maturation :

- les **organes lymphoïdes primaires** comme la moelle osseuse ou le thymus sont à l'origine de la production des leucocytes et de leur maturation, les lymphocytes B étant maturés dans la moelle osseuse et les lymphocytes T dans le thymus ;
- les **organes lymphoïdes secondaires** sont les ganglions dans lesquels les lymphocytes matures sont stockés. La lymphe circulant permet aux cellules sentinelles et aux macrophages de présenter des antigènes à ces lymphocytes, ce qui déclenche ou non une réponse immunitaire adaptative.

Les cellules du système immunitaire sont des **leucocytes**, ou globules blancs. On peut distinguer trois grandes familles de cellules immunitaires :

- les **cellules sentinelles** ou **cellules dendritiques**, présentes dans tous les tissus et qui reconnaissent de manière non spécifique tous les éléments du non soi ;
- les cellules de l'immunité innée, principalement les **macrophages** qui phagocytent les éléments du non soi et les **granulocytes** qui émettent des médiateurs chimiques à l'origine de la réaction inflammatoire ;
- les cellules de l'immunité adaptative, principalement les **lymphocytes B et T**, qui, après reconnaissance spécifique, sont responsables de la destruction ciblée de l'élément du non soi.

Les molécules de l'immunité reposent sur trois catégories de molécules :

- les **molécules du CMH**, présentes sur toutes les cellules de l'organisme et qui permettent la présentation d'antigènes aux cellules du système immunitaire ;
- les molécules effectrices comme récepteurs des lymphocytes T et B, qui permettent aux lymphocytes soit d'être sélectionnés et de se différencier, soit d'agir sur les cellules libres ou éléments étrangers à éliminer, comme les anticorps ou les composés cytotoxiques émis par les lymphocytes T cytotoxiques ;
- les **médiateurs chimiques ou interleukines**, qui permettent le recrutement des cellules immunitaires, d'inhiber la prolifération de certains pathogènes et d'induire la différenciation des cellules immunitaires.

Les **anticorps** sont des protéines sécrétées par des plasmocytes, qui sont des lymphocytes B différenciés. Constitués de deux chaînes lourdes et de deux chaînes légères, reliées entre elles par des liaisons faibles, les anticorps possèdent un domaine constant (qui ne change pas d'un anticorps à l'autre) et un domaine variable à l'origine de leur spécificité de reconnaissance d'un antigène donné.

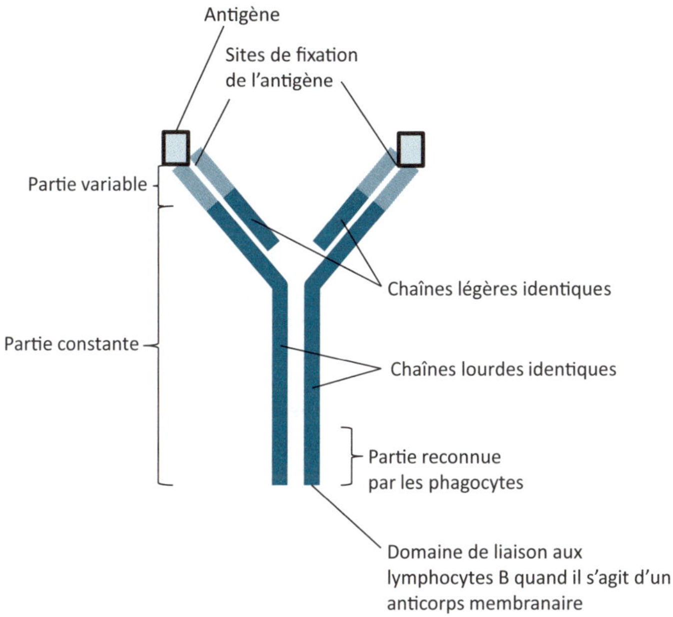

Structure d'un anticorps

3 Les caractéristiques et les étapes de l'immunité innée

La réponse immunitaire est un mécanisme de reconnaissance très conservé dans l'évolution qui repose sur une dizaine de types cellulaires différents avec des récepteurs de surface capables de reconnaître une diversité de motifs étrangers partagés par de nombreux organismes. Il s'agit de la première ligne de défense de l'organisme. Les cellules dendritiques, présentes dans tous les tissus, reconnaissent des éléments étrangers. Elles sécrètent alors des médiateurs chimiques de l'inflammation ou interleukines qui activent le recrutement de macrophages et mastocytes vers le lieu de l'infection. Ceci est à l'origine des symptômes stéréotypés de la **réaction inflammatoire** :

- **Rougeur** liée à la vasodilatation locale des vaisseaux sanguins ;
- **Chaleur** et **gonflement** du fait de l'apport sanguin accru et du passage de liquide plasmatique du sang vers les tissus inflammés ;
- **Douleur** suite à l'activation des neurones nociceptifs par les interleukines.

Les macrophages sont des cellules capables de phagocytose sur le site de l'infection, donc l'internalisation et la digestion des pathogènes. Cette réponse immunitaire innée suffit la plupart du temps pour arrêter l'infection.

En cas d'inflammation prolongée, les cellules phagocytaires et les cellules dendritiques activées migrent par les vaisseaux lymphatiques jusqu'aux ganglions lymphatiques. Ceci prépare le déclenchement de l'immunité adaptative.

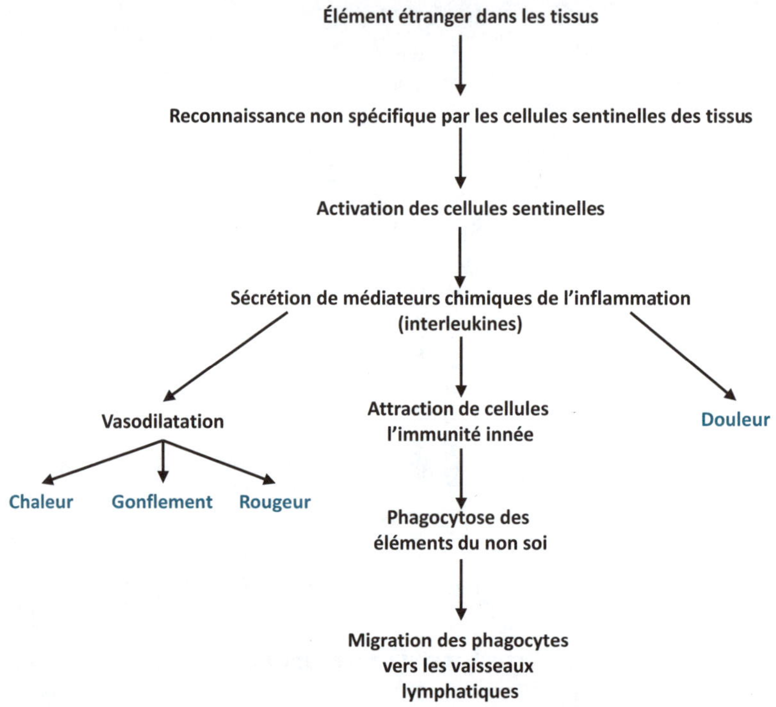

Les étapes de la réaction inflammatoire

4 Les caractéristiques et les étapes de l'immunité adaptative

Lorsque la réaction inflammatoire ne suffit pas à arrêter l'infection, il se met en place une **réponse immunitaire adaptative** par les **lymphocytes**.

a. La sélection, l'amplification clonale et la différenciation

Les cellules de la réponse immunitaire innée qui ont migré dans les ganglions lymphatiques jouent le rôle de cellules présentatrices de l'antigène. Comme leur nom l'indique, elles présentent des antigènes des éléments du non soi sur leurs molécules du CMH aux lymphocytes T présents dans les ganglions. Les lymphocytes possédant des récepteurs T capables de former un complexe avec cet ensemble antigène-CMH sont sélectionnés et se multiplient spécifiquement : c'est l'étape de **sélection** et d'**amplification clonale**. Ces clones vont ensuite se différencier :

- les **lymphocytes T CD4** se différencient en **lymphocytes T auxiliaires** sécréteurs d'interleukines. Ces derniers sont indispensables à la différenciation des lymphocytes B et des lymphocytes T CD8 ;
- les lymphocytes T CD8 sélectionnés se différencient en lymphocytes T cytotoxiques ;
- une partie des lymphocytes T CD4 et CD8 se différencient en cellules mémoires, capables de se différencier en lymphocytes T auxiliaires ou cytotoxiques dès la reconnaissance de l'antigène sur des molécules du CMH.

Les **lymphocytes B** sont capables de reconnaître grâce à leurs anticorps membranaires les antigènes libres dans le sang, sans qu'ils figurent sur des molécules de CMH. Cette reconnaissance dans le sang déclenche une sélection et une amplification clonale comme pour les lymphocytes T. Sous l'action des interleukines sécrétées par les lymphocytes T auxiliaires, les lymphocytes B se différencient en **plasmocytes** sécréteurs d'anticorps pour partie et en lymphocytes B mémoire pour une autre partie.

b. La phase effectrice de l'immunité adaptative

Les anticorps se fixent à l'antigène et entraînent la formation de **complexes immuns** qui neutralisent les agents qui ont déclenché la réponse adaptative. Ces complexes sont éliminés grâce aux phagocytes qui possèdent à leur surface des récepteurs spécifiques de la partie constante des anticorps.

Les **lymphocytes T cytotoxiques**, après avoir reconnu des cellules infectées grâce à une interaction récepteur-CMH porteur de l'antigène, sécrètent des substances chimiques qui déclenchent la lyse des cellules. Les débris cellulaires sont éliminés par phagocytose également.

Il existe donc une coopérativité entre l'immunité innée et l'immunité adaptative, à la fois dans l'activation de la réponse adaptative mais aussi dans l'élimination des pathogènes une fois l'action de l'immunité adaptative terminée.

Les **cellules mémoires** permettent une réponse plus rapide et quantitativement plus importante en cas de second contact avec le même antigène. C'est l'existence de ces cellules mémoire qui a permis le principe de vaccination et son efficacité dans la prévention contre certaines infections.

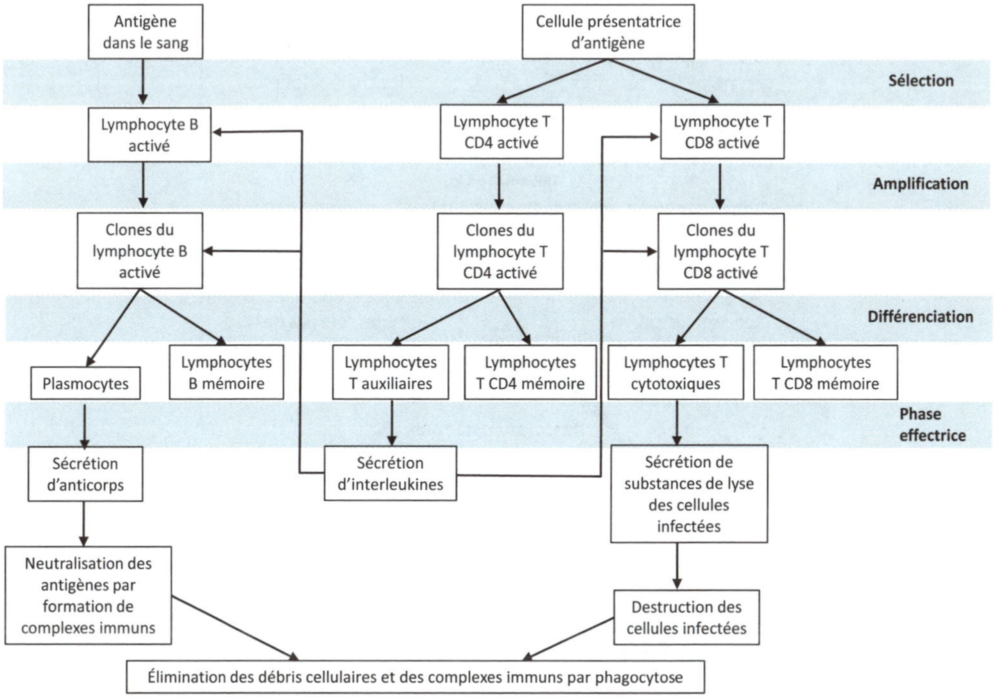

Les étapes de l'immunité adaptative

Epreuve écrite d'admissibilité n° 2 : Biologie/SVT

c. L'origine de la diversité des récepteurs de l'immunité adaptative

Alors qu'il n'existe que 21 000 gènes environ dans le génome humain, la réponse immunitaire adaptative permet de générer des millions de lymphocytes différents grâce à des mécanismes spécifiques qui engendrent des combinaisons de gènes et de protéines composites. Dans le cas des anticorps, molécules solubles sécrétées par les plasmocytes et neutralisants les éléments du non soi, leur diversité s'explique par les mécanismes suivants :

- les anticorps sont formés de deux chaînes lourdes et de deux chaînes légères, une chaîne lourde pouvant être associée à plusieurs chaînes légères, ce qui crée une première diversité ;
- les portions d'ADN codant pour les chaînes lourdes et légères sont des fragments de gènes qui subissent des recombinaisons génétiques au cours de la différenciation des lymphocytes, entraînant la formation d'une séquence génétique unique à partir d'une diversité de segments variables.

Il en résulte un nombre très élevé de combinaisons possibles, ce qui permet de reconnaître une très grande diversité d'antigènes.

Cette grande diversité générée de manière aléatoire peut très bien amener des cellules du système immunitaire à reconnaître des éléments du soi comme étant des éléments étrangers. Une sélection s'effectue dans les organes lymphoïdes primaires en éliminant tous les lymphocytes capables de reconnaître le soi. Si ces cellules échappent à ce système de sélection, le système immunitaire peut alors réagir contre des cellules de l'organisme : il se développe une **maladie auto-immune**.

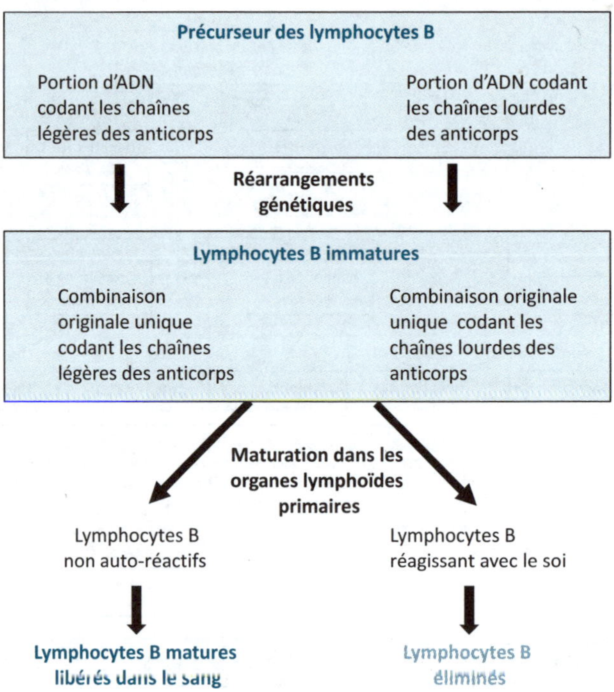

Les mécanismes à l'origine de la diversité des lymphocytes B

Cours

6 Variations génétiques et santé

1 Altération du génome et cancérisation

Définition

Un **cancer** est une maladie mortelle caractérisée par la prolifération non contrôlée de cellules qui se regroupent en amas formant des **tumeurs**.

a. L'origine de la cancérisation

Le cycle cellulaire est un phénomène contrôlé. Sous l'effet de mutations, les cellules peuvent se mettre à proliférer de manière non contrôlée. Si ces cellules sont normalement détruites par l'organisme, certaines peuvent survivre et se multiplier. Cette prolifération clonale sur place est à l'origine d'un amas cellulaire appelée tumeur.

La transformation d'une cellule saine en cellule cancéreuse est la **cancérisation**. Les tumeurs ne sont pas héréditaires, même s'il peut exister des prédispositions génétiques à leur apparition, comme pour le cancer du sein par exemple. Cette cancérisation est la conséquence de l'accumulation progressive de **mutations** dans une **cellule somatique** qui finit par posséder trois caractéristiques :

- une forme d'**immortalité** tant qu'elle peut puiser des ressources dans le milieu, c'est-à-dire qu'elle conserve la capacité à se diviser alors que la plupart des cellules finissent par la perdre lors du vieillissement ;
- une **transformation** qui entraîne la perte progressive de leur phénotype initial, rendant ces cellules non spécialisées alors que la plupart des cellules du corps humain sont spécialisées dans une fonction ;
- une capacité de **prolifération** accrue, imprévisible et non contrôlée des mitoses.

Les cellules de la tumeur émettent des messagers chimiques dans l'organisme à l'origine de la **vascularisation** de la tumeur. Cet apport sanguin permet l'apport en nutriments à ces cellules cancéreuses. Certaines cellules cancéreuses migrent dans le sang et se déposent dans d'autres tissus. Chaque cellule qui se dépose est à l'origine d'une nouvelle tumeur, ce sont les **métastases**.

Les agents mutagènes comme les UV ou certaines substances des cigarettes favorisent la cancérisation. Ainsi, en plus des facteurs génétiques et des agents mutagènes, les conditions de vie favorisent ou préviennent l'apparition de certains cancers (prédisposition aux cancers de la gorge dans les populations buvant rapidement et régulièrement du thé très chaud, etc.)

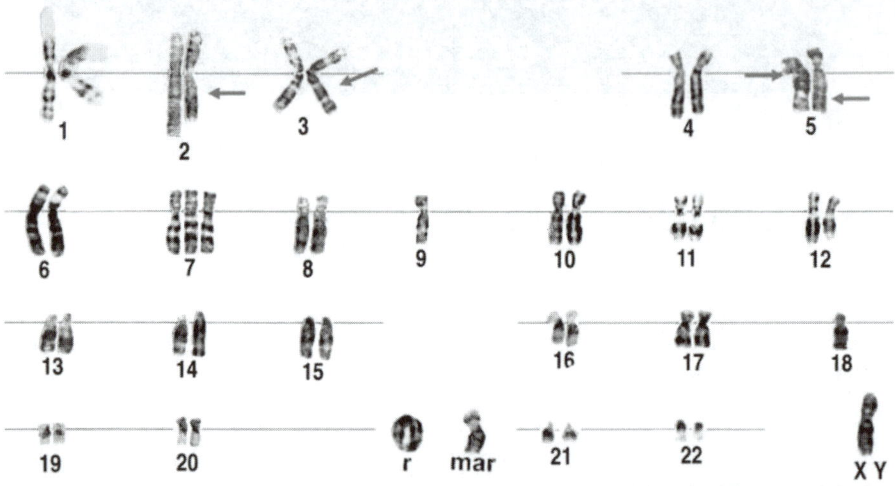

Exemple du caryotype d'une cellule cancéreuse, montrant les nombreuses mutations

b. Les moyens de protection contre les cancers

Les connaissances des causes d'apparition des cancers permettent d'envisager des mesures de protection contre les cancers :

- la protection contre les agents mutagènes, en limitant les risques d'exposition ou en développant des structures de protection (loi contre le tabagisme passif dans les lieux publics, port de badge de mesure d'exposition à la radioactivité en laboratoire, etc.) ;
- la prévention contre les agents mutagènes, en développant les messages d'information et de formation (campagne de prévention contre le tabagisme, information sur les risques de l'exposition prolongée aux rayonnements ultraviolets, etc.) ;
- une prévention avec un dépistage régulier d'un certain nombre de cancers selon les populations à risque et l'âge (mammographie, coloscopie, etc.) ;
- l'existence de traitements qui détruisent les cellules qui se multiplient de manière globale (chimiothérapie) ou de manière plus ciblée (radiothérapie, ablation chirurgicale, etc.) pouvant aboutir à des rémissions ou à ralentir l'avancée de la maladie.

2 Variation génétique bactérienne et résistance aux antibiotiques

Comme dans toutes les populations, l'existence de **mutations spontanées ou induites** par des agents mutagènes peut modifier certains **allèles** et être à l'origine de la résistance aux antibiotiques chez les bactéries.

Définition

Les **antibiotiques** sont des molécules capables de détruire des bactéries ou de bloquer leur multiplication, ce qui permet au système immunitaire de les éliminer. Un antibiotique n'agit que sur les bactéries, pas sur les virus ou les champignons.

Le recours à des antibiotiques sur une population bactérienne favorise les individus résistants à cet antibiotique s'ils sont présents. Cette **sélection** favorise leur prolifération car, pour une même quantité de ressources, il y a moins d'individus en compétition avec ces bactéries résistantes, puisqu'ils ont été éliminés du fait de leur sensibilité aux antibiotiques. En cas de nouvel usage d'antibiotiques, les quelques individus qui y seraient encore sensibles sont éliminés, il ne reste plus que des bactéries résistantes qui se multiplient. C'est ainsi qu'apparaît la résistance à un antibiotique.

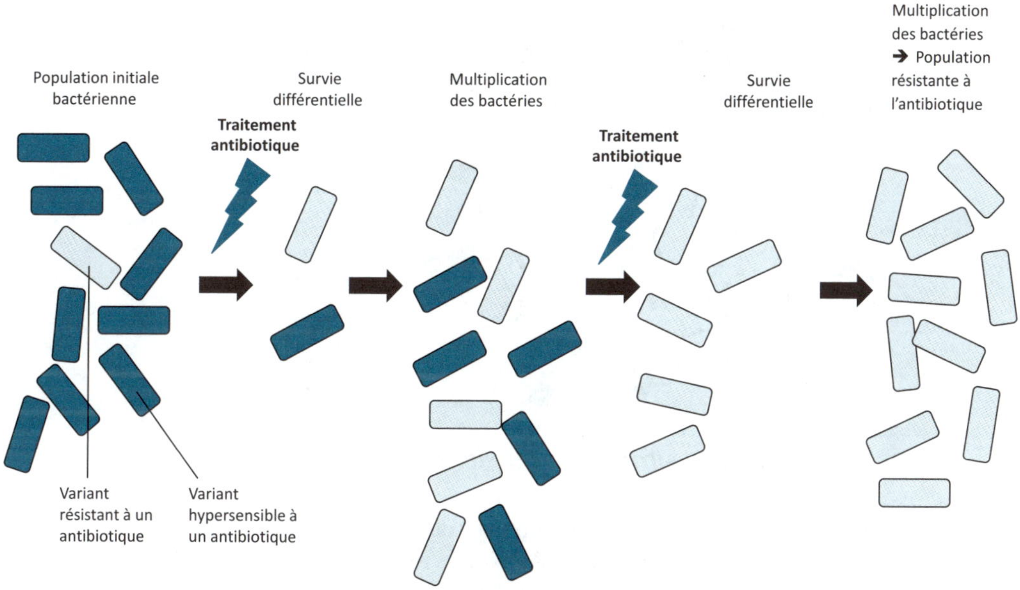

La sélection du phénotype antibiorésistant chez des bactéries

Le recours systématique à des antibiotiques en santé humaine ou dans les domaines agronomiques et vétérinaires, parfois à titre préventif, conduit à augmenter la fréquence de variants résistants dans les populations naturelles de bactéries. La diversité des antibiotiques utilisés aboutit à la sélection de formes résistantes simultanément à plusieurs antibiotiques.

Ceci est un enjeu majeur de santé publique car la diversité des antibiotiques disponibles est limitée. De nouvelles pratiques avec un usage plus raisonné des antibiotiques est à rechercher, tout comme la recherche d'alternatives afin de ne pas sursélectionner ces formes résistantes, notamment dans des populations de bactéries pathogènes.

L'antibiorésistance s'explique donc bien avec les mécanismes évolutifs et le concept de sélection naturelle.

3 Le virus de la grippe et les réponses de l'organisme

a. La structure et cycle viral de la grippe

Le virus de la grippe est un virus avec un génome constitué d'ARN enfermé dans une **capside** protéique. Cette capside est entourée d'une membrane plasmique appartenant initialement à la cellule hôte. Cette membrane porte deux types de protéines, l'**hémagglutinine H** et la **neuraminidase N**. Comme pour tout ensemble porteur d'un génome, il existe de nombreux allèles chez les virus grippaux codant pour ces deux protéines de surface. Chaque allèle a été nommé par une lettre correspondant à la protéine concernée et un nombre correspond à la forme allélique associée. C'est ce qui permet de nommer les différents variants de la grippe (ex. : le virus H1N1).

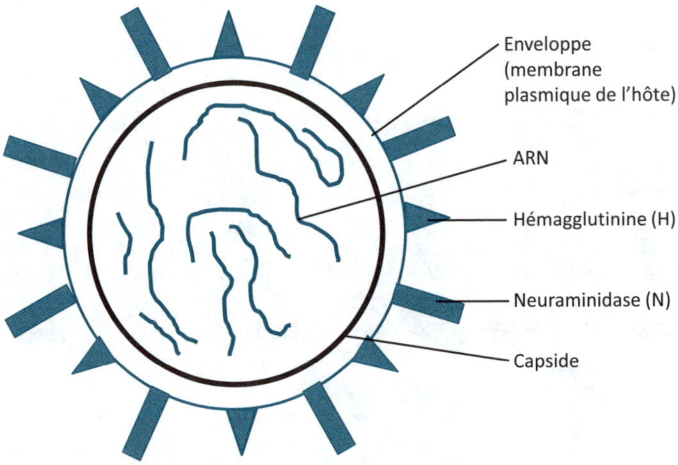

Structure simplifiée du virus de la grippe

Ces protéines H et N sont à l'origine de la reconnaissance des cellules cibles respiratoires par le virus et leur pénétration. Une fois les ARN du virus libérés dans les cellules, il y a détournement de la machinerie cellulaire par les ARN :

- les ARN se fixent sur les ribosomes, permettant la synthèse des protéines virales au détriment des protéines de la cellule hôte ;
- les protéines virales permettent la synthèse de nouveaux ARN viraux, épuisant les réserves en nucléotides de la cellule infectée.

Les nouveaux virus produits, ou virions, s'accumulent dans la cellule et sortent par bourgeonnement à partir de la membrane plasmique de la cellule infectée, ce qui finit de l'épuiser et déclenche sa lyse ou son atrophie par libération de nouveaux virus hors des cellules. Ce cycle viral permet la production de nombreux virus à partir d'une seule cellule infectée.

b. La réponse immunitaire suite à une infection par le virus de la grippe

Certains des virus circulants sont phagocytés par des macrophages ou des cellules sentinelles de manière non spécifique. Cette réponse constitue la réponse immunitaire innée, renforcée par la sécrétion de médiateurs chimiques de la réaction inflammatoire, ce qui recrute d'autres macrophages sur le site de l'infection.

Les macrophages présentent à leur surface des fragments des protéines digérées du virus sur des molécules du CMH. Elles deviennent des cellules présentatrices d'antigènes qui migrent vers les ganglions lymphatiques les plus proches. La sélection dans les ganglions lymphatiques de lymphocytes T CD4 et T CD8 permet l'amplification clonale de ces lymphocytes T en lymphocytes T auxiliaires et lymphocytes T cytotoxiques respectivement.

En parallèle la sélection de lymphocytes B capables d'interagir par leurs anticorps membranaires et leur différenciation en plasmocytes permet la présence d'anticorps circulant contre le virus de la grippe.

La réponse immunitaire adaptative permet l'élimination du virus de la grippe :

- les anticorps circulants se fixent sur les virus libres, empêchant de nouvelles infections et facilitant leur phagocytose par les macrophages ;
- les lymphocytes T cytotoxiques reconnaissent les cellules infectées qui présentent des particules virales via leur CMH et déclenchent leur lyse, les débris cellulaires étant également phagocytés.

La coopération entre l'immunité innée et l'immunité adaptative est à l'origine de l'élimination du virus de la grippe en quelques jours.

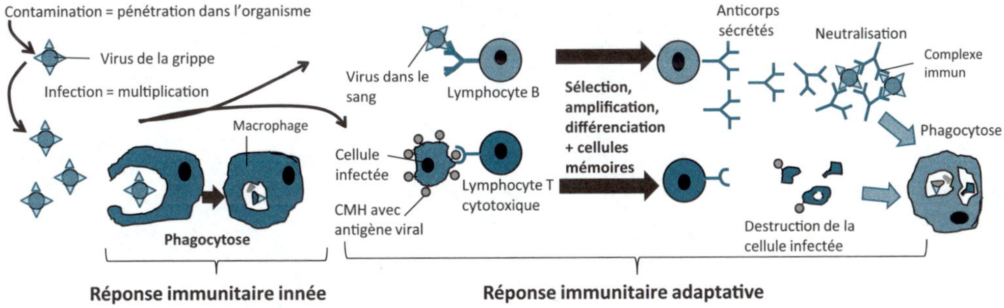

La réponse immunitaire simplifiée dans le cas de la grippe

QCM, QRC, problèmes

Chimie

(Salah Belazreg)

- Généralités sur les solutions aqueuses
- Les solvants usuels
- Strucure de l'atome
- Des atomes aux molécules
  Molécules et ions
- Réactions chimiques
- Réaction acides-bases en solution aqueuse
- Réactions d'oxydo-réduction
- Cinétique d'une réaction chimique
- Le noyau et les transformations nucléaires
- Représentation des molécules organiques
- Éléments de nomenclature
- Analyse qualitative des ions
- Spectroscopie UV – Visible et IR
- Dosage par étalonnage
- Suivi par indicateurs colorés, pH-métrie
- Chromatographie sur couche mince

Je remercie ma collègue, Madame Genaivre Isabelle, technicienne de laboratoire, pour son aide à la préparation des manipulations réalisées au Lycée Camille Guérin de Poitiers.

1 Cours
Généralités sur les solutions aqueuses

1 Étude des solutions

a. Étude structurale de l'eau

Structure de la molécule d'eau

La molécule d'eau H_2O est une molécule coudée et l'angle de liaison est $\widehat{HOH} = 104,5°$. La longueur d'une liaison O – H est d = 0,96 Å.

La molécule est polaire de moment dipolaire $\mu = 1,85$ D (1D (debye) $\simeq \frac{1}{3}.10^{-29}$ C.m).

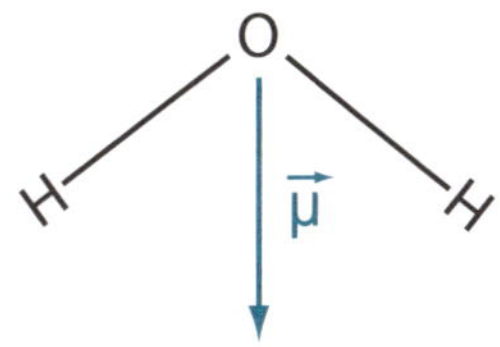

La liaison hydrogène

La liaison hydrogène est une liaison intermoléculaire attractive et beaucoup plus puissante que la force de Van der Waals. Sa longueur est de l'ordre de 2,5 à 3 Å.

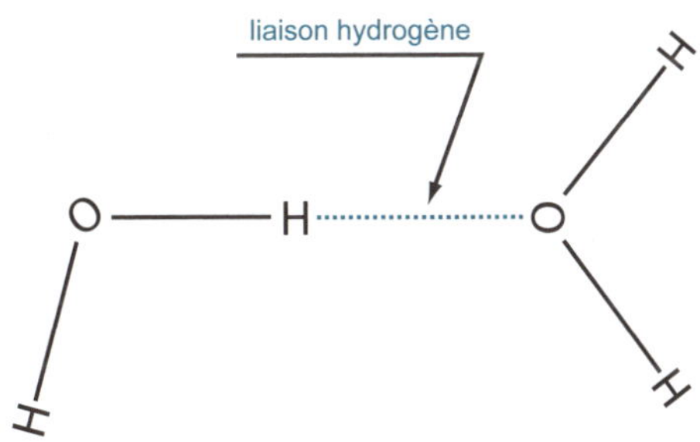

Elle est de nature électrostatique, environ 20 fois supérieure à une liaison de Van der Waals mais 20 fois inférieure à une liaison covalente.

Les trois états de l'eau

L'eau existe sous les trois états : l'état solide, liquide et gazeux.

L'existence d'une liaison hydrogène intermoléculaire entraîne des anomalies sur les propriétés physiques de l'eau. En effet, on observe une élévation des températures de fusion et d'ébullition.

Les graphes de la figure ci-après donnent les évolutions des températures de fusion et d'ébullition de quelques composés hydrogénés de type H_2X.

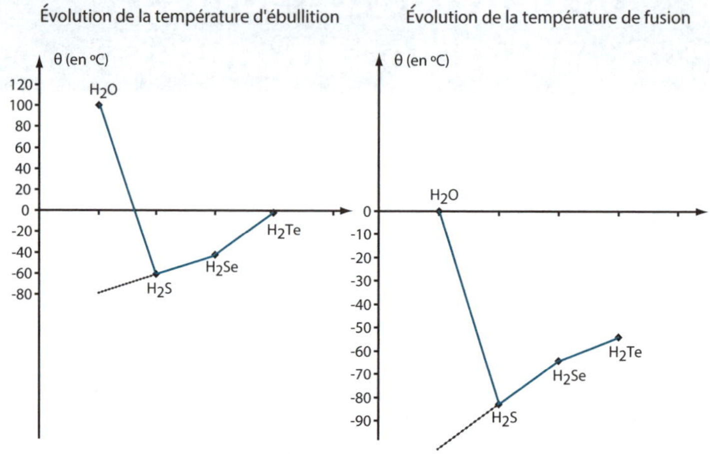

b. Les solutions

Une solution est obtenue par dissolution d'une ou plusieurs espèces chimiques, appelées solutés, dans un solvant (généralement l'eau).

Le soluté peut être solide, liquide ou gazeux, moléculaire ou ionique.

Une solution peut donc contenir des ions ou des molécules.

Le solvant est un liquide dans lequel on dissout le soluté. Lorsque le solvant est de l'eau, on parle de solution aqueuse.

Quelques exemples

- Dissolution du sucre (glucose solide) dans l'eau $C_6H_{12}O_{6(s)}$:

On obtient une solution sucrée qui est une solution aqueuse qui contient des molécules de glucose $C_6H_{12}O_{6(aq)}$.

- Dissolution du permanganate de potassium dans l'eau $KMnO_{4(s)}$:

On obtient une solution aqueuse colorée qui contient des ions permanganate $MnO^-_{4(aq)}$ et des ions potassium $K^+_{(aq)}$.

Solution saturée

Exemple

On ne peut pas dissoudre plus de 350 g de chlorure de sodium pour disposer d'un litre de solution à 25 °C.

Au-delà de cette masse, le chlorure de sodium ne se dissout plus.

2 Masse volumique d'un échantillon et densité

a. Masse volumique

La masse volumique ρ d'une espèce chimique A est égale au quotient de la masse m de l'espèce A par son volume V, soit :

$$\rho = \frac{m_{\text{échantillon}}}{V_{\text{échantillon}}} \qquad (1)$$

$(m_{\text{échantillon}}$ en kg, $V_{\text{échantillon}}$ en m^3 et ρ en $kg.m^{-3})$

Remarque

En chimie, on exprime souvent la masse volumique en $g.mL^{-1}$. On rappelle les correspondances :

$$1\ g.mL^{-1} = 1\ kg.\ L^{-1}\ \textit{et}\ 1000\ kg.\ m^{-3} = 1\ kg.\ L^{-1}$$

b. Densité

La densité d'une espèce chimique solide ou liquide s'obtient en divisant sa masse volumique par celle de l'eau.

$$d = \frac{\rho}{\rho_{eau}} \qquad (2)$$

$(\rho$ en $g.mL^{-1}$; $\rho_{eau} = 1{,}00\ g.mL^{-1}$ *et d sans unité*$)$

Exemple

$d_{eau} = 1{,}00$; $d_{\text{éthanol}} = 0{,}790$

La masse d'un volume V = 0,50 m^3 d'éthanol est :

m(éthanol) = $\rho_{\text{éthanol}} \times V = d_{\text{éthanol}} \times \rho_{eau} \times V$

Numériquement : m(éthanol) = $0{,}790 \times 1{,}00 \times 0{,}50 = 4{,}0.10^2$ kg

c. Fraction ou pourcentage massique

La fraction massique, ou pourcentage massique, $p(\text{A})$ d'un constituant A dans un mélange est le rapport de la masse $m(\text{A})$ de ce constituant à la masse m du mélange :

$$p(\text{A}) = \frac{\text{m(A)}}{\text{m}} \qquad (3)$$

(m(A) en g ; m en g et p(A) : pourcentage massique)

Exemple

Sur l'étiquette d'une bouteille d'acide chlorhydrique on lit les indications suivantes :

Densité : d = 1,19

Fraction massique, ou pourcentage massique : p = 36 %

La masse volumique de la solution est $\rho = d \times \rho_{eau}$

soit ρ = 1,19 × 1,00 = 1,19 $g.mL^{-1}$

Un volume V de cette solution a donc une masse $m = \rho \times V$

La masse d'acide chlorhydrique est donc $m(HCl) = p(HCl) \times m$.

Pour un litre de solution, $m(HCl) = 0{,}36 \times 1190 = 4{,}3.10^2$ g.

d. Pureté

La pureté, nombre exprimé en pourcentage, indique la masse de l'espèce chimique (le soluté) dont on veut faire la solution. Ce nombre est exprimé pour 100 g de solution.

Exemple

Si on prend l'exemple de l'acide sulfurique à 96 %, sa concentration est approximativement de c = 18 mol/L, la masse molaire de cet acide est M = 98,08 g/mol.

Cela donne une masse volumique du produit s'il était pur de $\rho_p = c.M = 1{,}764$ kg/L.

La solution contient néanmoins un peu d'eau. La masse volumique de la solution obtenue ici est de $\rho = 1{,}830$ kg/L.

La densité est donc de d = 1,83 et le pourcentage massique de $\rho_p/\rho = 0{,}96 = 96\%$.

La pureté d'un produit (tel que l'acide sulfamique) correspond à un solide qui peut contenir d'autres espèces.

3 Les concentrations

a. Concentration massique, ou concentration en masse, d'une espèce chimique

Elle représente la masse de soluté par litre de solution, soit :

$$C_m = \frac{m_{soluté}}{V_{solution}} \qquad (4)$$

$(m_{soluté}$ en g, $V_{solution}$ en L et C_m en g.L$^{-1})$

b. Concentration molaire d'une espèce chimique

Elle est numériquement égale à la quantité de matière de l'espèce chimique dissoute par litre de solution, soit :

$$C = \frac{n}{V_{solution}} \qquad (5)$$

$(n$ en mol, $V_{solution}$ en L et C en mol.L$^{-1})$

c. Relation entre les concentrations

La concentration massique, ou concentration en masse, et la concentration molaire sont reliées. En effet, on connaît une relation entre la masse et la quantité de matière, donc on en déduit la relation entre C et C_m.

Pour une espèce chimique A,

$$C(\mathrm{A}) = \frac{n(\mathrm{A})}{V_{solution}}$$

Comme $n(\mathrm{A}) = \dfrac{m(\mathrm{A})}{\mathrm{M}(\mathrm{A})}$, alors :

$$C(A) = \frac{n(\mathrm{A})}{\mathrm{V}_{solution}} = \frac{\dfrac{m(\mathrm{A})}{\mathrm{M}(\mathrm{A})}}{V_{solution}} = \frac{m(\mathrm{A})}{\mathrm{M}(\mathrm{A}) \times V_{solution}} = \frac{C_m(\mathrm{A})}{\mathrm{M}(\mathrm{A})}$$

À retenir

$$C(A) = \frac{C_m(\mathrm{A})}{\mathrm{M}(\mathrm{A})}, \textit{ soit } C_m(\mathrm{A}) = C(\mathrm{A}) \times \mathrm{M}(\mathrm{A}) \qquad (6)$$

$\left(C_m(\mathrm{A}) \text{ en g.L}^{-1}\ ,\ \ C(\mathrm{A}) \text{ en mol.L}^{-1} \text{ et M(A) en g.mol}^{-1}\right)$

4 Préparer une solution aqueuse

a. Par dissolution d'un soluté

La préparation d'une solution aqueuse de concentration donnée s'effectue en dissolvant une masse précise m(A) d'une espèce chimique A (le soluté) dans l'eau (le solvant).

- Si l'espèce chimique est liquide, on préfère souvent mesurer le volume V(A) de cette espèce chimique.
  La connaissance de la masse volumique ρ(A), ou de sa densité, nous donne la masse de l'espèce A à dissoudre :

$$m(\mathrm{A}) = \rho(\mathrm{A}) \times \mathrm{V}(\mathrm{A}) = \mathrm{d}(\mathrm{A}) \times \rho_{eau} \times \mathrm{V}(\mathrm{A}) \qquad (7)$$

m(A) en g, ρ(A) en g.mL^{-1}, V(A) en mL et $\rho_{eau} = 1{,}00 \text{ g.mL}^{-1}$)

- Si l'espèce chimique A à dissoudre est un solide, on mesure sa masse m(A) à l'aide d'une balance de précision.
  La connaissance de la masse m(A) du soluté A et de sa masse molaire M(A) nous renseigne donc sur la quantité de matière n(A) :

$$n(A) = \frac{m(\mathrm{A})}{\mathrm{M}(\mathrm{A})} \text{ avec } n(\mathrm{A}) \text{en mol ; } m(\mathrm{A}) \text{ en g et } \mathrm{M}(\mathrm{A}) \text{ en g.mol}^{-1}$$

Dans les deux cas, la solution est préparée dans une fiole jaugée de volume égal à celui de la solution souhaitée.

b. Par dilution

Diluer une solution, c'est en ajoutant du solvant (de l'eau pour les solutions aqueuses), préparer une nouvelle solution moins concentrée que la solution initiale.

Lors d'une dilution, la concentration en masse, ou en quantité de matière du soluté A diminue, mais sa masse ou sa quantité de matière se conserve.

Si A représente l'espèce présente dans la solution, alors la quantité de matière $n(A)$ de cette espèce est la même dans la solution mère et dans la solution fille.

La solution de départ est appelée la solution mère et la solution diluée est appelée la solution fille.

Solution mère : $\begin{cases} C_i(\text{A}) : \text{concentration de la solution mère} \\ \text{V}_p : \text{volume que l'on doit prélever} \end{cases}$

Solution fille : $\begin{cases} C_f(\text{A}) : \text{concentration de la solution que l'on désire préparer} \\ \text{V}_f : \text{volume final que l'on souhaite préparer} \end{cases}$

- La quantité de matière de soluté présente dans la solution mère :

$$n_i(\text{A}) = C_i(\text{A}) \times \text{V}_p$$

- La quantité de matière de soluté présente dans la solution fille :

$$n_f(\text{A}) = C_f(\text{A}) \times \text{V}_f$$

Comme $n_i(\text{A}) = n_f(\text{A})$, alors :

$$C_i(\text{A}) \times \text{V}_p = C_f(\text{A}) \times \text{V}_f$$

On définit le facteur de dilution :

$$\text{F} = \frac{C_i(A)}{C_f(A)} = \frac{\text{V}_f}{\text{V}_p} \quad (8)$$

Conséquence : comme $\text{V}_p < \text{V}_f$, alors le facteur de dilution F est toujours supérieur à 1.

Réalisation pratique d'une dilution

La dilution nécessite d'effectuer des mesures précises de volume. On utilise pour ces opérations le matériel suivant : pipettes jaugées, ou burette graduée et fioles jaugées.

5 Détermination de la concentration d'une solution S à partir d'une gamme étalon

La colorimétrie repose sur le fait que deux solutions contenant la même espèce chimique colorée ont la même concentration si elles ont la même teinte lorsqu'elles sont observées dans les mêmes conditions expérimentales.

Par dilutions successives, on prépare à partir d'une solution mère S_0, de concentration C_0, connue avec précision, différentes solutions appelées solutions filles, de concentrations C_1, C_2, C_3… On obtient ainsi une échelle de teinte appelée gamme étalon.

Soit S_X une solution de concentration inconnue C_X et contenant la même espèce colorante que celle de la gamme étalon. En comparant la teinte de la solution S_X avec celles des solutions filles, il est possible d'avoir un encadrement de la concentration C_X.

Cours

2 Les solvants usuels

1 Polarité des solvants

L'usage des solvants en chimie organique est omniprésent et le choix d'un solvant approprié est essentiel et fondamental.

L'utilisation d'un solvant bien choisi permet la séparation, l'extraction ou la purification par cristallisation d'un produit de synthèse.

a. Les solvants polaires et apolaires

Les solvants polaires

Molécules polaires

Une molécule est dite polaire si :

- elle possède au moins une liaison covalente polarisée ;
- et sa géométrie est telle que le barycentre des charges partielles positives ne coïncide pas avec le barycentre des charges partielles négatives.

Exemples de molécule polaires : L'eau, l'éthanol, l'ammoniaque, la propanone…

Solvant polaire

Un solvant est polaire si ses molécules ont des liaisons polarisées.

Remarque

Un solvant organique dont les molécules comportent un atome très électronégatif N, 0, F ou Cl est généralement polaire.

Principaux solvants polaires

L'eau, l'acide éthanoïque, l'acide formique, l'ammoniaque, l'éthanol, le propanol, la propanone (l'acétone), la butanone, …, sont des solvants polaires.

Les solvants apolaires

Les solvants hydrogénocarbonés (uniquement constitués d'atomes de carbone et d'hydrogène) sont considérés comme apolaires car les électronégativités du carbone et de l'hydrogène sont très proches.

Exemple

Les hydrocarbures acycliques (pentane…), le cyclohexane, le cyclopentane, le benzène (hydrocarbure aromatique), …, sont des solvants apolaires.

b. Dissolution d'un composé dans un solvant

La réaction de dissolution d'un composé dans un solvant S peut être représentée selon la réaction équilibrée :

- **A est un liquide pur**

$$A_{\text{liquide pur}} \rightleftharpoons A_{\text{dissous}}$$

Lors de cette transformation, les forces intermoléculaires entre les molécules du composé A sont partiellement détruites et il s'ensuit des interactions entre les molécules du solvant S et les molécules de A passées en solution.

Ces interactions sont appelées interaction de solvatation.

- **AB est une molécule polarisée**

Selon la nature du solvant, la dissolution peut être accompagnée de deux effets :

– L'effet ionisant

La dissolution du composé AB polaire peut s'accompagner d'un renforcement de la polarisation de la molécule :

$$\text{A-B} \rightleftharpoons (\text{A}^+, \text{B}^-)$$

Dissolution du gaz $H-Cl_{(g)}$ constitué de molécules polaires $H^{\delta+}-Cl^{\delta-}$:

$$H-Cl_{(g)} \rightarrow H^+ + Cl^-$$

Le solvant S exerce sur le soluté AB un effet ionisant.

– L'effet dissociant

Les interactions qui apparaissent entre les molécules du solvant S et les ions A^+ et B^- diminuent fortement les forces de Coulomb entre les ions : le composé ionique se dissocie progressivement dans le solvant.

À retenir

La dissolution d'un composé ionique dans un solvant se fait en trois étapes :

- **Étape 1 - La dissociation du composé ionique**

Les interactions qui apparaissent entre le solvant et les ions diminuent fortement les forces de Coulomb entre les ions : le composé ionique se dissocie progressivement.

- **Étape 2 - La solvatation (hydratation si le solvant est de l'eau)**

Les ions s'entourent des molécules polaires du solvant.

- **Étape 3 - La dispersion des ions :**

L'agitation thermique et le mouvement brownien dispersent les ions ainsi solvatés.

Exemples

- Dissolution du sulfate d'aluminium $Al_2(SO_4)_3$ solide dans de l'eau :

$$Al_2(SO_4)_{3\,(s)} \xrightarrow{\text{eau}} 2Al^{3+}_{(aq)} + 3SO^{2-}_{4(aq)}$$

On obtient une solution aqueuse de sulfate d'aluminium.

- La dissolution d'un gaz, le chlorure d'hydrogène HCl, dans l'eau :

$$H-Cl_{(g)} \xrightarrow{\text{eau}} H^{+}_{(aq)} + Cl^{-}_{(aq)}$$

On obtient une solution d'acide chlorhydrique.

Remarques

- Les solides ioniques ne sont pas solubles dans les solvants apolaires mais le sont dans les solvants polaires.
- Certaines molécules polaires ne se dissocient pas dans l'eau : c'est le cas de l'éthanol, le glucose… Ils constituent des espèces chimiques solubles dans l'eau et la solution obtenue est constituée de molécules du solvant (l'eau) et de molécules du soluté. Des telles solutions ne constituent pas des électrolytes.

2 Solubilité d'une espèce chimique dans l'eau

a. Définition

Soit un volume V_{sol} de solution aqueuse obtenue après dissolution d'un soluté A.

On appelle solubilité s de ce soluté, la quantité maximale de ce soluté dissoute dans le volume V_{sol} de la solution ainsi préparée à une température donnée.

Elle représente donc la capacité d'une espèce chimique A, appelée le soluté, à se dissoudre dans un solvant pour former un mélange homogène appelé solution.

Remarque

La solubilité d'une espèce chimique dans un solvant dépend du caractère polaire ou non du solvant.

b. Solubilité dans l'eau

La solubilité molaire (ou massique) d'un composé A est la quantité de matière (nombre de moles), ou masse, maximale que l'on peut dissoudre dans un litre de solution.

$$s = \frac{n_{\text{soluté, max}}}{V_{sol}} \quad \begin{cases} s \text{ : solubilté molaire en mol.L}^{-1} \\ n_{\text{soluté, max}} \text{ : quantité de matière maximale de soluté en mol} \\ V_{sol} \text{ : volume de la solution en L} \end{cases}$$

$$s_m = \frac{m_{soluté,\ max}}{V_{sol}} \begin{cases} s_m & : \text{solubilté massique en g.L}^{-1} \\ m_{soluté,\ max} & : \text{masse maximale de soluté en g} \\ V_{sol} & : \text{volume de la solution en L} \end{cases}$$

c. Lien entre la structure de l'espèce dissoute et la solubilité

La solubilité d'une espèce chimique dépend de l'affinité avec le solvant dans lequel elle est dissoute.

- Les espèces hydrophiles (ou lipophobes) sont généralement solubles dans l'eau ou dans un solvant polaire.
- Les espèces hydrophobes (ou lipophiles) ont peu d'interactions avec les solvants polaires et sont plus solubles dans les solvants organiques apolaires.
- Une espèce amphiphile possède à la fois une partie hydrophile (tête polaire) et une partie hydrophobe (queue apolaire).

d. Solution saturée

Lorsqu'un soluté est dissous dans un solvant, on obtient une solution homogène. Si la concentration en soluté dissous atteint la valeur de la solubilité, on dit que la solution est saturée.

Remarque

Pour une solution saturée, un équilibre hétérogène s'établit entre le soluté solide et ses ions en solution.

$$NaCl_s \rightleftharpoons \mathrm{Na}^+_{(aq)} + \mathrm{Cl}^-_{(aq)}$$

3 Influence de la température et du pH sur la solubilité

a. Influence de la température

La solubilité d'une espèce chimique dans un solvant dépend de la température du solvant.

En général, la solubilité s augmente avec la température : les réactions de dissolution étant souvent endothermiques.

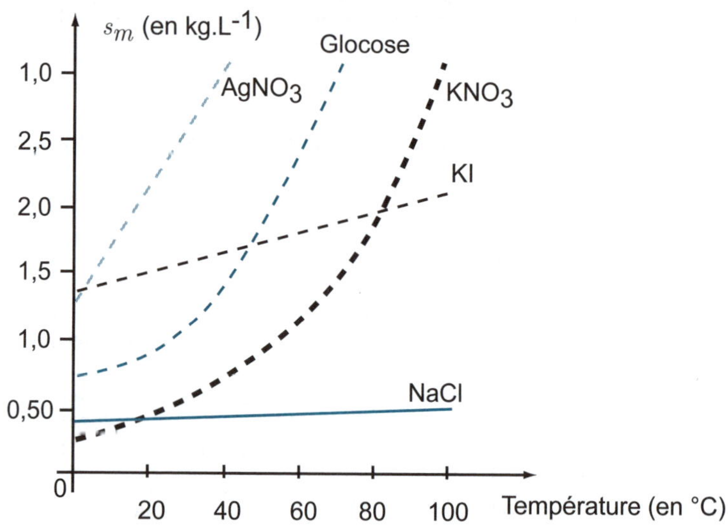

b. Influence du pH

Si les espèces chimiques résultant de la dissolution du sel peu soluble ont des propriétés acido-basiques, la solubilité s dépendra du pH.

Exemple

Dans le cas du carbonate de calcium $CaCO_3$, la solubilité décroît lorsque le pH augmente. En effet, l'un des ions constitutifs du solide ionique, l'ion carbonate $CO_{3\,(aq)}^{2-}$ est une base :

$$CaCO_{3(s)} \rightleftharpoons Ca^{2+}_{(aq)} + CO^{2-}_{3(aq)}$$

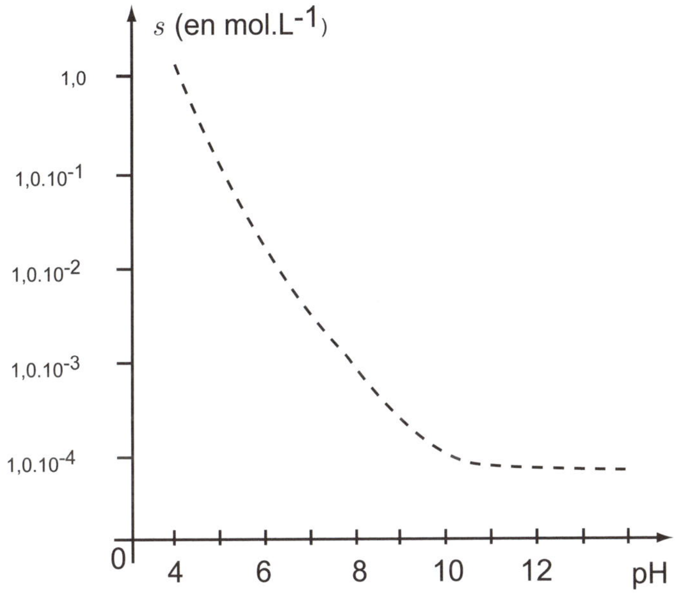

3 Cours
Structure de l'atome

1 Le noyau atomique

a. Les nucléons

Les noyaux atomiques sont des assemblages de nucléons de deux types : les protons et les neutrons.

- Les protons : découverts en 1910 par **E. Rutherford**. Ils portent une charge élémentaire $q_p = +e$.
- Les neutrons : découverts en 1932 par **J. Chadwick**. Ils sont électriquement neutres.

Les caractéristiques de ces particules, comparées à celles de l'électron, sont données dans le tableau ci-dessous :

	Masse au repos (en kg)	Charge (en C)	$\frac{m}{m_e}$ (Rapport des masses)	$\frac{q}{\lvert q_e \rvert}$ (Rapport des charges)
Proton	$1{,}6724.10^{-27}$	$1{,}6.10^{-19}$	1836	+1
Neutron	$1{,}6747.10^{-27}$	0	1839	0

- Le nombre de protons que contient le noyau est appelé **nombre de charge**, ou **numéro atomique** ; **il est noté Z**. Un noyau à Z protons porte la charge +Ze.
- Le nombre total des nucléons (protons et neutrons) est appelé **nombre de masse.** Il est noté A, avec $\mathbf{A = N + Z}$.
- Le nombre de neutrons est donc $\mathbf{N = A - Z}$ (N, Z et A sont des entiers).

b. Les nucléides

L'ensemble des noyaux qui possèdent le même nombre de protons et le même nombre de neutrons est appelé un nucléide. Un nucléide X est noté :

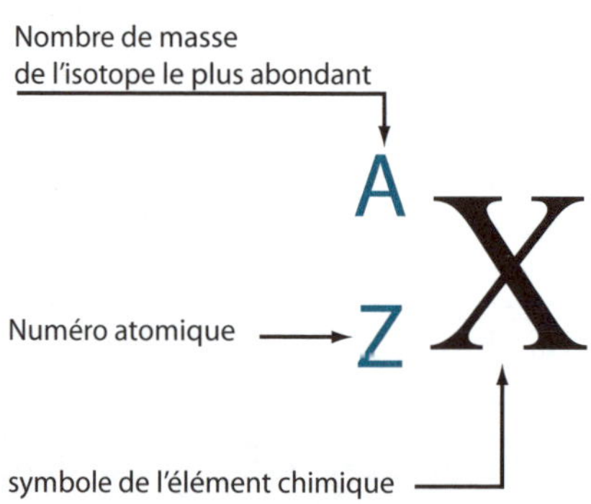

Exemple

Un noyau de sodium constitué de 23 nucléons (11 protons et 12 neutrons) sera noté $^{23}_{11}Na$.

c. Isotopes

Les propriétés chimiques ne dépendent que du cortège électronique, donc du nombre de charge Z.

On appelle isotopes d'un élément chimique, les nucléides ayant le même nombre de protons et des nombres de neutrons différents : les nucléides $^{A}_{Z}X$ et $^{A'}_{Z}X$ sont isotopes.

À un même numéro atomique Z correspondent en général plusieurs isotopes.

Exemples

$^{16}_{8}O$: 8 protons + 8 neutrons

$^{17}_{8}O$: 8 protons + 9 neutrons $^{16}_{8}O$, $^{17}_{8}O$ et $^{18}_{8}O$ sont isotopes.

$^{18}_{8}O$: 8 protons + 10 neutrons

2 Mole d'atomes

a. Abondance isotopique

À l'état naturel, les éléments sont le plus souvent des mélanges d'isotopes dont les proportions restent constantes.

Exemple

Pour l'élément hydrogène

	$^{1}_{1}H$ (protium)	$^{2}_{1}H$ (deutérium)	$^{3}_{1}H$ (tritium)
Pourcentage massique p_i	99,985 %	0,015 %	Traces

b. La mole, unité de quantité de matière

Considérons, par exemple, un clou en fer de masse m = 2,0 g. Quelle quantité de fer contient-il ?

Si l'on regarde d'un point de vue **macroscopique**, on a 2,0 g de fer.

Si l'on regarde d'un point de vue **microscopique**, on regarde la quantité d'atomes de fer contenue dans les 2,0 g de fer.

En chimie, la quantité de matière est un nombre d'entités chimiques, c'est-à-dire un nombre d'atomes, de molécules ou d'ions.

Définition

La mole est la quantité de matière d'un système contenant autant d'entités élémentaires qu'il y a d'atomes dans 12,0 g de carbone $^{12}_{6}\mathbf{C}$.

c. Nombre d'Avogadro

La constante d'Avogadro, de symbole $\mathcal{N}_A$, est le nombre d'entités élémentaires contenues par mole de ces mêmes entités.

Le symbole de la constante d'Avogadro est $\mathcal{N}_A$ et son unité est mol^{-1}.

Valeur approchée du nombre d'Avogadro : $\mathcal{N}_A \approx 6{,}02.10^{23}\ mol^{-1}$

3 Masse molaire atomique

La masse molaire atomique d'un élément est la masse par mole d'atomes de cet élément, elle est notée $M_{(at)}$ et s'exprime en $g.mol^{-1}$.

Remarque

Pour calculer la masse molaire atomique d'un élément, on doit tenir compte des isotopes.

Exemple

$M(H) = 1{,}0\ g.mol^{-1}$; $M(C) = 12{,}0\ g.mol^{-1}$; $M(O) = 16{,}0\ g.mol^{-1}$.

4 Configuration électronique

Établir la configuration électronique d'un atome consiste à indiquer la répartition des différents électrons de cet atome.

L'atome étant électriquement neutre, il possède donc autant de protons dans le noyau que d'électrons dans le nuage électronique

Comment se répartissent les Z électrons de l'atome autour du noyau ?

Principe de construction :

- Les Z électrons d'un atome se répartissent dans des couches électroniques notées n = 1, 2, 3...
- Chaque couche est composée de sous-couches, ou orbitale, notée s, p…
- Chaque sous-couche ne peut contenir qu'un nombre limité d'électrons :
  - la sous-couche s contient au maximum **2 électrons**
  - la sous-couche p contient au maximum **6 électrons**

La répartition des électrons dans les différentes sous-couches se nomme la structure électronique de l'atome.

Les électrons se répartissent dans les sous-couches selon un ordre déterminé :

$1s \rightarrow 2s \rightarrow 2p \rightarrow 3s \rightarrow 3p \rightarrow 4s \rightarrow 3d \rightarrow 4p\ldots$

Pour les éléments de numéro atomique $Z \leq 18$, les électrons **n**s et **n**p associés à la plus grande valeur de **n** sont appelés électrons de valence.

Remarque

Chaque orbitale est caractérisée par trois nombres quantiques :

- n : nombre quantique principal. C'est un entier naturel strictement positif ; n = 1, 2, …, 7
- l : nombre quantique secondaire. C'est un entier positif ou nul ; l = 0, 1, … (n–1)
- ml : nombre quantique magnétique. C'est un entier relatif compris entre –l et +l

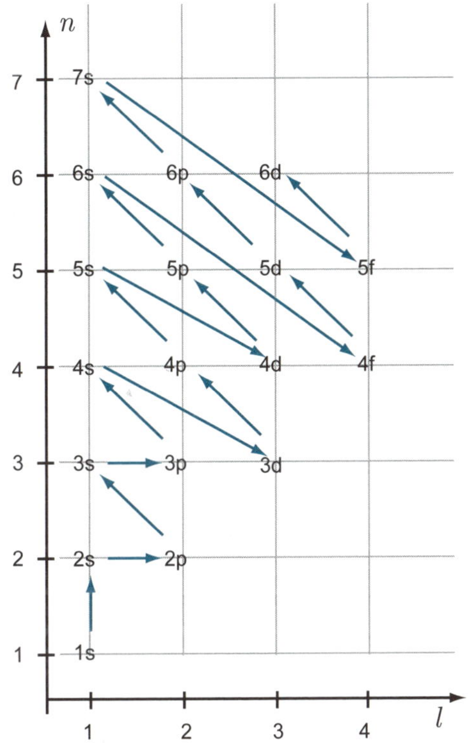

Ordre de remplissage

Exemple

L'atome d'azote a pour numéro atomique Z = 7.

Il contient donc 7 protons dans son noyau et 7 électrons dans son cortège électronique (l'atome étant électriquement neutre)

- Sa **structure électronique** est donc : $1s^2\ 2s^2\ 2p^3$; soit 2 + 2 + 3 = 7 électrons.
- L'atome d'azote possède deux électrons internes, les électrons de la sous-couche 1s (**orbitale de cœur**) : deux électrons de **cœur**.
- La **sous-couche en cours de remplissage** de cet atome est l'orbitale 2p (**orbitale de valence**). Cet atome possède cinq électrons de valence : la configuration électronique de valence est $2s^2\ 2p^3$

À retenir

Tous les éléments chimiques d'une même période ont même configuration électronique de cœur.

5 Lien entre configuration électronique et position dans le tableau périodique

Le tableau périodique regroupe les éléments chimiques qui y sont rangés en fonction des configurations électroniques de leurs atomes à l'état fondamental.

La configuration électronique d'un atome à l'état fondamental permet de déterminer sa position dans le tableau périodique.

- La valeur des n électrons de valence détermine la ligne dans laquelle se situe l'atome. Cette valeur correspond au numéro de la ligne (ou période).
- Le nombre d'électrons de valence détermine la colonne dans laquelle se situe l'atome.
- Les électrons de valence sont ceux qui appartiennent à des sous-couches en cours de remplissage.

Exemple

L'atome d'azote a pour structure électronique $1s^2\ 2s^2\ 2p^3$.

La configuration électronique de valence est $2s^2\ 2p^3$: Il appartient donc à la 2e ligne (n=2) et la 5e colonne (**5** électrons de valence).

6 Tableau périodique des éléments

Au milieu du XIXe siècle, Mendeleïev utilise la **masse des atomes** pour les classer. Il range dans un **tableau**, par **masse croissante**, en regroupant des éléments possédant des **propriétés chimiques semblables**. Pour expliquer certains vides dans son classement, il prédit avec succès l'existence de certains éléments non découverts à son époque.

a. Classification actuelle

La classification périodique actuelle a été établie par le physicien Seaborg en 1945. Le critère de classement est le numéro atomique Z. les lignes et les colonnes ont été inversées par rapport à la représentation initiale.

Elle comporte 7 lignes aussi appelées périodes et 18 colonnes.

La construction de la classification périodique des éléments repose sur les constatations suivantes :

– Dans un atome polyélectronique (atome à plusieurs électrons), les orbitales internes (orbitales de cœur) sont pleines, de basses énergies et de rayon assez faible.

– La couche en cours de remplissage, regroupe les orbitales de valence. Elle est caractérisée par le fait qu'elle est incomplète et que l'énergie et le rayon de ces orbitales sont très différents des orbitales de cœur.

– Les 112 éléments chimiques naturels ou artificiels sont rangés de gauche à droite dans le tableau périodique par ordre croissant de leur numéro atomique Z.

– Le remplissage progressif d'une ligne correspond au remplissage progressif des orbitales de cette ligne.

– Les lignes sont aussi appelées périodes.

Tableau périodique restreint aux 18 premiers éléments chimiques

Période (ou ligne) \ Colonne	1	2	3 ↔ 12	13	14	15	16	17	18
n=1	**H** $1s^1$								**He** $1s^2$
n=2	Li $1s^2$ $2s^1$	**Be** $1s^2$ $2s^2$		**B** $1s^2$ $2s^22p^1$	**C** $1s^2$ $2s^22p^2$	**N** $1s^2$ $2s^22^3$	**O** $1s^2$ $2s^22p^4$	F $1s^2$ $2s^22^5$	**Ne** $1s^2$ $2s^22p^6$
n=3	**Na** $1s^2$ $2s^2 2p^6$ $3s^1$	**Mg** $1s^2$ $2s^2 2p^6$ $3s^2$		**Al** $1s^2$ $2s^22p^6$ $3s^23p^1$	**Si** $1s^2$ $2s^22p^6$ $3s^23p^2$	**P** $1s^2$ $2s^22^6$ $3s^23p^3$	**S** $1s^2$ $2s^22p^6$ $3s^23p^4$	**Cl** $1s^2$ $2s^22^6$ $3s^23p^5$	Ar $1s^2$ $2s^22p^6$ $3s^23p^6$
	Bloc s		**Bloc d**	**Bloc p**					

Remarques

- Les électrons de la couche de valence sont responsables de la réactivité chimique d'un élément. En effet, ces électrons sont les plus éloignés du noyau.
- Les éléments dont la couche de valence présente le même stade de remplissage vont avoir des réactivités chimiques similaires : ils vont donc se placer dans la même colonne et constitue une même **famille chimique**.
- Les familles : chaque colonne regroupe les éléments chimiques de propriétés voisines.

b. Quelques familles d'éléments chimiques

Les atomes des éléments d'une même famille chimique ont la même structure électronique externe et sont donc placés dans la même colonne.

Les éléments d'une famille ont des propriétés chimiques voisines.

Remarque

Le plus souvent, les familles d'éléments portent le nom du premier élément de la colonne.

La famille des alcalins - 1re colonne

À l'exception de l'hydrogène, les éléments de la première colonne appartiennent à la famille des alcalins. Cette famille possède 6 éléments : Li, Na, K, Rb, Cs, Fr (ce dernier est radioactif).

Tous les atomes de cette famille possèdent un seul électron externe.

Propriétés des alcalins :

- À l'état de corps purs simples, ce sont des métaux mous de formules : Li, Na, K…
- Ce sont des métaux très réactifs avec l'eau et le dioxygène (d'où leur conservation dans l'huile à l'abri de l'eau et de l'air). Les métaux alcalins ne se trouvent pas dans la nature car l'eau et le dioxygène sont omniprésents sur terre.
- Ils donnent facilement des ions porteurs d'une charge élémentaire positive (exemples Li^+, Na^+…)

La famille des halogènes - 17e colonne

Les éléments de l'avant dernière colonne de la Classification (F, Cl, Br, I…) constituent la famille des halogènes. Tous les atomes de cette famille possèdent 7 électrons sur leur couche électronique externe.

Propriétés des halogènes

- Les corps simples sont des molécules diatomiques (F_2, Cl_2, Br_2 et I_2), corrosifs et toxiques. Ces espèces réagissent avec de nombreux métaux (Fer…)
- Les halogènes n'existent à l'état naturel que sous forme d'ions porteurs d'une charge élémentaire négative (ex. : les ions Fluorure F^-, chlorure Cl^-, bromure Br^- et iodure I^-)

La famille des gaz nobles - 18e colonne

Les éléments de la dernière colonne appartiennent à la famille des gaz nobles (l'Hélium (He), le Néon (Ne), l'Argon (Ar), le Krypton (Kr) et le Xéno (Xe)). La couche externe des atomes des gaz nobles est pleine

4 Cours
Des atomes aux molécules
Molécules et ions

1 Théorie de Lewis d'une entité polyatomique

a. Molécule – Formule brute d'une molécule

Les molécules se forment par un assemblage d'atomes : c'est un édifice électriquement neutre.

Une molécule est représentée par une formule brute qui traduit sa composition.

Pour écrire la formule brute d'une molécule, on écrit côte à côte les symboles des atomes qui la constituent, en précisant en indice, à droite du symbole, le nombre d'atomes.

Exemples

- La molécule d'eau de formule brute H_2O est constituée de 2 atomes d'hydrogène et d'un atome d'oxygène.
- L'acide acétylsalicylique de formule brute $C_9H_8O_4$ est constitué de 9 atomes de carbone, de 8 atomes d'hydrogène et de 4 atomes d'oxygène

b. Masse molaire molécule

La **masse molaire moléculaire** est la masse par mole de molécules, elle est notée M(molécule) et s'exprime en g.mol^{-1}. Elle se calcule en faisant la somme des masses molaires atomiques de tous les atomes constituant la molécule.

Exemple

La molécule de méthane de formule brute CH_4 est composée de 4 atomes d'hydrogène et d'un atome de carbone.

Donc : $M(CH_4) = 4 \times M(H) + 1 \times M(C) = 4 \times 1{,}0 + 1 \times 12{,}0 = 16{,}0$ g.mol^{-1}

c. Comment se lient les atomes au sein de la molécule ?

Les électrons de valence des différents atomes mis en jeu se mettent en commun pour former des molécules.

Au sein de la molécule, les atomes se lient grâce à des liaisons covalentes : il y a création de doublets d'électrons. Les deux électrons mis en commun sont localisés entre les deux atomes. Ces deux électrons forment un doublet d'électrons appelé doublet liant

Chaque doublet d'électrons constitue une liaison covalente :

- si **un seul doublet** est partagé entre deux atomes, la liaison est dite **liaison covalente simple** ;
- si **deux doublets** sont partagés entre deux atomes, la liaison est dite liaison **covalente double** ;
- si **trois doublets** sont partagés entre deux atomes, la liaison est dite liaison **covalente triple**.

Remarques

La liaison peut s'envisager sous deux formes :

- chaque atome apporte un électron lors de la formation de la liaison ;
- un atome apporte un doublet d'électrons à un atome voisin déficient : cas d'une liaison dative.

La liaison covalente se représente par un tiret entre les symboles des deux atomes.

Exemple

Le propanal de formule brute C_3H_6O et de formule développée ci-dessous contient 8 liaisons covalentes simples et une liaison covalente double :

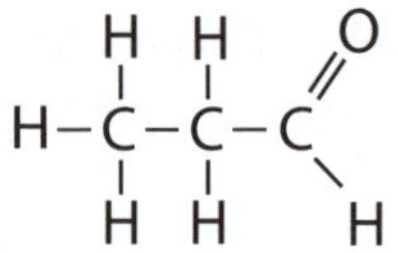

d. Pourquoi les atomes forment-ils des liaisons covalentes ?

Les gaz nobles ne forment pas de liaisons covalentes ; ils sont stables (inertes) chimiquement. Ils ne forment donc pas de molécules.

Leur structure électronique est :

Gaz noble	Structure électronique
L'hélium : He	$1s^2$
Le néon : Ne	$1s^2\ 2s^2\ 2p^6$
L'argon : Ar	$1s^2\ 2s^2\ 2p^6\ 3s^2\ 3p^6$

Les autres atomes ne sont pas stables chimiquement. Ils vont, grâce aux liaisons covalentes, acquérir une structure stable identique à celle des gaz nobles avec, soit :

- 2 électrons sur leur couche externe : règle du duet
- 8 électrons sur leur couche externe : règle de l'octet.

Règle du duet et de l'octet

Dans un édifice atomique, chaque atome adopte la configuration électronique externe la plus stable, c'est-à-dire celle du gaz noble le plus proche : couche saturée à deux électrons $1s^2$ (duet) ou à huit électrons $ns^2\ np^6$.

Conclusion

Dans une molécule, les atomes mettent en commun des électrons de leur couche externe afin d'acquérir une structure stable en duet ou en octet.

Le nombre de liaisons covalentes que peut former un atome est égal au nombre d'électrons qui manque sur sa couche externe. En effet, en effectuant une liaison covalente, l'atome gagne un électron sur sa couche externe.

Exemples

- L'atome d'hydrogène, de structure électronique $1s^1$, doit acquérir un électron pour obtenir la structure stable en duet. Il pourra former une liaison covalente.
- L'atome de carbone, de structure électronique $1s^2\ 2s^2\ 2p^2$, doit acquérir 4 électrons pour obtenir la structure stable en octet. Il pourra former 4 liaisons covalentes.
- L'atome d'oxygène, de structure électronique $1s^2\ 2s^2\ 2p^4$, doit acquérir 2 électrons pour obtenir la structure stable en octet. Il pourra former 2 liaisons covalentes : deux liaisons simples ou une double.

e. Représentation de Lewis

Au sein de la molécule on distingue 2 types de doublet d'électrons :

- **le doublet liant** constitué de deux électrons mis en commun dans une liaison covalente ;
- **le doublet non liant** formé de deux électrons de la couche externe des atomes. Les doublets non liants ne participent pas aux liaisons entre atomes.

Dans la représentation de Lewis :

- les électrons sont représentés par un point ;
- les doublets par un tiret.

La représentation de Lewis permet de représenter les doublets liants et non liants d'une molécule. Les doublets liants se représentent par un trait entre les symboles des atomes et les doublets non liants se représentent par un trait à côté du symbole de cet atome.

Exemple

La molécule d'ammoniaque de formule brute NH_3 a pour représentation de Lewis :

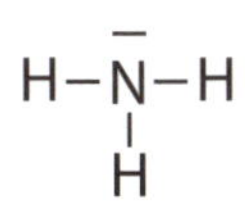

Elle comporte 3 liaisons covalentes simples, donc 3 doublets liants et un doublet non liant sur l'atome d'azote.

Chaque atome d'hydrogène possède 2 électrons ; la règle du duet est respectée pour chaque atome d'hydrogène.

L'atome d'azote possède 3 doublets liants et un doublet non liant, il possède donc 8 électrons ; la règle de l'octet est aussi respectée.

Schéma de Lewis d'un atome ou d'un ion monoatomique ?

Cette structure ne concerne que la couche externe. Celle-ci étant formée de sous-couches (orbitales), les électrons peuvent donc être appariés.

Exemple

Atome ou ion	$_1$H : un électron	$_6$C : six électrons	$_{17}$C : 17 électrons	$_8$O^{2-} : 10 électrons
Structure électronique	$1s^1$	$1s^2 2s^2 2p^2$	$1s^2 2s^2 2p^6 3s^2 3p^5$	$1s^2 2s^2 2p^6$
Nombre d'électrons externes	1	4	**7**	**8**
Schémade Lewis			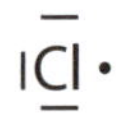	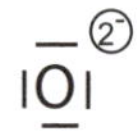

Comment établir la représentation de Lewis d'une molécule ?

La méthode

- écrire le nom et la formule brute de la molécule ;
- établir la configuration électronique de chaque atome impliqué dans la molécule ;
- déduire le nombre n_e des électrons de valence des atomes mis en jeu ;
- déduire le nombre n_l de liaisons covalentes que doit établir l'atome pour acquérir une structure en duet ou en octet ;
- calculer le nombre total n_t des électrons de valence ;
- déduire le nombre n_d de doublets ;
- répartir les doublets de la molécule en doublets liants et doublets non liants.

Exemple

Soit à établir le schéma de Lewis de la molécule de dioxyde de carbone de formule brute CO_2

	Nom : dioxyde de carbone		Formule brute CO_2
Atomes impliqués	O	O	C
Structure électronique	$1s^2 2s^2 2p^4$	$1s^2 2s^2 2p^4$	$1s^2 2s^2 2p^2$
n_e	6	6	4
n_t	16		
n_d	8		
Répartition des doublets Nature des doublets	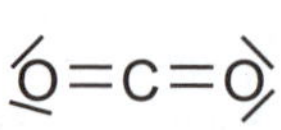		Deux doublets liants entre l'atome de carbone et les deux atomes d'oxygène Deux doublets non liants sur chaque atome d'oxygène
Conclusion	Respect de la règle de l'octet pour l'atome de carbone Respect de la règle de l'octet pour chacun des deux atomes d'oxygène		

Représentation de Cram

Afin de représenter dans le plan de la feuille la géométrie des molécules, on adopte les conventions de Cram. Elles ont pour but de représenter un doublet liant d'une manière différente selon sa position :

	Les atomes ou groupes d'atomes X et Y sont dans le plan de la feuille.
	L'atome ou groupe d'atomes X est dans le plan de la feuille et l'atome ou groupe d'atomes Y est en avant.
	L'atome ou groupe d'atomes X est dans le plan de la feuille et l'atome ou groupe d'atomes Y est en arrière.

- **Structure tétragonale**

Exemple : le méthane

Représentation de Cram

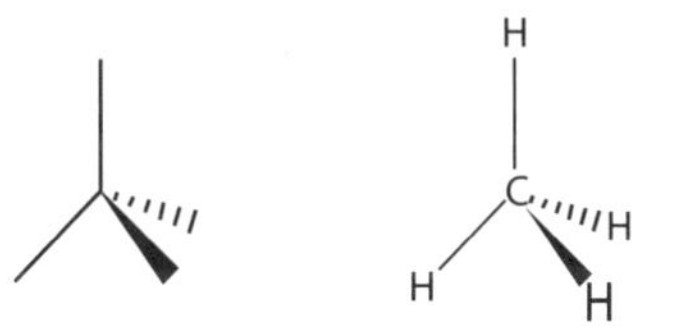

$\widehat{AHC} = 109°28'$

$d_{C-H} = 109$ pm

$d_{C-C} = 154$ pm

Cette structure se retrouve dans tous les alcanes

- **Structure trigonale**

Exemple : l'éthène

Représentation de Cram :

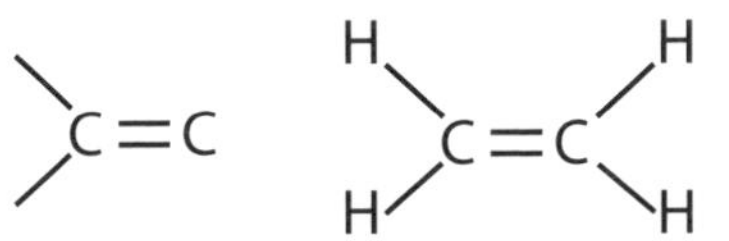

$\alpha \approx 120°$

$d_{C-H} = 110$ pm

$d_{C=C} = 134$ pm

Cette structure se retrouve dans tous les alcènes

- **Structure digonale**

Exemple : l'éthyne
Représentation de Cram

—C≡ H—C≡C—H

$$\begin{cases} \alpha = 180° \\ d_{C-H} = 106 \text{ pm} \\ d_{C\equiv C} = 120 \text{ pm} \end{cases}$$

Cette structure se retrouve dans tous les alcynes

- **Noyau benzénique**

Exemple : le benzène
Représentation de Cram

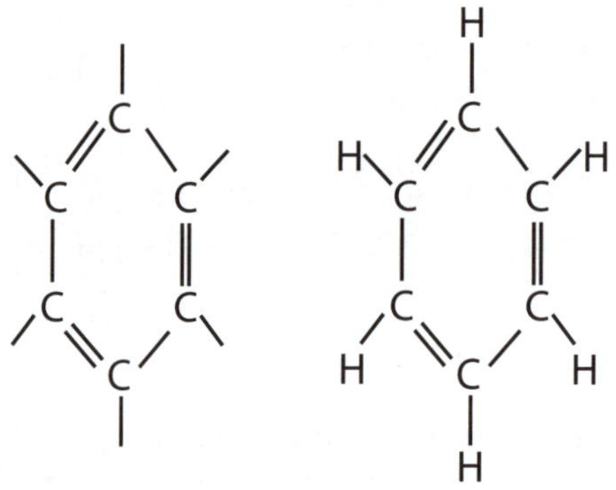

$$\begin{cases} \alpha \approx 120° \\ d_{C-H} = 105 \text{ pm} \\ d_{C \cdots C} = 140 \text{ pm} \end{cases}$$

Les six électrons sont délocalisés sur l'ensemble du cycle

Limite du modèle de Lewis

- La règle de l'octet est mise en défaut dans certaines molécules.

> **Exemple**
> Cas des molécules de BF_3 et PCl_5.

- La représentation de Lewis ne permet pas de prévoir la géométrie des molécules : la molécule d'eau H_2O est coudée et la molécule de dioxyde de carbone CO_2 est linéaire.

2 Théorie de Gillepsie. Méthode V.S.E.P.R

a. Principe de la méthode

En 1957 le chimiste canadien GILLEPSIE a élaboré une méthode permettant de prévoir la géométrie des molécules ou des ions à atome central.

La théorie V.S.E.P.R (*Valence Shell Electron Per Repulsion* ou répulsion des paires électroniques des couches de valence) présente l'avantage à partir du schéma de Lewis de prévoir la géométrie de la molécule. **Elle est un complément de la théorie de Lewis.**

Le principe fondamental

Selon ce modèle, la disposition géométrique des diverses paires ou doublets électroniques de la couche externe de valence d'un atome central, dans une molécule ou un ion, se repoussent entre elles :

- La géométrie de l'édifice sera celle pour laquelle les répulsions seront minimales, c'est-à-dire les distances mutuelles des doublets maximales.
- Les charges électriques négatives adoptent dans l'espace une disposition telle que la répulsion électronique soit minimale, ce qui correspond à un maximum de stabilité.

La géométrie de la molécule ou de l'ion découle de ce principe.

À retenir

La géométrie d'une molécule ou d'un ion dépend du nombre total de paires d'électrons de la couche de valence de l'atome central A

b. Les différentes géométries possibles

Notons par A l'atome central et par **(n + p)** le nombre de doublets autour de cet atome central dans la structure considérée.

$$\text{Structure : } AX_nE_p \textit{ avec} \begin{cases} \text{A : atome central} \\ \text{X : autres atomes} \\ \text{E : doublet non liant} \\ \text{n : nombre de doublets liants} \\ \text{p : nombre de doublets non liants (doublets libres)} \end{cases}$$

Exemples

CH_4 type AX_4 , NH_3 de type AX_3E, H_20 de type AX_2E_2.

Pour que l'édifice AX_nE_p soit le plus stable, il faut que les n doublets liants et les p doublets non liants présentent une répulsion minimale.

Comment appliquer la méthode VSEPR ?

Soit une molécule ou un ion de type AX_nE_p : l'atome central engage n liaisons simples avec l'atome X.

Pour déterminer la position des doublets on admettra en première approximation que :

- les longueurs des liaisons A-X sont de même ordre de grandeur ;
- les doublets non liants sont à une distance de l'atome central A voisine de celle des doublets liants ;
- les liaisons multiples seront assimilées à des liaisons simples.

Ces conditions étant réunis, les (n+p) doublets sont localisés sur une sphère de centre A. On en déduit la géométrie de la molécule ou de l'ion, comme l'indique le tableau ci-après. La répulsion minimale impose la géométrie.

Nombre de doublets (n+p)	Géométrie
2	**Linéaire** 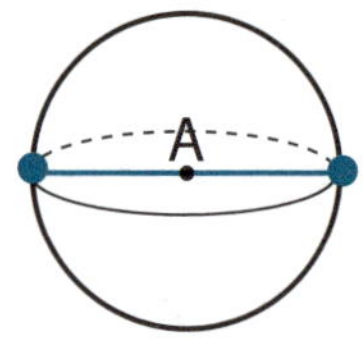
3	**Trigonale** 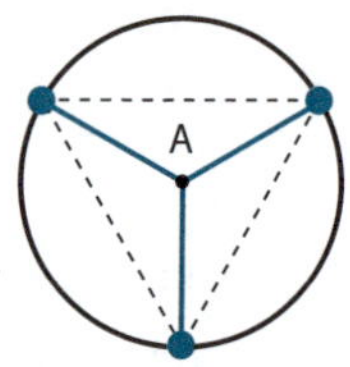
4	**Tétraédrique** 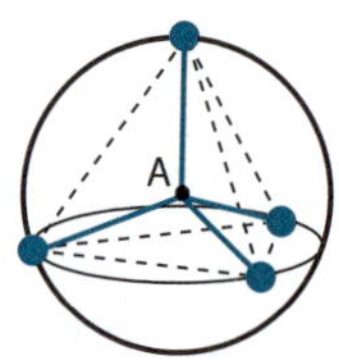

c. Application

Nombre de doublets liants	Géométrie	Exemples
Environnement digonal AX_2 : 2 doublets	**Linéaire** 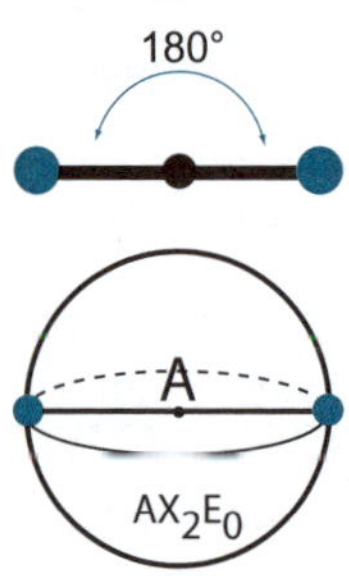	CO_2 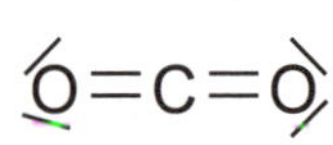

<table>
<tr>
<td>Environnement trigonal
AX_3E_0 ; AX_2E_1</td>
<td>Trigonale
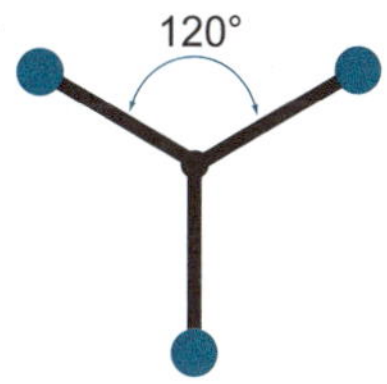
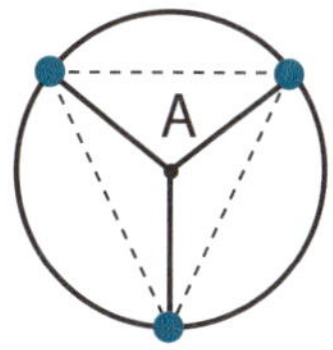
AX3E0
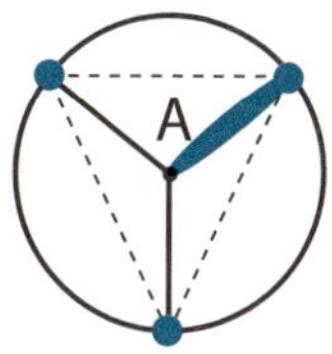
AX2E1</td>
<td>Méthanal : HCHO
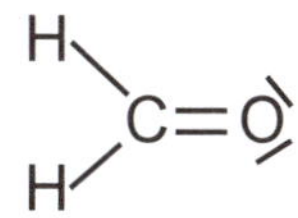
Chlorure de nitrosyle : NOCl
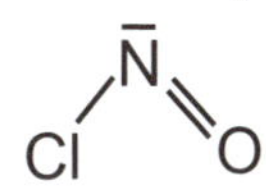</td>
</tr>
<tr>
<td>Environnement tétragonal
AX_4 ; AX_3E ; AX_2E_2</td>
<td>Tétraédrique
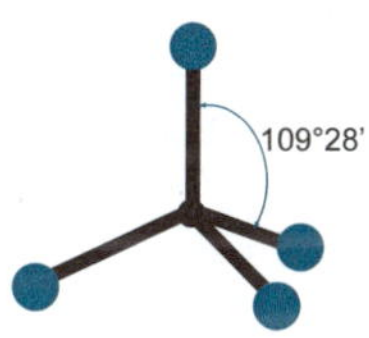
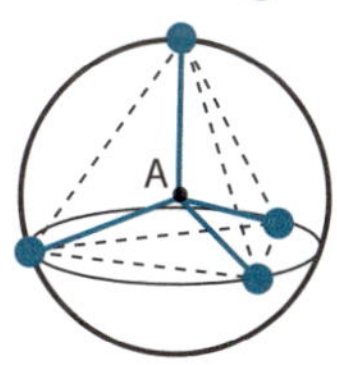
AX4
AX3E1
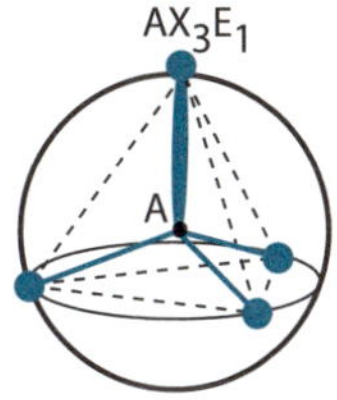
AX2E2
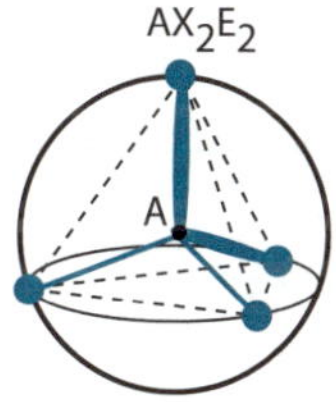</td>
<td>Méthane : CH_4
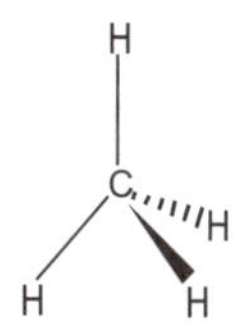
NH_3 : ammoniac
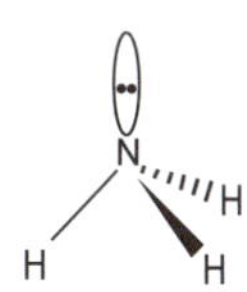
Eau : H_2O
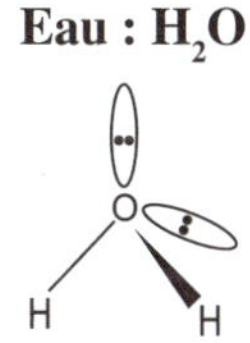</td>
</tr>
</table>

d. Limites de la VSEPR

Cette méthode ne permet pas de prévoir la géométrie de certaines molécules. La théorie de la liaison covalente (Paulin-Slater), théorie hors programme, permet de résoudre les difficultés.

3 Polarité d'une molécule

a. Electronégativité d'un élément

L'électronégativité est une grandeur relative qui traduit l'aptitude d'un atome à attirer vers lui le doublet d'électrons qu'il partage avec un autre atome (cas d'une liaison covalente).

La valeur de l'électronégativité est désignée par la lettre grecque χ.

Le tableau ci-après donne les valeurs des électronégativités de certains éléments chimiques, selon l'échelle de Pauling.

Remarques

- L'électronégativité varie selon la place de l'élément dans la classification périodique, ceci à l'exception des gaz nobles.
- Sur une même ligne, l'électronégativité augmente de gauche à droite.
- Dans une même colonne, elle augmente de bas en haut.
- Au sein d'une liaison covalente, les deux électrons sont attirés vers l'atome le plus électronégatif et ne sont donc pas à équidistance des deux atomes sauf si les deux atomes se partageant la liaison ont une électronégativité équivalente.
- Le fluor (F) est l'élément le plus électronégatif et le césium (Cs) est l'élément le moins électronégatif.

b. Polarisation d'une liaison covalente et moment dipolaire

Lorsqu'une liaison covalente s'établit entre deux atomes dont la différence d'électronégativité est grande $\Delta\chi > 0{,}4$), la liaison est **polarisée**.

Le dipôle électrostatique - Définition

On appelle dipôle électrostatique, deux charges électriques +q et –q distantes de a

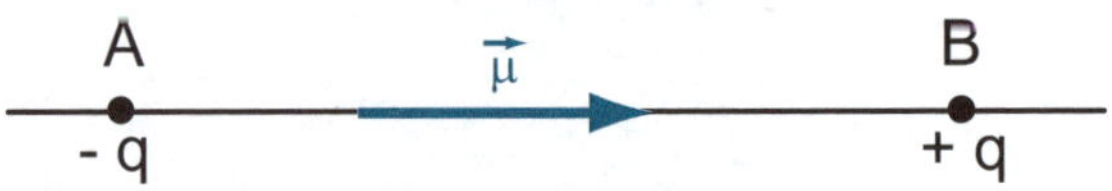

Un dipôle est caractérisé par son moment dipolaire électrique $\vec{\mu}$

$\vec{\mu}$ est un vecteur dirigé selon l'axe (AB) dans le sens de –q vers +q.

Une liaison covalente est polarisée lorsque les deux atomes liés ont des électronégativités différentes.

TABLEAU PÉRIODIQUE DES ÉLÉMENTS

Numéro atomique
Electronégativité χ
Selon l'échelle de Pauling

1 IA	2 IB	3 IIIB	4 IVB	5 VB	6 VIB	7 VIIB	8 VIIIB	9	10	11 IB	12 IIB	13 IIIA	14 IVA	15 VA	16 VIA	17 VIIA	18 VIIIA
1 H Hydrogène 2.20																	2 He Hélium ....
3 Li Lithium 0.98	4 Be Béryllium 1.57											5 B 2.04	6 C Carbone 2.55	7 N Azote 3.04	8 O Oxygène 3.44	9 F Fluor 3.98	10 Ne Néon ....
11 Na Sodium 0.93	12 Mg Magnésium 1.31											13 Al Aluminium 1.61	14 Si Silicium 1.93	15 P Phosphore 2.19	16 S Soufre 2.58	17 Cl Chlore 3.16	18 Ar Argon ....
19 K Potassium 0.82	20 Ca Calcium 1.00	21 Sc Scandium 1.36	22 Ti Titane 1.54	23 V Vanadium 1.63	24 Cr Chrome 1.66	25 Mn Manganèse 1.55	26 Fe Fer 1.83	27 Co Cobalt 1.88	28 Ni Nickel 1.91	29 Cu Cuivre 1.90	30 Zn Zinc 1.65	31 Ga Gallium 1.81	32 Ge Germanium 2.01	33 As Arsenic 2.18	34 Se Sélénium 2.55	35 Br Brome 2.96	36 Kr Krypton ....
37 Rb Rubidium 0.82	38 Sr Strontium 0.95	39 Y Yttrium 1.22	40 Zr Zirconium 1.33	41 Nb Niobium 1.64	42 Mo Molybdène 2.16	43 Tc Technétium 1.92	44 Ru Ruthénium 2.18	45 Rh Rhodium 2.28	46 Pd Palladium 2.20	47 Ag Argent 1.93	48 Cd Cadmium 1.69	49 In Indium 1.78	50 Sn Étain 1.80	51 Sb Antimoine 2.05	52 Te Tellure 2.09	53 I Iode 2.66	54 Xe Xénon ....
55 Cs Césium 0.79	56 Ba Baryum 0.89	57 La * Lanthane 1.10	72 Hf Hafnium 1.29	73 Ta Tantale 1.50	74 W Tungstène 2.26	75 Re Rhénium 1.94	76 Os Osmium 2.18	77 Ir Iridium 2.20	78 Pt Platine 2.28	79 Au Or 2.54	80 Hg Mercure 2.00	81 Tl Thallium 1.62	82 Pb Plomb 1.87	83 Bi Bismuth 2.02	84 Po Polonium 2.0	85 At Astate 2.2	86 Rn Radon ....
87 Fr Francium 0.70	88 Ra Radium 0.90	89 Ac ** Actinium 1.1															

Lorsqu'une une liaison chimique est polarisée :

- L'atome le plus électronégatif porte une charge électrique partielle négative notée δ^-.
- L'atome le moins électronégatif porte une charge électrique partielle positive notée δ^+.

Exemple - Polarisation de quelques liaisons

$$\overset{\delta^+}{H} \nrightarrow \overset{\delta^-}{O} \qquad \overset{\delta^+}{C} \nrightarrow \overset{\delta^-}{O}$$

$$|\Delta\chi| = 1{,}24 \qquad |\Delta\chi| = 0{,}89$$

c. Polarité d'une molécule

Au sein d'une molécule, plusieurs liaisons peuvent être polarisées.

On définit les **barycentres géométriques** G^+ et G^-, respectivement des charges partielles δ^+ et δ^-.

Une molécule est dite polaire si elle vérifie deux critères :

- la molécule possède des liaisons polarisées ;
- les barycentres G^+ et G^- ne sont pas confondus par symétrie.

Dans le cas contraire, la molécule est **apolaire**.

d. Caractère polaire d'un solvant

Cas de la molécule d'eau

L'électronégativité de l'oxygène est plus forte que celle de l'hydrogène.

Les liaisons O – H de la molécule d'eau sont polarisées.

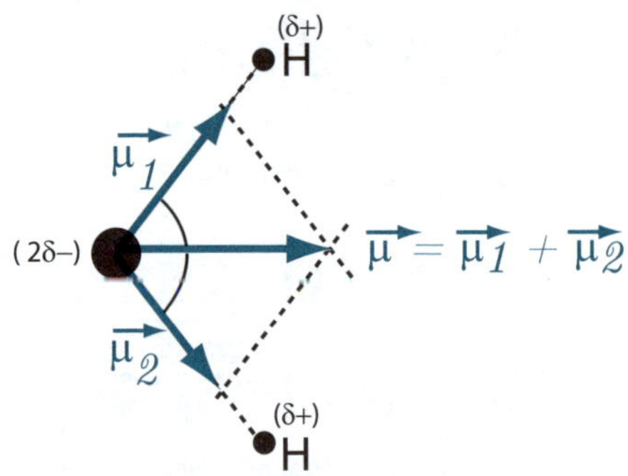

L'eau est un solvant polaire

Remarques

- Le caractère polaire ou apolaire d'une molécule dépend de la présence de liaisons polarisées et de la géométrie de la molécule.
- Cas des solvants organiques. Un solvant organique dont les molécules comportent un atome très électronégatif, par exemple N, 0, F ou Cl est généralement polaire. Les solvants hydrogénocarbonés (constitués uniquement d'atomes de carbone et d'hydrogène) sont considérés comme apolaires car les électronégativités des éléments carbone et hydrogène sont très proches$\Delta\chi < 0{,}4$

4 Liaisons intermoléculaires

a. Les interactions de Van Der-Waals

L'interaction de Van Der-Waals résulte de l'interaction entre dipôles électriques.

Cas de molécules polaires

Dans ces molécules, il y a des interactions électrostatiques entre les dipôles qui sont des dipôles permanents.

Ce sont ces interactions entre les dipôles permanents qui assurent la cohésion du solide moléculaire.

Exemple - Cas du chlorure d'iode

- Le chlore étant plus électronégatif que l'iode (le chlore est situé 2 cases au-dessus de l'iode dans la classification périodique) : la liaison I – Cl est donc polarisée.
- Dans le cristal moléculaire, les molécules s'orientent de telle manière que l'atome d'iode (pôle +) soit toujours voisin d'un atome de chlore (pôle –).

Cas de molécules apolaires

On peut prendre comme exemple de cristal moléculaire, le diiode qui est constitué d'un empilement compact et ordonné de molécules de diiode I_2. La molécule de diiode est apolaire car elle est constituée de deux atomes identiques. Mais les électrons n'ont pas de position définie. Ils ont une probabilité de présence dans le nuage électronique qui entoure les noyaux. Les électrons se déplacent à grande vitesse et ont un mouvement permanent.

À un instant donné, les électrons peuvent être plus proches d'un des noyaux. Il apparaît alors un dipôle électrique instantané au sein de la molécule. Ce dipôle instantané engendre la création d'autres dipôles instantanés.

C'est l'interaction électrique entre ces dipôles instantanés qui assurent la cohésion du cristal moléculaire constitué de molécules apolaires.

b. La liaison hydrogène

Qu'est-ce qu'une liaison hydrogène ?

La « liaison hydrogène » résulte de l'interaction électrostatique entre un élément A très électronégatif portant au moins un doublet non liant (oxygène, azote ou fluor) et un atome d'hydrogène lié à un élément très électronégatif B (atome d'oxygène, d'azote ou de fluor).

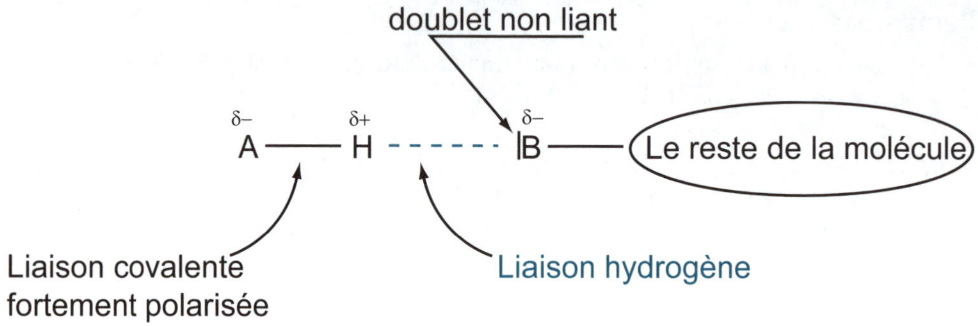

Remarques

- Les trois atomes qui participent à la liaison hydrogène sont généralement alignés.
- Les molécules qui possèdent le groupe -OH forment des liaisons hydrogène. C'est le cas des alcools comme l'éthanol, de l'eau dans la glace.
- Ces liaisons hydrogène participent à la cohésion du cristal. Dans ce cas, la cohésion du cristal est due aux liaisons hydrogène et aux interactions de Van Der-Waals.

Représentation de la liaison hydrogène

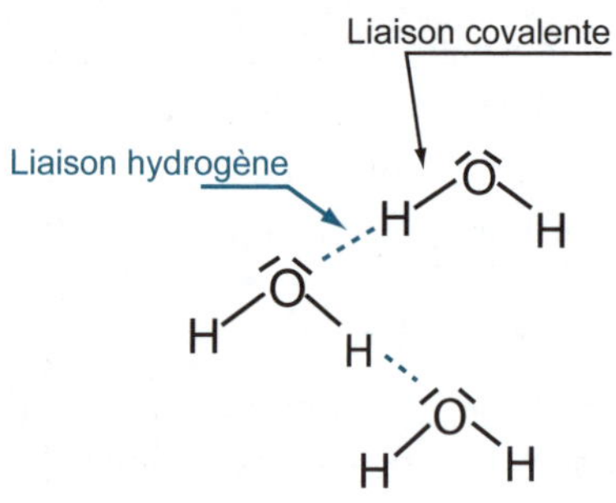

Réactions chimiques

1 La réaction chimique

a. Définition

Une transformation au cours de laquelle des espèces (atomes, molécules, ions, édifices cristallins…) disparaissent pour donner de nouvelles espèces (par réarrangement de leurs atomes), est appelée transformation chimique ou réaction chimique.

On appelle réactifs les espèces qui disparaissent et produits de la réaction les espèces qui apparaissent.

Exemple

Sous certaines conditions expérimentales, le dioxyde de soufre SO_2 réagit avec le sulfure d'hydrogène H_2S. Les produits de la réaction sont du soufre S et de l'eau H_2O.

- Les réactifs sont : SO_2 et H_2S
- Les produits de la réaction : S et H_2O.
- Le bilan de la réaction : $\alpha\ SO_2 + \beta H_2S \rightarrow \delta S + \gamma H_2O$

α, β, δ et γ représentent les coefficients stœchiométriques. Ce sont des entiers positifs et doivent traduire la conservation des atomes. On les choisit les plus petits possible.

b. Choix des coefficients stœchiométriques

Il suffit, pour chaque élément, de compter les atomes qui interviennent dans les réactifs et dans les produits et de s'assurer de la conservation du nombre d'atomes de cet élément.

Pour l'exemple précédent : $\alpha = 1$, $\beta = 2$, $\delta = 3$ et $\gamma = 2$

On obtient l'équation-bilan équilibrée : $SO_2 + 2H_2S \rightarrow 3S + 2H_2O$

Remarque

Pour être plus précis, on pourrait indiquer pour les réactifs et les produits leur état physique dans les conditions expérimentales :

$$SO_{2\,(g)} + 2H_2S_{(g)} \rightarrow 3S_{(l)} + 2H_2O_{(g)}$$

2 Suivi d'une réaction chimique

a. Avancement d'une réaction

La grandeur avancement d'une réaction chimique, notée x, permet de décrire l'évolution du système chimique à partir des quantités de matières initiales des réactifs.

Pour la réaction $\alpha.\ A+\beta.\ B\rightarrow\delta.\ C+\gamma.\ D$

On définit l'avancement de la réaction par la grandeur :

$$x=\frac{n(A)_0-n(A)_t}{\alpha}=\frac{n(B)_0-n(B)_t}{\beta}=\frac{n(C)_t}{\delta}=\frac{n(D)_t}{\gamma}\ ;\ x \text{ en mol}$$

Ainsi, à la date t, les quantités de matière des réactifs et des produits sont :

Réactifs		Produits	
$\alpha.$ A +	$\beta.$ B →	$\delta.$ C +	$\gamma.$ D
Quantité de matière (en mol)			
$n(A)_0$	$n(B)_0$	0	0
$n(A)_t=n(A)_0-\alpha x$	$n(B)_t=n(B)_0-\beta x$	$n(C)_t=\delta x$	$n(D)_t=\gamma x$

À l'état final, l'avancement final x_f permet d'effectuer un bilan de quantité de matière.

b. Tableau d'avancement

Un tableau d'avancement permet de regrouper les quantités de matière des réactifs et des produits à l'état initial (t = 0 s), pour un état intermédiaire (à la date t) et à l'état final.

		Réactifs		Produits	
		$\alpha.$ A +	$\beta.$ B →	$\delta.$ C +	$\gamma.$ D
État du système	Avancement de la réaction (en mol)	Quantité de matière (en mol)			
État initial	$x=0$	$n(A)_0$	$n(B)_0$	0	0
État intermédiaire	x	$n(A)_0-\beta x$	$n(B)_0-\beta x$	δx	γx
État final	x_f	$n(A)_0-\alpha x_f$	$n(B)_0-\beta x_f$	δx_f	γx_f

Remarques

- Lorsque l'eau fait partie des réactifs ou des produits d'une réaction chimique qui se déroule en solution aqueuse, l'eau est largement en excès et on mentionne que l'eau est le solvant (ou en excès).
- Si un des réactifs est à l'état gazeux, la détermination de la quantité de matière d'un échantillon gazeux ne contenant qu'une espèce chimique, sous certaines conditions, est donnée par la loi des gaz parfaits :

$$PV=nRT,\quad \text{soit } n=\frac{PV}{RT}$$

n en mol
V en m^3
P en Pa
T en kelvin
$R=8{,}31\ J.mol^{-1}.K^{-1}$

c. Réactif limitant

Taux d'avancement d'une réaction

On appelle taux d'avancement final, et on note τ, la grandeur sans dimension :

$$\tau = \frac{x_f}{x_{max}}$$

Pour une réaction totale $\tau = 1$ et par suite $x_f = x_{max}$

Composition du système à l'état final

Connaître la composition du système à l'état final revient à connaître l'avancement final x_f

Détermination du réactif limitant

Une quantité de matière étant positive ou nulle, donc :

$n(A)_0 - \alpha x \geq 0$ ou $n(B)_0 - \beta x \geq 0$

Soit $x \geq \dfrac{n(A)_0}{\alpha}$ ou $x \geq \dfrac{n(B)_0}{\beta}$

Cas d'une réaction totale, $x_f = x_{max}$:

- Si $\dfrac{n(A)_0}{\alpha} = \dfrac{n(B)_0}{\beta}$, alors le mélange est un **mélange stœchiométrique**. À l'état final l'avancement maximal est : $x_f = x_{max} = \dfrac{n(A)_0}{\alpha} = \dfrac{n(B)_0}{\beta}$.
- Si $\dfrac{n(A)_0}{\alpha} > \dfrac{n(B)_0}{\beta}$, alors le **réactif** A est **en excès** et B est le **réactif limitant**. À l'état final l'avancement maximal est : $x_f = x_{max} = \dfrac{n(B)_0}{\beta}$.
- *Si* $\dfrac{n(A)_0}{\alpha} < \dfrac{n(B)_0}{\beta}$, alors le réactif A est le **réactif limitant** et B est le **réactif en excès**. À l'état final l'avancement maximal est : $\boldsymbol{x_f = x_{max}} = \dfrac{\boldsymbol{n(A)_0}}{\alpha}$.

Remarques

- Dans le cas d'une réaction totale (le réactif limitant est totalement consommé), on a : $x_f = x_{max}$.
  Cas d'un acide fort ou d'une base forte. Cas de la dissolution d'un soluté solide dans l'eau…
- Dans le cas d'une réaction partielle, on a : $x_f < x_{max}$. Cas des acides faibles et des bases faibles.

Exemple

On fait réagir 3,0 mol de dioxyde de carbonique avec 5,0 mol d'ammoniac. La réaction forme de l'urée de formule $CO(NH_2)_2$ et de l'eau. La réaction est totale.

- **À l'état initial :**

$n(CO_2)_0 = 3{,}0$ mol et $n(NH_3)_0 = 5{,}0$ mol.

Le bilan de la réaction s'écrit : $CO_2 + 2NH_3 \rightarrow CO(NH_2)_2 + H_2O$

L'eau, produit de la réaction, est à l'état gazeux et la réaction ne se déroule pas en solution aqueuse.

D'où le tableau d'avancement :

		Réactifs		Produits	
		CO_2 +	$2NH_3$ →	$CO(NH_2)_2$ +	H_2O
État du système	Avancement de la réaction (en mol)	Quantité de matière (en mol)			
État initial	$x = 0$	3,0	5,0	0	0
État intermédiaire	x	$3{,}0 - x$	$5{,}0 - 2x$	x	x
État final	x_f	$3{,}0 - x_f$	$5{,}0 - 2x_f$	x_f	x_f

- **À l'état final :**

$n_f(CO_2) = 3{,}0 - x_f$; $n_f(NH_3) = 5{,}0 - 2x_f$; $n_f(CO(NH_2)_2) = x_f$ et $n_f(H_2O) = x_f$

Détermination du réactif limitant

Une quantité de matière étant positive ou nulle, donc :

$3{,}0 - x \geq 0$ ou $5{,}0 - 2x \geq 0$

Soit $x \leq 3{,}0\ mol$ ou $x \leq 2{,}5\ mol$

À l'état final, l'avancement maximal correspond à la plus petite valeur de l'avancement x, soit, $x_f = x_{max} = 2{,}5\ mol$

Le bilan du système à l'état final est donc :

CO_2	$2NH_3$	$CO(NH_2)_2$	H_2O
0,50 mol	0	0,50 mol	0,50 mol

6 Cours
Réaction acides-bases en solution aqueuse

1 Acides et bases en solution aqueuse

a. Acides et bases selon Brönsted

Selon Brönsted et Lowry (théorie élaborée en 1923) :

- Un acide est une espèce chimique, ionique ou moléculaire, susceptible de céder (libérer) un ou plusieurs protons H^+ :
  - Un monoacide ne peut céder qu'un proton H^+ ;
  - Un polyacide peut en céder plusieurs.
- Une base est une espèce chimique, ionique ou moléculaire, susceptible de capter (fixer) un ou plusieurs protons H^+ :
  - Une monobase ne peut capter qu'un proton H^+ ;
  - Une polybase peut en capter plusieurs.

On peut représenter, d'une façon générale, un acide par AH (acide moléculaire) ou BH^+ (acide cationique) selon :

$$AH \rightleftharpoons A^- + H^+ \qquad (1)$$

$$BH^+ \rightleftharpoons B + H^+ \qquad (2)$$

On forme une espèce (A^- ou B) qui, dans la réaction inverse, est susceptible de capter un proton H^+ : acide et base vont donc par paire ou couple acide/base.

Acide et base d'un même couple sont dits conjugués : à tout acide AH (ou BH^+) correspond sa base conjuguée A^- (ou B). On obtient ainsi les couples acide/base AH / A^- et BH^+ / B.

Exemples

- $\underset{\text{(acide moléculaire)}}{CH_3COOH} \rightleftharpoons \underset{\text{(base anionique)}}{CH_3COO^-} + H^+$

- $\underset{\text{(acide cationique)}}{NH_4^+} \rightleftharpoons \underset{\text{(base moléculaire)}}{NH_3} + H^+$

- H_2SO_4 peut libérer deux protons H^+ selon :

$$\left\{\begin{array}{l} H_2SO_4 \rightleftharpoons HSO_4^- + H^+ \\ \quad\text{puis} \\ HSO_4^- \rightleftharpoons SO_4^{2-} + H^+ \end{array}\right. ;\ H_2SO_4 \text{ est un diacide.}$$

Remarque

Dans l'exemple 3, l'espèce HSO_4^- apparaît comme une base pour le couple H_2SO_4 / HSO_4^- et un acide pour le couple HSO_4^- / SO_4^{2-} : on dit que HSO_4^- est une espèce **amphotère** ou **ampholyte.**

Exemple de quelques couples acide/base

Acide	HF	HCN	(CO_2,H_2O) H_2CO_3	HCO_3^-	C_6H_5COOH	H_3O^+	H_2O
Base	F^-	CN^-	HCO_3^-	CO_3^{2-}	$C_6H_5COO^-$	H_2O	HO^-

b. Réactions acide-base

Pour un couple acide/base, on peut écrire : acide $\rightleftharpoons$ base + H^+

La superposition de deux transferts de protons H^+ conduit à l'équilibre :

$$\text{acide}_1 + \text{base}_2 \rightleftharpoons \text{base}_1 + \text{acide}_2 \qquad (3)$$

Une réaction acido-basique est donc un transfert de proton H^+ de l'acide (1), acide du couple acidel/basel, vers la base (2), base du couple acide2/base2.

Exemple

$$\begin{cases} CH_3COOH \rightleftharpoons CH_3COO^- + H^+, & \text{couple } CH_3COOH / CH_3COO^- \\ NH_3 + H^+ \rightleftharpoons NH_4^+, & \text{couple } NH_4^+ / NH_3 \end{cases}$$

Et le bilan de la réaction s'écrit :

$$\underset{\text{acide}_1}{CH_3COOH} + \underset{\text{base}_2}{NH_3} \rightleftharpoons \underset{\text{base}_1}{CH_3COO^-} + \underset{\text{acide}_2}{NH_4^+}$$

C'est une réaction d'échange de proton entre l'acide CH_3COOH du couple CH_3COOH / CH_3COO^- et la base NH_3 du couple NH_4^+ / NH_3.

c. Les couples de l'eau

Couple H_3O^+/H_2O

L'ion hydronium H_3O^+ est un acide de Brönsted puisqu'il est susceptible de céder un proton H^+ selon la demi-équation d'échange protonique :

$$H_3O^+ \rightleftharpoons H_2O + H^+ \qquad (4)$$

H_2O est la base conjuguée de l'acide H_3O^+.

On définit le couple H_3O^+ / H_2O où l'eau est la base.

Couple H_2O / HO^-

L'ion hydroxyde HO^- est une base de Brönsted puisqu'il est susceptible de capter un proton H^+ selon la demi-équation d'échange protonique :

$$HO^- + H^+ \rightleftharpoons H_2O \tag{5}$$

H_2O est l'acide conjugué de la base HO^-.

Remarque

L'eau apparaît comme une base pour le couple H_3O^+ / H_2O et comme un acide pour le couple H_2O / HO^- : l'eau est une **espèce amphotère** ou un **ampholyte**.

d. L'autoprotolyse de l'eau - Produit ionique

La présence dans l'eau d'ions H_3O^+ et HO^- résulte de son ionisation partielle qui peut s'interpréter comme une réaction acido-basique :

$$H_2O_{(l)} + H_2O_{(l)} \rightleftharpoons H_3O^+_{(aq)} + HO^-_{(aq)} \tag{6}$$

L'eau intervient par l'intermédiaire des deux couples H_3O^+ / H_2O et H_2O / HO^-.

La constante thermodynamique de l'équilibre précédent (relation 6), notée K_e, est appelée produit ionique de l'eau :

$$K_e = [H_3O^+][HO^-] \tag{7}$$

K_e est une constante sans dimension qui ne dépend que de la température.

On définit pK_e :

$$pK_e = -\log K_e, \text{ soit } K_e = 10^{-pK_e} \tag{8}$$

Le tableau ci-dessous donne quelques valeurs de K_e et pK_e pour différentes températures.

Température (en °C)	0	25	50	80
K_e	$0{,}12.10^{-14}$	$1{,}0.10^{-14}$	$5{,}5.10^{-14}$	25.10^{-14}
pK_e	14,9	14,0	13,3	12,6

Remarque

K_e est une fonction croissante de la température.

2 pH d'une solution aqueuse

a. Définition

Le pH est un nombre sans unité. Il permet de quantifier le caractère acide ou basique d'une solution.

Pour les solutions aqueuses diluées (Concentration molaire très inférieure à 1 mol.L^{-1}), on définit le pH par :

$$\mathbf{pH = -log\frac{[H_3O^+]}{C^0}, \quad soit\ [H_3O^+] = C^0 \times 10^{-pH}} \qquad (9)$$

$$\mathbf{[H_3O^+]\ en\ mol.L^{-1}\ et\ C^0 = 1\ mol.L^{-1}}$$

Remarque

Dans l'expression $pH = -\log\frac{[H_3O^+]}{C^0}$, $[H_3O^+]$ est un nombre qui mesure la concentration molaire en ions H_3O^+.

b. Solutions acides et basiques

- **Pour l'eau pure, $[H_3O^+] = [HO^-]$**

Comme $K_e = [H_3O^+][HO^-]$, alors $[H_3O^+] = [HO^-] = \sqrt{K_e}$, soit :

$$pH = -\log\sqrt{K_e} = -\frac{1}{2}\log K_e = \frac{1}{2}pK_e \qquad (10)$$

(pour l'eau pure)

À 25 °C, pour l'eau pure : $pK_e = 14{,}0$ et donc $pH = 7{,}0$.

- **En milieu acide, $[H_3O^+] > [HO^-]$**

Comme $K_e = [H_3O^+][HO^-]$, alors $[HO^-] = \frac{K_e}{[H_3O^+]}$.

Il en résulte donc $[H_3O^+] > \frac{K_e}{[H_3O^+]}$, soit $[H_3O^+]^2 > K_e$.

Ainsi :

$$2\log[H_3O^+] > \log K_e \text{ ou encore } pH < \frac{1}{2}pK_e \qquad (11)$$

(En milieu acide)

À 25°C, une solution est acide si $pH < 7{,}0$.

- **En milieu basique, $[H_3O^+] < [HO^-]$**

Comme $K_e = [H_3O^+][HO^-]$, alors $[HO^-] = \frac{K_e}{[H_3O^+]}$.

Il en résulte donc $\left[H_3O^+\right] < \dfrac{K_e}{\left[H_3O^+\right]}$, soit $\left[H_3O^+\right]^2 < K_e$.

Ainsi :

$$\underset{\text{(En milieu basique)}}{2\log\left[H_3O^+\right] < \log K_e} \text{ ou encore } pH > \frac{1}{2}\,pK_e \qquad (12)$$

À 25 °C, une solution est basique si pH > 7,0.

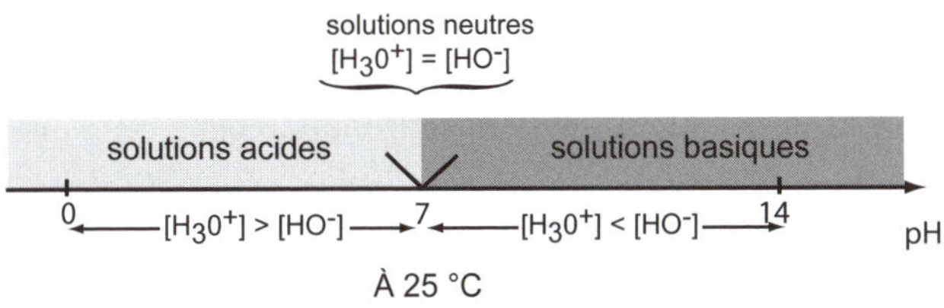

3 Constante d'acidité et pK$_a$ d'un couple acide/base

a. Constante d'acidité

Définition

Considérons un acide AH. Sa réaction avec l'eau s'écrit :

$$\mathbf{H_{(aq)} + H_2O_{(l)} \rightleftharpoons A^-_{(aq)} + H_3O^+_{(aq)}} \qquad (13)$$

Acide fort : l'acide est qualifié d'acide fort si sa dissociation dans l'eau est totale, c'est-à-dire qu'il n'existe plus de molécules AH dans la solution.

Acide faible : l'acide sera qualifié d'acide faible s'il n'est pas entièrement ionisé, c'est-à-dire que sa dissociation dans l'eau est partielle.

Dans ce cas, il faut pouvoir évaluer sa « force », grandeur intrinsèque, constante pour toute solution.

Pour l'équilibre chimique représenté par la relation 13, on définit la constante d'acidité K_a, ou constante d'ionisation de l'acide AH dans l'eau, par :

$$\mathbf{K_a = \dfrac{\dfrac{[A^-]_f}{C^0}\cdot\dfrac{\left[H_3O^+\right]_f}{C^0}}{\dfrac{[AH]_f}{C^0}}} \qquad (14)$$

([X] représente un nombre qui mesure la concentration de l'espéce X, exprimée en $mol.L^{-1}$ et C^0=1 $mol.L^{-1}$)

Unités : les concentrations en $mol.L^{-1}$; C^0 = 1,0 $mol.L^{-1}$; K_a sans unité.

L'expression simplifiée de K_a est :

$$\mathbf{K_a = \frac{[A^-]_f.[H_3O^+]_f}{[AH]_f}} \qquad (15)$$

Remarques

- K_a ne dépend que de la température et du couple considéré.
- La relation (15) est d'autant mieux vérifiée que les concentrations sont petites (inférieures à 0,1 mol. L^{-1}).
- La constante K_a est sans dimension : c'est un rapport d'activités.

On définit aussi le pK_a d'un couple acide faible/base faible par :

$$\mathbf{pK_a = -\log K_a,\ soit\ K_a = 10^{-pK_a}} \qquad (16)$$

Le pK_a est compris entre 0 et 14, à 25 °C.

b. pKa des couples de l'eau

- **Couple H_3O^+/H_2O**

$$H_3O^+_{(aq)} + H_2O_{(l)} \rightleftharpoons H_3O^+_{(aq)} + H_2O_{(l)}$$

$K_a = 1$ et par suite $pKa = 0$

- **Couple H_2O/OH^-**

$$H_2O_{(l)} + H_2O_{(l)} \rightleftharpoons H_3O^+_{(aq)} + HO^-_{(aq)}$$

$K_a = K_e$ et par suite $pK_a = pK_e = 14$ à 25 °C

4 Classification des couples acide/base de l'eau

a. Forces d'un acide et force d'une base

- Un acide est d'autant plus fort qu'il cède facilement un proton H^+ (c'est-à-dire, plus il se dissocie).
- Une base est d'autant plus forte qu'elle capte facilement un proton H^+ (plus elle se dissocie).

Soient deux couples acide/base A1/B1 et A2/B2.

La dissociation de chacun des deux acides s'écrit :

$$A_1H_{(aq)} + H_2O_{(l)} \rightleftharpoons A^-_{1\,(aq)} + H_3O^+_{(aq)}$$

$$A_2H_{(aq)} + H_2O_{(l)} \rightleftharpoons A^-_{2\,(aq)} + H_3O^+_{(aq)}$$

Les constantes d'acidités des deux couples s'écrivent :

$$K_{a1} = \frac{[H_3O^+]_{1f}[A_1^-]_f}{[A_1H]_f} \text{ et } K_{a2} = \frac{[H_3O^+]_{2f}[A_2^-]_f}{[A_2H]_f}$$

Pour des solutions acides de même concentration initiale C_0, si l'acide A_1H est plus dissocié que l'acide A_2H, alors : $[H_3O^+]_{1f} > [H_3O^+]_{2f}$

Comme $[H_3O^+]_{1f} = [A_1^-]_f$ et $[H_3O^+]_{2f} = [A_2^-]_f$, alors : $Ka_1 > Ka_2$ et donc $pKa_1 < pKa_2$

À retenir

- L'acide A_1H est plus fort que l'acide A_2H équivaut à $Ka_1 > Ka_2$, ou encore $pKa_1 < pKa_2$).
- Plus un acide est fort, plus sa base conjuguée est faible

b. Classification

La connaissance des constantes d'acidité Ka (donc des pKa) permet de classer les couples acide/base.

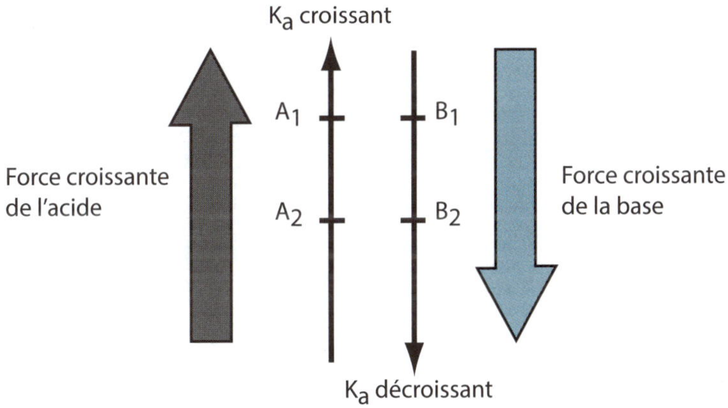

Exemple

Acide	K_a		Pk_a	Base conjuguée
CCl_3-COOH	0,20		0,7	CCl_3-COO^-
HF	$6{,}8.10^{-4}$		3,17	F^-
HCOOH	$1{,}6.10^{-4}$		3,8	$HCOO^-$
C_6H_5COOH	$6{,}3.10^{-5}$		4,2	$C_6H_5COO^-$
CH_3COOH	$1{,}8.10^{-5}$		4,75	CH_3COO^-
NH_4^+	$6{,}3.10^{-10}$		9,2	NH_3

c. Cas des acides forts et des bases fortes

Cas de l'acide chlorhydrique

Couple HCl / Cl^- :

$$\mathbf{HCl_{(g)}} + \mathbf{H_2O_{(l)}} \rightarrow Cl^-_{(aq)} + H_3O^+_{(aq)}$$

HCl est la forme acide, il n'existe pas dans l'eau et Cl^- est la base conjuguée est une base indifférente dans l'eau.

Conséquences :

- en solution aqueuse, un acide fort ne contient comme espèce acide que H_3O^+ (en plus de l'eau qui est le solvant) ;
- sa base conjuguée est une base indifférente dans l'eau ;
- l'acide le plus fort dans l'eau est H_3O^+

De même :

- une base forte en solution ne contient que OH^- comme espèce basique, en plus de l'eau (le solvant) ;
- son acide conjugué est un acide indifférent dans l'eau ;
- HO^- est la base la plus forte dans l'eau.

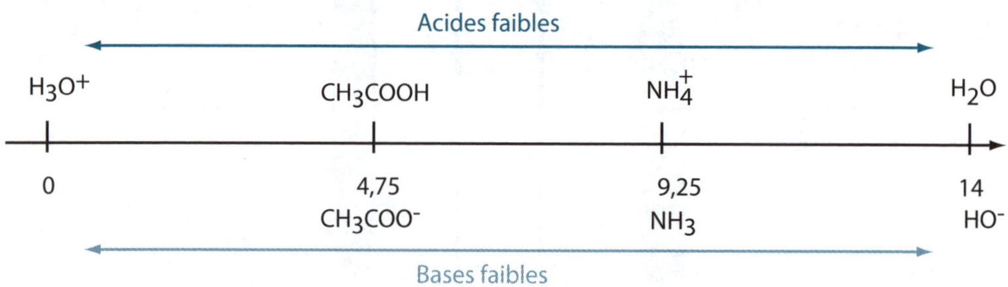

5 Relation entre pH et pK$_a$

Pour tout couple acide-base $AH_{(aq)}$ / $A^-_{(aq)}$, la réaction de dissociation de l'acide AH s'écrit :

$$AH_{(aq)} + H_2O_{(l)} \rightleftharpoons A^-_{(aq)} + H_3O^+_{(aq)}$$

La constante d'équilibre associée à la réaction de dissociation de l'acide $AH_{(aq)}$ dans l'eau s'écrit :

$$K_a(AH/A^-) = K_a = \frac{[A^-]_f.[H_3O^+]_f}{[AH]_f}$$

En prenant les logarithmes, il vient :

$$-\log(K_a) = -\log\left(\frac{[A^-]_f.[H_3O^+]_f}{[AH]_f}\right)$$

Soit :

$$pK_a = -\log([H_3O^+]_f) - \log\left(\frac{[A^-]_f}{[AH]_f}\right)$$

Comme $pH = -\log([H_3O^+]_f)$, alors :

$$pK_a = pH - \log\left(\frac{[A^-]_f}{[AH]_f}\right)$$

Ou encore :

$$\mathbf{pH = pK_a + \log\left(\frac{[A^-]_f}{[AH]_f}\right)} \qquad (17)$$

6 Diagramme de prédominances

De la relation $pH = pK_a + \log\left(\frac{[A^-]_f}{[AH]_f}\right)$, trois cas de figure peuvent se présenter :

- $pH = pK_a$, soit $[A^-]_f = [AH]_f$: l'acide et la base ont même concentration dans le système
- $pH > pK_a$, soit $[A^-]_f > [AH]_f$: la forme basique A^- prédomine devant la forme acide AH.
- $pH < pK_a$, soit $[AH]_f > [A^-]_f$: la forme acide AH prédomine devant la forme basique A^-.

On peut résumer les résultats précédents sur un diagramme appelé diagramme de prédominance :

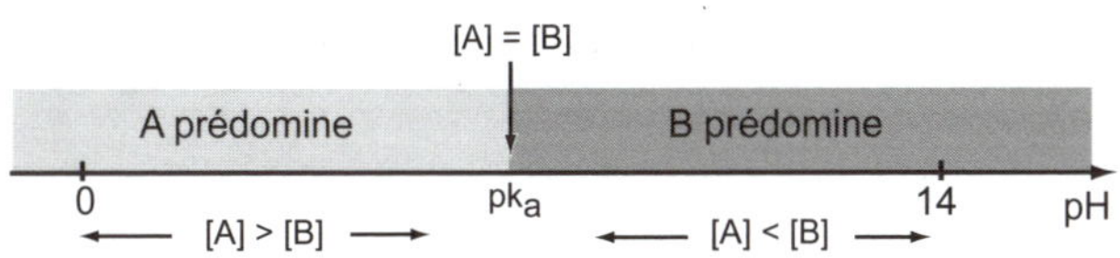

Remarque

Si on convient qu'une espèce acide A est prédominante devant une espèce basique B lorsque $[A] > 10[B]$, alors, de la relation 17, il en résulte :

$$\begin{cases} pH = pK_a \text{ si } [A] = [B] \\ pH < pK_a - 1 \text{ si } [A] > 10[B] \\ pH > pK_a + 1 \text{ si } [B] > 10[A] \end{cases}$$

On obtient le diagramme ou domaines de prédominance suivant :

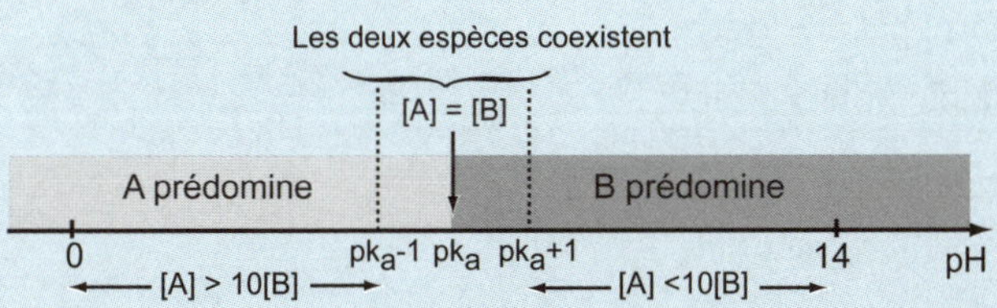

7 pH de quelques solutions

a. Solutions acides

Acides forts

Ce sont des acides qui se dissocient totalement dans l'eau : le coefficient de dissociation est $\alpha = 1$.

Ex. : l'acide chlorhydrique HCl.

L'équation de dissolution dans l'eau s'écrit :

$$HCl_{(l)} + H_2O_{(l)} \rightarrow Cl^-_{(aq)} + H_3O^+_{(aq)}$$

Si C_a représente la concentration molaire de la solution, alors $C_a = [H_3O^+]_f$ et par suite :

$$pH = -\log C_a \quad (18)$$

(Pour des solutions diluées)

Remarque

Pour un diacide AH_2, de concentration molaire C_a, sa dissociation dans l'eau donne :

$$AH_{2\,(aq)} + 2H_2O_{(l)} \rightarrow 2H_3O^+ + A^-$$

Comme $[H_3O^+]_f = 2C_a$ alors

$$pH = -\log 2C_a \text{ (pour un diacide de concentration molaire } C_a\text{)}.$$

Acides faibles

Ce sont des acides qui se dissocient partiellement dans l'eau et donc $\alpha < 1$.

Pour un acide AH de concentration molaire C_a, sa dissociation dans l'eau s'écrit :

$$AH_{(aq)} + H_2O_{(l)} \rightleftharpoons A^-_{(aq)} + H_3O^+_{(aq)}$$

À l'état final $n(H_3O^+)_f < Ca \times Vsol$

Par conséquent $[H_3O^+]_f < C_a$ et par suite $pH > -\log(Ca)$

À retenir

Soit, un acide de concentration en soluté apporté Ca.

- Pour un acide fort : $pH = -\log C_a$.
- Pour un acide faible : $pH > -\log C_a$.

b. Solutions basiques

De la même façon, si C_b est la concentration molaire de la solution, alors :

Bases fortes

Une base forte se dissocie totalement dans l'eau, soit $[HO^-]_f = C_b$

Comme $[H_3O^+]_f = \dfrac{K_e}{[HO^-]_f} = \dfrac{K_e}{C_b}$, alors :

$$pH = 14 + \log C_b \qquad (19)$$

(Pour des solutions diluées)

Et pour une di-base, telle que $B(OH)_2$, de concentration molaire C_b, son pH est :

$$pH = 14 + \log 2C_b$$

Bases faibles

Ce sont des bases qui se dissocient partiellement dans l'eau et donc $\alpha < 1$.

Pour une base B de concentration molaire C_b, sa dissociation dans l'eau s'écrit :

$$B_{(aq)} + H_2O_{(l)} \rightleftharpoons BH^+_{(aq)} + HO^-_{(aq)}$$

À l'état final $n(HO^-)_f < C_b \times V_{sol}$

Par conséquent $[HO^-]_f < C_b$ et par suite $[HO^-]_f = \dfrac{K_e}{[H_3O^+]_f} < C_b$

De la relation précédente, il vient :

$$pH < 14 + \log C_b$$

À retenir

Soit une base de concentration en soluté apporté C_b.

- Pour une base forte : $pH = 14 + \log C_b$.
- Pour une base faible : $pH < 14 + \log C_b$.

8 Les systèmes tampons

a. Solutions tampons

Une solution tampon est une solution aqueuse dont la variation du pH est :

- insensible à la dilution ;
- peu sensible à un apport en quantité modérée d'une solution acide ou basique.

Une solution tampon est constituée à partir d'un mélange équimolaire d'un acide faible et d'une base faible du même couple acide-base. Elle est d'autant plus efficace que :

- le pH de la solution est voisin du pK_a du couple acide-base ;
- les concentrations respectives de l'acide et de sa base conjuguée sont importantes.

Remarques

- Une solution tampon régularise donc les actions qui tendent à faire varier le pH.
- Une solution tampon, solution dont le pH est en quelque sorte « stabilisé », est une solution dont la composition est égale ou voisine de celle obtenue à la demi-équivalence dans le cas :
  - d'un acide faible AH réagissant avec une base forte telle que HO^- ;
  - d'une base faible B réagissant avec un acide fort tel que H_3O^+.

b. Intérêt des solutions tampons

La plupart des réactions biologiques ainsi que de nombreuses réactions d'analyse et de synthèse nécessitent des milieux tamponnés.

Deux couples acide/base jouent un rôle important dans les milieux biologiques : le tampon bicarbonate et le tampon phosphate.

Le tampon bicarbonate

Il fait intervenir le couple $(CO_2,H_2O)/HCO^-_{3(aq)}$ (parfois noté $H_2CO_{3\,(aq)}/HCO^-_{3(aq)}$).

Son pK_a vaut 6,4 à 25 °C et 6,1 à 37 °C.

Le pH du sang est compris entre 7,38 et 7,45.

La relation $pH = pK_a + \log\frac{[HCO^-_{3(aq)}]}{[CO_2,H_2O]}$ montre que, dans le sang, les ions $HCO^-_{3(aq)}$ sont en excès par rapport au dioxyde de carbone dissous.

Le tampon phosphate

Il fait intervenir le couple $H_2PO^-_{4(aq)}/HPO^{2-}_{4(aq)}$.

C'est le principal tampon intracellulaire.

c. Les acides α-aminés

Un acide α-aminé est une molécule qui possède un groupe carboxyle -COOH et un groupe amine $-NH_2$ portés par le même atome de carbone. La formule générale d'un acide α-aminé est :

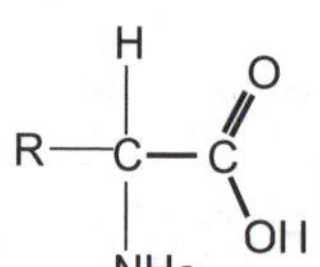

R est un groupe d'atomes

Les propriétés acido-basiques d'un acide α-aminé sont dues aux deux groupes précédents. On construit donc le diagramme de prédominance en faisant apparaître les deux pKa (pKa1 et pKa2 pour les deux couples acide-base) sur le même axe gradué en valeurs de pH :

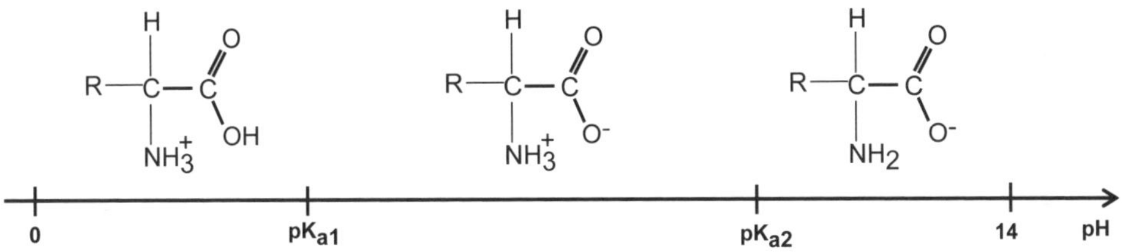

En fonction du pH, l'acide α-aminé peut donc prendre trois formes distinctes.

Le diagramme ci-après montre que la forme générique n'existe jamais en solution aqueuse, quel que soit le pH de la solution.

En solution aqueuse, l'acide existe essentiellement sous la forme d'un **amphion** (ou **zwitterion**), forme qui résulte d'un transfert interne de l'ion hydrogène H^+ du groupe carboxyle vers le groupe amine.

La formule générale de l'amphion correspondant est :

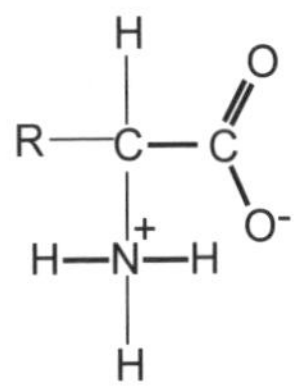

7 Cours
Réactions d'oxydo-réduction

1 Couples oxydant/réducteur

a. Les couples Rédox

Oxydation

Réaction chimique au cours de laquelle une espèce chimique perd un ou plusieurs électrons.

oxydation = perte d'électrons

Réduction

Réaction chimique au cours de laquelle une espèce chimique gagne un ou plusieurs électrons.

réduction = gain d'électrons

Oxydant

C'est une espèce chimique, ionique ou moléculaire, capable de capter un ou plusieurs électrons.

$\mathbf{Ox} + \mathbf{ne}^- \rightleftharpoons \mathrm{Red}$, l'oxydant est réduit

Réducteur

C'est une espèce chimique, ionique ou moléculaire, capable de céder un ou plusieurs électrons.

$\mathrm{Red} \rightleftharpoons \mathbf{Ox} + \mathbf{ne}^-$, le réducteur est oxydé

Remarque

À toute forme oxydée correspond une forme réduite et inversement.

Couple rédox

Il correspond à l'association de la forme oxydée et de la forme réduite d'une même espèce chimique. On le note Ox / Red et, dans le cas général, il est caractérisé par la demi-équation :

$$\alpha \mathbf{Ox} + \mathbf{ne}^- \underset{\text{(oxydation)}}{\overset{\text{(réduction)}}{\rightleftharpoons}} \beta \mathbf{Red} \qquad (1)$$

(l'oxydant qui capte des électrons est réduit, le réducteur qui cède des électrons est oxydé)

b. Réaction d'oxydo-réduction

Elle met en jeu deux couples redox ; il y a transfert d'électrons du réducteur de l'un des couples à l'oxydant de l'autre couple.

Si l'oxydant Ox_1 du couple Ox_1/Red_1 oxyde le réducteur Red_2 du couple Ox_2/Red_2, les deux demi-équations correspondant aux deux couples s'écrivent :

$$Ox_1 + n_1e^- \rightleftharpoons Red_1$$

et

$$Red_2 \rightleftharpoons Ox_2 + n_2e^-$$

Le bilan global de la réaction d'oxydo-réduction s'écrit donc :

$$n_2Ox_1 + n_1Red_2 \rightleftharpoons n_2Red_1 + n_1Ox_2 \qquad (2)$$

2 Piles électrochimiques

a. Présentation générale

Le principe de fonctionnement est basé sur les réactions d'oxydation et de réduction qui ont donné leur nom au processus chimique plus général de transfert électronique que l'on appelle oxydo-réduction. Une pile électrochimique est constituée :

- de deux demi-piles formées par deux couples redox. Chaque demi-pile est composée d'une électrode métallique d'un métal M et d'une solution électrolytique contenant des ions M^{n+} du même métal ;
- d'un pont électrolytique ou pont salin qui relie les deux solutions.

Prenons l'exemple d'échange d'électrons, par l'intermédiaire de conducteurs, entre les deux couples rédox, Ox_1/Red_1 et Ox_2/Red_2.

L'électrode dont le potentiel est le plus élevé sera le pôle positif.

L'électrode dont le potentiel est le plus faible sera le pôle négatif.

$$\begin{cases} \text{Électrode 1 : } Ox_1 + n_1e^- \rightleftharpoons Red_1 \ : \text{ potentiel redox } E_1 \\ \text{Électrode 2 : } Ox_2 + n_2e^- \rightleftharpoons Red_2 \ : \text{ potentiel redox } E_2 \end{cases} \qquad (3)$$

Pour $E_2 > E_1$: lorsque l'on ferme le circuit (Fig. ci-dessous), il y a transfert d'électrons de l'électrode (1) vers l'électrode (2) : le réducteur Red_1 est oxydé alors que l'oxydant Ox_2 est réduit.

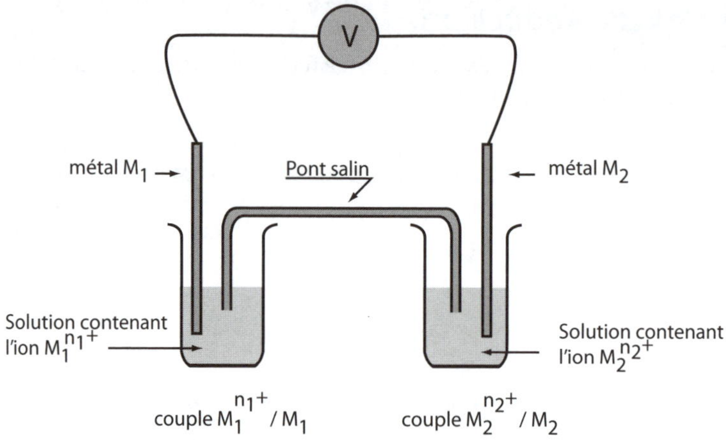

b. Étude de la pile Daniell

Constitution

Elle met en jeu une demi-pile de zinc et une demi-pile de cuivre.

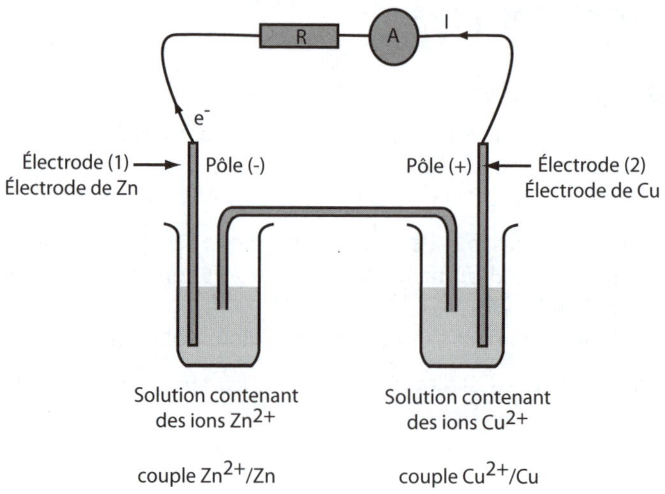

Exemple

Le compartiment de gauche est constitué d'un volume V = 100,0 mL d'une solution de sulfate de zinc ($Zn^{2+}_{(aq)}$, $SO^{2-}_{4\,(aq)}$) de concentration initiale $C_1 = 1{,}0.10^{-1}$ mol.L^{-1}.

Le compartiment de droite est constitué d'un volume V = 100,0 mL d'une solution de sulfate de cuivre ($Cu^{2+}_{(aq)}$, $SO^{2-}_{4\,(aq)}$) de concentration initiale $C_2 = 1{,}0.10^{-1}$ mol.L^{-1}.

Remarque

On peut remplacer les électrodes de métal par des électrodes inattaquables de platine ou de graphite.

Observations expérimentales

Avec la convention choisie, l'intensité I du courant débité par la pile est positive : on dit que la pile débite un courant électrique.

On observe que :

- la masse de la lame de cuivre augmente tandis que celle de la lame de zinc diminue ;
- la solution de sulfate de cuivre ($Cu^{2+}_{(aq)}$, $SO^{2-}_{4\,(aq)}$) initialement bleue se décolore progressivement.

Réactions aux électrodes

Exploitation du sens du courant

Les électrons circulent en sens inverse du courant électrique :

- Ils sont produits à l'électrode de zinc, par une réaction d'oxydation :

$$Zn_{(s)} \rightleftharpoons Zn^{2+}_{(aq)} + 2e^- \text{ ; oxydation}$$

- Ils sont consommés à l'électrode de cuivre, par une réaction de réduction :

$$Cu^{2+}_{(aq)} + 2e^- \rightleftharpoons Cu_{(s)} \text{ ; réduction}$$

Conclusion :

Le fonctionnement de la pile n'est pas en contradiction avec le critère d'évolution spontanée.

On observe globalement la transformation spontanée :

$$Cu^{2+}_{(aq)} + Zn_{(s)} \rightarrow Cu_{(s)} + Zn^{2+}_{(aq)}$$

Mouvement des porteurs de charge

- **Dans le circuit électrique**
Dans le circuit électrique, les porteurs de charge sont les **électrons :** ils circulent en sens inverse du courant.

- **En solution et dans le pont salin**
Dans le pont salin, les porteurs de charge sont les **ions (cations ou anions)**.

Le pont salin permet la **migration des ions entre les deux solutions électrolytes sans permettre qu'elles se mélangent**. Il est indispensable pour que la pile débite puisqu'il assure la fermeture du circuit.

- **Lorsque la pile débite :**
  - des cations $Zn^{2+}_{(aq)}$ sont formés à l'électrode de zinc ;
  - des cations $Cu^{2+}_{(aq)}$ sont consommés à l'électrode de cuivre.
- **Pour assurer l'électroneutralité de la solution :**
  - les anions migrent de la lame de cuivre à la lame de zinc, qui constitue l'**anode** ;
  - les cations migrent de la lame de zinc à la lame de cuivre, qui constitue la **cathode**.

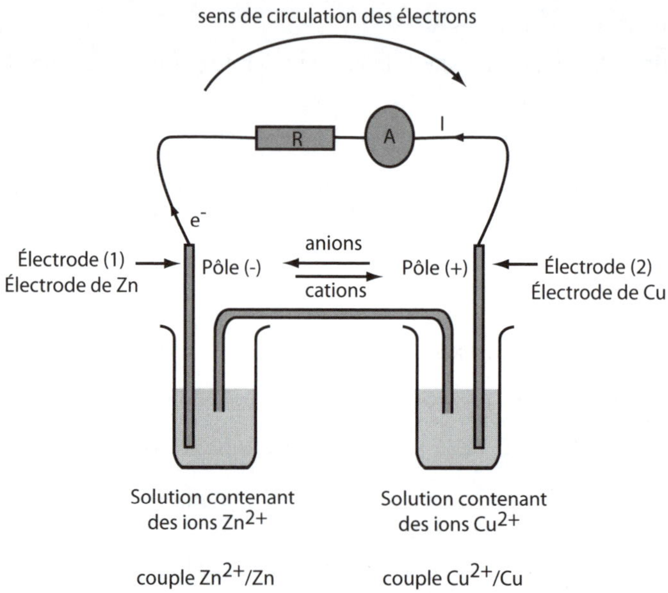

Anode et cathode

L'**Anode** est donc l'électrode où se produit l'**Oxydation**.

À l'inverse la **Cathode** est l'électrode où se produit la Réduction.

Force électromotrice de la pile

C'est l'existence d'une **différence de potentiels** $E = V^+ - V^- = E_2 - E_1$ entre les bornes P et N qui est à l'origine de la migration des électrons dans le circuit électrique.

Comme le courant circule dans le sens des potentiels décroissants, la tension U_{PN} est donc positive : le courant circule de P vers N.

La tension $E = V^+ - V^- = E_2 - E_1$ est appelée **force électromotrice** car elle transcrit l'influence d'un phénomène électrique (différence de potentiels) sur la mobilité des électrons. Elle est homogène à une tension et s'exprime en Volt (V) dans le système international.

Polarité

La pile se comporte donc comme un **générateur de tension** :

- La lame de cuivre constitue la borne positive du générateur (potentiel V^+).
- La lame de zinc constitue la borne négative du générateur (potentiel V^-).

Pour une pile, on a donc :

- La Cathode. Elle constitue la borne (+) ; il se produit une **réduction** :

$$Cu^{2+}_{(aq)} + 2e^- \rightleftharpoons Cu_{(s)}$$

- L'anode. Elle constitue la borne (–) ; il se produit une **oxydation** :

$$Zn_{(s)} \rightleftharpoons Zn^{2+}_{(aq)} + 2e^-$$

Schéma conventionnel de la pile

Constitution de la pile Daniell

Elle est constituée de deux demi-piles formées par les deux couples redox $Zn^{2+}_{(aq)}/Zn$ et $Cu^{2+}_{(aq)}/Cu_{(s)}$ et d'un pont électrolytique pour relier les deux demi-piles.

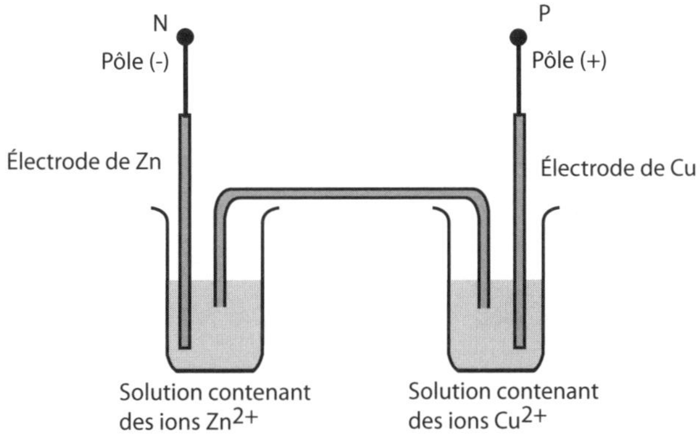

Le schéma conventionnel

On symbolise cette pile de façon conventionnelle :

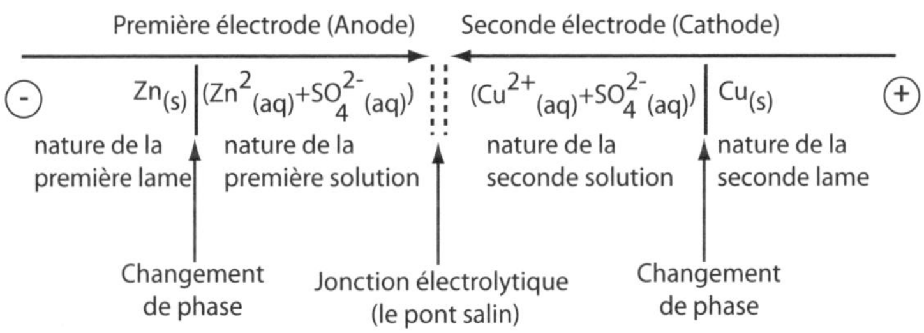

Ou plus simplement :

$$\ominus\ Zn/Zn^{2+}\ //\ Cu^{2+}/Cu\ \oplus$$

Le dipôle équivalent

Une pile électrochimique est caractérisée par sa fem E et sa résistance interne r. Lorsque la pile débite un courant électrique d'intensité I, la tension (ou différence de potentiel) à ses bornes s'écrit :

$$U_{PN} = E - r.I$$

Le dipôle équivalent est représenté par le schéma d'un générateur réel :

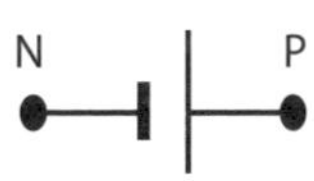

À retenir

- En fonctionnement générateur, le courant d'intensité I circule à l'extérieur de la pile de l'électrode (+), la cathode, vers l'électrode (–), l'anode.
- Pour que le courant puisse circuler, le circuit doit être fermé, par exemple, à l'aide d'une résistance R.
- Une pile est un générateur de courant électrique. Au cours de son fonctionnement, elle convertit l'énergie chimique en énergie électrique grâce au transfert spontané indirect d'électrons entre les deux couples oxydant/réducteur via le circuit électrique extérieur.
- Les piles sont nombreuses et variées : piles salines, piles alcalines, piles boutons, piles dentaires…

3 Quantité d'électricité et durée de vie

a. Quantité d'électricité

La quantité d'électricité Q lorsque la pile débite un courant constant d'intensité I pendant une durée Δt est donnée par :

$$Q = I.\Delta t \qquad (4)$$

(Q en coulombs (C), I en A et Δt en s)

On appelle Faraday (symbole F) la charge d'une mole d'électrons, soit :

$$1F = \mathcal{N}_A.e = 9{,}65.10^4\,C.mol^{-1} \qquad (5)$$

Avec :

$\mathcal{N}_A$: nombre d'Avogadro ; $\mathcal{N}_A = 6{,}02.10^{23}$ mol^{-1} ;

e : charge élémentaire ; $e = 1{,}60.10^{-19}$ C.

La quantité d'électricité Q est directement reliée à la quantité de matière $n(e^-)_{\text{échangée}}$ d'électrons échangée. Lorsque la pile est en fonctionnement, la quantité d'électricité s'écrit :

$$Q = n(e^-)_{\text{échangée}}.F \qquad (6)$$

Avec Q : en C ; $n(e^-)_{\text{échangée}}$ en mol et F en C.mol^{-1}.

Remarque

Si x_{max} représente l'avancement maximal de la réaction d'oxydoréduction lorsque la pile débite et a le nombre d'électrons échangés, alors :

$$Q = n(e^-)_{\text{échangée}} \times F = Q = a.x_{max}.F \qquad (7)$$

b. Durée de vie d'une pile

On prend comme origine des temps l'instant où la pile commence à débiter.

On suppose que l'intensité I du courant électrique débité par la pile est constante.

À un instant t la charge Q qui a circulé dans le circuit est alors égale à $Q = I.\Delta t$.

À partir de la charge maximale Q_{max} débitée par la pile, on détermine sa durée de vie Δt_{max} :

$$\Delta t_{max} = \frac{Q_{max}}{I} \quad (8)$$

Cours 8 Cinétique d'une réaction chimique

1 Le cadre d'étude

De nombreuses réactions chimiques en solutions aqueuses, telles que les réactions acido-basiques, les réactions rédox…, se produisent instantanément. D'autres, au contraire, mettent plusieurs jours, voire plusieurs mois à se réaliser : cas des réactions d'estérification.

Dans l'industrie, notamment, il est important de maîtriser la vitesse des réactions dans le but de diminuer le coût des installations et par conséquent augmenter le rendement.

Les deux caractéristiques d'une réaction chimique sont, d'une part, son aspect énergétique qui décrit la thermodynamique, d'autre part la vitesse de la réaction, dont l'étude fait l'objet de la cinétique chimique.

L'objet de ce chapitre est de définir l'ensemble des grandeurs et lois relatives à la cinétique d'une réaction chimique.

2 Cinétique d'une réaction

a. Définition

L'étude de la thermodynamique nous renseigne sur la possibilité ou l'impossibilité d'une réaction chimique à une température donnée.

Considérons, par exemple, à la température ambiante, la synthèse du chlorométhane. La réaction de synthèse peut se traduire par l'équation-bilan :

$$CH_{4(g)} + Cl_{2(g)} \underset{2}{\overset{1}{\rightleftharpoons}} CH_3Cl_{(g)} + HCl_{(g)}$$

La thermodynamique

Elle nous renseigne que la réaction $CH_{4(g)} + Cl_{2(g)} \rightleftharpoons CH_3Cl_{(g)} + HCl_{(g)}$, réaction dans le sens (1) à 25 °C, est thermodynamiquement possible, et même quasi-totale.

Par contre, la réaction inverse $CH_3Cl_{(g)} + HCl_{(g)} \rightleftharpoons CH_{4(g)} + Cl_{2(g)}$, réaction dans le sens (2), est thermodynamiquement impossible.

La cinétique

Expérimentalement, on constate qu'un mélange gazeux de méthane et de dichlore, dans les mêmes conditions expérimentale, n'évolue pas au cours du temps.

On peut donc diviser les réactions chimiques en deux catégories :

- Les réactions qui sont instantanées, c'est-à-dire celles dans lesquelles les réactifs sont consommés très rapidement, dès qu'ils sont mis en contact : par exemple, les réactions acido-basiques, les réactions rédox…

- Celles dont l'évolution est lente, c'est-à-dire les réactions chimiques dans lesquelles les réactifs ne sont consommés qu'au bout d'un certain temps. Ex. : les réactions d'estérification, cas de la synthèse de l'eau,

La cinétique chimique consiste donc en l'étude, en fonction du temps, de l'évolution d'une réaction chimique lorsque celle-ci est thermodynamiquement possible.

b. Les facteurs influençant la cinétique d'une réaction

Les facteurs cinétiques sont les paramètres dont dépend la loi d'évolution du système réactionnel :

- concentrations ;
- température ;
- catalyseur.

Remarque

Lorsque les réactifs ou les produits sont à l'état gazeux, la pression intervient dans un système gazeux comme une concentration. En supposant les gaz comme des gaz parfaits, alors : $P_iV = n_iRT$, soit $P_i = \frac{n_i}{V}RT = C_i.RT$ avec $C_i = \frac{n_i}{V}$ où P_i représente la pression partielle du gaz (i).

3 Vitesse d'une réaction à un instant t

Soit la réaction en milieu homogène :

$$\alpha.A + \beta.B \rightarrow \gamma.C + \delta.D \qquad (1)$$

Où A et B représentent les réactifs et C et D les produits de la réaction.

α, β, γ et δ représentent les coefficients stœchiométriques.

On peut suivre l'évolution de cette réaction en fonction du temps :

- en déterminant à chaque instant la concentration des produits de la réaction dans le mélange réactionnel, par exemple la concentration [C] de l'espèce C ;
- en déterminant à chaque instant la concentration d'un des réactifs, par exemple A.

Remarque

La vitesse de la transformation chimique est la grandeur qui permet de mesurer les variations de la concentration des espèces présentes dans le milieu réactionnel.

a. Vitesse de formation du produit C

On appelle vitesse d'apparition (ou de formation) du produit C le rapport :

$$v_{app}(C) = \frac{d[C]}{dt} \qquad (2)$$

Avec :

$v_{app}(C)$: vitesse volumique d'apparition du produit C (en $mol.L^{-1}.s^{-1}$) ;

[C] : concentration molaire du produit C à la date t (en $mol.L^{-1}$) ;

t : le temps (en s).

En déterminant à chaque instant t la concentration d'un des produits de la réaction dans le mélange homogène, par exemple C, on peut déduire sa vitesse d'apparition, à chaque instant.

L'évolution de la concentration [C] en fonction du temps est donnée ci-après :

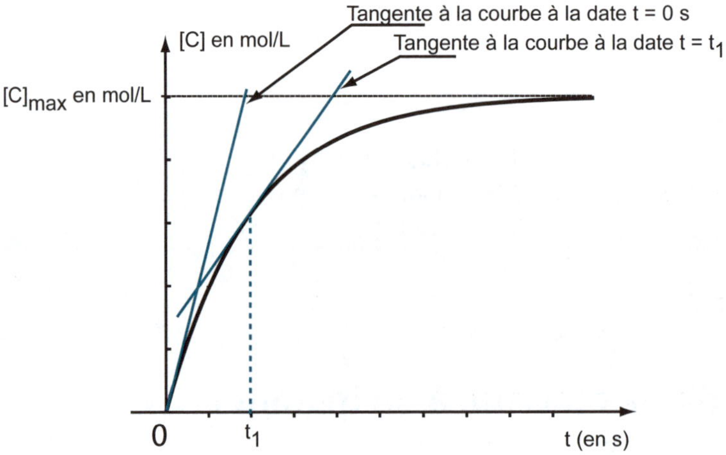

La vitesse d'apparition du produit C est égale à la pente de la tangente à la courbe à la date t.

Remarques

- La vitesse d'apparition est maximale à t = 0 s.
- Au cours du temps, on observe que la valeur de la vitesse d'apparition diminue jusqu'à devenir nulle pour un temps infiniment long (ce qui correspond à l'état final).

b. Vitesse de disparition d'un réactif

On appelle vitesse de disparition du réactif A le rapport :

$$v_{disp}(A) = -\frac{d[A]}{dt} \quad (3)$$

En déterminant à chaque instant t la concentration d'un des réactifs de la réaction dans le mélange homogène, on peut déduire la vitesse de disparition du produit A, à chaque instant

L'évolution de la concentration [A] en fonction du temps est donnée ci-après :

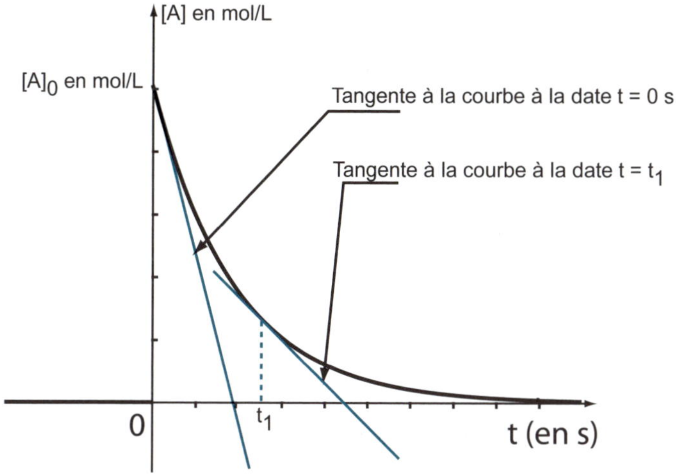

La vitesse de disparition du réactif A est égale à la valeur absolue de la pente de la tangente à la courbe à la date t.

Elle est maximale à la date t = 0 s puis diminue jusqu'à devenir nulle pour un temps infiniment long (ce qui correspond à l'état final).

Remarque

D'une manière générale, si on veut unifier la présentation en cinétique chimique, on fait intervenir les coefficients stœchiométriques de la réaction dans l'expression de la vitesse de la réaction. La vitesse de la réaction s'écrit :

$$v(t) = -\frac{1}{\alpha}\frac{\mathrm{d[A]}}{\mathrm{dt}} = -\frac{1}{\beta}\frac{\mathrm{d[B]}}{\mathrm{dt}} = +\frac{1}{\gamma}\frac{\mathrm{d[C]}}{\mathrm{dt}} = +\frac{1}{\delta}\frac{\mathrm{d[D]}}{\mathrm{dt}}$$

Ainsi, la vitesse de réaction ne dépend plus du choix d'un des réactifs et d'un des produits.

c. Vitesse moyenne sur un intervalle de temps

La vitesse moyenne d'apparition d'un produit P entre les dates t_1 et t_2 est définie par :

$$v_m(P) = \frac{[P]_2 - [P]_1}{t_2 - t_1} \qquad (4)$$

Elle s'exprime en $\mathrm{mol.L^{-1}.s^{-1}}$

On définit de manière analogue la vitesse moyenne de disparition d'un réactif :

$$v_m(R) = -\frac{[R]_2 - [R]_1}{t_2 - t_1} \qquad (5)$$

Graphiquement, la vitesse moyenne est la pente (ou son opposé dans le cas d'un réactif R) de la corde de la courbe dans l'intervalle $[t_1\ ;t_2]$

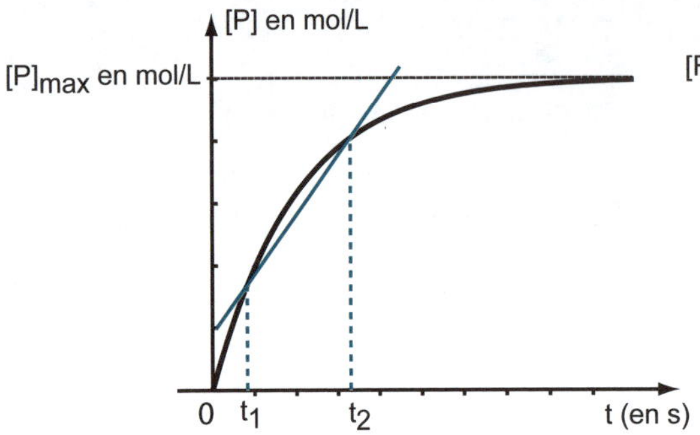

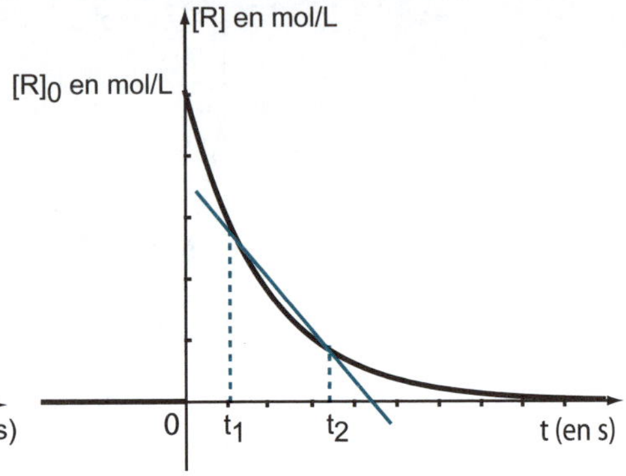

4 Suivi expérimental de la vitesse de réaction et temps de demi-réaction

a. Suivi d'une transformation chimique

Puisque la vitesse est liée à la dérivée par rapport au temps de la concentration des réactifs et des produits, il convient expérimentalement de mesurer l'évolution de ces concentrations en fonction du temps.

Pour suivre l'évolution des concentrations en fonction du temps, on peut utiliser des méthodes expérimentales équivalentes à celles utilisées lors de dosage par étalonnage ou de dosage par titrage :

- suivi conductimétrique (dosage par titrage) ;
- suivi pH-métrique (dosage par titrage) ;
- suivi spectrophotométrique (dosage par étalonnage).

b. Temps de demi-réaction

Dans le cas d'une réaction totale, le temps de demi-réaction, noté $t_{1/2}$, est l'intervalle de temps nécessaire pour que l'avancement atteigne la moitié de sa valeur finale x_f. Soit :

$$x\left(t_{1/2}\right)=\frac{x_f}{2} \qquad (6)$$

$t_{1/2}$ est homogène à un temps et s'exprime en seconde dans le système international.

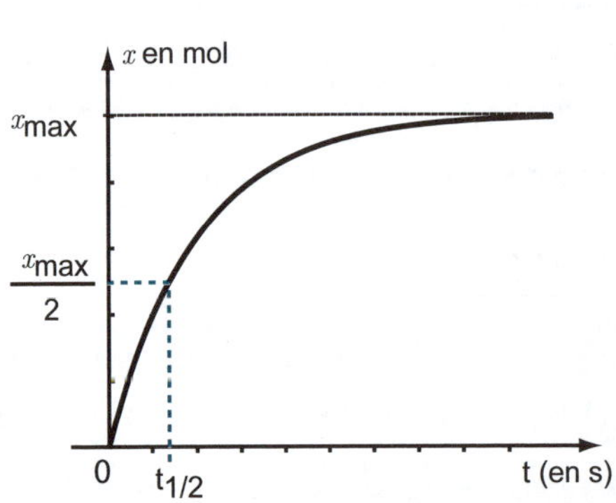

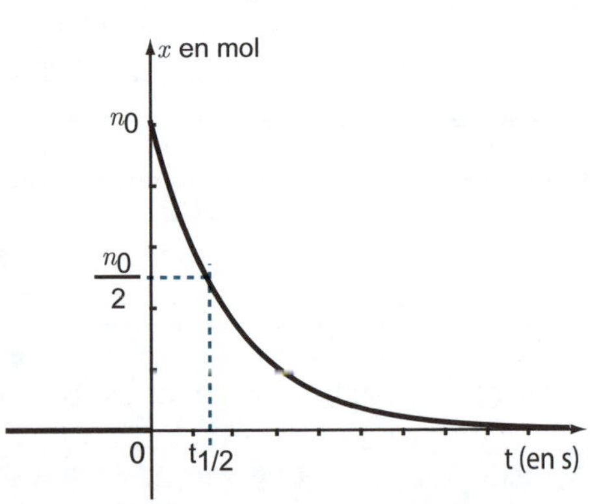

L'erreur à éviter

Au bout d'une durée $t_{1/2}$, la réaction n'a pas atteint la moitié de son terme.

On peut estimer que la réaction atteint l'état final au bout de 5 à 6 $t_{1/2}$.

5 Les facteurs cinétiques

a. Le facteur concentration

L'ion permanganate MnO_4^- réagit avec l'acide oxalique $H_2C_2O_4$ en milieu acide au cours d'une transformation modélisée par l'équation chimique suivante :

$$2MnO^-_{4(aq)} + 5H_2C_2O_{4(aq)} + 6H^+_{(aq)} \rightarrow 2Mn^{2+}_{(aq)} + 10CO_{2(g)} + 8H_2O_{(liq)}$$

La transformation est thermodynamiquement possible et sera considérée comme totale. Seul l'ion permanganate est coloré.

Le mélange réactionnel, de couleur violet à l'état initial (couleur due aux ions permanganate), se décolore lentement au cours du temps :

On réalise trois expériences correspondant aux conditions suivantes, la température du milieu réactionnel est constante et égale à 20 °C.

Les volumes des deux solutions sont de 25,0 mL

Réactifs	$[MnO^-_{4(aq)}]$ (en $mol.L^{-1}$)	$[H_2C_2O_{4(aq)}]$ (en $mol.L^{-1}$)
Expérience (1)	$1{,}0.10^{-2}$	$1{,}25.10^{-2}$
Expérience (2)	$2{,}0.10^{-2}$	$1{,}25.10^{-2}$
Expérience (3)	$3{,}0.10^{-2}$	$1{,}25.10^{-2}$

Les courbes donnant l'évolution temporelle de la concentration des ions $Mn^{2+}_{(aq)}$ sont reportées ci-après :

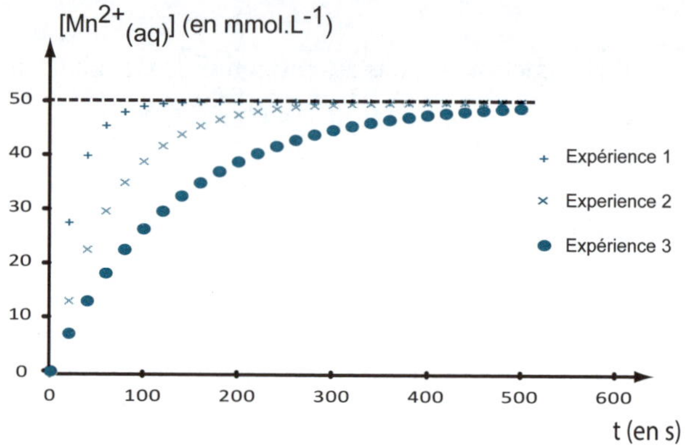

On montre que, plus la concentration des réactifs augmente, plus la vitesse de réaction augmente.

À retenir

En général, une augmentation de la concentration des réactifs se traduit par une augmentation de la vitesse de réaction.

b. Le facteur température

Pour la réaction étudiée précédemment, on réalise trois expériences aux conditions suivantes :

- Expérience 1 : température $\theta_1 = 20$ °C
- Expérience 2 : température $\theta_2 = 40$ °C
- Expérience 3 : température $\theta_3 = 70$ °C

Pour chacune de ces expériences, les concentrations initiales des réactifs sont :

$$\left[MnO^-_{4(aq)}\right] = 1{,}0.10^{-2} \text{ mol.L}^{-1} \text{ et } \left[H_2C_2O_{4(aq)}\right] = 1{,}0.10^{-2} \text{ mol.L}^{-1}$$

Les courbes donnant l'évolution temporelle de la concentration des ions $Mn^{2+}_{(aq)}$ sont reportées ci-après :

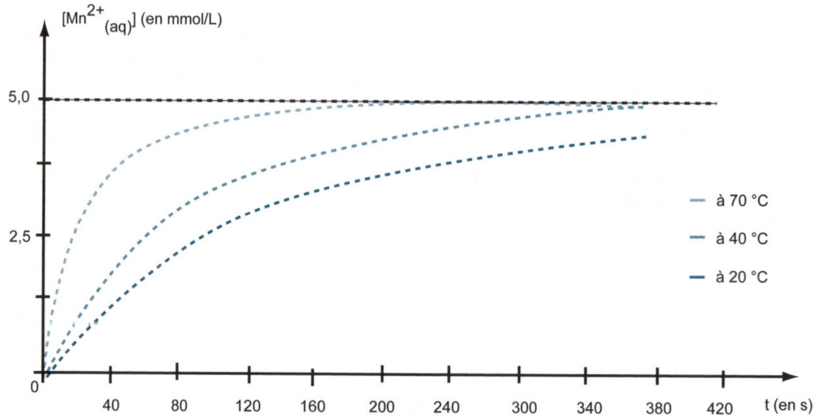

Lors de cette expérience, on observe qu'une élévation de la température se traduit par une augmentation de la vitesse de réaction.

À retenir

En général, une augmentation de la température du milieu réactionnel se traduit par une augmentation de la vitesse de réaction.

c. Le catalyseur

Définition

Un catalyseur d'une réaction chimique est une espèce chimique, qui, bien que n'entrant pas dans le bilan de la réaction, augmente la vitesse de la réaction.

Un exemple de catalyse

Dismutation de l'eau oxygénée

L'eau oxygénée commerciale est une solution aqueuse de peroxyde d'hydrogène utilisée comme désinfectant pour des plaies, pour l'entretien des lentilles de contact ou comme agent de blanchiment.

L'eau oxygénée, de formule H_2O_2, ou peroxyde d'hydrogène, intervient dans deux couples oxydant/réducteur : $H_2O_{2(aq)}/H_2O_{(liq)}$ et $O_{2(g)}/H_2O_{2(aq)}$.

Le peroxyde d'hydrogène est capable dans certaines conditions de réagir sur lui-même c'est-à-dire de se dismuter selon l'équation de réaction suivante :

$$2\ H_2O_{2(aq)} \rightarrow 2\ H_2O_{(liq)} + O_{2(g)}$$

Cette réaction est lente à température ordinaire mais sa vitesse peut être augmentée en présence de platine solide.

- Lorsque le catalyseur est dans le même état physique que les réactifs, on parle de **catalyse homogène**. Dans le cas contraire, la catalyse est dite **hétérogène**.
- Lorsque le catalyseur est une enzyme (protéine), on parle de catalyse **enzymatique**.

À noter

- Le catalyseur interagit toujours avec les réactifs. Néanmoins il est toujours présent en début et en fin de réaction dans le même état physique et en même quantité.
- Un catalyseur ne peut pas rendre possible une réaction qui sans lui ne se fait pas.
- Les catalyses enzymatiques sont parmi les plus efficaces. Le catalyseur est alors une protéine dont le nom finit généralement par « ase » (ex. : amylase salivaire, uréase…).

9 Cours
Le noyau et les transformations nucléaires

1 Le noyau atomique

a. Les nucléons

Les noyaux atomiques sont des assemblages de nucléons de deux types : les protons et les neutrons.

- Les protons : découverts en 1910 par **E. Rutherford**. Ils portent une charge élémentaire $q_p = +e$.
- Les neutrons : découverts en 1932 par **J. Chadwick**. Ils sont électriquement neutres.

Les caractéristiques de ces particules, comparées à celles de l'électron, sont données dans le tableau ci-dessous :

	Masse (en kg)	Charge (en C)	$\frac{m}{m_e}$ (Rapport des masses)	$\frac{q}{\lvert q_e \rvert}$ (Rapport des charges)
Proton	$1{,}6724.10^{-27}$	$1{,}60.10^{-19}$	1836	+1
Neutron	$1{,}6747.10^{-27}$	0	1839	0

Le nombre de protons que contient le noyau est appelé **nombre de charges**, ou **numéro atomique** ; il est noté Z. Un noyau à Z protons porte la charge $+Ze$.

Le nombre total des nucléons (protons + neutrons) est appelé **nombre de masse** ; il est noté A. Le nombre de neutrons est donc N = A – Z (N, Z et A sont des entiers).

b. Les nucléides

L'ensemble des noyaux qui possèdent le même nombre de protons et le même nombre de neutrons est appelé un nucléide. Un nucléide X est noté :

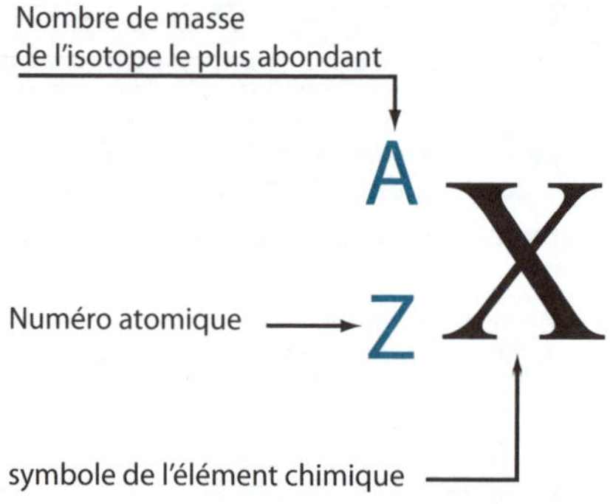

A : nombre de masse ou nombre de nucléons

Z : nombre de charge ou nombre de protons

Exemple

Un noyau de sodium constitué de 23 nucléons (11 protons et 12 neutrons) sera noté $^{23}_{11}Na$.

c. Isotopes, isotones, isobares

On appelle isotopes d'un élément chimique, les nucléides ayant le même nombre de protons et des nombres de neutrons différents : les nucléides $^{A}_{Z}X$ et $^{A'}_{Z}X$ sont isotopes.

À un même numéro atomique Z correspondent en général plusieurs isotopes.

Sur le diagramme $N = f(Z)$:

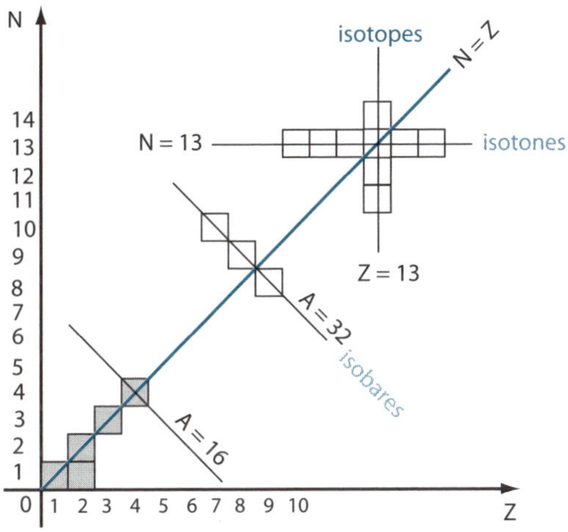

1. Les nucléides placés sur une même verticale ont le même Z : ce sont des isotopes.

2. Les nucléides placés sur une même horizontale ont le même N = A – Z : ce sont des isotones.

3. Les nucléides placés sur une même perpendiculaire à la première bissectrice ont le même A : ce sont des isobares.

Le nombre de masse A est un entier pour un isotope : sa valeur est voisine de la **masse atomique relative** m_a.

La masse atomique relative m_a d'un élément est la moyenne des **masses isotopiques relatives** m_i, soit :

$$m_a = \sum_i x_i m_i \qquad (1)$$

(x_i : pourcentages des différents isotopes)

d. Masse d'un noyau

Le noyau représente pratiquement tout la masse de l'atome (environ 99,75 %).

Grâce à la spectrographie de masse on peut mesurer avec précision la masse isotopique relative d'un ion et en déduire par la suite (connaissant le nombre d'électrons de l'ion) la masse du noyau ${}^{A}_{Z}X$.

Pour exprimer les masses, nous utiliserons l'**unité de masse atomique** (u.m.a.) de symbole *u*.

L'unité de masse atomique est par convention le douzième de la masse de l'atome isotope 12 du carbone (isotope le plus abondant), soit :

$$1\text{u} = \frac{1}{12}\text{m}_\text{i}({}^{12}_{6}\text{C}) \qquad (2)$$

Comme $m_i\left({}^{12}_{6}C\right) = \frac{12}{\mathcal{N}_A}$, où $\mathcal{N}_A$ représente le nombre d'Avogadro, alors

$$1\text{u} = \frac{1}{\mathcal{N}_A} = 1{,}66055.10^{-24}\ \text{g} \qquad (3)$$

ou encore :

$$1\text{g} = 6{,}022.10^{23}\ \text{u}$$

Correspondance entre l'unité de masse atomique et le MeV/ c^2.

La relation d'Einstein s'écrit : $\mathcal{E}_0 = m_0 c^2$, où $\mathcal{E}_0$ représente l'énergie de masse et m_0 la masse au repos.

Pour $m = u$, on obtient :

$$\mathcal{E}_0 = \text{uc}^2, \text{ soit } 1\text{u} = \frac{\mathcal{E}_0}{c^2}$$

Numériquement :

$$1\text{u} \simeq 931\ \text{MeV.c}^{-2} \qquad (4)$$

2 Stabilité des noyaux

Le noyau est un assemblage de protons et de neutrons. Les protons, particules de charges positives, se repoussent électriquement et les forces gravitationnelles qui s'exercent entre les nucléons, forces attractives, sont négligeables devant les forces électriques. Pour rendre compte de la cohésion du noyau et l'existence de noyaux stables, il faut donc faire intervenir une autre force qui lie les nucléons.

Cette force fut découverte par le physicien japonais **Hideki Yukawa** en 1935. Elle est attractive et s'exerce entre les nucléons indépendamment de la charge. Elle est de très **courte portée** (distances de quelques fermis) et extrêmement intense (**interaction forte**).

Cependant, parmi les isotopes possibles d'un élément, certains sont instables et se décomposent spontanément : ce sont des nucléides radioactifs.

Parmi les 1 500 nucléides connus, environ 275 sont stables.

Un nucléide est qualifié de stable s'il ne subit aucune modification au cours du temps et instable (radioactif) s'il est susceptible à tout moment de subir un changement.

La stabilité des noyaux est liée à la proportion des protons et neutrons qu'ils renferment.

La figure suivante donne le diagramme de stabilité des noyaux.

Les noyaux, apparemment stables, se groupent autour d'une courbe régulière qui se confond avec la première bissectrice (pour $Z < 30$) : ces noyaux contiennent à peu près autant de protons que de neutrons.

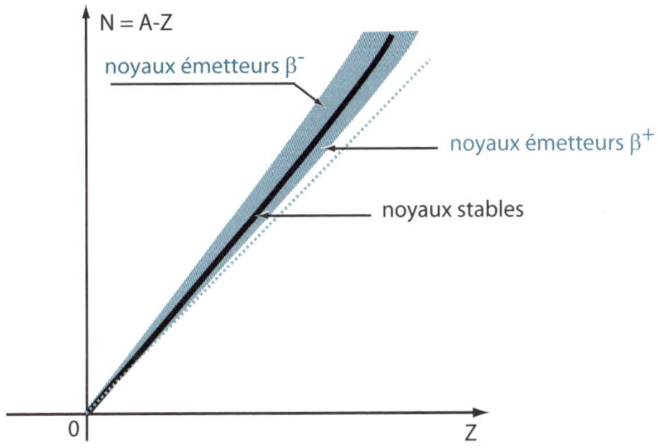

3 La radioactivité

a. Introduction

C'est par la méthode photographique, qu'Henri Becquerel, en 1896, découvrit la radioactivité. Un peu plus tard (1898), Marie Curie, grâce à la méthode quantitative de la chambre d'ionisation, démontra que cette émission spontanée est une propriété atomique du noyau d'uranium.

Les applications de la radioactivité sont nombreuses et variées : emploi de traceurs en médecine, biologie et en chimie, datation par les radionucléides…

b. Définition de la radioactivité

Certains nucléides instables peuvent se transformer spontanément au cours du temps : ils se désintègrent en émettant d'autres particules, suivies parfois, d'un rayonnement électromagnétique. De tels nucléides sont dits radioactifs et les transformations correspondantes sont :

- des réactions nucléaires spontanées : elles ne nécessitent pas d'intervenant extérieur ;
- inéluctables : chaque noyau finira par se désintégrer ;
- aléatoires : on ne peut prévoir la date de désintégration d'un noyau ;
- indépendantes des paramètres usuels (pression, température...) ainsi que de la combinaison chimique dont le noyau fait partie.

c. Rayonnement des corps radioactifs

Becquerel, puis Rutherford analysèrent le rayonnement des corps radioactifs en posant sur une plaque photographique du sel d'uranium ou de radium. Le principe est représenté sur la figure ci-après. L'ensemble peut être soumis à un champ magnétique intense $\vec{B}$ ou un champ électrique $\vec{E}$.

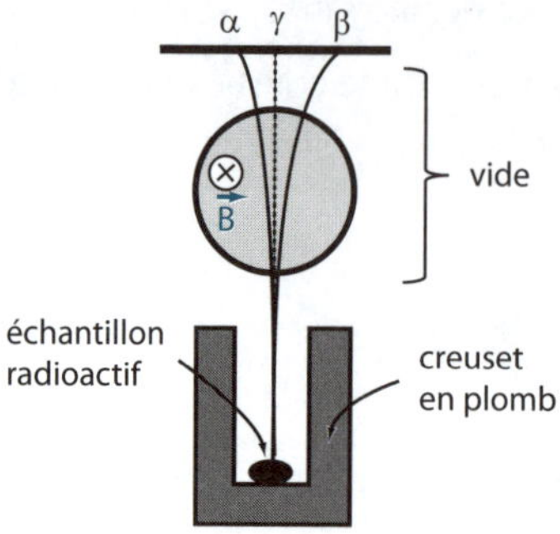

a) action d'un champ magnétique sur le rayonnement émis par l'échantillon radioactif.

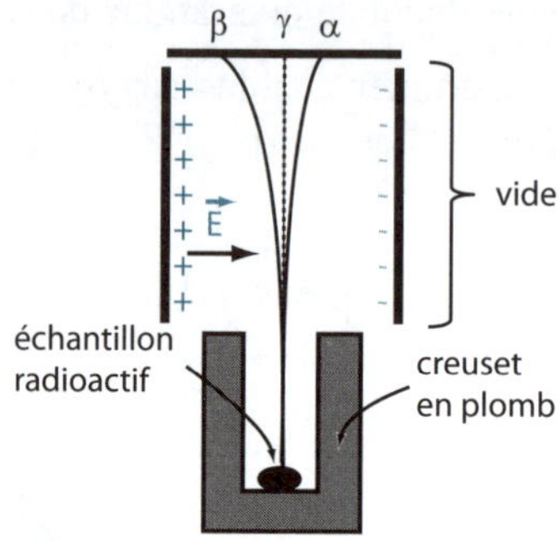

b) action d'un champ électrique sur le rayonnement émis par l'échantillon radioactif.

d. Lois générales de conservation – Lois de Soddy

La radioactivité est un phénomène nucléaire spontané et vérifie, comme toutes les autres réactions nucléaires, les quatre lois de conservation :

- conservation de la quantité de mouvement ;
- conservation de l'énergie ;
- conservation de la charge électrique ;
- conservation du nombre de nucléons.

e. Les différentes radioactivités

Il existe de nombreux modes de transformations.

- les phénomènes primaires :
  - la radioactivité α : c'est l'émission d'un noyau d'hélium ${}_{2}^{4}\text{He}$;
  - la radioactivité β^{-} : c'est l'émission d'électrons ${}_{-1}^{0}\text{e}$;
  - la radioactivité β^{+} : c'est l'émission de positrons ${}_{+1}^{0}\text{e}$;
  - la capture électronique C.E.
- les phénomènes secondaires :
  - le rayonnement γ : c'est l'émission de photons γ. Ils sont de nature électromagnétique et proviennent de la désexcitation d'un noyau excité ;
  - la conversion interne C.I.

La radioactivité α

Ce phénomène radioactif est caractéristique des noyaux lourds (A > 200).

L'équation-bilan de la désintégration α est :

$$ {}_{Z}^{A}\text{X} \rightarrow {}_{Z-2}^{A-4}\text{X} + {}_{2}^{4}\text{He} + \text{E}_{\alpha} \qquad (5)$$

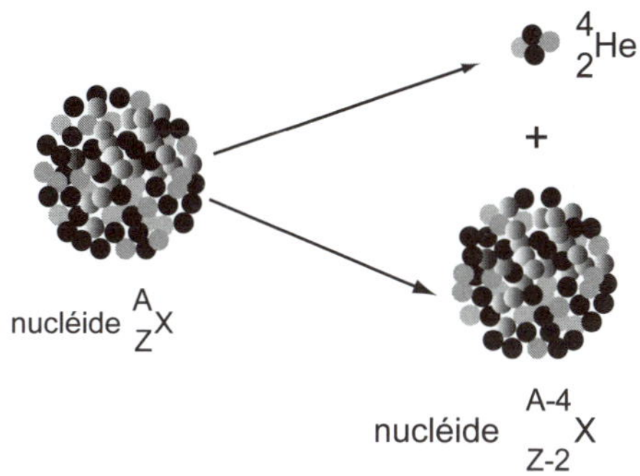

L'émission γ

Des photons γ sont émis lorsque le noyau fils, obtenu dans un état excité, passe à un autre état excité ou à l'état fondamental.

Les photons γ émis sont très énergétiques (énergies de l'ordre du MeV) et leurs énergies sont quantifiées : ils présentent un spectre d'émission discontinu.

L'émission γ accompagne généralement les radioactivités α, β^- et β^+.

> **Exemple**
>
> La désintégration du bismuth $^{212}_{83}Bi$ fournit du thallium $^{208}_{81}Tl$ suivant l'équation-bilan :
>
> $$^{212}_{83}Bi \rightarrow {}^{208}_{81}Tl + {}^{4}_{2}He$$

Remarque

Dans certains cas, le noyau fils peut rester un certain temps dans son état excité avant de passer à l'état fondamental : ce noyau se trouve dans un état métastable appelé un **isomère**. Le retour à l'état fondamental est appelé une **transformation isomérique**.

Les transformations isobariques

Elles correspondent aux transformations β^-, β^+ et à la capture électronique. L'instabilité de tels noyaux est due soit à un excès de neutrons, soit à un excès de protons. Les noyaux père et fils sont sur la même ligne isobarique : ils ont le même nombre de masse A mais leur nombre de charge Z diffère d'une unité.

La radioactivité β^-

La radioactivité β^- correspond à la désintégration d'un noyau avec émission d'un électron : elle est caractéristique des noyaux trop riches en neutrons.

Tout se passe comme si un neutron se transforme spontanément en un proton avec émission d'un électron et d'un antineutrino (voir figure ci-après).

L'équation-bilan de la désintégration β^- est : $^{A}_{Z}X \rightarrow {}^{A}_{Z+1}Y^* + {}^{0}_{-1}e + \overline{\nu}$ (6)

suivie généralement d'une émission γ : $^{A}_{Z+1}Y^* \rightarrow {}^{A}_{Z+1}Y + \gamma$

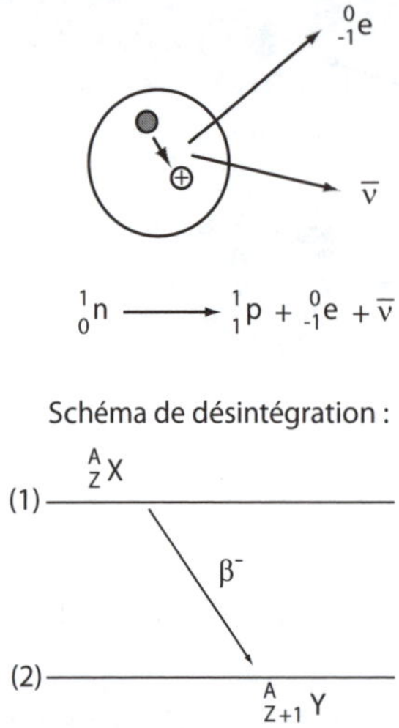

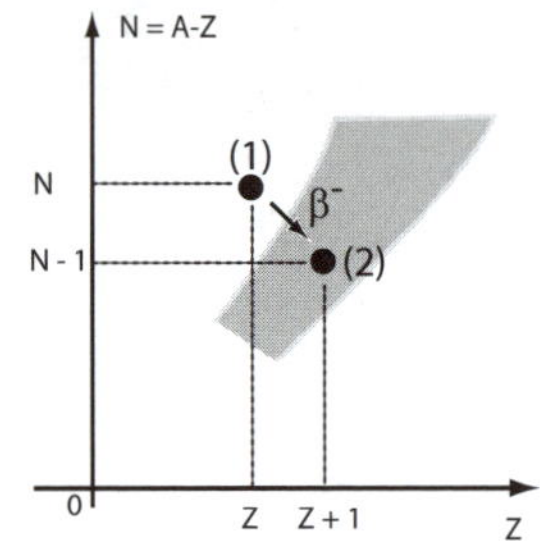

Remarques

- L'énergie libérée est répartie de façon aléatoire entre les deux particules e^- et $\overline{\nu}$: le spectre du rayonnement e^- est un spectre continu.
- Le nouveau nucléide formé $^{A}_{Z+1}Y$ se rapproche ainsi de la zone de stabilité (Fig. ci-dessus).

La radioactivité β^+

Elle correspond à la désintégration d'un noyau avec émission d'un positon et d'un neutrino : elle s'observe pour des **nucléides artificiels** qui présentent un défaut de neutrons par rapport aux nucléides stables. Elle est donc caractéristique des noyaux trop riches en protons.

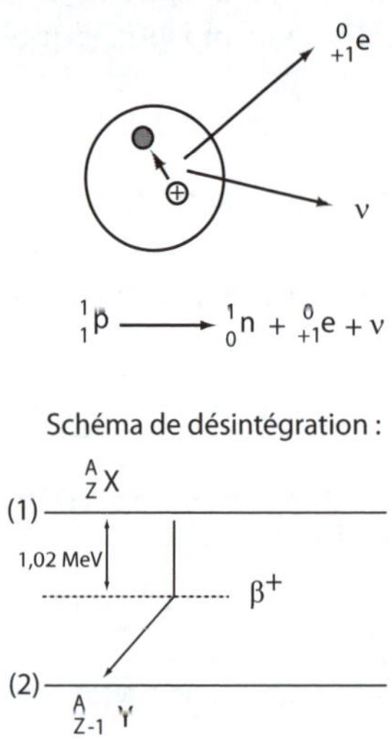

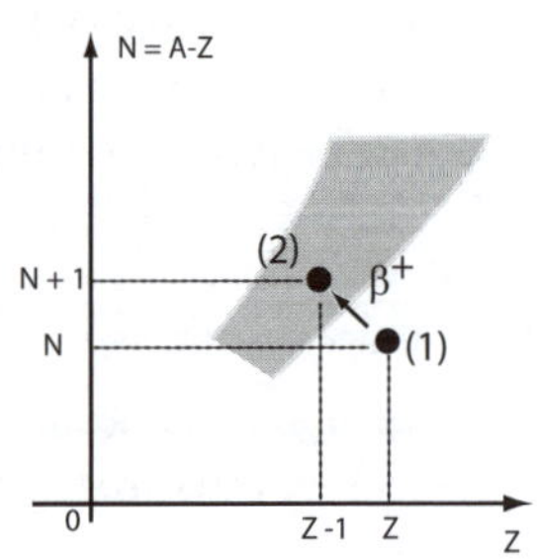

L'équation-bilan de la désintégration β^+ est :

$$^{A}_{Z}X \rightarrow {}^{A}_{Z-1}Y^{*} + {}^{0}_{+1}e + \nu \qquad (7)$$

Les noyaux fils ${}^{A}_{Z-1}Y^{*}$ obtenus peuvent être dans un état excité ; la désintégration s'accompagne alors d'une émission γ :

$${}^{A}_{Z-1}Y^{*} \rightarrow {}^{A}_{Z-1}Y + \gamma + \nu$$

f. Décroissance radioactive

Loi d'évolution

Les noyaux instables d'une espèce donnée ne se transmutent pas tous en même temps. Il est impossible de prévoir quand l'un des noyaux se désintégrera. En revanche, chaque noyau est caractérisé par une probabilité définie de désintégration.

Si N représente le nombre de noyaux d'une espèce donnée, le nombre de noyaux ayant subi une désintégration pendant la durée Δt est $\lambda N \Delta t$, où λ représente la probabilité de désintégration d'un noyau par unité de temps, appelée constante radioactive.

La variation ΔN du nombre du nombre de noyaux N pendant la durée Δt s'écrit donc :

$$\Delta N = -\lambda N \Delta t \qquad (8)$$

Si Δt tend vers zéro, la relation précédente devient :

$$dN = -\lambda N dt \text{ ou } \frac{dN}{dt} = -\lambda N$$

Équation différentielle qui s'intègre facilement :

$$N = N_0 e^{-\lambda t} = N_0 e^{-\frac{t}{\tau}}, \quad \text{soit} \ln N(t) = \ln N_0 - \lambda t \qquad (9)$$

$$\left(\tau = \frac{1}{\lambda}, \text{ constante de temps en } s\right)$$

$-\frac{dN}{dt}$ représente le nombre de désintégrations par unité de temps et est noté A, appelé activité de l'espèce radioactive.

On a donc :

$$A = -\frac{dN}{dt} = \lambda N \qquad (10)$$

L'activité est le nombre moyen de désintégrations par seconde.

L'unité légale de l'activité est le Becquerel de symbole Bq. Un Becquerel correspond à une désintégration par seconde.

Autre unité d'activité : le curie, c'est celle de 1 gramme de radium,

$$1\ Ci = 3{,}7.10^{10}\ \text{Bq (Becquerel)} \quad (11)$$

(1Bq =1 désintégration/seconde)

Le nombre de noyaux d'un échantillon radioactif décroît exponentiellement avec le temps.

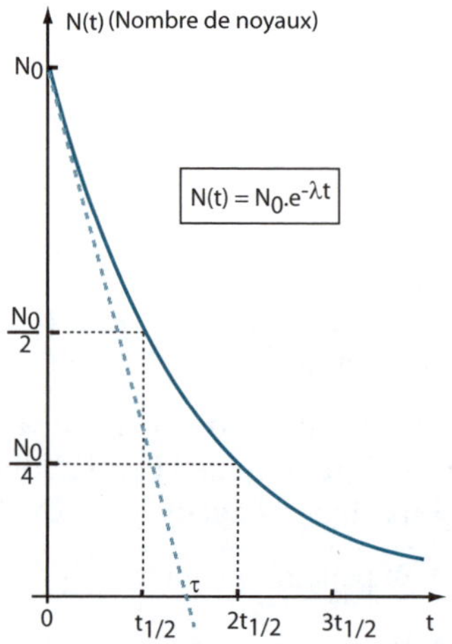

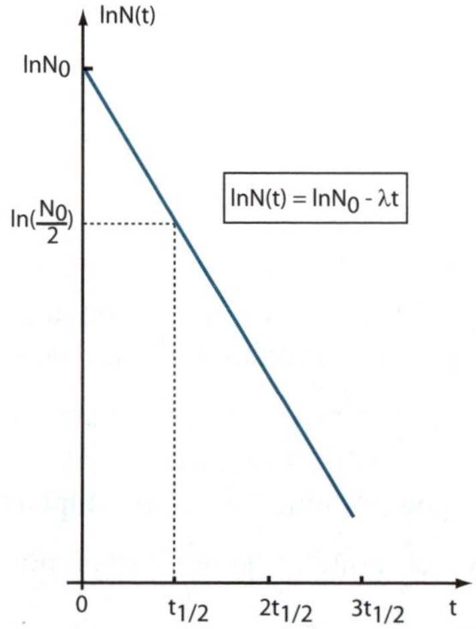

Période radioactive

On appelle période ou demi-vie d'un nucléide radioactif, l'intervalle de temps, noté aussi $t_{1/2}$, au bout duquel la moitié des noyaux s'est désintégrée.

Si N représente le nombre de noyaux à la date t, au bout d'une durée $t_{1/2}$ le nombre de noyaux restants est $\frac{N}{2}$, soit

$$N(t + t_{1/2}) = \frac{N(t)}{2}$$

Si N_0 représente le nombre de noyaux à la date $t_0 = 0$, alors :

$$N(t) = N_0 e^{-\lambda t} \text{ et } N(t + t_{1/2}) = N_0 e^{-\lambda(t + t_{1/2})}$$

d'où

$$\frac{e^{-\lambda(t+t_{1/2})}}{e^{-\lambda t}} = \frac{1}{2}$$

soit

$$e^{-\lambda t_{1/2}} = \frac{1}{2} \text{ ou } t_{1/2} = \frac{ln2}{\lambda} \quad (12)$$

Remarque

La durée $\tau = \frac{1}{\lambda}$, telle que la probabilité pour que l'atome se désintègre soit égale à 1, est appelée durée de vie moyenne du nucléide radioactif : elle correspond à la durée au bout de laquelle le nombre de noyaux restants est $\frac{N_0}{e}$, où e représente la base des logarithmes népériens.

g. Les familles radioactives

Il existe trois familles radioactives naturelles :

- Famille de l'uranium : l'ancêtre est l'uranium $^{238}_{94}U$. Elle comprend 17 éléments dont le radium et le polonium, dernier élément actif de la série qui, émettant un noyau d'hélium $^{4}_{2}He$, engendre un noyau de plomb stable $^{206}_{82}Pb$
- Famille du thorium : l'ancêtre est le thorium $^{232}_{90}Th$. Elle comprend 12 éléments et aboutit à l'isotope du plomb $^{208}_{82}Pb$.
- Famille de l'actinium : l'ancêtre est l'uranium $^{235}_{92}U$, aboutit à $^{207}_{82}Pb$.

h. Quelques applications de la radioactivité

La datation

De toutes les méthodes radiochronologiques, la plus connue est la datation par le carbone 14.

Dans la haute atmosphère, l'action des neutrons dus au rayonnement cosmique sur l'azote $^{14}_{7}N$ engendre du carbone $^{14}_{6}C$ selon la réaction :

$$^{1}_{0}n + ^{14}_{7}N \rightarrow ^{14}_{6}C + ^{1}_{1}H \text{ ; (réaction (1))}$$

Aussitôt formé, le carbone $^{14}_{6}C$ s'oxyde avec l'oxygène pour donner du CO_2 qui se mélange avec le reste de l'atmosphère et participe ainsi au cycle de la matière vivante.

Le carbone $^{14}_{6}C$ est radioactif β^- :

$$^{14}_{6}C \rightarrow ^{14}_{7}N + ^{0}_{-1}e \text{ ; (réaction (2)}$$

C'est le chimiste et physicien Américain William Frank Libby (prix Nobel en 1960) qui a montré qu'un équilibre s'établit entre sa production par la réaction (1) et sa disparition (désintégration) par la réaction (2). Le rapport carbone 14/carbone 12 est à peu près constant, soit :

$$r_0 = \frac{N(^{14}C)}{N(^{12}C)} = \text{ctse} = 10^{-12}$$

Un organisme vivant échange du carbone (sous forme de CO_2) avec l'atmosphère. Ainsi cet organisme contient du carbone avec une proportion :

$$r = \frac{N(^{14}C)}{N(^{12}C)}$$

À sa mort, il n'y a plus d'échange de carbone avec l'atmosphère : la quantité de carbone 14 diminue, donc r diminue.

Comme $N(^{12}C)$ reste constant, alors r suit la même loi de décroissance que $N(^{14}C)$, soit :

$$r(t) = r_0 e^{-\lambda t}$$

De la mesure de $r(t) = \dfrac{N(^{14}C)}{N(^{12}C)}$, on peut donc déduire l'âge de l'organisme.

Exemple

La mesure de l'activité d'un morceau prélevé d'une momie donne $r = 6.10^{-13}$.

De $r(t) = r_0 e^{-\lambda t}$, on déduit t, soit :

$$t = -\frac{1}{\lambda} \ln \frac{r}{r_0}$$

La constante radioactive du carbone 14 est : $\lambda = 1{,}24.10^{-4}$ an^{-1}

L'âge de la momie est donc :

$$t = -\frac{1}{1{,}24.10^{-4}} \ln \frac{6.10^{-13}}{10^{-12}} = 4\,120 \text{ ans}$$

En médecine : emploi des traceurs

On administre au patient une petite quantité d'un isotope radioactif afin de suivre le métabolisme de l'atome correspondant. Un tissu sain peut être différencié d'un tissu malade par variation de la vitesse de fixation d'un élément qui lui est spécifique.

La scintigraphie utilise une petite quantité de radioéléments qui sont injectés par voie veineuse et se fixent préférentiellement sur l'organe à étudier. L'isotope émet des rayonnements, recueillis et analysés par une gamma-caméra couplée à un ordinateur. Cette technique très sensible est utilisée dans l'exploration de la thyroïde, du squelette (scintigraphie osseuse) ou en cardiologie pour évaluer le fonctionnement du cœur (tomoscintigraphie myocardique).

10 Cours
Représentation des molécules organiques

1 Formules développées et formules semi-développées des molécules organiques

a. Les formules développées et semi-développées

Dans la formule développée, toutes les liaisons entre les atomes sont représentées.

- Une liaison simple entre deux atomes est représentée par un tiret.
- Une liaison multiple est représentée par plusieurs tirets.

Dans la formule semi-développée, les liaisons impliquant un atome d'hydrogène ne sont plus représentées.

Exemples

Différentes formules de la molécule d'éthanol

Formule brute	Formule semi-développée	Formule développée
C_2H_6O	$CH_3 - CH_2 - OH$	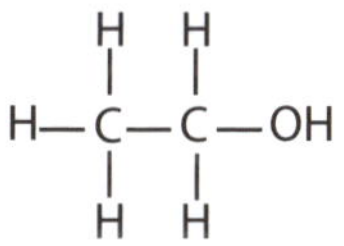

b. Formules topologiques

La formule topologique est une représentation simplifiée d'une molécule :

- La chaîne carbonée est représentée en zigzag : c'est une ligne brisée qui peut comporter des ramifications. Les atomes d'hydrogène ainsi que leurs liaisons avec les atomes de carbone ne sont pas représentés. Les liaisons multiples sont mentionnées.
- Les atomes autres que les atomes de carbone et d'hydrogène figurent par leur symbole, ainsi que les atomes d'hydrogène qu'ils portent éventuellement.

Remarque

Ce type de formule est très utilisé en biochimie, pharmacologie… : il permet de représenter les grosses molécules (substances naturelles), les substances actives d'un médicament…

Exemples

Formule semi-développée	Formule topologique
$H_3C-CH_2-CH_2-CH_3$	
$H_3C-CH_2-CH_2-OH$	
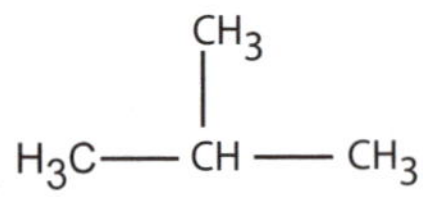	
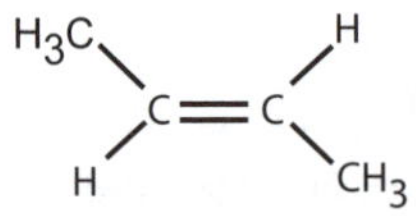	
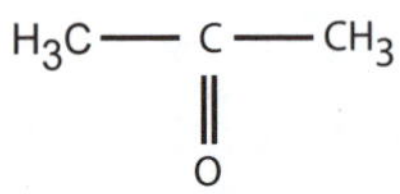	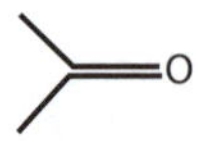

2 Groupes caractéristiques

Un groupe caractéristique (ou groupe fonctionnel) est un groupe d'atomes qui, présent dans une molécule, lui confère des propriétés particulières.

Remarque

Ces groupes d'atomes peuvent se réduire dans certains cas à un seul atome.

Famille chimique

Les composés ayant le même groupe fonctionnel appartiennent à une même famille et ils ont des propriétés chimiques identiques.

Les principaux groupes caractéristiques, ou groupes fonctionnels, sont regroupés dans le tableau ci-après :

Fonction (famille chimique)	Groupe caractéristique
Les alcools Un alcool est un composé organique dans lequel un groupe caractéristique hydroxyle-OH est lié à un atome de carbone tétraédrique. R—OH	**Groupe hydroxyle** —OH

Fonction (famille chimique)	Groupe caractéristique
Les amines Ce sont des composés azotés dont la molécule comporte le groupe amine. 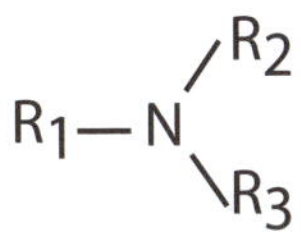	**Groupe amine** 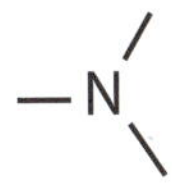
Les cétones Les cétones sont des composés organiques dont la molécule comporte un groupe carbonyle. 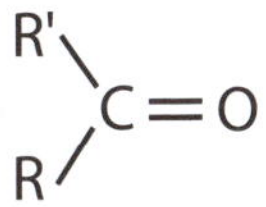	**Groupe carbonyle** 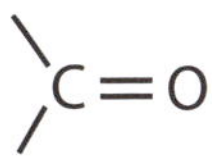
Les aldéhydes Les aldéhydes possèdent le groupe caractéristique CHO. 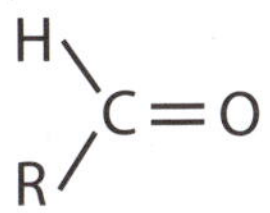	**Groupe carbonyle** 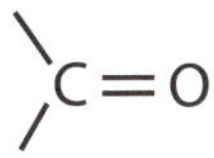
Les acides carboxyliques Le terme acide carboxylique désigne une molécule comprenant un groupement carboxyle. 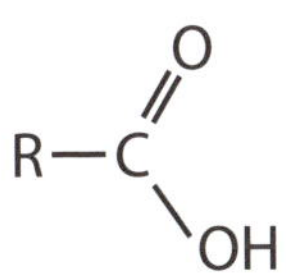	**Groupe carboxyle** 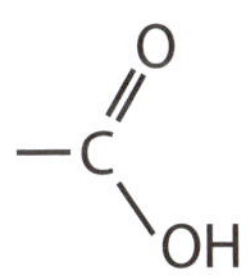

3 L'isomérie

La formule brute ne renseigne pas sur l'enchaînement des atomes qui constituent la molécule : à une formule brute peuvent correspondre plusieurs molécules différentes.

On appelle espèces isomères, des espèces chimiques qui ont la même formule brute, mais des enchaînements d'atomes différents, c'est-à-dire des formules semi-développées ou des formules développées différentes.

À retenir

Des molécules isomères ont des propriétés physiques, chimiques et biologiques différentes et constituent des espèces chimiques différentes.

a. Isomérie de constitution

Si deux molécules A et B ont même formule brute mais des enchaînements d'atomes différents, A et B sont des isomères de constitution.

Deux isomères de constitution ont des formules semi-développées différentes.

Exemples

Alcanes de formule brute C_4H_{10}	Alcools de formule brute C_3H_7-OH	2 molécules de formule brute C_2H_6O
Isomères de chaîne 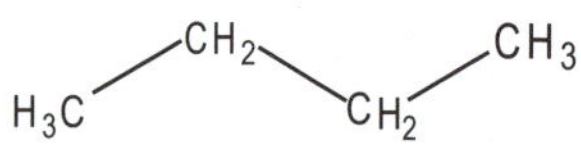 et 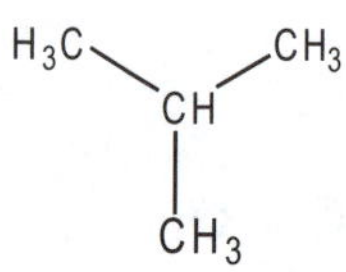	Isomères de position 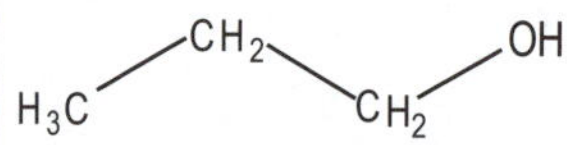 et 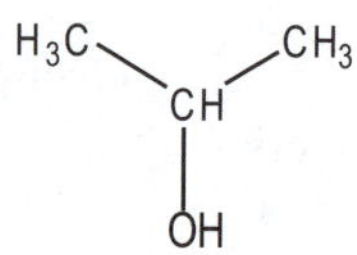	Isomères de fonction 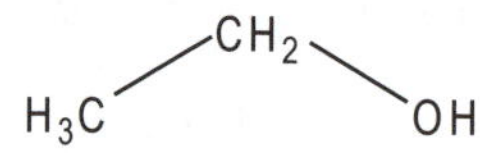 et 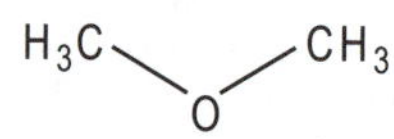

En général ce type d'isomérie ne présente guère d'intérêt : **cette isomérie ne fait pas partie de la stéréoisomérie.**

Cas particulier - L'isomérie de position

Soient A et B deux isomères de constitution présentant les mêmes fonctions mais à des positions différentes.

Exemple

Cas des deux molécules de formule brute C_3H_7-OH : molécules de propan-1-ol et propan-2-ol.

Ce type d'isomérie présente plus d'intérêt car lors d'une synthèse chimique, le chimiste aimerait savoir quel isomère est produit préférentiellement lors de la synthèse.

b. Isomérie de conformation

Conformations

L'ensemble des différentes formes d'une molécule obtenues par simple rotation autour d'une de ses liaisons simples constituent les conformations de la molécule.

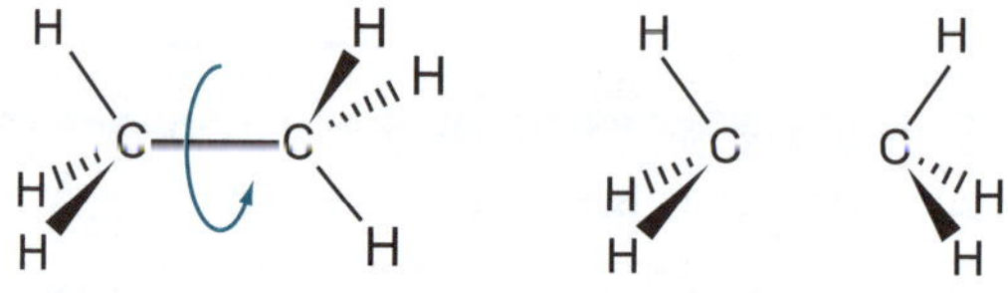

À chaque conformation d'une molécule correspond un stéréoisomère de conformation ou conformère.

Représentation de Newman

On regarde la molécule selon l'axe C-C et on projette sur un plan :

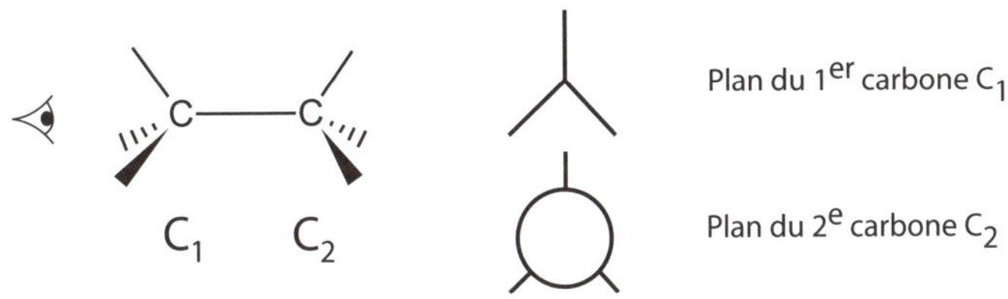

Reprenons l'exemple de l'éthane

Représentations standards

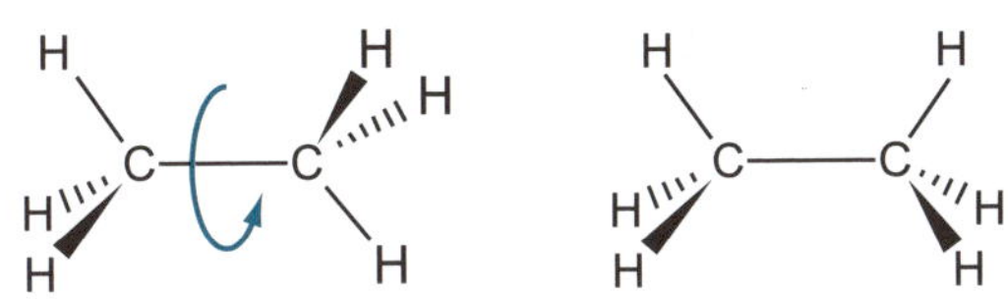

Représentations de Newman

Conformation décalée — Conformation eclipsée

Remarques

- Les liaisons simples, contrairement aux liaisons multiples, sont sujettes à la libre rotation.
- Il y a une infinité de conformations, donc de conformères. On passe de l'une à l'autre par simple rotation autour de la liaison C-C.
- À température ordinaire, du fait de l'agitation thermique, une molécule peut prendre toutes les conformations possibles mais la conformation décalée est la plus probable (la plus stable) : 80 % des molécules se trouvent sous cette conformation à température ordinaire.

Cas d'un cycle

Prenons l'exemple du cycloalcane de formule brute C_6H_{12}.

Les principales conformations sont les conformations chaise et bateau.

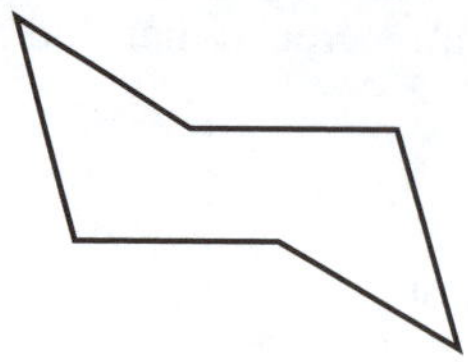

Conformation chaise

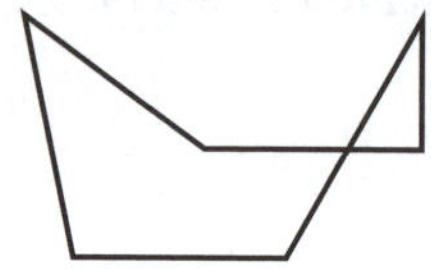

Conformation bateau

Remarques

- La conformation la plus stable est la conformation chaise.
- On passe de la conformation chaise à la conformation bateau par simple rotation.
- Il existe d'autres conformations : la croisée (twist), la conformation bateau croisée…

4 Stéréoisomérie de configuration

Si deux molécules sont stéréoisomères mais qui ne pas isomères de conformation, alors elles sont stéréoisomères de configuration.

a. Diastéréoisomérie

Ce type de configuration a lieu lorsqu'on considère deux atomes de carbone trigonaux voisins liés par une liaison double C=C.

Exemple

Cas du butène CH_3-CH_2=CH_2-CH_3

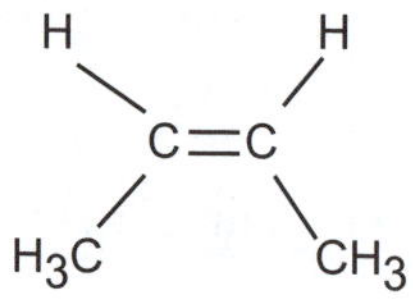

Isomère Z

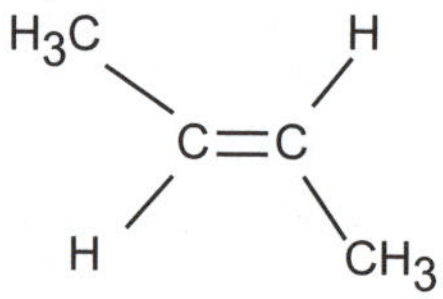

Isomère E

Remarques

- On ne peut passer de la configuration Z à la configuration E sans rupture de liaison : ce sont des stéréoisomères de configuration.
- L'isomère E est plus stable que l'isomère Z.
- Les isomères Z et E ne sont pas images l'un de l'autre dans un miroir.

b. Énantiomérie

Carbone asymétrique

Définition

Un atome de carbone asymétrique, noté C*, est un atome de carbone tétragonal lié à quatre atomes ou groupes d'atomes différents.

Le 2-chlorobutane et l'acide 2-hydroxypropanoïque sont deux composés chimiques qui possèdent un carbone asymétrique.

Le 2-chlorobutane	L'acide 2-hydroxypropanoïque
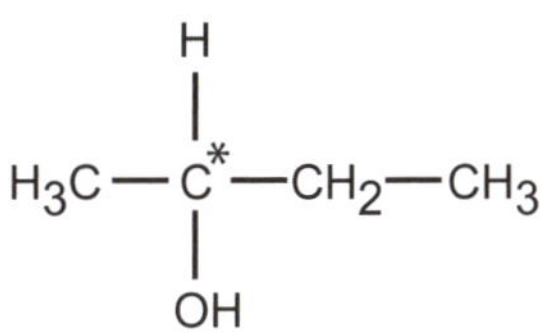	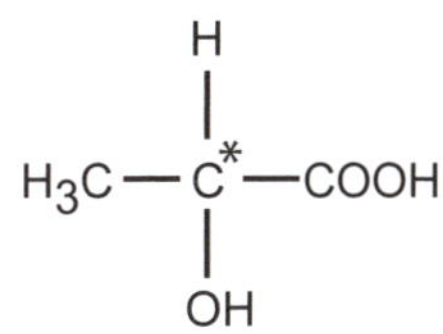

Il existe deux isomères du 2-chlorobutane :

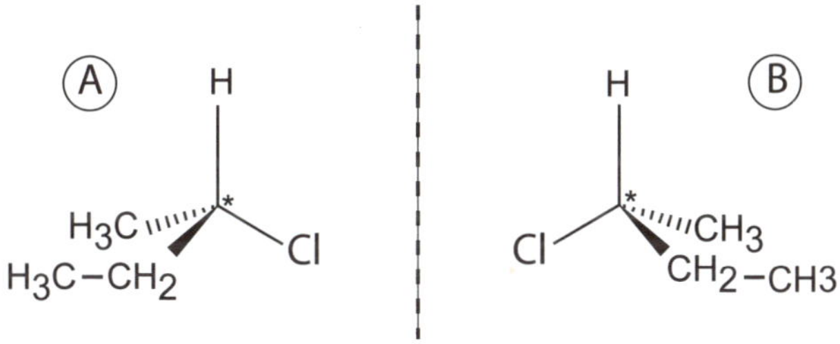

Ces deux molécules sont images l'une de l'autre dans un miroir plan, mais ne sont pas superposables.

Remarques

- On ne peut passer d'une molécule à l'autre sans rupture de liaison.
- Les molécules A et B sont images l'une de l'autre dans un miroir.
- Ce type de stéréoisomérie de configuration est appelé énantiomérie.

Chiralité

Le mot « chiral » vient du mot grec « kheir » qui signifie main : c'est une forme d'asymétrie où deux objets se présentent sous deux formes qui sont l'image miroir l'une de l'autre.

Exemples

- Une main, une vis, un pied…, sont des objets chiraux.
- Le 2-chlorobutane n'est pas superposable à son image dans un miroir plan : c'est une molécule chirale.

Condition de chiralité

L'existence d'un carbone asymétrique C* unique est une condition suffisante de chiralité.

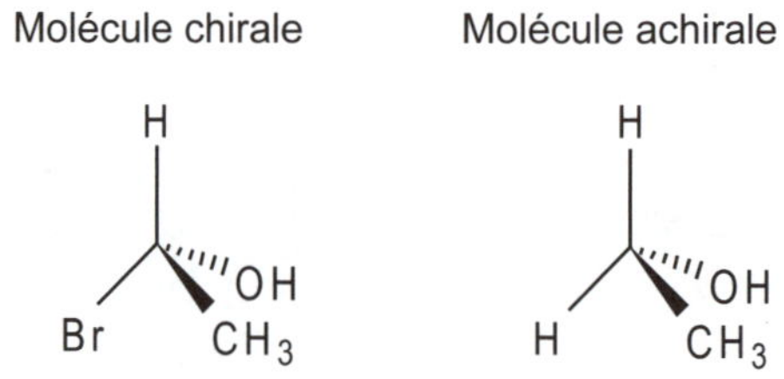

Remarque

Cette condition n'est pas nécessaire : il existe des molécules chirales sans carbone asymétrique C*.

Exemple

Les allènes, ce sont des diènes cumulés.

Certains cycles… sont des molécules chirales sans carbone asymétrique.

À retenir

- Une molécule possédant un seul atome de carbone asymétrique est toujours chirale.
- Deux stéréoisomères de configuration, non superposables, et images l'un de l'autre dans un miroir plan, sont appelés énantiomères.

À toute molécule chirale correspond deux énantiomères.

- Une molécule comportant plusieurs atomes de carbone asymétriques peut ne pas être chirale.
- Deux énantiomères ont des propriétés physiques identiques (solubilité, température de fusion…) mais des propriétés biologiques différentes (goût, odeur…).
- Deux énantiomères ont des propriétés chimiques identiques vis-à-vis des réactifs achiraux. En revanche, elles sont très différentes vis-à-vis des réactifs chiraux.
- Un mélange contenant les deux énantiomères en proportions égales est appelé **mélange racémique**.
- Les diastéréoisomères : ce sont deux stéréoisomères de configuration, non superposables, mais qui ne sont pas images l'un de l'autre dans un miroir plan. Ils ont des propriétés chimiques et physiques différentes.

Molécules à deux atomes de carbone asymétriques

Étudions le cas du 2,3,4-trihydroxybutanal. Ce composé possède deux atomes de carbone asymétriques.

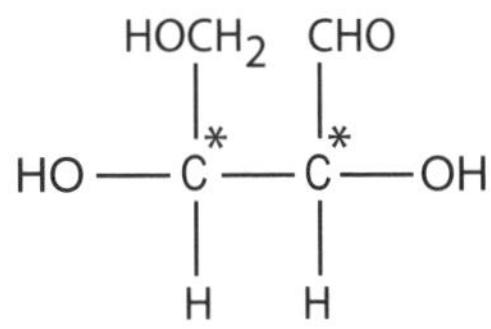

Il existe sous quatre configurations différentes :

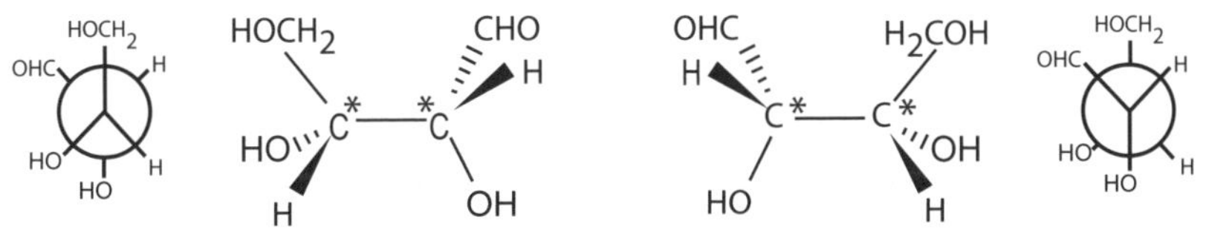

(A) (B)

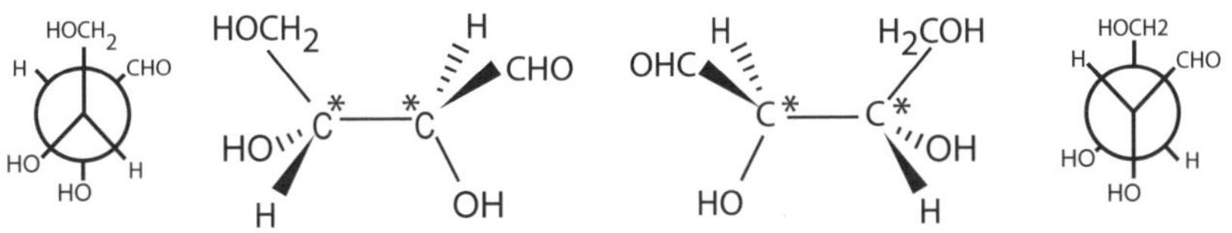

(C) (D)

- Pour les molécules A et B, les deux carbones asymétriques ont une configuration « opposée », ce sont des énantiomères : elles sont images l'une de l'autre dans un miroir plan mais non superposables.
- Pour les molécules C et D, les deux carbones asymétriques ont une configuration « opposée », ce sont des énantiomères : elles sont images l'une de l'autre dans un miroir plan mais non superposables.
- Pour les molécules A et C, seule la configuration du deuxième carbone asymétrique a changé. Les molécules ne sont pas images l'une de l'autre dans un miroir plan : ce sont des **diastéréoisomères.**
- Pour les molécules B et D, seule la configuration du premier carbone asymétrique a changé. Les molécules ne sont pas images l'une de l'autre dans un miroir plan : ce sont des **diastéréoisomères.**

11 Cours
Éléments de nomenclature

1 Les alcanes

a. Caractères généraux

Les alcanes sont des hydrocarbures, c'est-à-dire des molécules organiques constituées des seuls éléments carbone et hydrogène associés par des liaisons simples.

Leur **formule brute** est $\mathbf{C_nH_{2n+2}}$, où n représente le nombre d'atomes de carbone.

Les chaînes carbonées sont saturées, c'est-à-dire que les liaisons C-C sont des liaisons simples sans présenter de cycles : ce sont des chaînes ouvertes.

Les atomes de carbone sont tous tétravalents (tétraédriques) : ils réalisent quatre liaisons simples.

La terminaison -ane est caractéristique des alcanes.

b. Les types de chaînes carbonées

On appelle chaîne carbonée (ou squelette carboné) l'enchaînement des atomes de carbone qui constituent une molécule.

- Si l'un des atomes de carbone est lié à au moins trois autres atomes de carbone, la chaîne carbonée est ramifiée.
- Si la chaîne se referme sur elle-même, la chaîne carbonée est cyclique.
- Une chaîne carbonée qui n'est ni ramifiée ni cyclique est dite chaîne linéaire.

(a) : chaîne linéaire

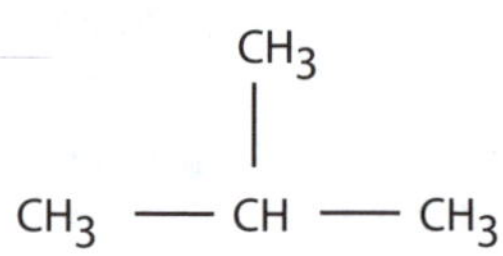

(b) : chaîne ramifiée

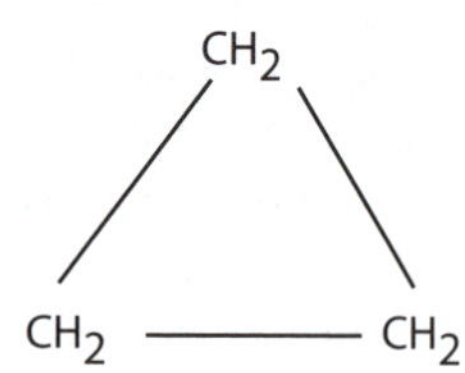

(c) : chaîne cyclique

c. Nomenclature des alcanes

Alcanes à chaînes linéaires

Le nom des alcanes non ramifiés est formé de la terminaison **-ane** et d'un préfixe qui indique le nombre d'atomes de carbone de la chaîne carbonée :

n	1	2	3	4	5
Formule	CH_4	C_2H_6	C_3H_8	C_4H_{10}	C_5H_{12}
Nom de l'alcane	Méthane	Éthane	Propane	Butane	Pentane

n	6	7	8	9	10
Formule	C_6H_{14}	C_7H_{16}	C_8H_{18}	C_9H_{20}	$C_{10}H_{220}$
Nom de l'alcane	Hexane	Heptane	Octane	Nonane	Décane

En retirant un atome d'hydrogène à un alcane à chaîne linéaire, on obtient un **groupe alkyle** dont le nom s'établit en remplaçant la terminaison « **ane** » par la terminaison « **yle** » :

Groupe d'atomes	$-CH_3$	$-CH_2-CH_3$ ou $-C_2H_5$	$-CH_2-CH_2-CH_3$ ou $-C_3H_7$
Nom du groupe alkyle	Méthyle	Éthyle	Propyle

Remarque

Pour les alcanes cycliques, aussi appelés cycloalcanes, on ajoute le préfixe cylo- au nom de l'alcane linéaire ayant le même nombre d'atomes de carbone.

La formule brute d'un alcane cyclique est C_nH_{2n}.

Exemples

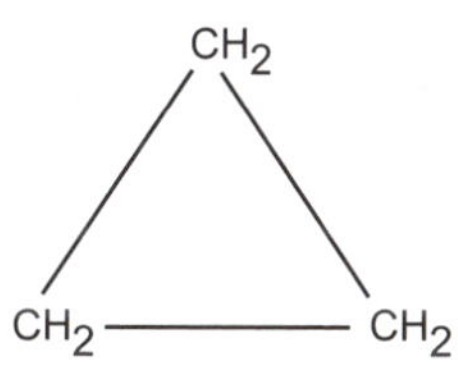

cyclopropane

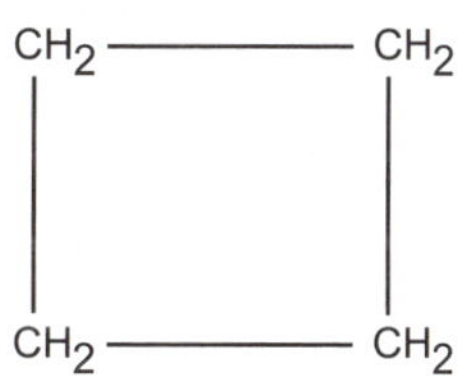

cyclobutane

Alcanes à chaînes ramifiées

- On recherche la chaîne principale, c'est-à-dire la chaîne carbonée la plus longue présente dans la molécule. On la nomme comme pour les alcanes non ramifiés.
- On repère les ramifications : elles constituent les substituants de la chaîne principale. Ce sont les groupes alkyles. Généralement, ce sont des groupes méthyle ($-CH_3$), éthyle ($-CH_2-CH_3$) ou propyle ($-CH\ -CH_2-CH_3$).
- On numérote la chaîne carbonée de telle sorte que les atomes de carbone porteurs des substituants aient les numéros les plus petits possible.
- On classe les substituants par ordre alphabétique, sans tenir compte des préfixes multiplicatifs éventuels, placés avant le nom de la chaîne principale sans le « e » final, ils sont précédés du chiffre indiquant leur position dans la chaîne principale. Lorsque le même substituant apparaît à plusieurs reprises, on utilise les préfixe di- (pour 2), tri- (pour 3), tétra- (pour 4) que l'on fait précéder des chiffres indiquant chacune des positions des substituants.

Exemples

3-méthylpentane	2,2-diméthylpropane	3-éthyl-3,4-diméthylhexane
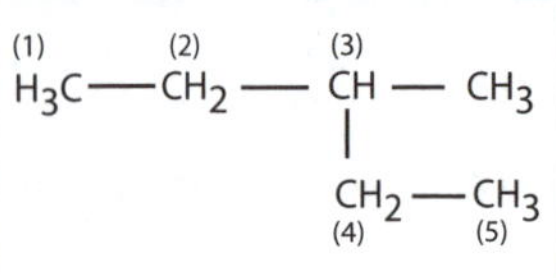	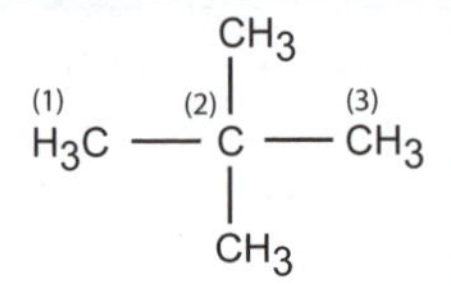	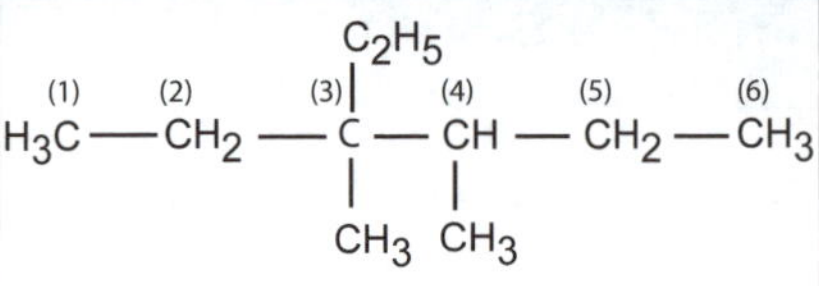

2 Les alcènes

a. Caractères généraux

On appelle alcènes les hydrocarbures acycliques dont la molécule comporte une double liaison C=C : ce sont des hydrocarbures insaturés.

Ils ont pour formule générale C_nH_{2n}.

Nom de l'alcène	Formule brute	Formule semi-développée
Éthène	C_2H_4	$CH_2{=}CH_2$
Propène	C_3H_6	$CH_2{=}CH{-}CH_3$

La terminaison -ène est caractéristique des alcènes.

Les alcènes peuvent présenter **deux types d'isomérie dus à la présence de la liaison double, une isomérie de position** : la double liaison a une position différente sur la chaîne carbonée.

Exemple

$CH_2{=}CH{-}CH_2{-}CH_3$ et $CH_3{-}CH_2{=}CH_2{-}CH_3$ sont deux isomères de position.

b. Nomenclature

Le principe de la nomenclature des alcènes est le même que celui des alcanes avec les précisions suivantes :

- la chaîne principale est la plus longue parmi celles qui contiennent la liaison double ;
- on remplace la terminaison « **ane** » par « **ène** » ;
- la position de la liaison double dans la chaîne est indiquée par le numéro du premier atome de carbone de la double liaison ;
- le sens de numérotation est choisi de telle sorte que ce numéro soit le plus petit possible, sans tenir compte de la position des substituants éventuellement fixés sur la chaîne carbonée.

Exemples

But-1-ène	But-2-ène	2-méthylbut-2-ène
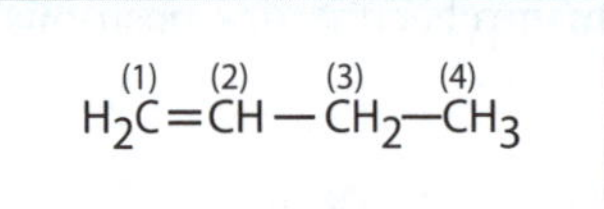	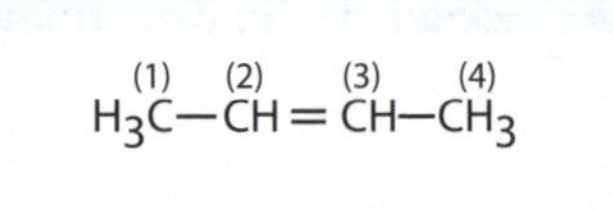	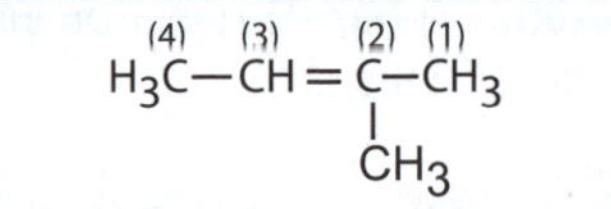

Remarque

Pour le but-2ène, il existe les deux formes isomères :

$$\overset{(1)}{H_3C}-\overset{(2)}{CH}=\overset{(3)}{CH}-\overset{(4)}{CH_3}$$

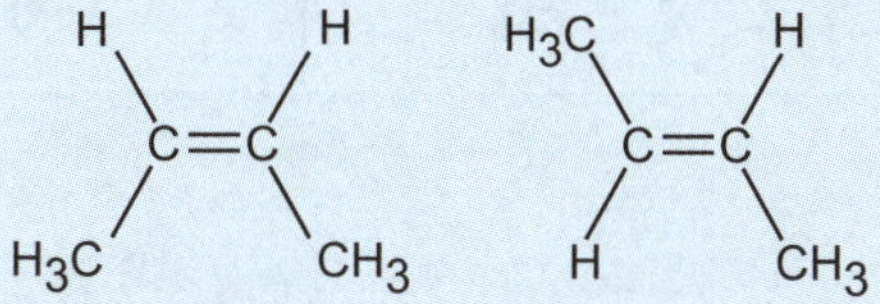

(Z) but-2-ène (E) but-2-ène

Autres exemples

Prop-1-ène ou propène	4-méthylhex-2-ène	3-méthylpent-1-ène
$\overset{(3)}{CH_3}-\overset{(2)}{CH}=\overset{(1)}{CH_2}$	$\overset{(1)}{H_3C}-\overset{(2)}{CH}=\overset{(3)}{CH}-\overset{(4)}{CH}(CH_3)-\overset{(5)}{CH_2}-\overset{(6)}{CH_3}$	$\overset{(5)}{H_3C}-\overset{(4)}{CH_2}-\overset{(3)}{CH}(CH_3)-\overset{(2)}{CH}=\overset{(1)}{CH_2}$

3 Nomenclature des alcools, des aldéhydes, des cétones des acides carboxyliques

a. Les alcools

On appelle alcool un composé organique dont la molécule contient un groupe hydroxyle -OH fixé sur un atome de carbone tétraédrique.

Les **alcools** sont des molécules organiques dont la structure dérive de celle des alcanes : un **groupe hydroxyle « -OH »** est fixé sur un atome de carbone tétragonal :

Alcane	Alcool correspondant
CH_4	CH_3-OH
C_2H_6	C_2H_5-OH

La terminaison -ol est caractéristique des alcools.

Nomenclature

- On nomme l'alcool grâce au nom de l'alcane correspondant à cette chaîne.
- On remplace le « **e** » final de l'alcane par la terminaison « **ol** », précédée, si nécessaire, de l'indice de position du groupe hydroxyle dans la chaîne carbonée principale.

Exemples

Propan-2-ol	2-méthylpropan-2-ol	3-méthylbutan-1-ol
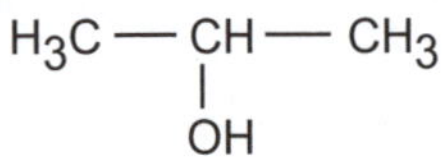	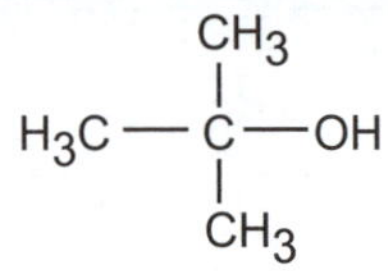	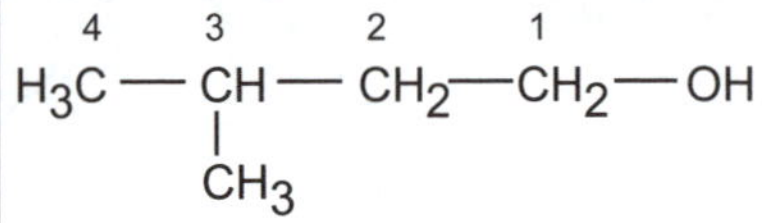

b. Les aldéhydes

Les aldéhydes sont des composés organiques faisant partie de la famille des composés carbonylés, dont l'un des atomes de carbone primaire de la chaîne carbonée porte un groupement carbonyle (C=O)

Ils contiennent, dans leur formule, le **groupe aldéhyde-CHO**, groupe se situant nécessairement en bout de chaîne.

La terminaison -al est caractéristique des aldéhydes.

Nomenclature

- On cherche la chaîne la plus longue contenant le groupe fonctionnel et éventuellement les groupes substituants en indiquant leur position.
- On obtient le nom de l'aldéhyde en remplaçant le « **e** » final de l'alcane correpondant par la terminaison **al**.
- Il est inutile de préciser l'indice de position du carbone fonctionnel.

Exemples

Propan	2-méthylpropanal	3-méthylbutanal
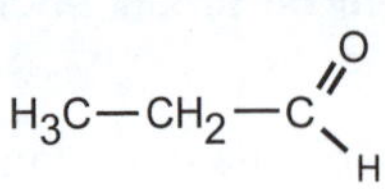	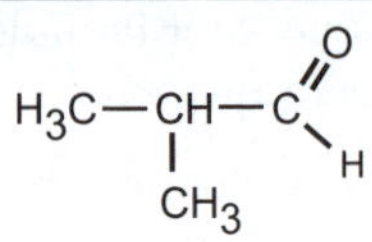	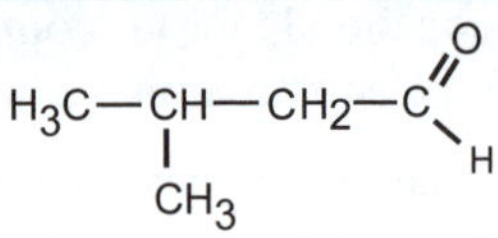

c. Les cétones

Les cétones, comme les aldéhydes, sont des composés organiques faisant partie de la famille des composés carbonylés, dont l'un des carbones porte un groupement carbonyle.

Remarque

Contrairement aux aldéhydes, c'est un carbone secondaire qui porte le groupement carbonyle pour les cétones.

La terminaison one est caractéristique des cétones.

Nomenclature

Le nom d'une cétone s'obtient en remplaçant le « **e** » final de l'alcane correspondant par la terminaison -**one**, précédé de l'indice de position du groupe carbonyle (il doit être le plus petit possible).

Exemples

Propanone ou propan-2-one	Butanone (ou butan-2-one)	3-méthylpentan-2-one
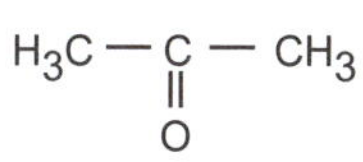	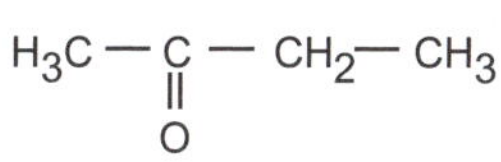	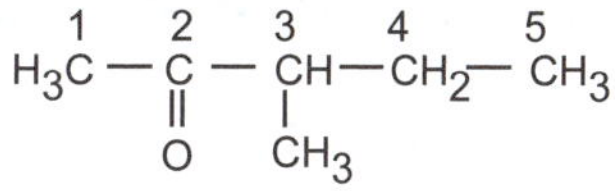

d. Les acides carboxyliques

Une molécule d'acide carboxylique contient le groupe carboxyle -COOH, groupe monovalent et situé en bout de chaîne.

La terminaison -oïque est caractéristique des acides carboxyliques.

Nomenclature

- On cherche la chaîne carbonée la plus longue qui contient le carbone fonctionnel (carbone du groupe carboxyle) et le nom de l'alcane correspondant avec le sens de numérotation qui donne l'indice (1) au carbone fonctionnel.
- On obtient le nom de l'acide en écrivant le mot acide suivi du nom de l'alcane et du suffixe -oïque.

Exemples

Acide propanoïque	Acide 2-méthylpropanoïque	Acide 3-méthylbutanoïque
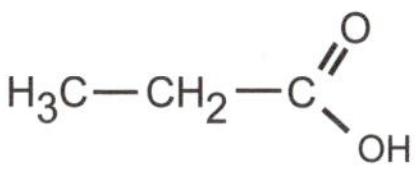	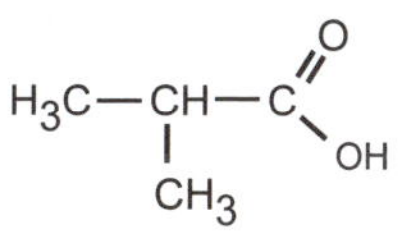	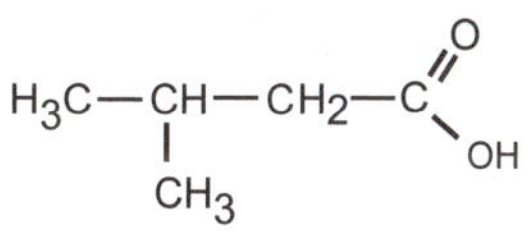

4 Les amines

a. Définition

Une amine résulte du remplacement d'un ou plusieurs atomes d'hydrogène dans la molécule d'ammoniac NH_3 par un ou plusieurs groupements carbonés alkyle -R ou aryle -Ar ($-C_6H_5$).

Comme la molécule d'ammoniac NH_3 comporte trois atomes d'hydrogène, nous pouvons faire une, deux ou trois substitutions. Cela implique trois classes d'amines :

Amine primaire	R—NH_2
Amine secondaire	H—N(R_1)(R_2)
Amine tertiaire	R_3—N(R_1)(R_2)

b. Nomenclature

Les amines primaires

Le nom d'une amine possédant le groupe $-NH_2$ est similaire à celle d'un alcool. On remplace alors le suffixe « **ol** » par le suffixe « **amine** ».

Méthylamine	2-propylamine	2-méthylbutylamine
H_3C — NH_2	H_3C — CH(NH_2) — CH_3	H_3C — CH_2 — CH(CH_3) — CH_2 — NH_2

Les amines secondaires et tertiaires

On écrit le (ou les) groupe(s) substituants (groupes alkyles) sur l'atome d'azote précédé de la lettre N et suivi du nom de l'amine

Exemples

N-méthylpropalamine	N,N-diméthylméthanamine	N,N-diméthyléthanamine
H—N(CH_3)(CH_2—CH_2—CH_3)	H_3C—N(CH_3)(CH_3)	H_3C—N(CH_2—CH_3)(CH_3)

5 Les acides α-aminés

Un acide α-aminé est une molécule qui possède un groupe carboxyle -COOH et un groupe amine $-NH_2$ portés par le même atome de carbone.

La formule générale d'un acide α-aminé est :

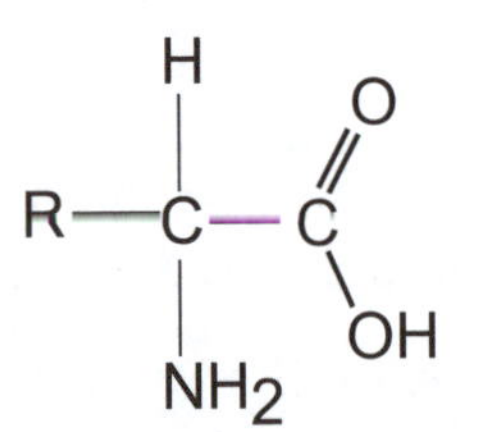

R est un groupe d'atomes

C'est une espèce chimique polyfonctionnelle. Une espèce chimique est dite polyfonctionnelle si elle appartient à plusieurs classes fonctionnelles ou possède plusieurs groupes caractéristiques.

Nomenclature

Les acides α-aminés sont nommés comme les dérivés substitués des acides carboxyliques.

Pour les molécules qui contiennent plusieurs groupes fonctionnels (molécules polyfonctionnelles), on définit un ordre de priorité de ces groupes pour nommer ces molécules.

Par ordre décroissant de priorité, on a :

- les acides carboxyliques ;
- les esters ;
- les amides ;
- les aldéhydes ;
- les cétones ;
- les alcools ;
- les amines.

Le nom d'une espèce chimique organique polyfonctionnelle s'organise donc en trois parties :

- un radical, qui informe sur la chaîne carbonée ;
- un suffixe, qui permet d'identifier le groupe caractéristique par rapport auquel la ou les chaînes sont numérotées ;
- un ou plusieurs préfixes qui permettent d'identifier les autres groupes caractéristiques de la molécule ou des groupes alkyles.

Exemples

Acide 2-aminopropanoïque Alanine	Acide 2-amino-3-hydroxybutanoïque Thréonine	Acide 2-amino-4-méthylpentanoïque Leucine
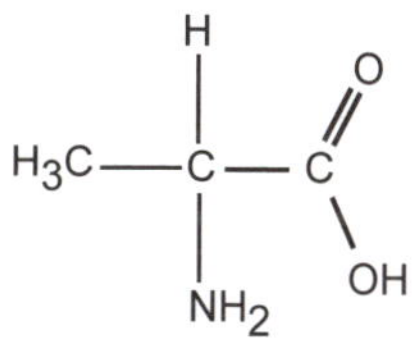	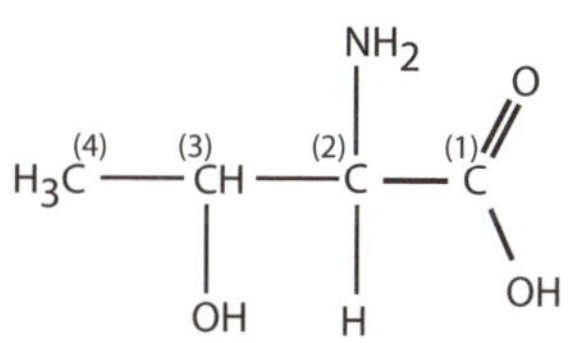	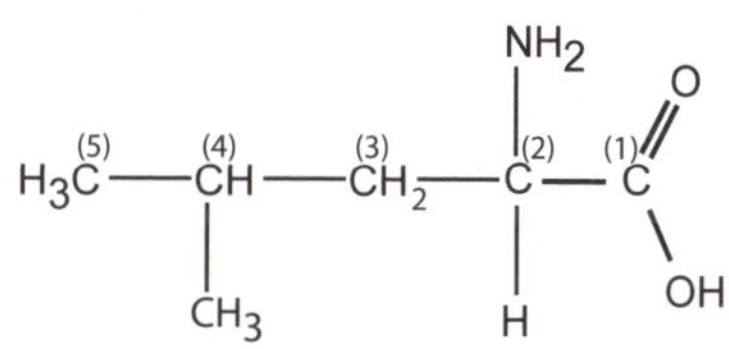

12 Cours
Analyse qualitative des ions

1 Généralités

a. Qu'est-ce qu'une analyse chimique qualitative ?

L'analyse chimique qualitative des ions contenus dans une solution est un problème complexe. En effet, l'analyse chimique fait appel à plusieurs aspects :

- les notions théoriques sur les équilibres chimiques en solution ;
- les qualités d'observations et d'interprétations du manipulateur ;

De plus, elle nécessite la connaissance parfaite des propriétés des différents ions ainsi que celles de leurs composés.

Parmi les propriétés facilement exploitables, il y a :

- les couleurs des ions en solution ;
- les réactions de précipitation ;
- les réactions de dissolution d'un précipité ;
- les couleurs des flammes ;
- les réactions avec dégagement gazeux.

Remarque

L'analyse quantitative consiste à déterminer les concentrations massiques ou molaires des différents ions contenus dans la solution.

b. Propriétés caractéristiques de quelques ions

La couleur des ions

En solution aqueuse, les ions cuivre (II) hydratés, ions $cu^{2+}_{(aq)}$, sont bleus, les ions $Fe^{2+}_{(aq)}$ sont verts alors que les ions $Fe^{3+}_{(aq)}$ ont une coloration brun-jaune.

Le test « à la flamme »

Lorsqu'on apporte de l'énergie à un ion ou un atome, il passe à un état excité. Le retour à un état de plus basse énergie se manifeste par la libération d'une énergie lumineuse sous forme de photons. L'émission de cette lumière peut servir à caractériser l'ion ou l'atome.

Les réactions de précipitation.

Dans le chapitre 1, on a abordé la notion de solubilité et de solution saturée.

La solubilité d'une espèce chimique dans un solvant représente la quantité de matière maximale du soluté que l'on peut dissoudre dans un litre du solvant

La solubilité dépend de la nature du solvant, de la température et du pH.

En solution, un précipité solide est en équilibre avec les ions qui le constituent.

Lorsqu'on mélange deux solutions ioniques limpides et s'il existe au moins deux ions incompatibles, c'est-à-dire appartenant à une espèce insoluble, il se produit la formation d'un précipité.

Exemple

$$Fe(OH)_{2,sol} \rightleftharpoons Fe^{2+}_{(aq)} + 2HO^{-}_{(aq)}$$

Condition de précipitation

Tant que la solution n'est pas saturée, il ne peut y avoir formation de précipité.

Le tableau ci-après indique les cristaux ioniques qui sont solubles et ceux qui ont une très faible solubilité.

Cations \ Anions	Cl^-	HO^-	SO_4^{2-}	NO_3^-	CO_3^{2-}	S^{2-}
Na^+	Très soluble	Très soluble	Très soluble	Très soluble	Très soluble	Très soluble
Ag^+	Très peu soluble	Très peu soluble	Très peu soluble	Très soluble	Très peu soluble	Très peu soluble
Al^{3+}	Très soluble	Très peu soluble	Très soluble	Très soluble	Très soluble	Très soluble
Zn^{2+}	Très soluble	Très peu soluble	Très soluble	Très soluble	Très peu soluble	Très peu soluble
Fe^{2+}	Très soluble	Très peu soluble	Très soluble	Très soluble	Très peu soluble	Très peu soluble
Fe^{3+}	Très soluble	Très peu soluble	Très soluble	Très soluble	Très soluble	Très soluble
Ba^{2+}	Très soluble	Assez peu soluble	Très peu soluble	Très soluble	Très peu soluble	Très soluble
Cu^{2+}	Très soluble	Très peu soluble	Très soluble	Très soluble	Très peu soluble	Très peu soluble
Pb^{2+}	Très peu soluble	Très peu soluble	Très peu soluble	Très soluble	Très peu soluble	Très peu soluble

2 Caractérisation de quelques ions

a. Caractérisation par la couleur de flamme

Certains ions sont identifiables par le test de flamme.

Le tableau ci-après donne les couleurs de flamme caractéristiques de certains ions :

Ions	Couleur de flamme
Na^+	Jaune
K^+	Violette
Li^+	Rouge
Ba^{2+}	Vert
Ca^{2+}	Rouge orange

b. Caractérisation par la formation de précipité

Les anions

L'ion chlorure

En solution, l'ion chlorure est incolore.

Réaction des ions chlorure Cl^- avec les ions Ag^+ :

$$Ag^+ + Cl^- \rightarrow AgCl_{(s)}$$

avec formation d'un précipité blanc qui noircit à la lumière.

Dans une solution d'ammoniac, le précipité se redissout par formation d'un complexe :

$$AgCl_{(s)} + 2NH_3 \rightarrow Ag(NH_3)_2^+ + Cl^-$$

L'ion sulfate SO_4^{2-}

En solution, l'ion sulfate est incolore.

Réaction des ions sulfate SO_4^{2-} avec les ions baryum Ba^{2+} : $Ba^{2+} + SO_4^{2-} \rightarrow BaSO_{4\,(s)}$ avec formation d'un précipité blanc de sulfate de baryum.

Ce précipité est insoluble dans une solution d'acide chlorhydrique ou d'acide nitrique.

L'ion nitrate NO_3^-

En solution, l'ion nitrate est incolore.

Avec de l'acide sulfurique et en présence de cuivre solide, la solution se colore en bleu et on note un dégagement de vapeurs rousses de dioxyde d'azote NO_2 :

$$2NO_3^- + 8H_3O^+ + 3\,Cu \rightarrow 3Cu^{2+} + 2NO + 12\,H_20$$

Dégagement de NO incolore suivi de la réaction :

$$2N0 + O_2 \rightarrow 2NO_2 \text{ : gaz de couleur rousse}$$

L'ion sulfure S^{2-}

L'ion sulfure est incolore en solution.

L'ion sulfure réagit avec l'ion oxonium (apporté par l'acide chlorhydrique) pour donner du sulfure d'hydrogène. En présence d'ions plomb, le sulfure d'hydrogène donne du sulfure de plomb.

$$S^{2-} + 2H_3O^+ \rightarrow H_2S + 2H_2O \text{ (}H_2S\text{, gaz d'odeur désagréable et toxique)}$$

$$\text{Puis } H_2S + Pb^{2+} + 2H_2O \rightarrow PbS + 2H_3O^+$$

L'ion carbonate CO_3^{2-}

En solution, l'ion carbonate est incolore.

L'ion carbonate réagit avec une solution d'acide chlorhydrique :

$$CO_3^{2-} + 2H_3O^+ \rightarrow CO_2 + 3H_2O \text{ : l'eau de chaux se trouble}$$

Les cations

L'ion sodium Na^+

En solution, l'ion sodium est incolore.

Le test principal est le test de flamme : émission d'une lumière jaune dans la flamme.

L'ion argent Ag^+

En solution, l'ion argent est incolore.

On teste la présence des ions argent par des ions chlorure (voir test caractéristique de l'ion Cl^-).

Test complémentaire :

Les ions argent donnent en présence d'ammoniac un précipité brun-noir d'oxyde d'argent Ag_2O :

$$2Ag^+ + 2HO^- \text{ (apportés par l'ammoniac)} \rightarrow Ag_2O + H_2O$$

Dans un excès de solution d'ammoniac, la solution devient limpide suite à la formation d'un complexe :

$$Ag_2O + 4NH_3 + H_2O \rightarrow 2Ag(NH_3)_2^+ + 2HO^-$$

L'ion zinc Zn^{2+}

En solution, l'ion zinc est incolore.

L'ion zinc réagit avec une solution de soude :

$$Zn^{2+} + 2HO^- \text{ (apportés par la soude)} \rightarrow Zn(OH)_2$$

Le précipité se redissout dans un excès de soude :

$$Zn(OH)_2 + 2HO^- \rightarrow Zn(OH)_4^{2-} \text{, ion zincate}$$

L'ion ferreux Fe^{2+}

En solution, l'ion fer (II) est vert pale.

L'ion ferreux réagit avec une solution de soude :

$$Fe^{2+} + 2HO^{-}\,(\text{apportés par la soude}) \rightarrow Fe(OH)_2$$

Le précipité est insoluble dans un excès de soude, mais au contact de dioxyde de l'air, le précipité prend la teinte rouille :

$$4Fe(OH)_2 + 2H_2O + O_2 \rightarrow 4Fe(OH)_3,\ \text{l'hydroxyde fer (III)}$$

L'ion ferrique Fe^{3+}

En solution, l'ion fer (III) est brun-jaune.

L'ion ferrique réagit avec une solution de soude :

$$Fe^{3+} + 3HO^{-}\,(\text{apportés par la soude}) \rightarrow Fe(OH)_3$$

Le précipité est insoluble dans un excès de soude.

L'ion cuivre (II) Cu^{2+}

En solution, l'ion cuivre (II) est bleu.

L'ion cuivre (II) réagit avec une solution de soude :

$$Cu^{2+} + 2HO^{-}\,(\text{apportés par la soude}) \rightarrow Cu(OH)_2$$

Test complémentaire : action d'une solution d'ammoniac.

Le précipité se redissout et la solution passe du bleu au bleu-nuit :

$$Cu(OH)_2 + 4NH_3 \rightarrow Cu(NH_3)_4^{2+} + 2HO^{-}$$

L'ion aluminium Al^{3+}

En solution, l'ion aluminium est incolore.

L'ion aluminium réagit avec une solution de soude :

$$Al^{3+} + 3HO^{-}\,(\text{apportés par la soude}) \rightarrow Al(OH)_3$$

Le précipité se redissout dans un excès de soude :

$$Al(OH)_3 + HO^{-} \rightarrow Al(OH)_4^{-}$$

L'ion plomb Pb^{2+}

En solution, l'ion plomb est incolore.

L'ion réagit avec une solution de chlorure de sodium :

$$Pb^{2+} + 2Cl^{-}\,(\text{apportés par la solution de chlorure de sodium}) \rightarrow PbCl_2$$

Test complémentaire : avec de la soude, l'ion plomb donne un précipité d'hydroxyde de plomb :

$$Pb^{2+} + 2HO^{-} \text{(apportés par la soude)} \rightarrow Pb(OH)_2$$

L'ion baryum Ba^{2+}

En solution, l'ion baryum est incolore.

Test principal : précipitation du sulfate de baryum.

Avec une solution de sulfate de sodium, l'ion baryum donne du sulfate de baryum :

$$Ba^{2+} + SO_4^{2-} \rightarrow BaSO_4 \text{ formation d'un précipité blanc}$$

13 Cours
Spectroscopie UV – Visible et IR

1 Spectroscopie UV – Visible

a. Le principe

Un faisceau lumineux (ou plus généralement une onde électromagnétique) transporte de l'énergie.

Le flux lumineux Φ_i, d'intensité I_0, représente la quantité d'énergie transportée par unité de temps par le faisceau lumineux.

Lorsqu'un faisceau de lumière monochromatique de longueur d'onde λ traverse un milieu homogène et isotrope, il est en partie absorbé par ce milieu.

S'il entre avec une intensité lumineuse I_0, il émerge avec une intensité $I \leq I_0$

On montre que :

$$I = I_0 e^{-aL}$$

a : représente le coefficient d'absorption, coefficient qui dépend de la nature du milieu absorbant et de la valeur de la longueur d'onde λ ;

L : représente l'épaisseur du milieu absorbant.

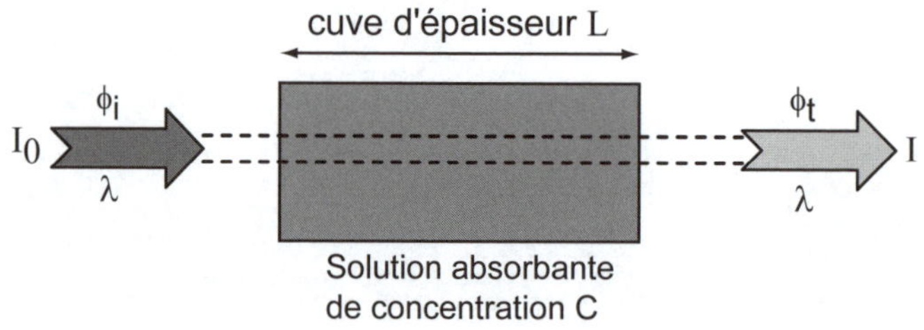

L'absorption par le milieu traversé entraîne donc une diminution de l'intensité.

b. Transmittance et absorbance

Pour chaque longueur d'onde, on définit alors :

- La transmittance T, ou coefficient de transmission, par :

$$T = \frac{I}{I_0} = \frac{\Phi_t}{\Phi_i},\ 0 < T < 1 \text{ avec } \begin{cases} \Phi_i : \text{flux incident} \\ \Phi_t : \text{flux transmis} \end{cases}$$

- L'Absorbance

Pour une longueur d'onde donnée, l'absorbance A, ou, densité optique, d'un échantillon reflète le rapport de l'intensité de la radiation incidente sur l'intensité de la radiation transmise. C'est une grandeur sans unité.

On définit l'absorbance A par : $A = \log\left(\frac{I_0}{I}\right) = \log\left(\frac{1}{T}\right)$

Remarque

La diminution d'intensité est due à l'absorption plus ou moins importante par la substance colorée de certaines des longueurs d'onde incidentes.

Chaque radiation de longueur d'onde λ de la lumière incidente va être plus ou moins arrêtée par l'espèce absorbante dissoute.

c. Allure d'un spectre UV-Visible

Un spectre UV-visible fait apparaître l'absorbance A en fonction de la longueur d'onde λ de l'onde incidente.

Exemple

Spectre UV-visible du cristal violet à 2 mg/L

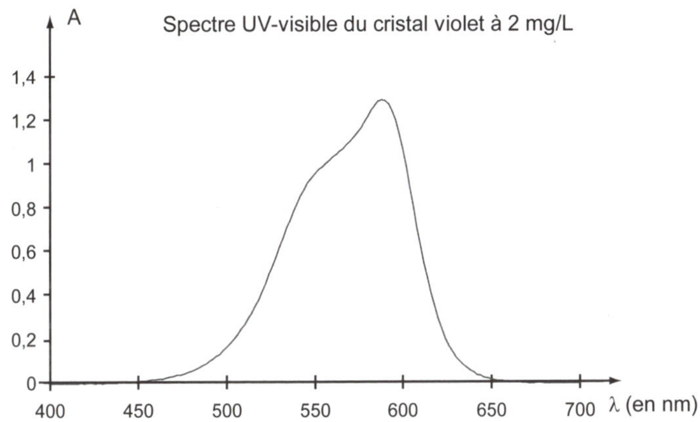

Remarque

L'absorption par le milieu dépend de la longueur d'onde et la lumière qui le traverse.

2 Loi de Beer-Lambert

a. Définition

Pour une radiation monochromatique donnée, l'absorbance A d'une substance en solution est proportionnelle à sa concentration c et à l'épaisseur L de solution traversée :

$$A = \varepsilon(\lambda).L.c = k.c$$

L : épaisseur traversée en m.

c : concentration de la solution absorbante en $mol.m^{-3}$.

$\varepsilon(\lambda)$: coefficient d'extinction molaire caractérisant la substance (à une longueur d'onde donnée) en $mol^{-1}.m^2$.

Remarque

Le coefficient d'absorption molaire ε caractérise la capacité qu'a une espèce donnée à absorber la lumière d'une longueur d'onde λ donnée.

b. Conditions de validité de la loi de Beer-Lambert

- La lumière doit être monochromatique. Pour déterminer la longueur d'onde λ à utiliser, on trace la courbe A = f (λ), la longueur d'onde choisie pour les mesures est celle correspondant au sommet de la courbe, c'est-à-dire la longueur d'onde du maximum d'absorption.
- La concentration de la solution doit être faible : les interactions entre molécules seront négligeables.
- La solution ne doit pas contenir de précipité : elle doit être limpide pour éviter tout phénomène parasite.

c. Additivité des absorbances

Pour n substances absorbantes dissoutes, de concentrations c_1, c_2... pour une longueur d'onde λ donnée et s'il n'y a pas d'interactions entre les substances, on a :

$$A = \varepsilon_1 c_1 L + \varepsilon_2 c_2 L....... = L(\varepsilon_1 c_1 + \varepsilon_2 c_2.....)$$

3 Domaine d'application

La spectrophotométrie par absorption utilise les lois et propriétés précédentes.

a. Avantages

- Emploi possible pour tout composé absorbant : la méthode est très générale.
- Méthode de grande sensibilité et rapide.
- Permet le dosage d'un corps en présence d'autres corps absorbants grâce à l'utilisation du « blanc ».

Remarques

- Plus une molécule organique possède de doubles liaisons conjuguées plus son maximum d'absorption est décalé vers les grandes longueurs d'onde. Ainsi, les molécules organiques possédant plus de 6 doubles liaisons conjuguées absorbent dans le visible λ max > 400 nm)
- Lorsqu'une espèce chimique absorbe dans un seul domaine de longueur d'onde, **sa couleur en solution est la couleur complémentaire de celle absorbée.**
- Si l'espèce absorbe dans plusieurs domaines, sa couleur résulte de la synthèse additive des couleurs complémentaires de celles des radiations absorbées.

b. Un exemple d'application

Comment déterminer la présence d'une substance colorée dans une solution ? Il est possible de déterminer la présence d'une substance colorante dans une solution inconnue puis en déduire sa concentration.

Exemple

Comment mettre en évidence la présence du bleu patenté dans une solution ?

Pour cela, il suffit de tracer les spectres UV-visible d'absorbance de certaines substances de même couleur et de comparer le spectre à celui de la substance responsable de la couleur de la solution inconnue.

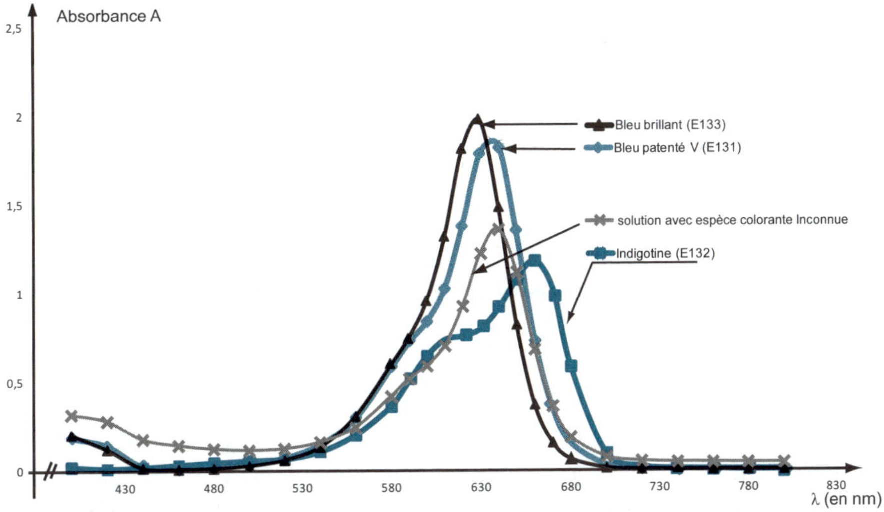

Par comparaison des spectres, on déduit le colorant de la solution : on compare les maximums d'absorption pour les deux courbes. La solution inconnue contient bien du beu patenté V (colorant E131).

Il est aussi possible de déterminer la concentration en solution par comparaison des pics d'absorption : il suffit de faire le rapport des maximums d'absorption qui sont proportionnels aux concentrations :

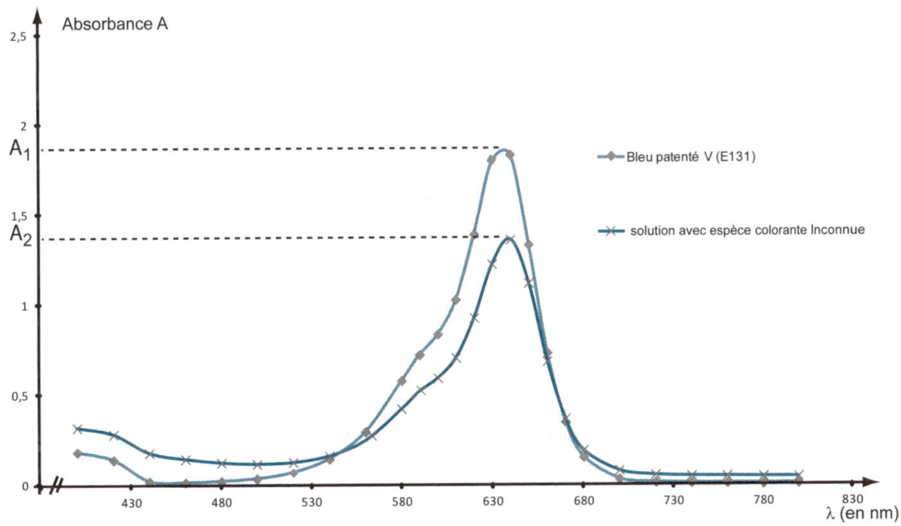

En effet,

$A_1 = \varepsilon(\lambda).L.c_1$ et $A_2 = \varepsilon(\lambda).L.c_2$, ainsi : $\frac{A_1}{A_2} = \frac{\varepsilon(\lambda).L.c_1}{\varepsilon(\lambda).L.c_2} = \frac{c_1}{c_2}$

À retenir

Pour une même longueur et pour une même substance absorbante, le rapport des absorbances est donc égal au rapport des concentrations.

4 Spectroscopie infrarouge (IR)

a. Le principe

Quand une lumière IR traverse un échantillon (solide, liquide ou gazeux), certaines liaisons absorbent de l'énergie pour changer de fréquence de vibration, faisant apparaître des bandes dans le spectre.

Remarques

- La spectroscopie infrarouge est, dans son principe, semblable à la spectroscopie UV-visible. Dans le domaine de longueur d'onde concerné (2 500 – 25 000 nm), le rayonnement électromagnétique interagit avec les liaisons covalentes des molécules.
- Les énergies mises en jeu sont plus faibles qu'en spectroscopie UV-visible. En effet, l'énergie du photon est telle que $E_{photon} = h.\nu = h\frac{c}{\lambda}$ et comme $\lambda_{IR} > \lambda_{UV-visble}$, alors : $E_{photon,\, IR} < E_{photon,\, UV-visible}$
- La spectroscopie IR permet de repérer la présence de certaines liaisons et d'en déduire les groupes caractéristiques (voir feuille en complément).

b. Spectre infrarouge d'une molécule

Les spectres IR présentent généralement :

- en abscisse, le nombre d'onde $\sigma = \frac{1}{\lambda}\begin{cases}\sigma : \text{nombre d'onde en m}^{-1} \\ \lambda : \text{longueur d'onde la radiation en m}\end{cases}$
- en ordonnée, la transmittance T.

Remarques

L'absorbance A est en lien direct avec l'intensité lumineuse absorbée tandis que la transmittance T est en lien avec l'intensité transmise It.

Ainsi plus la valeur de T est basse, plus l'intensité lumineuse transmise est faible et donc plus l'absorption a été importante.

Si pour une longueur d'onde la transmittance est grande alors l'espèce chimique absorbe peu.

Allure d'un spectre IR

Généralement, le spectre IR d'une molécule organique comportant de nombreuses liaisons est complexe et ne peut être analysé d'une façon simple.

Exemple

Le spectre IR du linalol est représenté ci-après :

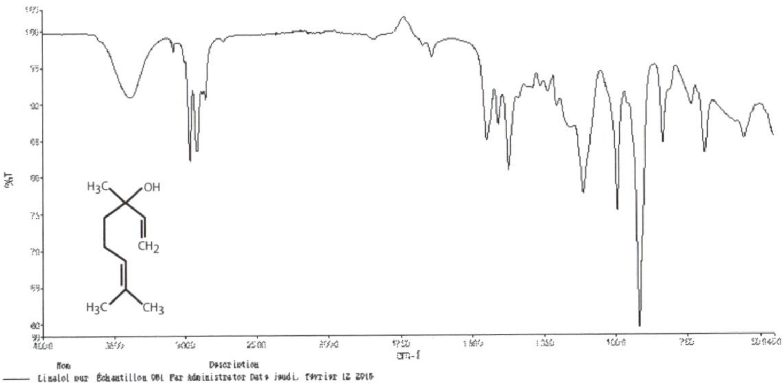

Analyse du spectre

Dans la gamme utilisée, on distingue essentiellement deux zones :

- La zone 1 500 - 4 000 cm^{-1} : on trouve les bandes correspondant aux vibrations d'élongations des liaisons couramment rencontrées dans les molécules. Cette zone permet d'identifier la présence de certains types de liaison de la molécule et par suite d'en déduire la nature des groupes caractéristiques.
- La zone 500 - 1 500 cm^{-1} : on trouve les bandes relatives aux vibrations de déformation angulaire, les harmoniques et les bandes de couplages entre oscillateurs. Cette partie du spectre, très riche en bandes d'absorption pour les molécules organiques possédant plusieurs atomes de carbone, est très difficile à analyser compte tenu du nombre de bandes observées. Cette zone de la molécule est appelée « empreinte digitale de la molécule ».

Quelques vibrations caractéristiques d'élongations

Spectre de l'éthanol à 95 %

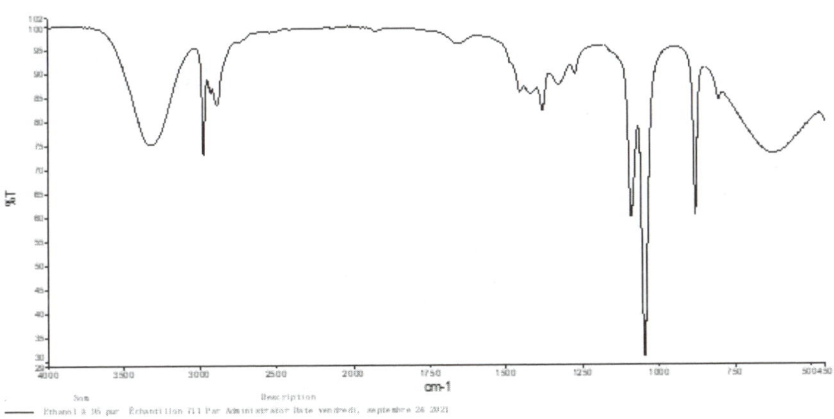

La liaison O-H : présente dans les alcools, les acides carboxyliques et les phénols donne une bande large vers 3 500 cm^{-1}. La forme et la position de la bande sont sensibles à la dilution et à la nature du solvant :

Spectre de l'éthanol dilué 10 fois

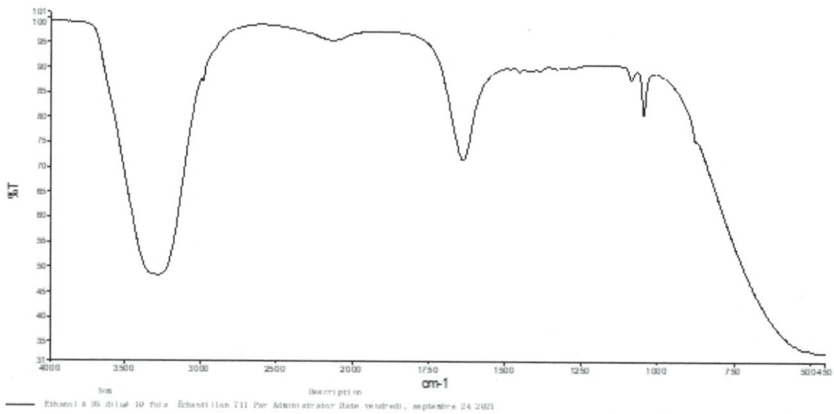

- La liaison $C_{tétra}$-H donne une bande fine entre 2 800 cm^{-1} et 3 000 cm^{-1}.
- La liaison C_{tri}-H du groupe formyle d'un aldéhyde vers 2 800 cm^{-1}.
- La liaison C=O du groupe carbonyle donne une bande fine vers 1 700 cm^{-1} pour les aldéhydes et les cétones. Il en est de même pour la liaison C=O des esters.
- La liaison simple C-O dans les esters et les alcools donne une bande fine entre 1 000 cm^{-1} et 1 300 cm^{-1}.
- Les liaisons double C=C dans les alcènes non symétriques et les cycles aromatiques donnent des bandes fines vers 1 600 cm^{-1}.

L'empreinte digitale

Seule la comparaison avec un spectre de référence permet une identification aisée. Cependant, on retrouve dans cette zone certaines bandes caractéristiques pour les cycles aromatiques et les alcènes non symétriques (configurations Z et E).

5 Valeurs du nombre d'onde σ pour quelques groupes fonctionnels

Liaison	Nombre d'onde σ en cm^{-1}	Intensité
O- $H_{alcool\ libre}$	3 580 – 3 660	forte ; large
O-$H_{alcool\ lié}$	3 200 – 3 400	forte ; large
C_{tri}-H	3 000 – 3 100	moyenne
$C_{tétra}$-H	2 800 – 3 000	forte
C_{tri}-$H_{aromatique}$	3 030 – 3 080	moyenne

Liaison	Nombre d'onde σ en cm^{-1}	Intensité
$C_{digonal}$-H	3 300 – 3 310	moyenne ou faible
$C{=}O_{\text{ ester}}$	1 700 – 1 740	forte
$C{=}O_{\text{ aldéhyde et cétone}}$	1 650 – 1 730	forte
$C{=}O_{\text{ acide carboxylique}}$	1 680 – 1 710	forte
$C{=}C_{\text{ aromatique}}$	1 450 – 1 600	moyenne
C_{tri}-$H_{aromatique}$	3 030 – 3 080	moyenne
C=C	1 625 – 1 685	moyenne
C_{tri} -$H_{aldéhyde}$	2 750 – 2 900	moyenne
N-H_{amine}	3 100 – 3 500	moyenne
N-H_{amide}	3 100 – 3 500	forte

14

Cours

Dosage par étalonnage

1 Qu'est qu'un dosage ?

Un dosage est une technique expérimentale permettant de déterminer une quantité de matière ou une concentration inconnue. On distingue :

- Les dosages non destructifs, mettant en œuvre des techniques physiques :
  - en colorimétrie, deux solutions observées dans les mêmes conditions ont la même teinte si elles ont la même concentration en espèce colorante ;
  - en spectrophotométrie, la mesure de l'absorbance d'une solution permet, après construction d'une courbe d'étalonnage, d'accéder à sa concentration.
- Les dosages destructifs, appelés aussi titrages, mettant en œuvre une réaction chimique : cette technique sera détaillée dans le chapitre 15.

Les spectres étudiés dans le chapitre précédent donnant l'évolution de l'absorbance A en fonction de la longueur d'onde de l'onde incidente indiquent que l'absorbance A dépend de la nature de l'espèce absorbante, de sa concentration ainsi que de l'épaisseur de la solution traversée.

La loi de Beer-Lambert traduit ces résultats par la relation : $A(\lambda) = \varepsilon(\lambda).L.C$

où $\varepsilon(\lambda)$ représente le coefficient d'extinction molaire de l'espèce absorbante à la longueur d'onde λ, à une température donnée et dans un solvant donné.

Cette loi indique donc qu'une solution colorée est d'autant plus absorbante, c'est-à-dire qu'elle absorbe d'autant plus la lumière incidente, que sa coloration est d'autant plus intense.

Cette propriété est utilisée pour déterminer la concentration en soluté dissous, d'une solution colorée, soit en utilisant une échelle de teintes, soit en utilisant un spectrophotomètre.

Par dilutions successives, on prépare à partir d'une solution mère S_0, de concentration C_0, connue avec précision, différentes solutions appelées solutions filles, de concentrations C_1, C_2, C_3… On obtient ainsi une échelle de teinte appelée gamme étalon (chapitre 1).

Soit S_X une solution de concentration inconnue C_X et contenant la même espèce colorante que celle de la gamme étalon. En comparant la teinte de la solution S_X avec celles des solutions filles, il est possible d'avoir un encadrement de la concentration C_X.

2 Dosage colorimétrique

La colorimétrie repose sur le fait que deux solutions contenant la même espèce colorante, le soluté, ont la même teinte si elles ont la même concentration en soluté et si elles sont observées dans les mêmes conditions.

En comparant la teinte de la solution S_X avec celles des solutions filles, observations faites dans les mêmes conditions expérimentales, il est possible de trouver la solution S_X qui a la même couleur que la solution S_i : la concentration C_X est la même que la concentration C_i.

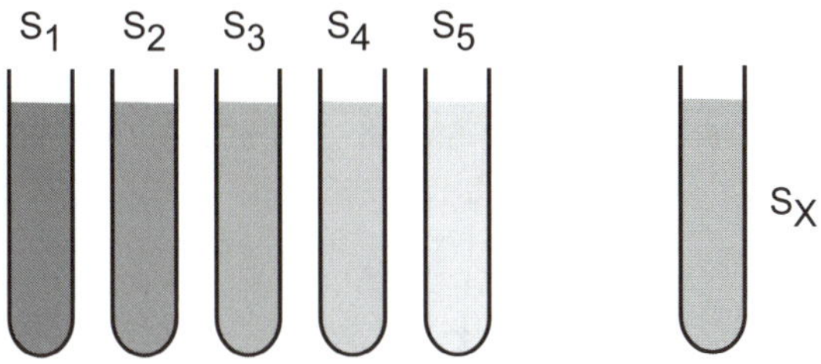

Remarque

Souvent, il n'est pas possible de trouver la solution fille qui a la même teinte que la solution S_X, seul un encadrement est alors possible.

Si une des solutions filles S_i a une teinte plus claire que la solution S_X et que la solution S_{i+1} a une teinte plus foncée que celle de la solution S_X, alors :

$$C_{i-1} < C_X < C_i$$

3 Dosage par étalonnage

a. Qu'est-ce qu'un dosage par étalonnage ?

Un dosage par étalonnage consiste à déterminer la concentration d'une espèce chimique en solution en comparant une grandeur physique notée X (absorbance, conductance…) de la solution avec la même grandeur physique mesurée pour des solutions étalons (solutions dont on connaît avec précision la grandeur physique).

À retenir

Un dosage par étalonnage permet de déterminer la concentration, massique ou molaire, d'une espèce chimique en solution.

Pour doser une espèce chimique donnant sa couleur à une solution, on peut mesurer l'absorbance de la solution et la comparer à celle des solutions étalons contenant la même espèce chimique.

Pour avoir la meilleure précision sur le dosage, on doit se placer à la longueur d'onde λ_m de la solution étudiée.

b. Détermination de la concentration d'une solution de permanganate de potassium

Soit à déterminer, par exemple, la concentration C_X d'une solution en permanganate de potassium notée S_X. La méthode à suivre est la suivante

Étape 1 - Réalisation du spectre d'absorption

- On mesure l'absorbance A d'un échantillon d'une solution de permanganate de potassium de concentration $c_0 = 8{,}0.10^{-4}$ mol/L, par exemple, en fonction de la longueur d'onde λ. Le graphe A en fonction de λ est donné ci-après.

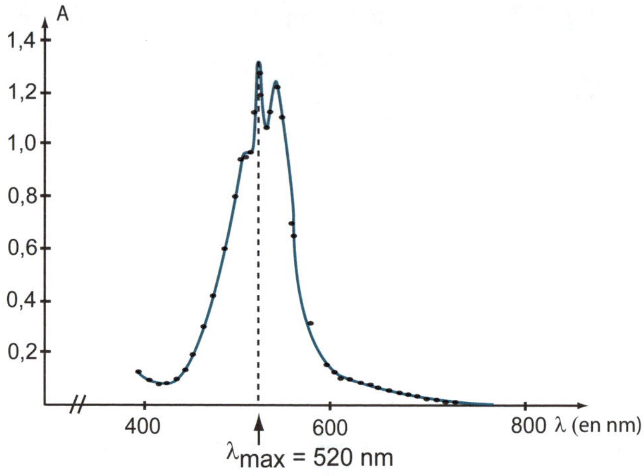

- On cherche la longueur d'onde pour laquelle l'absorbance de la solution est maximale : $\lambda_{max} = 520$ nm.
- Dans toute la suite, on choisit de se placer à cette longueur d'onde pour vérifier la loi de Beer-Lambert.

À retenir

Pour avoir la meilleure précision sur le dosage, on doit se placer à la longueur d'onde λ_m de la solution étudiée.

Étape 2 - Réalisation de la courbe d'étalonnage

- À partir de la solution S_0, on prépare différentes solutions et on mesure dans les mêmes conditions l'absorbance A :

Numéro du tube	1	2	3	4	5	6	7	8	9
c (en mol/L)	$8,0.10^{-5}$	$1,6.10^{-4}$	$2,4.10^{-4}$	$3,2.10^{-4}$	$4,0.10^{-4}$	$4,8.10^{-4}$	$5,6.10^{-4}$	$6,4.10^{-4}$	$8,0.10^{-4}$
A	0,11	0,36	0,51	0,68	0,85	1,02	1,20	1,33	1,68

- Tracé de la courbe A = f(c). En traçant l'absorbance A en fonction de la concentration c, on observe un nuage de points qui s'alignent selon une droite d'équation $A = 2\,120 \times c$ où $c = [MnO_4^-]$.
  Pour $\lambda = 540$ nm = cste et à une température constance, l'absorbance A est de la forme $A = k.c$ avec $k = 2\,120$ $L.mol^{-1}$: A est donc proportionnelle à la concentration c de la solution. Cette équation vérifie bien la loi de Beer-Lambert.

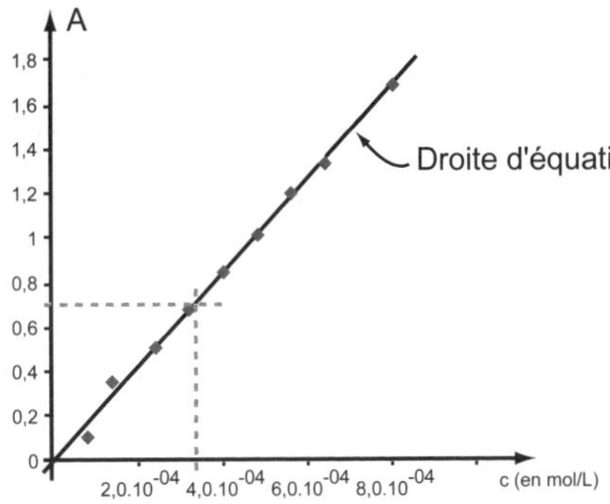

Étape 3 - Concentration de la solution à doser

Une mesure de l'absorbance de la solution S_X de concentration inconnue c_X donne : $A_X = 0{,}690$.

Pour trouver la concentration c_X de la solution, on peut, soit reporter la mesure sur la courbe d'étalonnage, soit utiliser la relation $A = 2\,120 \times c$. On trouve :

$$c_X \simeq 3{,}3.10^{-4} \text{ mol/L}$$

Cours

15 Suivi par indicateurs colorés, pH-métrie

1 Dosage par titrage direct

a. Définition

Un dosage par titrage direct (ou **titrage direct**) est un cas particulier du dosage qui s'appuie sur une réaction chimique, appelée **réaction support de titrage.**

Il met en jeu une réaction chimique entre un réactif titrant et le réactif titré, réactif dont on veut déterminer la concentration.

Une réaction de titrage doit être :
- rapide ;
- totale (ou quantitative) : le réactif limitant est entièrement consommé ;
- univoque.

Le schéma de principe du montage

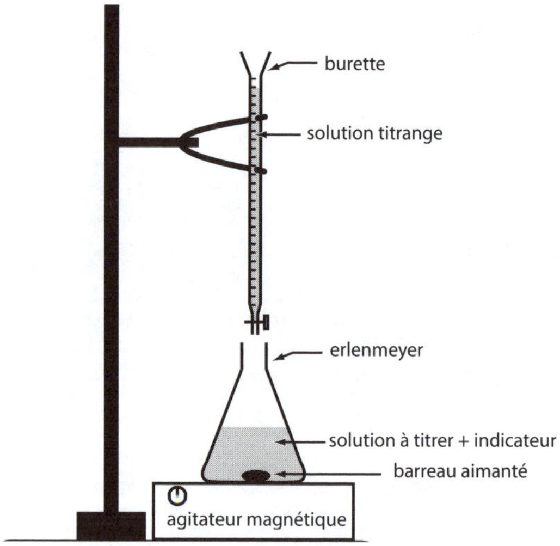

Le volume (précis) de solution contenant l'espèce chimique titrée s'appelle la prise d'essai.

On distingue 3 types de dosage par titrage direct :

- dosage pH-métrique ;
- dosage conductimétrique (non traité dans ce chapitre) ;
- dosage colorimétrique.

b. Équivalence d'un titrage

L'équivalence d'un titrage correspond à l'état du système chimique pour lequel le réactif titré et le réactif titrant ont été introduits dans des proportions stœchiométriques.

Réaction support du titrage (ou dosage) :

$$\alpha.A + \beta.B \rightarrow \gamma.C + \delta.D$$

Tableau d'avancement

Équation de la réaction support du titrage		Réactifs		Produits	
		$\alpha.A$ +	$\beta.B$ →	$\gamma.C$ +	$\delta.D$
État du système	**Avancement (en mol)**	$n(A)$	$n(B)$	$n(C)$	$n(D)$
État initial	$x = 0$	$n(A)_{apportée}$	$n(B)_{éq}$	0	0
Équivalence	$x_{éq}$	$n(A)_{apportée} - \alpha x_{éq}$	$n(B)_{éq} - \beta x_{éq}$	$\gamma x_{éq}$	$\delta x_{éq}$

Si A est le réactif à titrer et B le réactif titrant, à l'équivalence, on a :

$$\frac{n(A)_{apportée}}{\alpha} = \frac{n(B)_{équivalence}}{\beta}$$

Comme $n(A)_{apportée} = C_A.V_A$ et $n(B)_{équivalence} = C_B.V_{B,\,eq}$, alors :

$$\frac{C_A.V_A}{\alpha} = \frac{C_B.V_{B,\,eq}}{\beta}$$

La concentration de la solution titrée est donc :

$$C_A = \alpha \frac{C_B.V_{B,\,eq}}{\beta.V_A}$$

2 Détermination expérimentale de l'équivalence

a. Titrage pH-métrique

Un **titrage pH-métrique** consiste à suivre l'évolution de la valeur du pH de la solution titrée au cours de l'ajout de la solution titrante.

La réaction support du titrage est une réaction acido-basique entre deux couples acide-base : un couple titrant et un couple titré.

La **courbe de titrage** pH-métrique correspond à la courbe $\mathbf{pH = f(V_{Solution\ titrante\ versée})}$ donnant les variations du pH en fonction du volume de solution titrante versée.

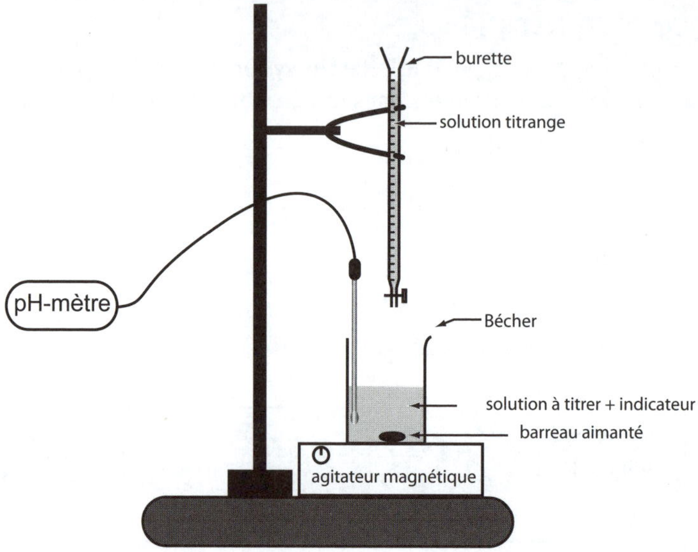

Exemple 1

Lors du titrage d'un acide faible par une base forte, l'évolution du pH en fonction du volume de soude versé est donnée ci-après :

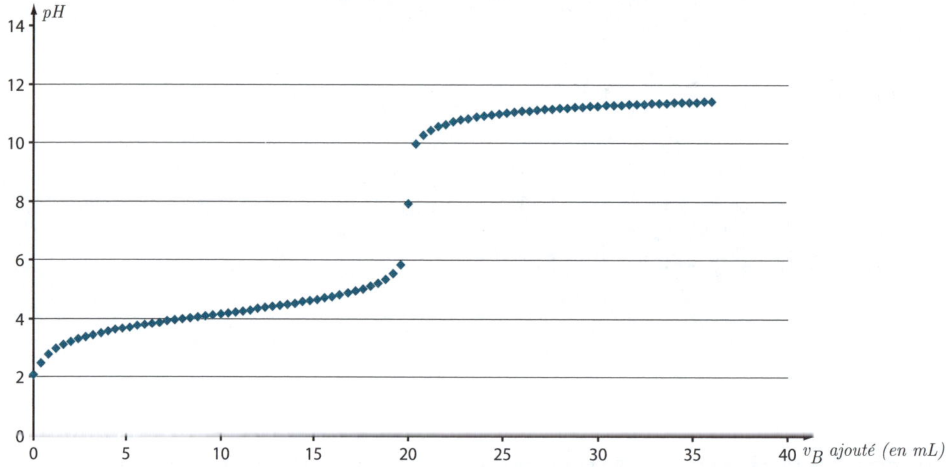

Quel point particulier correspond à l'équivalence ?

Lors d'un dosage pH-métrique on observe une brusque variation de pH à l'équivalence : la dérivée de la courbe pH = f($V_{titrant}$) passe par un extremum.

Pour déterminer le point équivalent E ($V_{titrant,E}$, pH_E), on utilise 2 méthodes.

Méthode 1 - Méthode des tangentes parallèles

– On trace une première tangente à la courbe (un peu avant le saut de pH)

– On trace une seconde tangente après le saut

– On trace une perpendiculaire aux 2 tangentes

– On trace une parallèle aux 2 tangentes passant par le milieu de la perpendiculaire

– Le point d'intersection de la parallèle et de la courbe correspond au point d'inflexion, donc au point équivalent E ($V_{titrant,E}$, pH_E).

Méthode 2 - Méthode de la courbe dérivée

L'extrémum de cette courbe correspond au point d'inflexion : La courbe $\frac{dpH}{dV_B} = f(V_B)$ passe par un maximum correspondant à l'équivalence

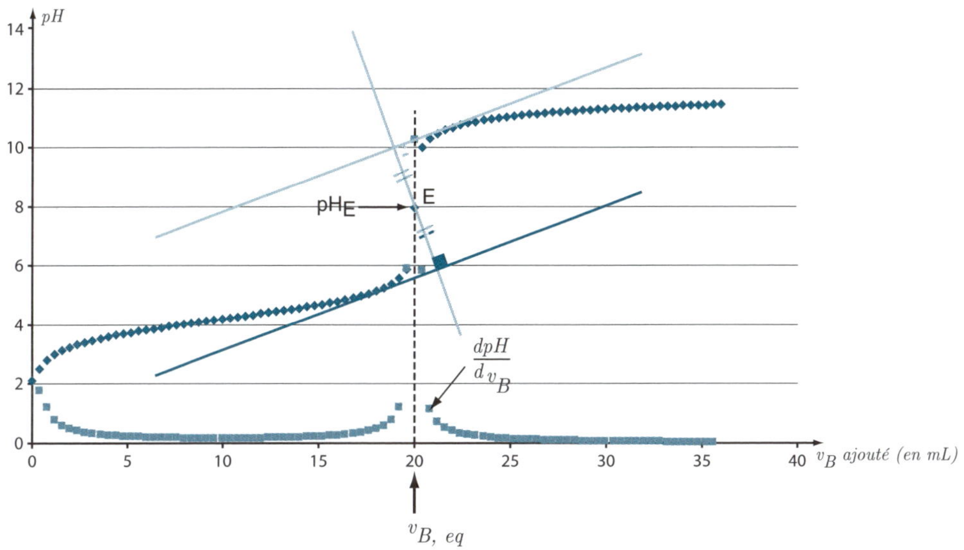

Exemple 2

On dose une base par un acide, la courbe $\frac{dpH}{dV_A} = f(V_A)$ passe par un minimum correspondant à l'équivalence.

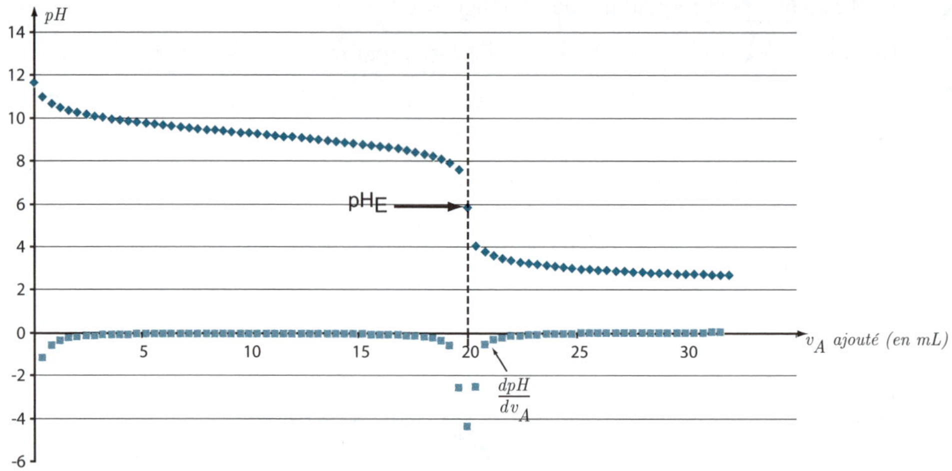

3 Dosage colorimétrique

a. Définition

Le **titrage colorimétrique,** ou par utilisation d'**indicateurs colorés,** est une méthode d'analyse par titrage qui se base sur un changement de couleur du milieu réactionnel lors de l'équivalence.

b. Le principe

Dans le cas d'un titrage pH-métrique, on ajoute dans la solution titrée quelques gouttes d'un indicateur coloré acido-basique dont la **zone de virage** (ou zone de **teinte sensible**) doit englober le saut de pH à l'équivalence du titrage, c'est-à-dire que la zone de pH du changement de couleur de l'indicateur coloré doit contenir le pH à l'équivalence du titrage acido-basique.

c. Titrage acido-basique par colorimétrie

On effectue le dosage d'un acide par une base. Le pH à l'équivalence est de 7,8. On utilisera comme indicateur coloré la phénolphtaléine car pour pH < 10 sa couleur est rose et pour pH > 10 la couleur est bleue.

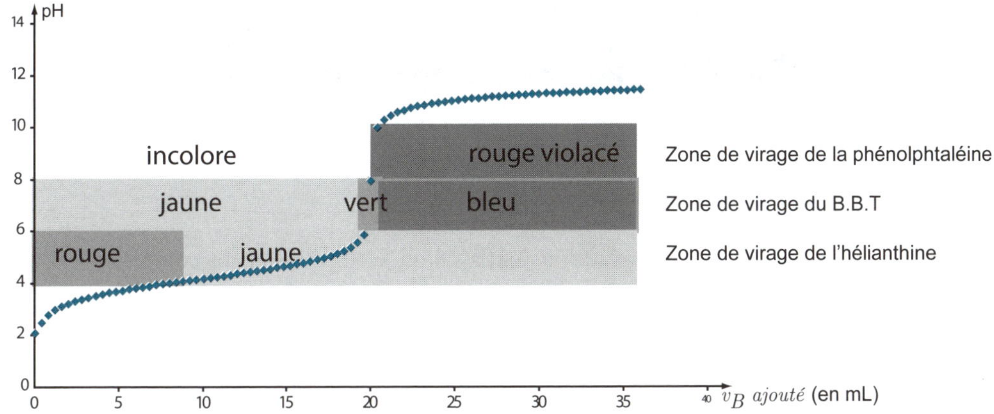

L'indicateur coloré qui permet de repérer l'équivalence est la phénolphtaléine. Initialement incolore (en milieu acide), elle se colore en rose à l'équivalence (milieu basique). En effet, à l'équivalence $pH_{eq} > 7$

On trouve à nouveau $v_{B,\,eq} \simeq 20$ mL.

On choisit un indicateur coloré dont la zone de virage est comprise dans le saut de pH observé à l'équivalence.

Dans le cas du dosage de l'acide éthanoïque par la soude, l'indicateur coloré qui convient est la phénolphtaléine :

- Zone de virage de la phénolphtaléine : 8,3 – 10,0.
- Saut de pH à l'équivalence : 6,5 – 10,0.

À retenir

- Sur quel critère doit-on choisir un indicateur coloré pour effectuer un dosage direct colorimétrique ? On peut repérer l'équivalence à l'aide d'un indicateur coloré.
- Un indicateur coloré est un couple acide/base dont les 2 espèces n'ont pas la même teinte.
- Il est nécessaire que la zone de virage de l'indicateur coloré englobe le point équivalent pour que la détermination de l'équivalence soit la plus précise possible.

16

Cours

Chromatographie sur couche mince

1 Le principe

Initialement, cette technique de séparation était appliquée aux substances colorées (du grec « khrôma » : couleur) pour séparer les pigments des plantes.

La chomatographie est une **méthode physique** : elle s'applique à une grande diversité de systèmes et de techniques. Elle permet de séparer et éventuellement d'identifier les espèces chimiques présentes dans un mélange homogène. Elle est basée sur la différence d'affinité que présentent les constituants d'un mélange homogène vis-à-vis de deux phases.

Dans la chromatographie, la séparation des constituants d'un mélange se fait par migration différentielle dans un milieu poreux, causée par le mouvement d'un solvant (la phase mobile).

Toutes les **méthodes de chromatographie** ont en commun l'utilisation d'une phase stationnaire et d'une phase mobile.

2 Classification des méthodes de chromatographie

On distingue essentiellement deux espèces principales de chromatographie.

a. Chromatographie sur papier et sur couche mince

La chromatographie sur papier et sur couche mince (C.C.M.) ou T.L.C. (*thin layer chromatography*), ainsi que la chromatographie sur colonne qui relève d'une interprétation voisine.

Le liquide qui joue le rôle de la phase mobile est l'éluant. Dans la C.C.M., on utilise la faculté de l'éluant à migrer spontanément par **adsorption** (ou capillarité) sur la phase fixe lorsqu'on trempe l'extrémité de la plaque dans l'éluant pour entraîner les constituants du mélange à analyser : on observe ce phénomène lorsque l'on trempe un morceau de sucre dans du café, par exemple.

Remarque

En chromatographie sur colonne, la phase stationnaire est maintenue dans un tube étroit et la phase mobile migre par gravité ou sous l'action d'une différence de pression.

b. Chromatographie en phase gazeuse

La chromatographie en phase vapeur (C.P.V.) dans laquelle on peut séparer les constituants d'un mélange gazeux à partir d'une phase stationnaire, le plus souvent constituée d'un liquide peu volatil déposé le long d'une colonne. La phase mobile qui entraîne le mélange à effuser est constituée d'un gaz vecteur ou gaz porteur.

3 Description des différentes phases

Dans toute la suite, on ne détaillera que la chromatographie sur papier et sur couche mince.

a. La phase stationnaire

Dans la chromatographie sur papier ou sur couche mince, la phase fixe (phase stationnaire) est constituée par de la cellulose ou par une fine couche de gel de silice sur un support d'aluminium. Ce « papier » sert de support à la phase mobile.

b. La phase mobile

La phase mobile, ou éluant, est constituée d'un solvant dans lequel les constituants du mélange homogène sont plus ou moins solubles. L'éluant migre le long de la phase fixe par capillarité en entraînant plus ou moins fortement les constituants du mélange à analyser. C'est le phénomène d'élution.

À retenir

Éluant : c'est le solvant utilisé pour entraîner les constituants du mélange à travers la phase stationnaire (phase fixe).

Élution : c'est le processus au cours duquel les solutés dissous dans le mélange homogène sont entraînés à travers la phase stationnaire par le mouvement de la phase mobile (l'éluant).

Remarques

- Plus une substance du mélange est soluble dans l'éluant, plus elle est entraînée par cette phase mobile. Une substance peu soluble migrera donc moins vite.
- L'éluant, ou phase mobile, ne doit pas réagir avec les constituants à analyser. Il est choisi en fonction de son attitude à dissoudre différemment les constituants du mélange homogène à analyser.

La vitesse de migration dépend de plusieurs phénomènes :

- Les adsorptions-désorptions successives des molécules des substances à séparer sur la phase stationnaire. L'adsorption est un phénomène dans lequel les espèces ont tendance à se fixer à la surface d'un solide.
- Les solubilités relatives des substances dans la phase mobile.

Définition

L'adsorption à la surface des solides est un phénomène de surface complexe par lequel des ions, des molécules ou des atomes se fixent au niveau de la surface du solide : c'est une diminution ou une augmentation de la concentration au niveau de la surface de séparation de deux phases. Son origine est dans les forces de Van der Walls.

4 Séparation des constituants et rapport frontal

a. Rapport frontal R_f

La séparation des composants, entraînés par la phase mobile résulte de leur différence de solubilité. Les composés dissous déposés se fixent sur la phase fixe pour s'en arracher et monter avec la phase mobile. Chaque constituant du mélange se déplace avec sa propre vitesse derrière le front du solvant.

Une fois la migration terminée, on détermine pour chaque constituant du mélange un rapport frontal R_f :

$$R_f = \frac{\text{distance parcourue par le constituant}}{\text{distance parcourue par le front du solvant}}$$

Chaque constituant aura donc son rapport frontal.

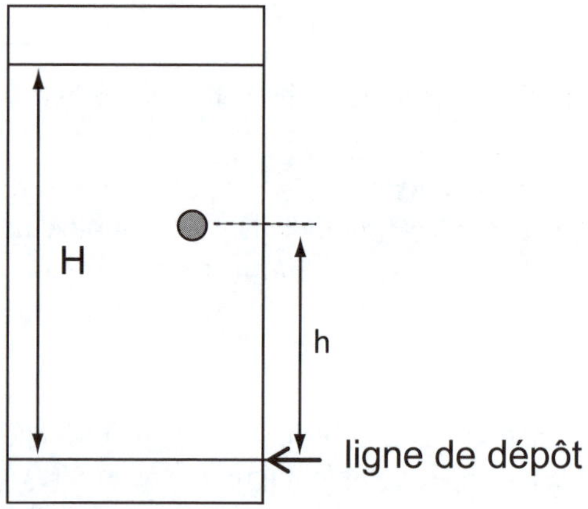

b. Obtention d'un chromatogramme - Mode opératoire

Le mélange à séparer est d'abord déposé sur une ligne horizontale, appelée ligne de dépôt, sur une plaque (gel de silice en couche mince sur une plaque d'aluminium).

Il est entraîné par un solvant approprié qui migre par capillarité sur la plaque.

La méthode

Préparation de feuille C.C.M.

- Sur une plaque pour chromatographie, on trace délicatement au crayon de papier un trait léger à 1 cm du bas de la feuille.
- On dépose quelques gouttes des substances à analyser sur le trait (la ligne de dépôt) à l'aide de piques en bois, d'un tube capillaire ou de micropipettes.
- Chaque dépôt doit être espacé d'un cm au moins.
- On repère la position et la nature des différents dépôts (paracétamol, aspirine, mélange X…).

- On verse environ 10 mL d'éluant dans une cuve à chromato : la hauteur de l'éluant dans la cuve doit être faible afin de ne pas immerger les différents dépôts.
- On couvre la cuve afin de saturer l'intérieur en vapeur d'éluant.

Réalisation de la chromatographie

- On place la plaque côté trait de crayon vers le bas dans la cuve et on recouvre la cuve.
- On laisse l'élution se faire : l'éluant doit monter jusqu'à environ 1 cm du haut de la plaque.
- Une fois l'élution terminée, on sort délicatement la feuille C.C.M. et laisse sécher (on peut aussi utiliser un sèche cheveux pour le séchage).

La révélation

Si les taches ne sont pas visibles, on les fera apparaître à l'aide d'un révélateur chimique ou sous lampe U.V.

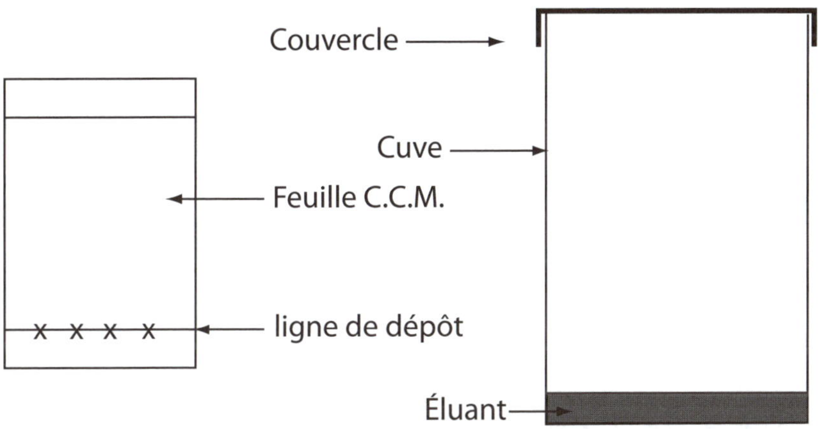

Exemple

L'acide maléique et l'acide fumarique sont deux diastéréoisomères

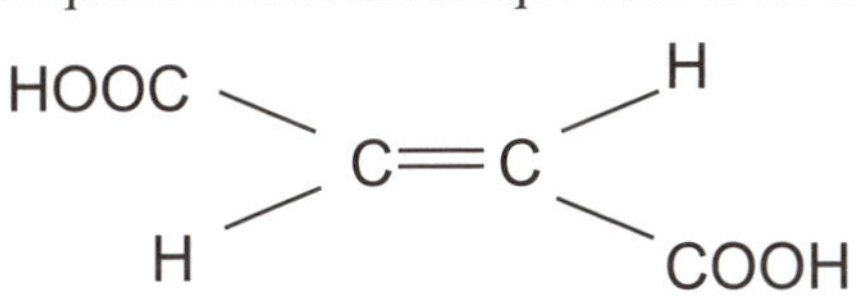

Acide maléique

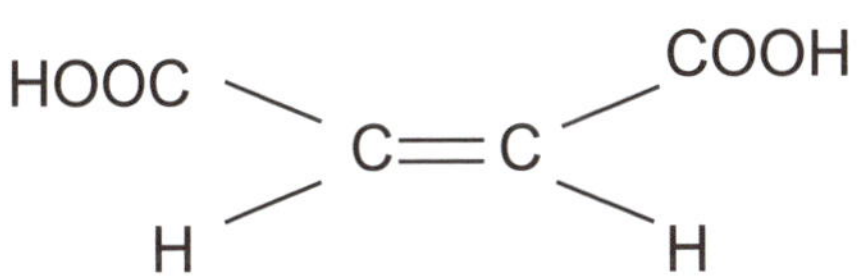

Acide fumarique

Ils ont donc des propriétés physiques et chimiques différentes.

Peut-on les séparer par C.C.M. ?

La méthode

- On fait dissoudre une pointe de spatule de chaque composé dans de l'acétone
- On fait un dépôt de chaque solution sur une plaque de chromatographie.
- On élue avec un mélange (éthanol/eau/ammoniaque : 80 ; 16 ; 4) et on révèle à l'aide d'une lampe UV.
- On calcule les rapports frontaux des deux composés pour comparaison.

Les résultats

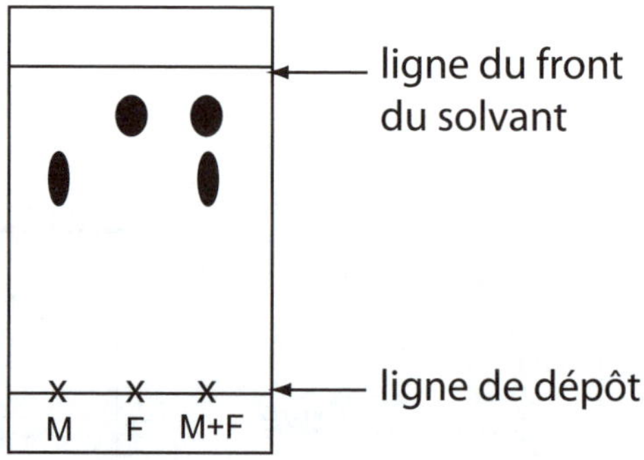

Le chromatogramme confirme bien que les acides fumarique et maléique sont deux espèces chimiques différentes : l'acide fumarique migre plus vite que l'acide maléique, les rapports frontaux sont différents.

Complément

À l'aide du banc Köfler, une mesure de la température de fusion donne

- T_f (acide maléique) ≃ 130 °C (Valeur tabulée)
- T_f (acide fumarique) = 287 °C

Épreuve écrite d'admissibilité n° 3

Tests psychotechniques

(Frédéric Rosard)

- Présentation de l'épreuve
- Séries numériques et alphanumériques, dominos, cartes

2 heures • Non noté

1 Méthodologie
Présentation de l'épreuve

1 Modalités de l'épreuve

- Lors de la phase d'admissibilité, les candidats sont soumis à des tests psychotechniques destinés à évaluer la compatibilité de leur profil psychologique avec les missions de la police technique et scientifique.
- Cette épreuve est une aide à la décision pour le recrutement des candidats. Elle est ensuite analysée par un psychologue qui est présent lors de l'entretien.
- Bien qu'il n'y ait rien dans les textes officiels, par le passé les tests étaient posés sous forme de questionnaires à choix multiples.
- L'épreuve est d'une durée de deux heures.

2 Conseils

a. Lors de votre préparation

L'épeuve des tests psychotechniques est redoutée par un grand nombre de candidats. En effet, la résolution des tests n'est pas enseignée lors d'une scolarité classique. Pour les résoudre, il faut être méthodique et faire appel à vos capacités d'analyse et d'observation.

Pour être prêt le jour de l'épreuve, il faut s'entraîner et encore s'entraîner. N'hésitez pas à anticiper votre préparation bien en amont et à établir un planning. Par exemple, programmer régulièrement des entraînements vous aidera à vous familiariser avec ces tests pour être performant.

b. Lors de l'épreuve

- Lisez les consignes propres à chaque exercice avant de débuter la résolution.
- Soyez méthodique dans votre démarche. Ne butez pas sur un exercice ou une question : si votre manière de résolution ne donne rien, essayez autre chose.
- Si, en parcourant le sujet, des questions vous semblent « faciles », commencez par répondre à celles-ci. N'oubliez pas qu'il s'agit d'un concours. Le but n'est pas d'avoir une quelconque « moyenne », mais d'avoir un score plus important que les autres candidats.
- L'épreuve se déroulant en temps limité, si la résolution vous paraît difficile, ne restez pas trop longtemps sur un exercice ou une question. Il vaut mieux passer à d'autres questions et y revenir après.
- Prenez le temps de vérifier vos réponses. En effet, il vaut mieux « perdre » quelques secondes et valider une bonne réponse qu'aller plus vite et avoir faux !

Cours et méthode

2 Séries numériques et alphanumériques, dominos, cartes

1 Séries numériques et alphanumériques

Nous vous présentons ci-après plusieurs méthodes de résolution pour ce genre d'exercices. Le but étant de visualiser le plus facilement possible l'évolution de la série. Gardez à l'esprit que cette évolution obéit aux quatre opérations élémentaires de mathématiques (addition, soustraction, division et multiplication) quelle que soit la nature de la série.

a. Première méthode : repérer les variations

Exemple

4 5 7 10 14 ?

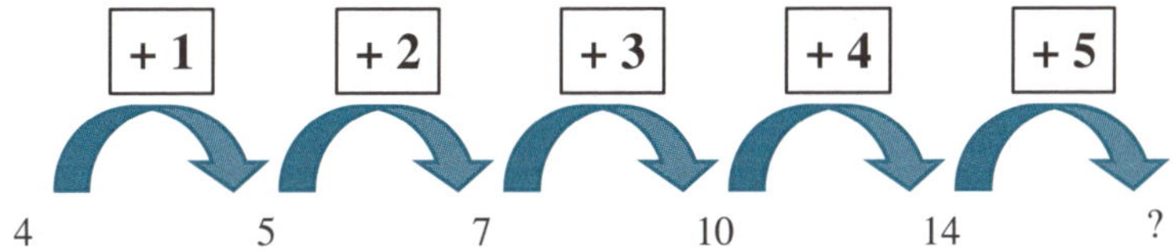

On peut également être amené à résoudre deux séries imbriquées. Il suffit alors de patager la série en 2 séries en la décomposant :

- une première série composée des termes de rang impairs (le premier, le troisième, le cinquième, etc.) ;
- une deuxième série composée des termes de rang pairs (le deuxième, le quatrième, le sixième, etc.).

Exemple

9 1 8 2 7 4 6 7 5 ? ?

On peut décomposer en deux séries :

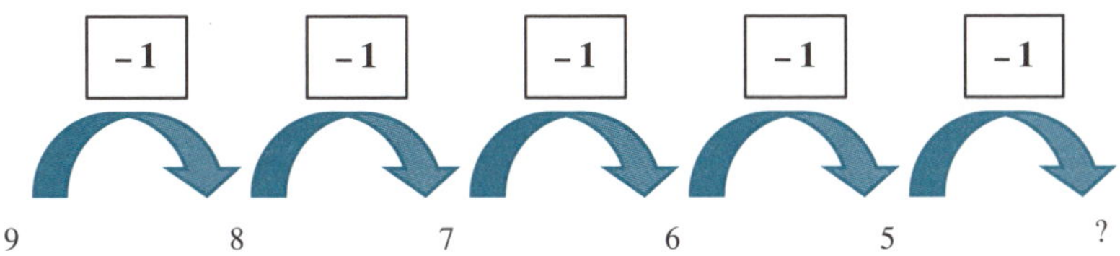

et

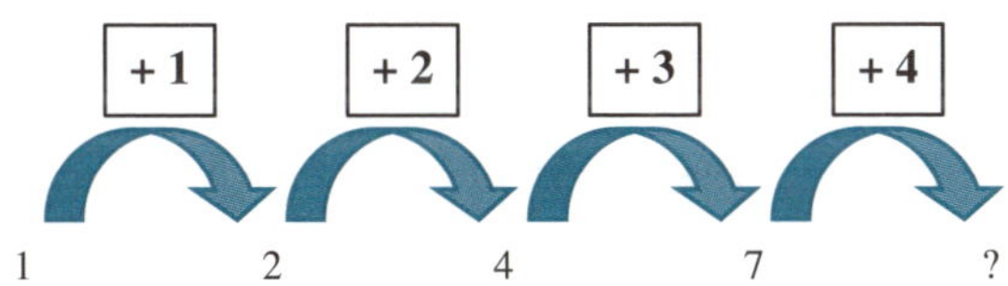

Les séries peuvent également être composées entièrement ou partiellement de lettres. Le principe de résolution est identique, il suffit de faire apparaître le rang dans l'alphabet.

Exemple

D E G J N ?

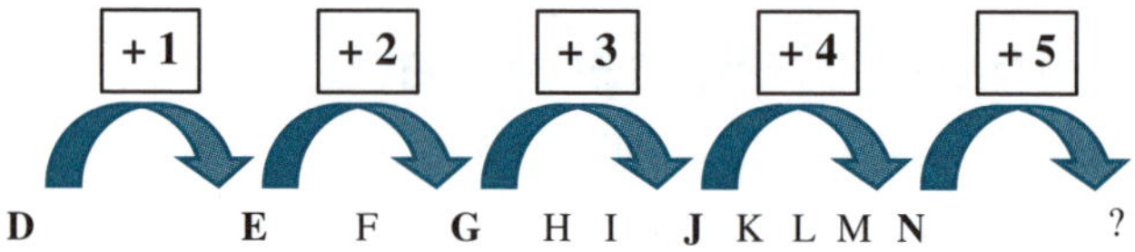

b. Deuxième méthode : repérer la somme/différence

Exemple

0 1 1 2 3 5 8 1 3 ? ?

On remarque que chaque terme est la somme des deux termes précédents :

0 + 1 = 1	2 + 3 = 5	8 + 13 = ??

0 1 1 2 3 5 8 13 ??

1 + 1 = 2	3 + 5 = 8	13 + 21 = ??

La somme/différence peut également se trouver à l'intérieur d'un nombre :

541 862 963 422 ???

On cherche un nombre tel que le premier chiffre est la somme des deux autres :

$5 = 4 + 1$; $8 = 6 + 2$; $9 = 6 + 3$; $4 = 2 + 2$

On peut aussi définir une différence :

$5 - 1 = 4$; $8 - 6 = 2$; $9 - 6 = 3$; $4 - 2 = 2$

La somme des chiffres qui composent un nombre peut également être la même pour une série de nombres :

431 800 620 332 ???

Ici, la somme des chiffres qui composent un nombre est constante et égale à 8 :

$4 + 3 + 1 = 8 + 0 + 0 = 6 + 2 + 0 = 3 + 3 + 2 = 8$

c. Troisième méthode : repérer les carrés/cubes

Exemple :

1	4	9	16	25	36
1^2	2^2	3^2	4^2	5^2	6^2

ou :

1	8	27	64	125	216
1^3	2^3	3^3	4^3	5^3	6^3

d. Quatrième méthode : repérer les suites à l'intérieur des nombres

Exemple

134 294 365 411 ???

Le premier nombre à trois chiffres commence par 1 puis 2, puis 3, puis 4, donc le nombre cherché commence par 5 :

134 **2**94 **3**65 **4**11 ???

Attention, la suite peut se trouver au milieu ou en fin de nombre :

9**1**4 6**2**3 5**3**3 8**4**5 ???

75**1** 23**2** 87**3** 61**4** ???

On peut également rencontrer cette même série sous forme de lettres :

YAT T**B**E K**C**R B**D**T ???

Donc le cinquième trigramme contient la lettre E en deuxième position.

e. Cinquième méthode : laisser parler votre intuition

Si la série n'obéit à aucune règle, alors recherchez une solution plus subtile.

Exemple

JFMA (Janvier Février Mars Avril)

LMM (Lundi Mardi Mercredi)

1U 2D 3T (1Un 2Deux 3Trois)

2 Dominos

Un exercice de dominos s'apparente à un exercice sur les suites, seul le support change.

Attention

La case blanche s'intercale entre le 6 et le 1. On a donc : 1, 2, 3, 4, 5, 6, blanc, 1, 2, etc.

Exemple

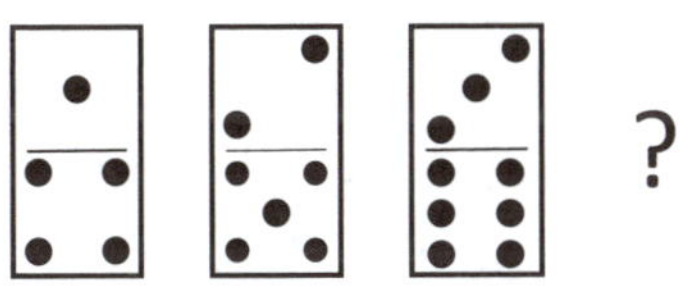

Donc la solution est :

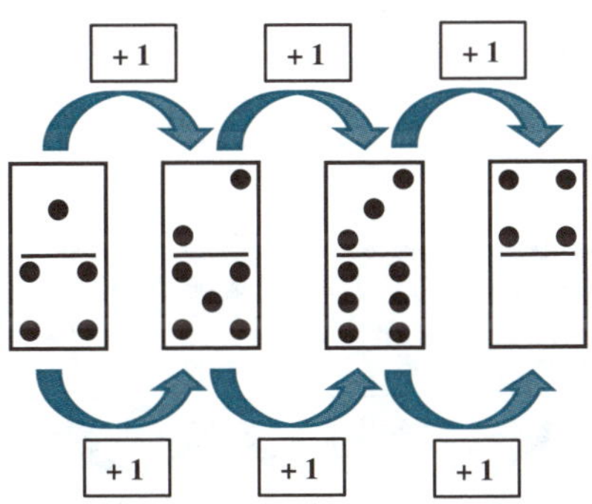

Les suites de nombres associées aux dominos peuvent être aussi alternées :

Exemple :

Donc la solution est :

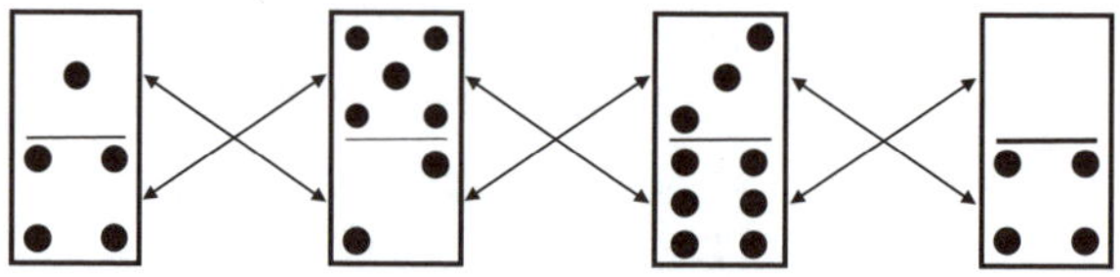

3 Cartes

Comme les dominos, un exercice sur les cartes peut être résolu de la même manière qu'une suite de nombres ou de lettres.

La spécificité des cartes est la couleur (pique, trèfle, cœur, carreau) associée.

Exemple :

Quelle carte doit remplacer le joker pour que la suite de cartes soit logique ?

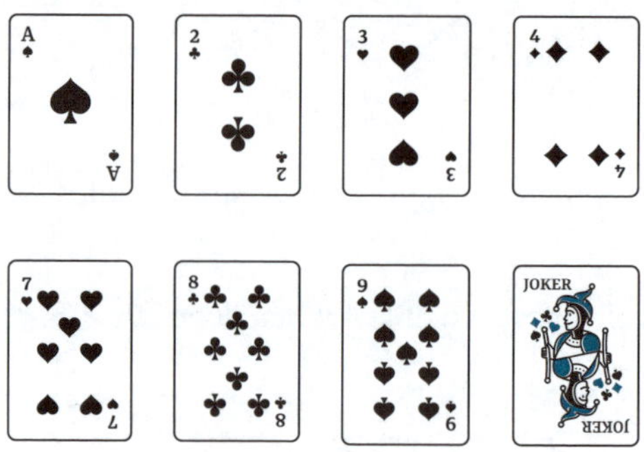

La solution est :

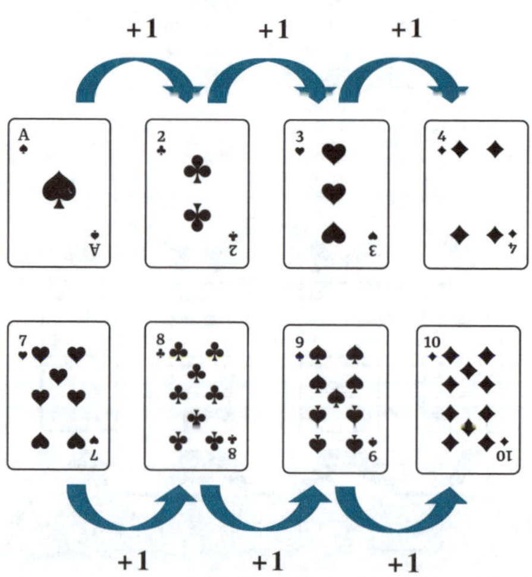

Pour connaître le numéro de la carte, on ajoute « 1 » au nombre précédent ; on remarque également que dans la suite supérieure des 4 cartes on trouve les 4 couleurs.

Donc en appliquant ceci à la suite inférieure on obtient :

9 + 1 = 10 et carreau est la couleur manquante.

4 Les suites verbales

Ce test peut se retrouver sous plusieurs formes, mais l'objectif reste le même : il s'agit de « remettre en ordre » des lettres dans un mot ou des mots dans une phrase pour en connaître le sens.

Exemple 1

Dans quel ordre faut-il mettre ces fragments de phrase pour former une citation d'Albert Einstein ?

1. monde pour voir la quatrième
2. troisième guerre mondiale
3. je ne sais pas
4. mais je sais qu'il n'y aura
5. comment sera la,
6. plus beaucoup de

Réponse : 3 5 2 4 6 1. Je ne sais pas comment sera la troisième guerre mondiale, mais je sais qu'il n'y aura plus beaucoup de monde pour voir la quatrième.

Il peut aussi s'agir de codes.

Exemple 2

Si :

- police scientifique = 612
- empreinte = 9
- identification criminelle = 1410

Que vaut « techniques de biométrie innovantes » ?

Le premier nombre correspond au nombre total de lettres du premier mot, le deuxième correspond au nombre total de lettres du deuxième mot (s'il existe), et ainsi de suite.

- police (6 lettres) scientifique (12 lettres) = 612
- empreinte (9 lettres) = 9
- identification (14 lettres) criminelle (10 lettres) = 1410

Donc, techniques (10 lettres) de (2 lettres) biométrie (9 lettres) innovantes (10 lettres) = 102910.

5 La résolution de problèmes

L'énoncé d'un problème peut sembler bien mystérieux et sa résolution problèmatique.

Nous vous proposons donc un modèle de résolution par étapes :

- **étape 1 : comprendre le problème à traiter.** Ne sous-estimez pas cette étape. Il est inutile de commencer à résoudre si l'on n'a pas réussi à cerner ce qui est demandé. N'hésitez pas à lire et relire l'énoncé pour bien vous assurer que le problème est compris ;
- **étape 2 : choix de l'inconnue.** En régle générale, il s'agit du nombre (ou chiffre) à trouver dans le problème ;
- **étape 3 : mise en équation.** Il faut, à ce stade, traduire les phrases de l'énoncé du français vers le langage mathématique ;
- **étape 4 : résolution d'une ou des équation(s)** ;
- **étape 5 : vérification**.

La ou les valeur(s) trouvée(s) doivent satisfaire les conditions de l'énoncé.

Exemple 1

Au comissariat, trois agents parlent de leurs enfants Arthur, Babeth et Camille. La somme de leur âge est égale à 60.

Sachant que :

Babeth est trois fois plus agée qu'Arthur.

Camille a dix ans de moins que Babeth.

Quel est l'âge de chaque enfant ?

Résolution

- **Étape 1**

Une fois la lecture de l'énoncé effectuée, on réalise que si l'on connaît l'âge d'un enfant alors on connaîtra l'âge des trois.

- **Étape 2**

Appelons A l'âge d'Arthur, B l'âge de Babeth et C l'âge de Camille.

- **Étape 3**

Traduisons les phrases :

« La somme de leurs âges est égale à 60 » correspond à $A + B + C = 60$.

« Babeth est trois fois plus agée qu'Arthur » correspond à $B = 3 \times A$.

« Camille a dix ans de moins que Babeth » correspond à $C = B - 10$.

- **Étape 4**

Écrivons maintenant la première équation en remplaçant les valeurs pour n'obtenir qu'une seule inconnue :

$A + B + C = 60$

$A + 3 \times A + (3 \times A - 10) = 60$

$A + 3A + 3A = 60 + 10$

$7 \times A = 70$

Donc $A = 10$ ans

$B = 3 \times A$ donc $B = 3 \times 10 = 30$ ans

$C = B - 10 = 30 - 10 = 20$

On trouve : Arthur a 10 ans, Babeth a 30 ans et Camille a 20 ans.

- **Étape 5**

$10 + 30 + 20 = 60$.

$30 = 3 \times 10$ et $20 = 30 - 10$.

Il se peut que la résolution du problème fasse intervenir 2 inconnues. Dans ce cas, la méthode de résolution est similaire à une résolution d'un système de 2 équations à 2 inconnues.

Exemple 2

Un groupe de 40 personnes, composé d'adultes et d'enfants, décide d'aller au cinéma. Le tarif est de 9 € par adulte et de 5 € par enfant. La personne responsable du groupe a payé 312 €.

Combien y a-t-il d'adultes et d'enfants dans ce groupe ?

Résolution

- **Étape 1**

Une fois la lecture de l'énoncé effectuée, on réalise que si l'on connaît le nombre d'enfants on connaît le nombre d'adultes (et inversement).

- **Étape 2**

Appelons A, le nombre d'adultes et E le nombre d'enfants.

- **Étape 3**

Traduisons les phrases :

« Un groupe de 40 personnes, composé d'adultes et d'enfants » correspond à $A + E = 40$.

« Le tarif est de 9 € par adulte et 5 € par enfant. La personne responsable du groupe a payé 312 € » correspond à $9 \times A + 5 \times E = 312$.

- **Étape 4**

Écrivons maintenant la première équation en exprimant A en fonction de E :

$A = 40 - E$

Maintenant remplaçons dans la seconde équation la valeur de A par $40 - E$

$9(40 - E) + 5 \times E = 312$

$360 - 9 \times E + 5 \times E = 312$

$- 9E + 5E = - 360 + 312$

$4 \times E = 360 - 312$

$4 \times E = 48$

$E = 48 \div 4 = 12$

En remplacant la valeur de E dans la première équation, on trouve :

$A + 12 = 40$

$A = 40 - 12$

$A = 28$

On trouve un groupe composé de 28 adultes et 12 enfants.

- **Étape 5**

Vérification

$28 + 12 = 40.$

$9 \times 28 + 12 \times 5 = 252 + 60 = 312.$

6 Les tests de logique

Là encore, ces tests peuvent prendre des formes diverses. Ils se composent assez souvent de figures qui sont agencées de manière logique. Il vous faut trouver une figure dans la liste qui complète la série en respectant l'ordre logique donné ou non. Une fois de plus, n'allez pas trop vite et vérifiez vos réponses. En effet, la liste de solutions proposées comporte des solutions proches de la bonne réponse mais... fausses.

a. Les tests d'analogie

Exemple

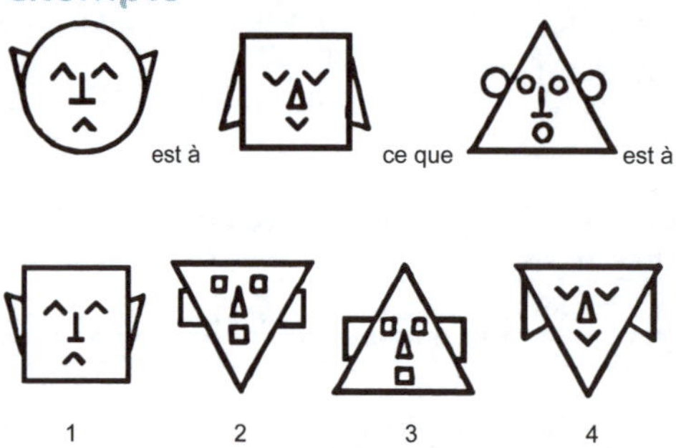

Il s'agit de trouver le quatrième élément d'un groupe, en découvrant la relation existante entre les deux premiers éléments de la tâche et en l'appliquant à un troisième.

On constate que pour les deux premières figures, le rond se transforme en carré, l'orientation des objets pointus (triangles) change de sens (rotation de 180°), et le « T » inversé devient un triangle orienté vers le haut.
Ce qui donne la figure 2.

b. Les tests de logique prédictive

Exemple

A	B	C

On place trois jetons (un rouge, un blanc et un bleu) sur trois cases (A, B et C).

Sachant que :

- le jeton bleu n'est pas à coté du jeton rouge ;
- le jeton blanc est à gauche du jeton rouge.

Quel jeton se trouve sur la case « C » ?

Il suffit de « traduire » les phrases de l'énoncé :

- « le jeton bleu n'est pas à coté du jeton rouge » signifie que le jeton blanc est au centre et occupe la case « B » ;
- « le jeton blanc est à gauche du jeton rouge » signifie que le jeton rouge est à droite du blanc donc sur la case « C » ;
- Le jeton bleu est dans la case A. On a donc bleu, blanc, rouge.

c. Les tests de logique visuelle

Exemple

Quelle figure complète la série ?

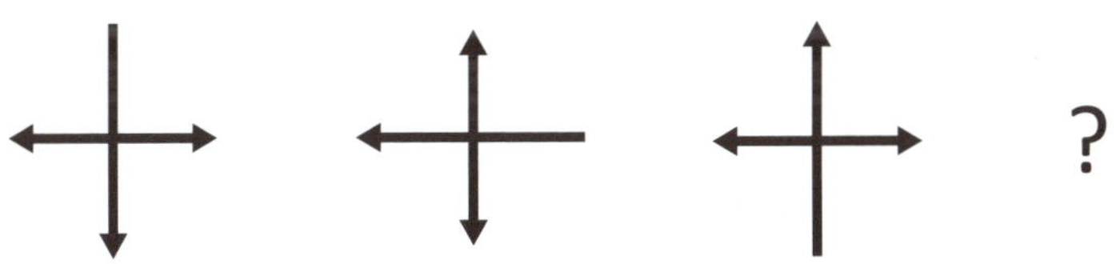

La figure d'origine subit une rotation de 90° vers la gauche à chaque étape :

Il s'agit de trouver le quatrième élément d'un groupe, en découvrant la relation existante entre les deux premiers éléments de la tâche et en l'appliquant à un troisième.

Donc la réponse est :

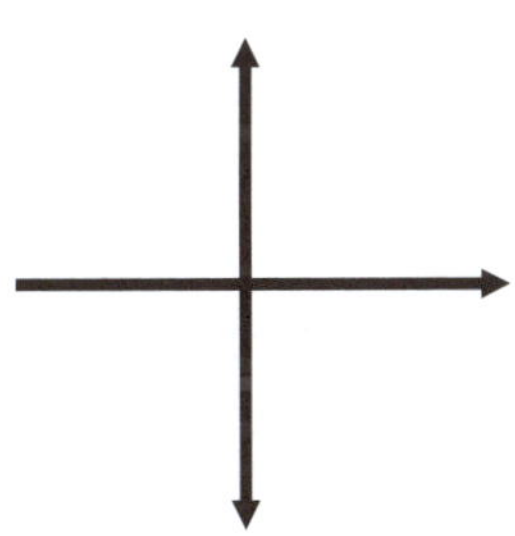

Entraînement

Sujet inédit concours externe et interne

1. Continuer la série suivante : 1 - 2 - 5 - 14 - ?

❐ **A.** 41 ❐ **B.** 19 ❐ **C.** 31

2. Compléter la série suivante : Gap – Sète – Rimini – Ozon – ?

❐ **A.** Ur ❐ **B.** Ypès ❐ **C.** Reims

3. Quel nombre remplace le point d'interrogation ?

10	**3**	**2**	**5**
14	**4**	**9**	**?**
14	**8**	**2**	**4**
27	**11**	**14**	**2**

❐ **A.** 1 ❐ **B.** 3 ❐ **C.** 12

4. Pendant la pause, Octave mange une pomme, Nadège deux papayes, Lucie une mangue, mais que mange Alexandre ?

❐ **A.** trois dattes ❐ **B.** cinq cerises ❐ **C.** cinq framboises

5. Quel nombre remplace le point d'interrogation ?

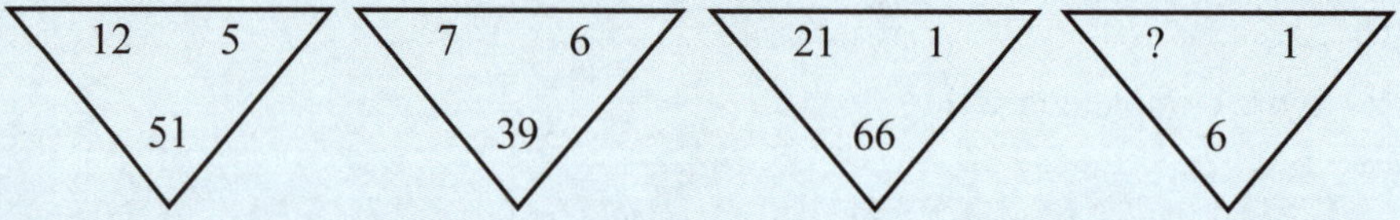

❐ **A.** 2 ❐ **B.** 4 ❐ **C.** 1

6. Avant d'entamer une réunion, chacune des 5 personnes présentes, serre la main des autres. Combien de poignées de main sont-elles échangées ?

❐ **A.** 5 ❐ **B.** 8 ❐ **C.** 10 ❐ **D.** 20

7. Quel est l'intrus ?

17	6
14	3

❐ **A**

9	10
14	15

❐ **B**

12	11
9	7

❐ **C**

6	12
10	16

❐ **D**

8. Quel nombre complète la série ? 4139 - 2119 - 121 - 3129 - 9123 - ???

❐ A. 51611 ❐ **B.** 4236 ❐ **C.** 9157 ❐ **D.** 52317

9. Dans un commissariat parisien, sur 458 agents, 236 sont originaires de province. Quel pourcentage (à 0,1 près) d'agents est originaire de la région parisienne ?

❐ **A.** 51,5 % ❐ **B.** 50,5 % ❐ **C.** 49,5 % ❐ **D.** 48,5 %

10. Vous vous placez devant un miroir en tenant dans votre main gauche, un papier sur lequel vous avez écrit la lettre « b ». Quelle image renvoie le miroir ?

❒ **A.** La lettre « q » dans la main gauche

❒ **B.** La lettre « b » dans la main gauche

❒ **C.** La lettre « b » dans la main droite

❒ **D.** La lettre « d » dans la main droite

11. Un épicier a une curieuse logique pour afficher les prix des produits. Dans son magasin :

- Un kilo d'oranges coûte 15,18 €
- Un kilo de poires coûte 16,15 €
- Un kilo de fraises coûte 6,18 €

En suivant cette logique, combien coûte un kilo de mandarines ?

❒ **A.** 13,01 € ❒ **B.** 14,15 € ❒ **C.** 18,51 €

12. Quel domino remplace le point d'interrogation ?

❒ **A.** 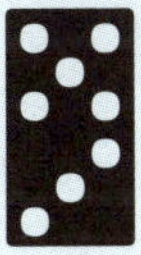 ❒ **B.**  ❒ **C.**  ❒ **D.** 

13. Trouver l'intrus

A	B	C	D
Gardien de la paix	Gardien de la paix	Gardien de la paix	Garden de la paix

Corrigé

1. A. 1 - 2 - 5 - 14 - 41

On remarque que les nombres de la série augmentent comme ci-dessous :

1 → 2 → 5 → 14 → ?

$\times 3-1$ $\times 3-1$ $\times 3-1$ $\times 3-1$

2. A. Gap – Sète – Rimini - Ozon- Ur

Les voyelles qui composent les villes suivent la série A-E-I-O-U

3. A.

10	3	2	5
14	4	9	?
14	8	2	4
27	11	14	2

En raisonnant en ligne, on remarque que le premier chiffre représente la somme des termes suivants :

$3 + 2 + 5 = 10$

$8 + 2 + 4 = 14$

$11 + 14 + 2 = 27$

Donc : $14 - 9 - 4 = 1$

4. A. Le nombre de fruits consommés indique le décalage entre la première lettre du nom et le fruit.

O → **P** (1) **N** → **P** (2) **L** → **M** (1)

Donc Alexandre mange trois dattes

A → **D** (3)

5. C.

Le nombre situé à la pointe inférieure du triangle est obtenu en multipliant par 3 la somme des deux autres nombres.

$(12 + 5) \times 3 = 17 \times 3 = 51$

$(7 + 6) \times 3 = 13 \times 3 = 39$

$(21 + 1) \times 3 = 22 \times 3 = 66$

Donc $(1 + 1) \times 3 = 2 \times 3 = 6$

6. C. Appelons A, B, C, D, E ces cinq personnes.

A serre la main de B, C, D et E donc 4 poignées de mains.

B serre la main de C, D et E donc 3 poignées de mains.

C serre la main de D et E donc 2 poignées de mains.

D serre la main de E donc 1 poignée de mains.

Donc, il y a eu 4 + 3 + 2 + 1 = 10.

7. C. La somme des nombres situés sur les 2 diagonales est la même :
17 + 3 = 14 + 6

9 + 15 = 14 + 10

6 + 16 = 10 + 12

Pour la figure C : 12 + 7 = 19 et 11 + 9 = 20

8. A. 51611
Pour chaque nombre il suffit d'additionner les chiffres situés aux extrémités pour retrouver le nombre du milieu.

9 + 4 = 13

2 + 9 = 11

1 + 1 = 2

3 + 9 = 12

9 + 3 = 12

Donc 5 + 11 = 16

9. D. 48,5 %
On calcule le nombre d'agents originaires de Paris et sa région :

458 – 236 = 222

Le pourcentage d'agents originaires de la région parisienne est de :

222/458 = 0,4847, d'où 48,5 %

10. D. La lettre « d » dans la main droite. Il s'agit d'une rotation horizontale. Le miroir renvoie une image inversée. Le « b » est donc transformé en « d » et l'image sera cette lettre tenue dans votre main droite.

11. A. 13,01 €. Le rang de la première lettre donne le montant en euros, le rang de la deuxième lettre donne le montant en centimes :
Un kilo d'oranges coûte 15,18 € (O = 15 et R = 18)
Un kilo de poires coûte 16,15 € (P = 16 et O = 15)
Un kilo de fraises coûte 6,18 € (F = 6 et R = 18)

M = 13 et A = 1 donc le kilo de mandarines coute 13,01 €

12. A. On retrouve dans la colonne de droite les dominos de la colonne de gauche mais « inversé »

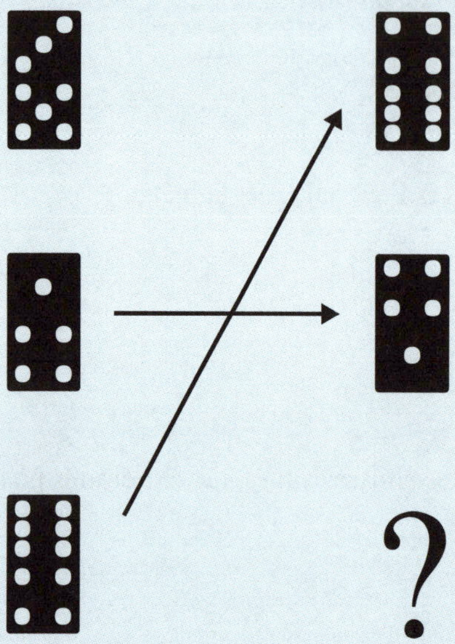

13. D. Pour les trois premières figures, il s'agit du mot « Gardien de la paix » retourné horizontalement, verticalement. Pour le **D.**, il s'agit de « Garden de la paix »

Epreuve orale d'admission n° 1

L'entretien avec un jury

(Sébastien Aguilar)

25 minutes • Coef 5

Cours
1 L'organisation de la Police Nationale

Les missions du ministère de l'Intérieur s'articulent autour de deux grands axes : l'**administration du territoire** et **garantir la sécurité des citoyens et des biens**. La Direction Générale de la Police Nationale (DGPN) fait partie du ministère de l'Intérieur.

Les missions assignées à la Police Nationale sont les suivantes :

- assurer la sécurité des personnes, des biens et des institutions ;
- maîtriser les flux migratoires et lutter contre l'immigration illégale ;
- lutter contre la criminalité organisée, la grande délinquance et la drogue ;
- protéger le pays contre la menace extérieure et le terrorisme ;
- maintenir l'ordre public.

Pour ce faire la DGPN est divisée en 10 directions ou services :

- la DRCPN (Direction des ressources et des compétences de la police nationale) ;
- l'IGPN (Inspection générale de la police nationale) ;
- la DCSP (Direction centrale de la sécurité publique) ;
- la DCPJ (Direction de la police judiciaire) ;
- la DCPAF (Direction centrale de la police aux frontières) ;
- la DCCRS (Direction centrale des compagnies républicaines de sécurité) ;
- la DCRFPN (Direction centrale du recrutement et de la formation de la police nationale) ;
- la DCIS (Direction de la coopération internationale de sécurité) ;
- le SNPS (Service national de la police scientifique) ;
- le SDPL (Service de la protection).

Les Techniciens de Police Technique et Scientifique (TPTS) sont répartis entre le siège (SNPS – Service National de Police Scientifique) et les services territoriaux au sein de la DCSP et de la DCPJ, couvrant l'ensemble du territoire national.

1 Focus sur la Sécurité Publique et la Police Judiciaire

a. La DCSP

La Direction Centrale de la Sécurité Publique (DCSP) garantit la paix publique partout et en toutes circonstances. Ses missions sont de : lutter contre la criminalité et les violences urbaines, intervenir suite à un appel au 17 (Police-Secours), lutter contre les trafics de stupéfiants, la prévention de la délinquance, l'encadrement de grands événements, lutter contre l'insécurité routière.

b. La DCPJ

La Direction Centrale de la Police Judiciaire (DCPJ), également désignée sous l'abréviation de « police judiciaire » ou plus simplement « PJ » a pour missions de lutter contre la criminalité organisée et la grande délinquance grâce à ses structures centrales et territoriales ; prévenir et réprimer des formes spécialisées, organisées ou transnationales de la délinquance et de la criminalité ; surveiller des établissements de jeux et des champs de courses ; lutter contre le terrorisme ; coordonner la coopération policière internationale.

2 Création de directions zonales

Le 1er janvier 2021, la Police Nationale a franchi une nouvelle étape dans l'approfondissement de son ancrage territorial avec la création des Directions Zonales de la Sécurité Publique (DZSP) et de la Police Judiciaire (DZPJ).

Les Directions Zonales de la Sécurité Publique sont au nombre de six : Nord, Ouest, Sud-Ouest, Sud, Sud-Est et Est (la réforme ne concerne pas la zone de défense et de sécurité d'Ile-de-France dont l'organisation est distincte du reste du territoire métropolitain).

Quant à la DCPJ, elle a été réorganisée en 7 directions zonales : DZPJ Antilles, DZPJ Est, DZPJ Nord, DZPJ Ouest, DZPJ Sud, DZPJ Sud-Est, DZPJ Sud-Ouest, DRPJ Versailles (Direction Régionale de la Police Judiciaire).

La création des Directions Zonales a pour finalité de déconcentrer et de renforcer, au plus près du terrain, l'animation des services de police et la professionnalisation des policiers dans les directions départementales de la sécurité publique de chaque zone.

3 Les corps et grades des fonctionnaires de police

La hiérarchie de la Police Nationale comprend quatre types de personnels : **les personnels actifs, les personnels administratifs, les personnels techniques et les personnels techniques et scientifiques**. Ici, nous ne parlerons que des personnels actifs. Dans les personnels des services actifs il existe trois corps :

- le corps de conception et de direction (cat. A) ;
- le corps de commandement (cat. A) ;
- le corps d'encadrement et d'application (cat. B).

a. Corps de conception et de direction (CCD)

Le corps de conception et de direction de la police nationale est composé de trois grades : commissaire, commissaire divisionnaire et commissaire général.

Les commissaires sont chargés de l'élaboration et de la mise en œuvre des doctrines d'emploi et de la direction des services.

b. Corps de commandement (CC)

Le corps de commandement composé de quatre grades est appelé plus communément le « corps des officiers » : lieutenant, capitaine, commandant et commandant divisionnaire.

Les officiers assurent les fonctions de commandement opérationnel des services et d'expertise supérieure en matière de police et de sécurité intérieure.

c. Corps d'encadrement et d'application (CEA)

Le corps d'encadrement et d'application est constitué de quatre grades : gardien de la paix, brigadier de police, brigadier-chef de police et major de police. Il est aussi communément appelé le « corps des gradés et des gardiens ».

Les gradés et gardiens de la paix travaillent au plus près du public en portant aide et assistance aux personnes, en prévenant les actes de délinquance et en poursuivant les malfaiteurs.

4 Les cadres d'enquête

Les enquêtes sont l'ensemble des recherches et des actes effectués selon les règles du code de procédure pénale (CPP). Les moyens d'investigation de la police nationale sont différents selon qu'une information judiciaire est ouverte ou non ou si l'infraction vient d'être commise ou non.

a. L'enquête de flagrance

Selon l'article 53 du Code de Procédure Pénale (CPP) est qualifié de crime ou délit flagrant, le crime ou le délit « qui se commet actuellement, ou qui vient de se commettre ». Il y a aussi crime ou délit flagrant lorsque, « dans un temps très voisin de l'action, la personne soupçonnée est poursuivie par la clameur publique (« au voleur ! »), ou est trouvée en possession d'objets, ou présente des traces ou indices, laissant penser qu'elle a participé au crime ou au délit ».

b. L'enquête préliminaire

L'enquête préliminaire est diligentée pour les crimes ou délits qui ne sont pas flagrants ou ne font pas l'objet d'une information judiciaire, ainsi que pour les contraventions. Cadre non coercitif de l'activité judiciaire, sa durée n'est pas limitée.

c. La commission rogatoire

Dès lors que l'infraction constitue un crime ou un délit grave et complexe, le Procureur de la République déclenche l'ouverture d'une information judiciaire qui a pour effet de confier l'instruction de l'affaire à un juge d'instruction. Ce dernier dispose de tous les pouvoirs pour diriger les investigations.

Par commission rogatoire, le juge d'instruction peut demander à un OPJ d'accomplir à sa place un ou plusieurs actes d'instruction.

5 Les infractions

Quelle est la différence entre une contravention, un délit et un crime ?

Les contraventions, les délits et les crimes **correspondent aux 3 catégories d'infractions sanctionnées pénalement**. Elles se différencient selon leur gravité, les types de sanctions encourues, les juridictions compétentes pour juger les auteurs et les délais de prescription applicables.

a. La contravention

La contravention est la moins grave des infractions. Elle est classée en 5 catégories. La contravention n'est pas passible d'emprisonnement mais est punissable par une amende selon la classe de la contravention *(ne pas confondre amende et contravention, la contravention correspond à une classification d'une infraction tandis qu'une amende est une peine pécuniaire).*

Le délai de prescription d'une contravention est de 1 an.

b. Le délit

Le délit est une infraction de gravité moyenne, entre la contravention et le crime. Le délit est passible d'une peine d'emprisonnement variant de 2 mois à 10 ans. Une infraction délictuelle est également passible d'une amende d'au moins 3 750 €.

Le délai de prescription d'un délit est de 6 ans.

c. Le crime

Le crime est l'infraction la plus grave et est passible d'une peine d'emprisonnement de 15 ans à la perpétuité. Une infraction criminelle est également passible d'une amende d'au moins 3 750 €.

Le délai de prescription d'un crime est de 20 ans.

Cours 2 — L'organisation de la police scientifique

1 Service National de Police Scientifique (SNPS)

Le SNPS est né le 1er janvier 2021 de la fusion du Service Central de Police Technique et Scientifique (SCPTS) et de l'Institut National de Police Scientifique (INPS). Rattaché à la DGPN, il a pour rôle de coordonner la stratégie et la doctrine de la Police en matière de Police Scientifique. L'ensemble des agents affectés au SNPS représente environ 1 200 agents.

2 Organisation du SNPS

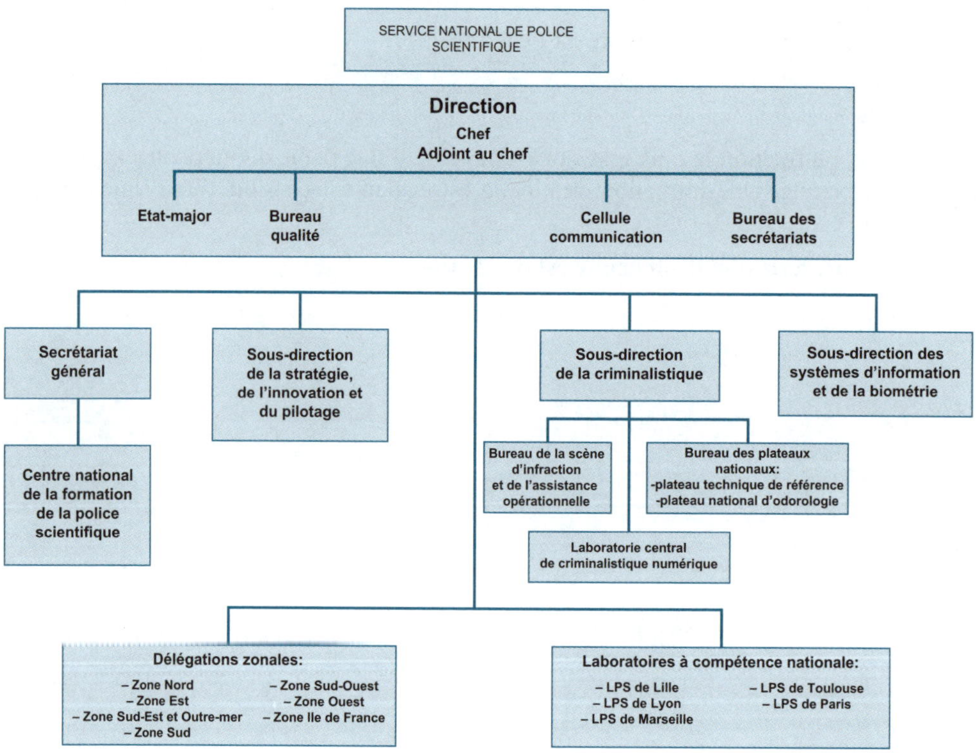

a. La direction

En plus du chef de service et de son adjoint, elle comprend l'état-major, un bureau qualité, un bureau des secrétariats et une cellule de communication. En 2022, le chef du SNPS est l'inspecteur général des services actifs de la Police Nationale **Eric ANGELINO.**

- **Un secrétariat général** chargé de la gestion de l'ensemble des ressources humaines et matérielles du SNPS. Le Centre National de Formation de la Police Scientifique (CNFPS) est rattaché à ce secrétariat général.
- **La Sous-Direction de la stratégie, de l'innovation et du pilotage (SDSIP)** élabore la stratégie du SNPS en matière de police scientifique et participe à la communication nationale et internationale.
- **La Sous-Direction de la Criminalistique (SDCRIM)** définit la politique analytique et opérationnelle du SNPS. Elle coordonne les activités des cinq Laboratoires de Police Scientifique et de l'ensemble des plateaux techniques sur tout le territoire, ainsi que le pilotage des unités nationales spécialisées. Elle comprend :
  - un plateau technique de référence réalisant des opérations de révélations de traces papillaires et définit les méthodes et modes opératoires applicables par tous les agents habilités ;
  - un plateau national d'odorologie qui exécute les travaux techniques et expertises de comparaison de traces odorantes et d'odeurs corporelles ;
  - le Laboratoire Central de la Criminalistique Numérique (LCCN) ayant pour mission le traitement des saisines dans le domaine de la criminalistique numérique.
- **La Sous-Direction des systèmes d'information et de la biométrie (SSIB)** en charge des fichiers biométriques de la police scientifique (FAED et FNAEG).
- **Sept délégations zonales** permettant la coordination des services.
- **Cinq Laboratoires de Police Scientifique (LPS)** répartis dans les villes suivantes : Paris, Lille, Lyon, Toulouse et Marseille. Majoritairement l'affectation se fera dans une des spécialité suivante :
  - la Division d'Accueil et de Conseils Aux Requérants (DACAR) ayant pour rôle principal la gestion des scellés et leur répartition au sein des différentes unités d'analyses ;
  - la biologie ;
  - les documents/écriture ;
  - la balistique ;
  - la physico-chimie ;
  - la toxicologie ;
  - les traces papillaires ;
  - les incendies/explosions ;
  - les stupéfiants.

D'un point de vue général, une affectation au LPS est un poste sédentaire. Il existe quelques exceptions comme les sections balistiques ou incendies/explosions qui peuvent être amenées à se déplacer sur les scènes de crime ou lors de reconstitutions judiciaires.

3 Les services et leurs missions

Le SNPS ne pouvant à lui seul réaliser l'ensemble des missions, il existe des services de proximité morcelés dans les différentes directions.

a. Les Services relevant de la Sécurité Publique

Les Bases de Police Technique et Scientifique (BPTS)

Les personnels qui y sont affectés effectuent principalement des actes de signalisation de personnes mises en cause au sein d'un commissariat. Ils peuvent dans certains cas, se déplacer sur des scènes d'infraction simples liées à la délinquance de masse (vols de véhicules, cambriolages, dégradations, vols dans les véhicules).

La signalisation

Lors de la signalisation, d'un individu mis en cause dans une affaire, les personnels de Police Scientifique effectuent les opérations suivantes :

- prise de photographies (face, profil droit, 3/4 gauche, en pied) ;
- descriptions des caractères physiques (taille, corpulence, age, sexe apparent, couleur des yeux, cheveux, timbre de voix, tatouages, cicatrices…) ;
- relevé des empreintes papillaires digitales et palmaires
- prélèvement ADN.

Les Services Départementaux de Police Technique et Scientifique (SDPTS) de niveau 1

Ils traitent toutes les affaires relevant de la délinquance de masse et certaines enquêtes décès simples afin de constituer un album photographique ou effectuer des recherches de traces et indices.

Les Services Départementaux de Police Technique et Scientifique (SDPTS) de niveau 2

Ils traitent les affaires de petites et moyennes délinquances et certaines affaires criminelles. Les policiers scientifiques de ces structures se déplacent généralement sur des enquêtes décès, des vols à main armée, des séquestrations, des trafics de stupéfiants, des viols ou des homicides.

Certains SDPTS de niveau 2 possèdent un **plateau technique** pour la révélation de traces papillaires en laboratoire.

Les plateaux techniques

Au nombre de 56, les plateaux techniques sont des laboratoires de révélation de traces papillaires accrédités selon la norme ISO-17025 par le COFRAC (COmité FRançais d'ACcréditation).

En Police Nationale, six techniques de révélation sont utilisées pour traiter les différents supports. Le traitement des scellés pour recherche de traces papillaires peut se faire sur l'un des deux types de laboratoires de révélation de traces :

- Les PTP (Plateaux Techniques de Proximité) traitent toutes les affaires n'entrant pas dans le champ de la délinquance de masse.
- Les PTZP (Plateaux Techniques Zonaux de Proximité), sont des laboratoires de grande capacité analytique. Ils traitent les scellés liés à la délinquance de masse de leurs ressorts d'implantation mais également les affaires urgentes et sensibles locales.

b. Les Services relevant de la Police Judiciaire

Les Services Régionaux de Police Technique et Scientifique (SRPTS) rassemblent les services territoriaux présentant le plus haut niveau de compétence, ils sont au nombre de 20 sur tout le territoire. De manière générale les SRPTS sont organisés de la manière suivante :

- **Une section d'interventions** dont le rôle est de réaliser toutes les constatations techniques nécessaires à la manifestation de la vérité.
- **Une section F.A.E.D** qui effectue l'insertion des traces relevées sur le terrain ou révélées en plateaux techniques et de leur comparaison avec la base de données du Fichier Automatisé des Empreintes Digitales (FAED).
- **Une section criminalistique conventionnelle**, qui comporte un plateau technique accrédité permettant la révélation de traces papillaires en laboratoire.
- **Une section de criminalistique numérique** qui permet l'analyse de tout support numérique.

Dans les régions à forte activité ou couvrant une grande surface géographique, il existe des antennes régionales ou départementales rattachées aux SRPTS.

- 12 Antennes Régionales de Police Technique et Scientifique (ARPTS) pour les SRPTS de province et de la grande couronne parisienne.
- 3 Antennes Départementales de Police Technique et Scientifique (ADPTS) rattachées au SRPTS de Paris, couvrant chacune un département de la petite couronne (92-93-94)

Cas particulier : la police scientifique de la préfecture de police

Le SRPTS de Paris représente environ 200 policiers (actifs, scientifiques et administratifs), ce qui en fait le plus gros Service Régional de France. À travers son activité riche, il met en œuvre des techniques et du matériel de pointe. Il est l'unique service de France disposant d'une cabine cyanoacrylate permettant la révélation des traces papillaires sur des véhicules ou objets très encombrants.

En Sécurité Publique, il n'y a pas de différence notable avec le reste de la France mis à part la forte implantation de services. Paris intra-muros représente à lui seul 6 Services Départementaux de Police Technique et Scientifique (SDPTS) de niveau 1 et de 20 Bases de Police Technique et Scientifique.

La différence la plus flagrante entre la Préfecture de Police de Paris et le reste de la France est la possibilité d'intégrer des services de nuit.

3 Cours
La carrière du technicien de PTS

1 Le rythme de travail

Le régime horaire pour les personnels techniques et scientifiques est de **40 h 30 par semaine**. La répartition de ce temps de travail sur la semaine dépend du service d'affectation. Il est important de noter que la nécessité d'intervention rapide sur les scènes entraîne régulièrement la réalisation d'heures supplémentaires, notamment pour les services se déplaçant sur le terrain.

a. Travail de nuit, week-ends et jours fériés

Dans les services rattachés à la Préfecture de Police de Paris, le Technicien de PTS peut postuler dans des équipes de nuit qui couvrent la plage horaire 20 h à 8 h. Les équipes de jour s'organisent alors en **permanence** pour répondre aux missions qui se déroulent sur la période 8 h à 20 h les week-end et jours fériés.

Pour les autres services, les effectifs de Police Scientifique effectuent des **astreintes** afin de répondre aux missions se déroulant la nuit, les week-ends et jours fériés. Ce sont des périodes durant lesquelles les personnels de police technique et scientifique sont munis d'un téléphone de service et doivent se déplacer sur les missions pour lesquelles ils sont sollicités.

En fonction du nombre d'effectifs dans le service, la permanence ou l'astreinte revient en moyenne tous les 4 à 8 semaines.

b. Les congés

Comme tout salarié à plein temps, le TPTS dispose de 25 jours de congés annuels auxquels s'ajoutent 29 jours de RTT dus au régime horaire de 40 h 30.

2 La carrière du TPTS

CORPS	GRADE
Ingénieur de Police Technique et Scientifique	Ingénieur en chef de Police Technique et Scientifique (ICPTS)
	Ingénieur Principal de Police Technique et Scientifique (IPPTS)
	Ingénieur de Police Technique et Scientifique (IPTS)
Technicien de Police Technique et Scientifique	Technicien en chef de Police Technique et Scientifique (TCPTS)
	Technicien Principal de Police Technique et Scientifique (TPPTS)
	Technicien de Police Technique et Scientifique TPTS
Agent Spécialisé de Police Technique et Scientifique	Agent Spécialisé Principal de Police Technique et Scientifique (ASPPTS)
	Agent Spécialisé de Police Technique et Scientifique (ASPTS)

N.B. : Le grade d'Agent Spécialisé de Police Technique et Scientifique n'est plus ouvert au concours. Progressivement le corps est amené à disparaître afin d'être reclassé dans le corps des Technicien de Police Technique et Scientifique.

3 La Rémunération

La rémunération mensuelle dépend du grade, de l'échelon, de la zone géographique et du niveau de responsabilité du poste occupé.

Pour un technicien de PTS en poste en province, la rémunération variera (traitement net au 1er janvier 2022) de 2 031 € pour le premier échelon à 3 045 € pour un Technicien en chef en fin de carrière. En Île-de-France, ces valeurs sont légèrement majorées et varient entre 2 146 € et 3 183 €.

4 La formation

a. Formations généralistes

- Tronc commun de **8 semaines à Nîmes à l'École de Police**.

  L'objectif de cette formation est de présenter la Police Nationale. Les principaux thèmes abordés concernent l'organisation de la Police Nationale, le droit pénal, la gestion des ressources humaines et du stress et le management. Ce stage est aussi l'occasion de se former aux premiers secours (PSC1).

- Deux semaines de stage « Partenaires » dans la région d'affection. Les activités réalisées sont à la discrétion de la direction d'emploi. Il peut s'agir d'une immersion dans un commissariat au cœur des services « actifs », d'assister à une autopsie, à un procès d'assises, passer une journée au SAMU ou encore suivre un cours sur la mise en sécurité des armes.

b. Formations de spécialisation

Ces formations d'adaptation ont une durée variable et dépendent du poste occupé. Les stages peuvent se présenter sous différents formats : digital learning, en auto-formation, en présentiel à Écully (69) ou directement dans le laboratoire d'affectation.

5 Pour les personnels affectés dans des services d'Identité Judiciaire

a. Les stages en classe virtuelle

"DACTYLOSCOPIE" (PTS BASE DACTY) composé de deux modules

- **Exploitabilité d'une trace papillaire** dont l'objectif est d'apprendre à analyser une trace et repérer les points caractéristiques afin d'identifier 12 minuties reliables entre elles.
- **Comparaison d'une trace papillaire**. C'est un face-à-face entre une trace papillaire et une empreinte. L'objectif est de comparer les points caractéristiques de la trace incriminée avec ceux de l'empreinte suspecte. Cette comparaison permet soit d'identifier un individu soit de l'exclure.

"DEMONSTRATION D'IDENTIFICATION" (PTS BASE DEMO).

Il s'agit de mettre en évidence les 12 points caractéristiques identiques sur la trace incriminée et l'empreinte de référence.

b. Les modules en auto-formation

Ces modules permettent l'acquisition des connaissances théoriques avant d'assister aux stages en présentiel. Au nombre de six, ils sont un prérequis indispensable :

- module Signalisation ;
- modules Gestion de Scène d'Infraction de Petite et Moyenne Délinquance (GSPMD) et d'une Scène d'Infraction Criminelle (GSC) ;
- modules photographie avec un appareil-photo bridge et un appareil-photo reflex.

c. Les stages en présentiel

Le stage Gestion de Scène d'Infraction de Petite et Moyenne Délinquance (GSPMD)

Au cours de ce stage, le fonctionnaire est formé aux bases de la photographie, de la recherche et de la révélation de traces papillaires sur le terrain et des prélèvements biologiques durant 4 jours.

Le stage Gestion de Scène d'Infraction Criminelle (GSC)

Entre trois et quatre semaines de gestion de scène de crime au centre de formation du SNPS à Écully (69). On y apprend à utiliser un appareil-photo reflex et mettre en application des techniques photographiques plus poussées, des méthodes de recherche de traces et indices avancées (ex : utilisation de sources lumineuses polychromatiques, Bluestar etc…).

Le stage révélations physico-chimiques des traces papillaires (RPC)

Entre deux et trois semaines à Écully, où le fonctionnaire est formé à la manipulation des six techniques de révélations pour lesquelles les plateaux techniques sont accrédités.

6 Pour les personnels affectés en laboratoire LPS

La formation débute par un tronc commun d'une durée d'une semaine dont trois jours à Écully et deux jours dans un laboratoire différent de celui d'affectation afin de découvrir le fonctionnement des LPS. Par la suite, la formation technique se fait en interne sur le lieu d'affectation et est propre à chaque spécialité. Cette formation permet d'obtenir des habilitations spécifiques.

7 Pour les personnels affectés dans des sections de criminalistique numérique

La formation de base lors d'une affection dans un service de traces technologiques est le stage **ATN** *(Analyse de Traces Numériques)* d'une durée de 5 semaines en présentiel à Écully. Il est composé de plusieurs modules :

- analyse d'ordinateurs ;
- analyse de téléphones portables et tablettes ;
- analyse de GPS.

La formation « **Vidéo module 1 et 2** » accompagne généralement la formation ATN. Il est question d'acquérir l'ensemble des compétences dans le domaine du traitement et de l'analyse de l'image et de la récupération de vidéos sur une durée de 10 jours.

4 Cours
Les acteurs des sciences forensiques

Contrairement à ce que l'on peut penser ou voir dans les séries américaines, l'ensemble des actes et missions effectuées dans le cadre d'une enquête judiciaire n'est pas réalisé par une seule et même personne. Alors qui sont ces différentes personnes concourant à la manifestation de la vérité ?

1 Les médecins légistes

Le médecin légiste est ce que l'on appelle un auxiliaire de la justice, c'est-à-dire qu'il intervient sur réquisition, à la demande d'une autorité judiciaire.

La médecine légale revêt deux aspects principaux : la **thanatologie**, qui est l'étude des conditions et des causes de la mort, et la **médecine légale clinique**, qui s'intéresse à l'examen des personnes vivantes *(personnes victimes de violences, auteurs d'infraction…)*. C'est lui qui va réaliser les examens de corps et les autopsies.

2 Les enquêteurs – la police judiciaire

La police judiciaire désigne l'autorité chargée de constater les infractions, d'en rechercher les auteurs et de rassembler les preuves. La police judiciaire comprend :

- les officiers de police judiciaire (OPJ) ;
- les agents de police judiciaire (APJ) et les agents de police judiciaire adjoints ;
- les fonctionnaires et agents auxquels sont attribuées par la loi certaines fonctions de police judiciaire.

Un fonctionnaire de police ayant la qualité d'**officier de police judiciaire** a la possibilité :

- de constater une infraction ;
- de recevoir une plainte ;
- de placer en garde à vue (G.A.V) les personnes à l'encontre desquelles il existe une ou plusieurs raisons plausibles de soupçonner qu'elles ont commis ou tenté de commettre un crime ou un délit puni d'une peine d'emprisonnement ;
- en matière de crimes et délits flagrants, ils sont investis de pouvoirs propres leur permettant de mener des enquêtes de flagrance ;
- de procéder à des enquêtes préliminaires ;
- d'exécuter les délégations et les réquisitions des juridictions d'instruction ;
- ils ont le pouvoir d'effectuer des réquisitions à personnes qualifiées, d'interroger des fichiers nominatifs sans que puisse leur être opposé le secret, de faire des constatations, de mener des investigations dont effectuer des perquisitions et des saisies

Selon l'article 20 du Code de Procédure Pénale (CPP), **les agents de police judiciaire** ont pour mission :

- de seconder, dans l'exercice de leurs fonctions, les officiers de police judiciaire ;
- de constater les crimes, délits ou contraventions et d'en dresser le procès-verbal ;
- de recevoir par procès-verbal les déclarations qui leur sont faites par toutes personnes susceptibles de leur fournir des indices, preuves et renseignements sur les auteurs et complices de ces infractions.

Dans le cadre de l'enquête préliminaire, l'APJ peut désormais, sur autorisation du Procureur de la République, procéder aux opérations de prélèvements externes.

3 Le Procureur de la République

Le Procureur de la République est un magistrat du Ministère Public, il constitue ce que l'on appelle le Parquet. Le Procureur de la République reçoit et traite les plaintes provenant des services de police, de gendarmerie, des services de l'État ou des particuliers, lorsqu'une infraction est commise dans le ressort de son Tribunal Judiciaire. Le Procureur de la République procède ou fait procéder à tous les actes nécessaires à la recherche et à la poursuite des infractions à la loi pénale (art. 41 du CPP). Pour réaliser cela, il supervise l'activité de la police judiciaire. En fonction des résultats, c'est lui qui estimera les suites opportunes à donner à l'affaire.

4 Le Juge d'Instruction

Le Juge d'Instruction est un magistrat du siège chargé des enquêtes judiciaires dans les affaires pénales les plus graves ou les plus complexes. Il possède une double mission : procéder en toute impartialité à la manifestation de la vérité et prendre certaines décisions juridictionnelles.

Pour parvenir à la manifestation de la vérité, le juge d'instruction possède de pouvoirs particuliers : il peut se déplacer sur les lieux, procéder à des perquisitions et saisies, ordonner des expertises, entendre les victimes et témoins, etc.

5 Les laboratoires d'analyses forensiques

a. L'IRCGN (Institut de Recherche Criminelle de la Gendarmerie Nationale)

L'IRCGN est un institut de sciences forensiques relevant de la Direction Générale de la Gendarmerie Nationale (DGGN). Il réunit sur un même site toutes les disciplines dédiées à la recherche de la vérité scientifique au procès pénal.

Bien que ce service fasse partie de la Gendarmerie Nationale, il est tout à fait possible pour un service enquêteur de la Police Nationale ou un magistrat de faire appel à l'IRCGN pour des analyses bien spécifiques.

b. Les Laboratoires de Police Scientifiques (SNPS)

Anciennement regroupés au sein de l'INPS (Institut National de Police Scientifique) les laboratoires de la Police Nationale ont été rattachés au SNPS en janvier 2021. Au nombre de 5, ils couvrent l'ensemble du territoire dans de nombreuses spécialités.

c. Les Laboratoires privés

À la demande d'un service d'enquête et sur autorisation du magistrat, les scellés peuvent faire l'objet d'analyses au sein de laboratoires privés. Ces laboratoires regroupent plusieurs spécialités à l'instar des laboratoires du ministère de l'intérieur. En France, l'IGNA (Institut Génétique Nantes Atlantique), l'IFEG (Institut Français des Empreintes Génétiques) et BIOMNIS sont les principaux acteurs privés en analyses forensiques.

Cours

5 Les spécialités de police technique et scientifique

1 L'identité judiciaire

Cette spécialité concerne les fonctionnaires de la police technique et scientifique se déplaçant sur les scènes d'infraction. Dans le jargon policier, le service enquêteur fait appel à « l'I.J. » afin de procéder à des actes techniques et scientifiques permettant de :

- Prouver qu'un crime ou délit a été commis.
- Rapprocher ou écarter une victime ou un individu associé à une infraction.
- Démontrer le contact entre un individu et la scène de crime, par un élément matériel comme ses traces papillaires ou son ADN.
- Innocenter un individu. C'est ce que l'on appelle travailler *à charge* et *à décharge*.
- Corroborer ou infirmer des témoignages.
- Démontrer la pluralité d'auteurs : cela permet de retenir la qualification de « réunion » ou de « bande organisée » plus sévèrement punie par le code de procédure pénal.
- Reconstruire les faits tels qu'ils se sont déroulés. Et notamment la chronologie des événements.

Les traces et indices découverts sur les scènes d'infractions peuvent être de diverses natures. Elles peuvent provenir :

- **D'individus** (ADN, traces papillaires, voix, oreille, odeur)
- **D'objets** (arme à feu, outils, traces de semelle, de pneumatique, documents, fibres, etc.)
- **De synthèses chimiques** (médicaments, stupéfiants, hydrocarbures, etc.)
- **D'éléments numériques** (vidéosurveillance, téléphone, GPS, stockage numérique, etc.)
- **De l'environnement** (Terre, végétaux, insectes, pollens, etc)

2 Comment intervient-on sur une scène de crime ?

Les techniciens de la Police Technique et Scientifique interviennent selon une méthodologie particulière décomposée en quatre grandes phases.

1re phase : la prise en compte de la scène de crime

Un périmètre de sécurité est installé afin d'interdire l'accès à la scène de crime à toute personne non autorisée. Les intervenants habilités à y pénétrer doivent s'équiper d'une combinaison à usage unique, de sur-chaussures, dc gants, d'un masque chirurgical et d'une charlotte ou capuche afin de ne pas polluer la scène de crime.

2e phase : la recherche et matérialisation des traces et indices

Il est indispensable de balayer la totalité de la scène de crime. La recherche s'effectue donc aussi bien au sol, qu'au plafond, sur les murs, sous et sur les mobiliers et même en extérieur du lieu de commission des faits. La lampe torche reste l'appareil le plus communément utilisé, soit en éclairage direct, soit en rasance afin de faire ressortir les éléments au ras du sol (fibres, poils, éclats de peinture, etc). Elle est complétée par un appareil qui décompose la lumière en plusieurs longueurs d'ondes, **la lampe polychromatique ou le crimescope** qui permet de contraster des substances sur un support. Pour chaque trace et indice découvert, on place un plot numéroté nommé **« cavalier »**.

3e phase : la fixation des lieux

Cette phase permet de figer les lieux par la prise de clichés photographiques et l'établissement d'un plan des lieux :

- **des photographies générales** pour rendre compte de l'environnement et pouvoir s'imprégner de la scène de crime ;
- **des photographies rapprochées** afin de relier une trace ou un indice matérialisé à un point fixe dans l'environnement ;
- **des photographies de détails** d'un objet ou d'une trace sous tous les angles avant son placement sous scellé ;
- **des photographies spécifiques** lors d'autopsies, de reconstitutions, etc.
- **des prises de cotes (mesures)** afin d'obtenir un plan de la scène de crime avec la position précise des traces, des indices, du cadavre, etc.

4e phase : le prélèvement des traces et indices et la révélation de traces latentes

Les traces et indices matérialisés et photographiés sont prélevés afin d'être analysés dans les laboratoires compétents. Le matériel de prélèvement est la plupart du temps stérile et à usage unique. On procède ensuite à la révélation de traces invisibles à l'œil nu, il peut s'agir :

- **des traces papillaires** à l'aide de poudre dactyloscopique ;
- **des traces latentes de sang** effacées par l'auteur ou par l'environnement *(pluie ou scène de crime ancienne)* à l'aide d'une solution chimique, le *Bluestar*.

3 Spécialité « Biologie »

Chaque cellule de notre corps contient un noyau contenant notre patrimoine génétique, notre ADN (Acide DésoxyriboNucléique). Celui-ci est transmis par nos parents à parts égales (50 % provenant de la mère et 50 % du père). Cet ADN dit nucléaire (car contenu dans le noyau) est le principal composant de nos 23 paires de chromosomes. Il est présent dans :

- **le sang** que l'on peut retrouver sur les sols, les murs, les vêtements, les armes… Il peut être liquide ou séché et se présenter sous forme de « flaque », de gouttes, de projections ou de traces glissée ;

- **la salive** relevée sur des aliments consommés, des goulots de bouteilles/canettes ou encore sur des mégots de cigarettes ;
- **le sperme** régulièrement prélevé dans les affaires de mœurs à l'intérieur de préservatifs, sur des mouchoirs, les linges de lit ou sur des victimes ;
- **les poils et cheveux** que l'on retrouve sur des vêtements, au sol ou sur des victimes ;
- **les dents** pouvant être arrachées lors d'une bagarre ou découvertes suite à un attentat/crash aérien ;
- **la sueur** est souvent présente lors du contact d'une main sur un vêtement, un téléphone portable, une carte de crédit, une poignée de porte, la crosse d'une arme à feu, sur une victime, etc.
- **les os** lors de la découverte d'un cadavre putréfié ou momifié, la découverte d'ossements en forêt ou pendant les recherches dans le cadre d'une catastrophe de masse (tsunami/crash aérien).

a. Comment fonctionne l'identification par l'ADN ?

Chaque individu est unique et possède un ADN qui lui est propre. Seuls, les jumeaux monozygotes ont un ADN identique. Cependant au cours de la vie, cet ADN peut présenter quelques mutations (méthylations) pouvant permettre de différencier génétiquement les vrais jumeaux. Ces analyses biologiques de plusieurs milliers d'euros ne sont pas pratiquées en routine mais sur demande expresse de l'autorité judiciaire.

Le concept de base de l'identification génétique repose dans ce que l'on appelle le **polymorphisme**. C'est-à-dire les nombreuses variations que l'ADN peut prendre d'un individu à l'autre.

L'analyse génétique va s'intéresser à une vingtaine de ces régions de l'ADN sur lesquelles on observe de nombreuses variations, permettant ainsi d'établir un profil génétique.

b. Qu'est-ce que l'ADN mitochondrial ?

L'ADN mitochondrial est présent dans les mitochondries de nos cellules. Il s'agit d'organites qui assurent la respiration cellulaire. Uniquement transmis par la mère, il est beaucoup plus petit que l'ADN nucléaire et donc beaucoup moins discriminant.

L'ADN mitochondrial est utilisé en Police Scientifique lorsque les corps sont extrêmement dégradés ou très anciens, l'ADN mitochondrial étant moins sujet aux dégradations et altérations dues au temps qui passe.

c. Qu'est ce qui peut altérer un prélèvement ADN ?

L'ADN est très sensible à la **chaleur, à l'humidité et à la lumière**. Il est également facilement transférable, ce qui augmente le risque de contamination. Sur une scène de crime, il est donc indispensable que tous les intervenants puissent porter des gants, masques chirurgicaux, combinaisons stériles et sur-chaussures afin de pallier ce risque.

d. Qu'est-ce que le portrait robot génétique ?

En police scientifique, on ne s'attarde que sur des régions non codantes de l'ADN, à l'exception du sexe de l'individu. Suite à une affaire de viols en série en région lyonnaise en

2012, la Cour de Cassation a validé la légalité de procéder à des analyses de certains caractères codants afin d'apporter des indications quant à la morphologie de l'auteur des crimes. Depuis, il est possible de déterminer certains caractères morphologiques comme la couleur des yeux, des cheveux, de la peau, de l'origine bio-géographique ou encore de sa prédisposition aux tâches de rousseurs ou à la calvitie.

4 Spécialité « Traces papillaires »

Les empreintes papillaires rassemblent les *empreintes digitales* (provenant des doigts), les *empreintes palmaires* (provenant des paumes de mains) et les *empreintes plantaires* (provenant de la plante des pieds).

Les empreintes papillaires sont primordiales dans les enquêtes judiciaires, car elles sont :

- **immuables :** De la naissance à la mort, vous conservez les mêmes empreintes papillaires ;
- **extrêmement variables :** Elles sont propres à chaque individu. Même les vrais jumeaux possèdent des empreintes papillaires différentes ;
- **inaltérables :** Tant que le derme n'est pas touché (cicatrices, brûlures profondes, certaines maladies de peau), le dessin papillaire se régénère et conserve son caractère individuel.

a. Trace ou Empreinte, quelle est la différence ?

Une trace papillaire est l'apposition involontaire partielle d'un doigt, d'une paume ou d'une plante de pied sur une surface par une personne dont l'identité est inconnue.

Une empreinte papillaire est l'apposition volontaire complète d'un doigt, d'une paume ou d'une plante de pied d'une personne connue ou inconnue.

b. Comment peut-on révéler une trace latente invisible à l'œil nu ?

On parle de **révélation** lorsque l'on souhaite contraster une trace papillaire afin que celle-ci devienne visible, permettant ainsi son exploitation. À l'inverse, on parle de **relevé** lorsqu'une trace est transférée sur un support adhésif ou photographiée à l'aide d'un objectif macro.

Pour révéler ces traces papillaires latentes, il existe :

- **des révélateurs physiques** comme la poudre dactyloscopique, utilisée à l'aide d'un pinceau ;
- **des révélateurs physico-chimiques** comme la fumigation au cyanocrylate (chauffe de la colle superglue) dans une enceinte close.
- **des révélateurs chimiques** comme l'immersion d'un objet poreux (feuille, carton) dans une solution de ninhydrine afin de colorer les traces papillaires en violet/rose.

c. Comment sont exploitées les traces papillaires ?

Pour qu'une trace soit qualifiée d'exploitable, elle doit au moins présenter 12 points caractéristiques appelés « minuties ». Lorsqu'une trace papillaire ne présente pas au moins 12 minuties, elle ne peut pas faire l'objet de comparaisons papillaires et est qualifiée d'inexploitable.

d. Comment sont comparées les traces papillaires ?

Le principe de comparaison entre une trace et une empreinte est appelé *dactylotechnie* alors que la comparaison de deux empreintes papillaires est appelée *dactyloscopie*.

- **La comparaison Empreinte/Empreinte** permet de déterminer si deux fiches de signalisation ont été effectuées sur le même individu ou non.
- **La comparaison Trace/Empreinte**. Lorsque l'on révèle une trace papillaire, on effectue ce que l'on appelle la discrimination. La trace incriminée est comparée avec les empreintes des personnes susceptibles d'avoir manipulé le support sur lequel la trace a été découverte. Lorsque cette comparaison est négative, le service enquêteur peut demander à ce qu'une comparaison avec les empreintes d'un individu mis en cause soit effectuée.

Lorsque 12 points caractéristiques homologues sont mis en évidence, que ces points peuvent être reliés entre eux et qu'aucune discordance inexplicable n'est relevée, alors l'identification est formelle.

5 Spécialité « Document – Écriture »

Tout document est susceptible de faire l'objet d'une fraude documentaire. Ces fraudes peuvent concerner :

- **les documents d'identité** (passeport, carte nationale d'identité, permis de conduire) ;
- **les documents sources** (certificats de naissance, carte de sécurité sociale, etc.) ;
- **les moyens de paiement** (billets, chèques) ;
- **les documents manuscrits** (testaments, lettres anonymes, etc.).

L'expertise de document s'intéresse aux deux modes de fraude documentaires : la falsification et la contrefaçon. La falsification vise à modifier frauduleusement un document authentique alors que la contrefaçon vise à concevoir en totalité des documents frauduleux. Lors de la réception d'un élément de question, le policier scientifique va procéder à différentes analyses :

- **Analyse du support** en étudiant la composition du document (papier, polycarbonate, etc.)
- **Recherche d'écriture latente** à l'aide d'un appareil appelé ESDA *(ElectroStatic Detection Apparatus)* permettant de révéler des inscriptions négatives invisibles à l'œil nu.
- **Analyse et comparaison des encres** en étudiant les documents sous différents éclairages ou en découpant et prélevant de micro morceaux d'encre.
- **Recherche des éléments de sécurité,** comme des hologrammes, filigranes, fibres luminescentes, etc.
- **Expertise en comparaison d'écriture** afin d'identifier l'auteur d'un écrit litigieux ou de lier deux écrits entre eux.
- **Identification et comparaison de photocopieurs et d'imprimantes** afin de déterminer l'appareil utilisé dans la conception d'un document frauduleux.
- **Datation d'un document en déterminant** sa date de conception ou la datation relative des inscriptions ajoutées.

6 Spécialité « Eléments physico-chimiques »

Les éléments physico-chimiques pouvant être analysés lors d'une enquête judiciaire concernent :

- **Les produits marquants codés** (PMC) qui protègent les objets de valeurs à l'aide d'une encre indélébile et d'un traceur codé. À l'origine, les PMC étaient utilisés pour neutraliser les billets de banque volés.
- **Les fragments de verre** que l'on peut rencontrer dans certains faits délictuels ou criminels : bris de vitre de véhicule, vitrine brisée, cocktail Molotov…
- **Les fibres textiles** afin de mettre en évidence des contacts ayant eu lieu entre des personnes ou entre des personnes et des objets. Cette analyse peut être informative lorsque l'on découvre des fibres textiles étrangères sur une victime ou comparative lorsque l'on compare des objets/vêtements saisis avec des fibres découvertes sur une victime ou une scène de crime.
- **Les résidus de tirs** produits lors d'un coup de feu. On peut les retrouver sur la personne à l'origine du tir mais également sur la cible (victime, vêtement, objets). Les prélèvements sont effectués à l'aide de supports adhésifs appelés tamponnoirs.
- **Les peintures** que l'on retrouve régulièrement dans des affaires de délit de fuite. Selon le principe de Locard, deux objets peints peuvent s'échanger des particules lors d'un contact intense. Ce double transfert ou transfert croisé possède une force probante incontestable en matière criminalistique.

7 Spécialité « Incendie – Explosion »

L'expertise en incendie-explosion permet de déterminer la nature du sinistre et de qualifier au mieux l'infraction.

Sur les lieux, les experts en incendie s'intéressent au nombre de foyers d'incendie. En cas de plusieurs foyers, les experts vérifient s'ils peuvent provenir d'une seule source ou s'il s'agit d'un incendie volontaire multi-sites. En plus de la réalisation de photographies, l'expert prélève des matériaux brûlés, conditionnés dans des bocaux ou des sacs plastiques hermétiques. Ces prélèvements peuvent mettre en évidence des traces d'accélérant (comburant).

8 Spécialité « Les stupéfiants »

Les 5 laboratoires de police scientifique peuvent procéder à des analyses liées :

- **au profilage chimique** en identifiant le principe actif *(cannabis (THC), héroïne (morphine)* ainsi que les produits de coupage d'un produit stupéfiant ;
- **au profilage physique** en analysant et comparant la taille, la couleur, le logo de certains comprimés ;
- **à la pureté de l'échantillon** afin d'alerter les organismes de santé sur la dangerosité d'un produit stupéfiant par exemple ;
- **à la recherche de traces** en déterminant si des objets ont pu être en contact direct ou non avec des produits stupéfiants.

De ce fait, toute substance susceptible d'être un produit stupéfiant peut être analysée par le laboratoire. Les enquêteurs peuvent également transmettre des contenants ou des liquides susceptibles de contenir un stupéfiant (verre avec GHB par exemple) ou des supports ayant été en contact avec des produits stupéfiants (balance de précision, couteau, billets de banque, etc).

9 Spécialité « Morphoanalyse des traces de sang »

Le rôle du morphoanalyste en traces de sang est de détecter et analyser des traces de sang sur les lieux ou sur tout autre élément (objet, véhicule, vêtement, arme, corps) afin de pouvoir se prononcer sur :

- le nombre de protagonistes sur les lieux ;
- la nature de l'arme utilisée ;
- le nombre approximatif de coups portés à la victime ;
- la direction des coups portés ;
- la véracité des déclarations des suspects et témoins ;
- la position de la victime et de son agresseur au moment des faits.

L'expert en traces de sang étudiera les phénomènes dits actifs comme des projections de sang, les phénomènes d'altération comme des traces glissées et les phénomènes passifs comme un cheminement de gouttes de sang.

Le SNPS propose depuis 2019 des formations en morphoanalyse en traces de sang.

10 Spécialité « Odorologie »

La comparaison d'odeurs provenant de scène de crime est utilisée depuis 2003 et s'appelle l'odorologie. Le plateau national d'odorologie est accrédité depuis 2016 par l'organisme COFRAC selon la norme ISO/CEI 17025 gage de confiance et de qualité mondialement reconnue.

a. Quels sont les supports pouvant être analysés ?

Tous les supports ayant été en contact avec un individu et pouvant être prélevé dans les 72 heures après les faits. Il est également possible d'effectuer des prélèvements sur un cadavre dans un délai de 6 heures maximum après le décès.

b. Comment sont prélevés les odeurs ?

Les molécules odorantes sont emprisonnées à l'aide de tissus spécifiques enveloppés dans des feuilles d'aluminium à minima durant une heure. Ils sont ensuite placés dans des bocaux hermétiques et placés sous scellés judiciaires.

c. Quelles comparaisons peuvent être effectuées ?

On appelle **trace odorante** le prélèvement effectué sur un objet ou une scène de crime et **odeur corporelle** un prélèvement effectué sur un individu.

- **Comparaison trace odorante/trace odorante** : une trace odorante prélevée sur une scène d'infraction peut être comparée à une seconde trace prélevée sur une autre scène d'infraction permettant de relier des affaires entre elles.
- **Comparaison trace odorante/odeur corporelle** : une trace odorante prélevée sur une scène d'infraction peut être comparée à l'odeur corporelle prélevée sur un suspect ou sur un cadavre.

d. Comment sont effectuées les comparaisons ?

Cette opération est effectuée par des chiens spécialement formés au siège de la Police Scientifique à Ecully. Elle s'appelle la **parade d'identification**.

e. Existe-t-il une base de données d'odeurs corporelles ?

Non mais le plateau national d'odorologie à Ecully dispose d'une salle de conservation des scellés odorologiques nommée odorothèque.

11 Spécialité « Balistique »

Les experts en balistique effectuent des analyses visant à déterminer les trajectoires et distances de tirs, le type d'arme utilisé, le nombre de coups tirés et les antécédents balistiques de l'arme utilisée.

a. Sur quels éléments travaillent les balisticiens ?

- **Les armes :** le spécialiste effectue une analyse de l'arme en indiquant sa nature (pistolet, revolver, etc.), son calibre, son numéro de série et ses éventuelles modifications (canon scié, silencieux, etc.).
- **Les munitions** sont constituées d'une charge propulsive *(poudre)* contenu dans une douille (étui) et d'un projectile.
- **Les douilles et étuis percutés :** la munition placée dans le chargeur, puis chambrée, percutée et éjectée va présenter des traces caractéristiques individuelles uniques.
- **Les projectiles** présentent également des caractéristiques uniques propres au canon de l'arme *(rayures internes)*. Leurs analyses permettent de déterminer leurs calibres, leurs compositions et les types d'armes à l'origine du tir.
- **Les vêtements** peuvent être analysés et donner des indications sur les trajectoires ou les distances de tirs à l'aide des résidus de tir.
- **Les blessures sur les corps** peuvent donner des indications sur les trajectoires de tirs, les orifices d'entrées et de sorties. L'analyse complémentaire des résidus de tir peut permettre de déterminer une distance de tir.

b. Comment sont effectuées les comparaisons balistiques ?

Les traces sous forme de stries linéaires laissées sur les étuis et les projectiles, permettent de réaliser des comparaisons balistiques. Il peut s'agir de comparaisons dites :

- **Trace/Trace** où chaque étui et chaque projectile sont comparés afin de déterminer si une seule ou plusieurs armes ont été utilisées.
- **Trace/Arme suspecte**. À l'issue de plusieurs tirs d'essai à l'aide d'une arme suspecte, on compare les éléments récupérés avec ceux découverts sur la scène de crime afin de déterminer si l'arme suspecte est à l'origine ou non des étuis et projectiles découverts sur les lieux.
- **Arme suspecte/Base de données**. Les éléments balistiques issus des tirs d'essai sont insérés dans la base FNIB (Fichier National d'Identification Balistique) pour **une recherche d'antériorité.**
- **Trace/Base de données**. Les éléments balistiques ne pouvant être comparés avec des tirs d'essai, faute de découverte d'armes, sont insérés dans la base FNIB. On peut ainsi relier plusieurs affaires entre elles sur la base du lien balistique.

c. Quelles sont les autres missions de l'expert en balistique ?

- **Reconstitution sur les lieux** permettant de revenir sur les lieux d'un crime après les faits et d'évaluer la compatibilité des déclarations des différents protagonistes (individu mis en cause, victime, témoin).
- **Assistance à perquisition et constatations** permettant à l'expert d'identifier les armes découvertes lors de perquisitions.
- **Assistances à autopsies** avec le médecin légiste, le balisticien peut émettre des hypothèses sur la distance de tirs, les trajectoires intra-corporelles ou le type d'arme utilisée.

12 Le Fichier Automatisé des Empreintes Digitales (FAED)

Le Fichier Automatisé des Empreintes Digitales (FAED) est créé en 1987 suite à l'affaire du tueur de vieilles dames, Thierry Paulin. Le décret relatif à la création du F.A.E.D régit les données qui peuvent être conservées, parmi elles on retrouve :

- **les empreintes digitales et palmaires** de personnes mises en cause dans le cadre de crimes ou délits ;
- **les empreintes digitales relevées sur des cadavres** ou des personnes grièvement blessées non identifiées ;
- **Les traces non résolues (TNR)** correspondant aux traces relevées sur les scènes d'infraction ou révélées en plateaux techniques et qui n'ont pas encore été identifiées par la base de données du F.A.E.D

Utilisation des données

Un opérateur habilité à utiliser le F.A.E.D peut être amené à réaliser les comparaisons suivantes :

- **Empreintes/Empreintes :** permet de connaître toutes les identités avec lesquelles une personne a été enregistrée au F.A.E.D.
- **Traces/Empreintes :** les traces insérées au F.A.E.D sont toutes comparées avec l'ensemble des empreintes contenues dans la base de données.

- **Traces/Traces :** il s'agit de comparaisons entre les traces relevées et non identifiées de plusieurs affaires distinctes.

Conservation des données

La durée de conservation de ces données varie entre 10 et 25 ans, selon la majorité de la personne mise en cause et en fonction de la qualification de l'infraction (crime ou délit).

En quelques chiffres

En 2021, le fichier recensait **6,3 millions de personnes** répertoriées et permettait en 2020, l'**identification de plus de 14 000 suspects**.

13 Le Fichier National Automatisé des Empreintes Génétiques (FNAEG)

Le Fichier National Automatisé des Empreintes Génétiques, FNAEG, est créé en 1998 à la suite de l'affaire Guy Georges. Il ne devient cependant opérationnel qu'à partir de 2003.

La base de données du FNAEG contient :

- **les profils génétiques des individus mis en cause** dans la majeure partie des infractions pénales ;
- **les profils génétiques recueillis dans le cadre des procédures** pour recherche des causes de la mort, des blessures ou d'une disparition ;
- **les profils génétiques provenant de traces biologiques** relevées sur les scènes d'infractions qui n'ont pas été identifiées.

a. L'utilisation des données

Les fonctionnalités du fichier permettent :

- de comparer le profil génétique d'un individu avec l'ensemble des profils des individus fichés dans la base de données **(comparaison Individu/Individu)** ;
- de comparer le profil génétique d'une trace avec ceux d'individus enregistrés dans la base de données **(comparaison Trace/Individu)** ;
- de comparer le profil génétique d'une trace avec ceux d'autres traces insérées dans la base de données **(comparaison Trace/Trace)** ;
- d'effectuer une recherche en parentèle dans le but d'identifier une personne apparentée à celle à l'origine de la trace relevée.

b. Conservation des données

Les données sont conservées jusqu'à 40 ans pour les traces ou les individus condamnés et 25 ans pour les personnes à l'encontre desquelles il existe des indices graves ou concordants rendant vraisemblable qu'elles aient commis l'une des infractions mentionnées dans l'article 706-55 du CPP.

c. En quelques chiffres

En 2021, le FNAEG comprend **3,5 millions** de personnes répertoriées et a permis en 2020, l'**identification de 36,600** individus.

14 Le Fichier National d'Identification Balistique (FNIB)

Le Fichier National d'Identification Balistique, FNIB, est crée le 1er février 2016 en remplacement du fichier CIBLE (Comparaison et Identification Balistique par Localisation) suite à la multiplication des affaires criminelles avec arme à feu et notamment l'attentat terroriste de 2012 perpétré par Mohammed Merah.

a. À quoi sert le FNIB ?

Il permet de réaliser des **recherches d'antériorité**. Pour cela, différentes caractéristiques de fabrication des éléments balistiques vont être renseignées. Il sera ainsi possible de réaliser des comparaisons entre :

- **deux éléments balistiques inconnus**, c'est-à-dire des étuis et projectiles provenant d'affaires différentes et dont l'arme n'est pas connue ;
- **un élément balistique provenant d'une scène de crime et un autre provenant d'un tir de comparaison avec une arme incriminée.** C'est-à-dire que l'on cherche dans la base de données tous les éléments balistiques prélevés sur les différentes affaires que l'on pourrait rapprocher à cette arme.

b. Le FNIB en quelques chiffres

En 2020, il y avait **58 170 armes insérées dans le fichier** et **130 rapprochements d'affaires** étaient réalisés.

6 Méthodologie
La réalisation d'un Curriculum Vitae

Lors des entretiens oraux du concours de Technicien de Police Technique et Scientifique, les membres du jury voient en moyenne 12 candidats par jour. Votre CV étant parcouru rapidement, il est impératif que celui-ci soit lisible, clair, et en adéquation avec le poste de Technicien de PTS.

1 Que doit contenir un CV ?

- **Votre état civil**

Prénom puis nom, âge ou date de naissance, et situation familiale, avec éventuellement le nombre d'enfants.

- **Vos coordonnées**

Là où vous résidez actuellement. Si vous êtes mobile (permis, véhicule, mais aussi possibilité de déménager), indiquez-le également à cet endroit.

- **Une photographie**

La photo n'est pas obligatoire mais si vous souhaitez en mettre une, assurez-vous qu'elle soit appropriée pour un CV (pas de selfie pris à bout de bras devant la piscine).

- **Formations et parcours scolaire**

Tout d'abord l'année d'obtention du diplôme ou du concours, l'intitulé de celui-ci, votre spécialisation et le lieu d'obtention (établissement/ville).

- **Expériences professionnelles et compétences**

Cette partie doit être à la fois concise mais complète et surtout cohérente avec le poste de technicien en PTS.

Indiquez le mois et l'année de début et de fin de chaque expérience, l'intitulé du poste, l'entreprise et quelques résultats marquants, révélateurs de vos compétences.

- **Langues et connaissances informatiques**

Précisez votre niveau pour chaque langue, en étant honnête (référez vous au standard européen pour indiquer votre niveau).

- **Activités extra professionnelles/Divers**

Cette dernière rubrique peut permettre de compléter votre curriculum vitae par des informations qui ne trouvent leur place nulle part ailleurs.

Cette rubrique a son importance car elle permet de mieux connaître votre personnalité et d'illustrer vos compétences et savoir-être avec des activités en dehors du champ professionnel mais dans lesquelles vous êtes engagé. Elle peut également être un sujet de conversation lors de votre oral.

2 Quelle mise en page adopter ?

Pour faire simple et beau, votre CV doit tenir sur une seule page.

- **Choisissez une police simple**

L'important dans le choix d'une police de caractères, c'est qu'elle soit claire et agréable à lire. Il faut donc s'en tenir à une seule pour le document entier. Concernant la taille de la police, on retrouve souvent du 12 pour le corps du texte, un peu plus grand pour le titre, les intitulés de rubriques et les fonctions exercées. Pour attirer l'attention sur quelques mots, pensez au gras.

- **Optez pour des éléments de graphisme simples**

Pour un rendu aéré, l'utilisation de formes géométriques est recommandée : des lignes horizontales ou verticales, par exemple, des puces, ou encore, des encadrements ou une trame de fond. Quoi qu'il en soit, il faut choisir et se limiter à un ou deux éléments.

- **N'utilisez pas trop de couleurs dans votre CV**

La couleur peut représenter une plus-value si elle est utilisée avec parcimonie.

Remarque

Il est tout à fait possible d'élaborer un CV simple et esthétique avec des logiciels de traitement de texte classique.

Les conseils d'une directrice en ressources humaines

Les recruteurs passent en moyenne 6 secondes sur un CV, il est donc impératif de soigner la présentation pour faciliter la lecture et la compréhension. La clé d'un CV réussi réside dans l'adéquation du profil au poste proposé. Il faut essayer de mettre en avant vos expériences et compétences en rapport avec le poste convoité. Pas la peine de faire compliqué, le mieux c'est d'opter pour un look minimaliste. Les fautes d'orthographes et l'excès d'informations sont à proscrire. Faites un CV qui vous ressemble, qui reflète votre personnalité.

7 Méthodologie
L'entretien avec le jury

1 Déroulé de l'épreuve

La phase d'admission du concours (interne et externe) de Technicien de PTS comporte deux épreuves orales, l'une obligatoire, l'entretien avec le jury, l'autre optionnelle l'épreuve de langue facultative qui vous permettra de récupérer des points. Nous traiterons ici de l'entretien avec le jury.

Pour le concours externe comme pour le concours interne la durée de l'apreuve est de 25 minutes, dont 5 minutes de présentation avec un coefficient de 5 et une note inférieure à 5 sur 20 est éliminatoire.

L'entretien avec le jury débute par une présentation du candidat.

- **Dans le cadre du concours externe cette présentation permet** aux membres du jury d'apprécier ses compétences, ses capacités et ses motivations à exercer les fonctions pour lesquelles il postule.

  Le jury dispose, comme aide à la décision, des résultats aux tests psychotechniques préalablement passés par le candidat et interprétés par un psychologue dont la présence est obligatoire durant l'épreuve d'entretien ; du curriculum vitae détaillé, remis par le candidat au service organisateur du concours à l'attention des membres du jury. Ce curriculum vitae doit faire apparaître les compétences acquises lors du parcours scolaire et extrascolaire.

- **Dans le cadre du concours interne cette présentation permet** aux membres du jury d'apprécier les acquis de son expérience professionnelle, ses compétences, ses capacités et ses motivations à exercer l'emploi sur lequel il postule.

  Le jury dispose, comme aide à la décision, des résultats aux tests psychotechniques préalablement passés par le candidat et interprétés par un psychologue dont la présence est obligatoire durant l'épreuve d'entretien ; du curriculum vitae détaillé, remis par le candidat au service organisateur du concours à l'attention des membres du jury. Ce curriculum vitae devra comporter les études et formations effectuées, les affectations et postes occupés ainsi que les compétences acquises lors du parcours scolaire, extrascolaire ou professionnel.

2 Quelles sont les attentes du jury ?

Lorsque le candidat a passé avec succès les épreuves d'admissibilité, il se présente alors à l'épreuve d'admission. Cette épreuve orale est encadrée tant dans son organisation que son formalisme.

Cette épreuve consiste en un entretien libre avec un jury. Celui-ci est commun au concours interne et externe et est composé de plusieurs personnes provenant de différentes directions d'emplois :

- **un président du jury** (pouvant être le préfet ou le haut-commissaire de la République ou son représentant, généralement il s'agit d'un fonctionnaire issu du Corps de Conception et de Direction) ;
- **un psychologue** ;
- **un ou plusieurs agents de catégorie A ou B** représentant la Direction Centrale de la Police Judiciaire, la Direction Centrale de la Sécurité Publique ou de la Préfecture de Police de Paris ;
- **une ou plusieurs personnalités qualifiées de catégorie A ou B** pouvant relever notamment des Laboratoires de Police Scientifique, des Services Régionaux ou Départementaux de Police Technique et Scientifique ou du Service National de Police Scientifique.

Le candidat doit connaître le métier auquel il se destine ainsi que l'organisation de la Police Scientifique et de la Police Nationale. Il doit également savoir s'exprimer à l'oral, savoir argumenter et avoir une bonne capacité de réflexion.

3 Comment gérer le stress avant son oral ?

Le stress est l'un des principaux facteurs d'échec lors de l'oral de technicien de PTS : trou noir, balbutiement, incompréhension des questions… Il est primordial d'essayer de le contenir afin de ne pas perdre vos moyens le jour J. Voici quelques conseils :

a. Entraînez vous !

Multipliez les présentations orales : devant votre miroir, devant vos proches etc. Peu importe, il faut vous entraîner à vous exprimer oralement, ce qui vous aidera à vous sentir à l'aise le jour J. Le site www.forenseek.fr propose une préparation orale incluant des oraux blancs supervisés par des fonctionnaires de police scientifique. Ces simulations dans des conditions réelles vous permettront de recevoir et partager des conseils, et retours d'expériences de professionnels.

b. Respirez

Respirez de manière fluide afin que votre cerveau reste oxygéné. Des exercices de médiations permettent de réduire le stress et l'anxiété.

c. Ralentissez

Le stress précipite souvent le débit verbal, il est important de prendre votre temps afin d'avoir un discours compréhensible et posé.

4 L'entretien avec le jury

La façon dont vous vous présentez est tout aussi importante que ce que vous allez dire. Il est donc primordial d'adopter une attitude qui traduira le sérieux de votre candidature.

En ce qui concerne votre tenue, celle-ci doit être sobre et soignée. Il faut que vous vous sentiez à l'aise dans vos vêtements tout en gardant à l'esprit que vous vous présentez à un concours de la fonction publique. Par exemple : chemise et veste pour les hommes, tailleur pour les femmes. Évitez les excès d'accessoires.

Lors de l'entrée dans la salle de l'oral, saluez les membres du jury et attendez qu'on vous invite à vous asseoir. Éteignez impérativement votre téléphone portable avant votre entrée en salle.

Présentez vous en vous tenant droit, contrôlez les mouvements de vos mains et prenez soin de regarder chaque membre du jury dans les yeux (sans être toutefois trop insistant). La position générale de votre corps, l'inclinaison de votre tête, la façon dont vous vous positionnez envoient des messages inconscients aux personnes en face de vous, soyez vigilant à cela.

Enfin, il est nécessaire de travailler sur votre voix. Le volume de la voix doit être audible sans être agressif, l'intonation doit varier afin de capter l'attention, il faut donner vie à votre présentation !

Lors de votre échange avec le jury, prenez le temps de réfléchir avant de vous exprimer, répondez de manière ouverte, en développant vos propos. Ne coupez pas la parole aux membres du jury. Si vous ne comprenez pas la question, demandez une reformulation. Enfin, n'hésitez pas à admettre que vous ne connaissez pas une réponse, cela n'est pas rédhibitoire, ne vous laissez pas déstabiliser et continuez votre oral.

A la fin de votre entretien, veillez à remercier le jury.

5 Comment se présenter en 5 minutes ?

Pensez à ces trois questions : Qui ? Pourquoi ? Comment ? Commencez à vous présenter personnellement : nom, âge, origine, situation personnelle (célibataire, marié, avec ou sans enfant etc.).

Rassemblez vos compétences et expériences professionnelles les plus marquantes, expliquez les raisons de vos choix et celles qui vous poussent à vous présenter à ce concours.

Entraînez-vous pour apprendre à dominer votre stress, à poser votre voix, à adapter votre posture et vous pourrez commencer l'entretien et les questions dans le meilleur contexte possible. Il ne faut pas répéter son CV, ni rentrer trop dans le détail. Faites des phrases courtes, structurées, articulez le tout par des mots de liaison, cela permettra au jury de vous suivre facilement et vous évitera de vous perdre dans des phrases trop longues. Lorsque vous offrez trop d'informations ou de précisions à votre interlocuteur, vous risquez de perdre son attention et son intérêt.

Gérez votre temps, 5 minutes sont prévues pour votre présentation. Il faut que votre motivation soit claire. Montrez que vous vous êtes renseignés sur le métier en lisant des ouvrages, en effectuant des recherches sur internet, des podcasts, des émissions, des conférences, des rencontres, etc. Il faut montrer au jury que vous avez une vraie volonté d'intégrer la PTS.

Voici quelques questions récurrentes lors d'examens oraux :

- Combien y a-t-il de laboratoires de PTS en France et où se trouvent-ils ?
- Citez les différents types de service de PTS ?
- Qu'est-ce que la signalisation ? Est-elle systématique ?
- Que signifient les acronymes FAED et FNAEG ?
- Connaissez-vous une technique de révélation des traces papillaires ?

- Pouvez-vous nous citer une affaire dans laquelle la police scientifique a joué un rôle important ?
- Comment appréhendez-vous la confrontation à la mort ? (question préférée des psychologues, presque personne n'y échappe)
- Quels sont vos hobbies ?
- Citez 3 de vos qualités et 3 de vos défauts.
- Qui est le Ministre de l'Intérieur actuel ?
- Qui est le chef de la Police Scientifique ?
- Où se situe le siège de la Police Scientifique ?
- Pourquoi avoir choisi la Police Scientifique ?
- Quel service voulez-vous intégrer ?
- Pourquoi avoir quitté votre dernier emploi ?
- Pourquoi ne pas avoir continué dans votre domaine d'étude ?
- Comment comptez-vous concilier votre vie de famille et votre emploi ?
- Etes vous prêt à accepter un poste dans un quartier dit « sensible » ?

Entraînement

1. De quel ministère dépend la Direction Générale de la Police Nationale ?

❒ **A.** Ministère de l'Intérieur

❒ **B.** Ministère de la Justice

❒ **C.** Ministère de la Transformation et de la Fonction Publique

2. Que signifie DZPJ ?

❒ **A.** La Direction Zonale du Pôle Judiciaire

❒ **B.** Le District Zonal de Police Judiciaire

❒ **C.** La Direction Zonale de Police Judiciaire

❒ **D.** Le District Zonal du Pôle Judiciaire

3. Hiérarchisez ces grades de la police nationale :

A. Capitaine de Police / **B.** Gardien de la Paix / **C.** Brigadier-Chef / **D.** Commissaire Divisionnaire

4. A quoi sert la signalisation ?

❒ **A.** Signaler un individu suspect

❒ **B.** Enregistrer la plainte d'un individu

❒ **C.** Photographier, relever l'ADN et prendre les empreintes d'un individu

5. Quelle est la norme d'accréditation des laboratoires de police scientifique ?

❒ **A.** ISO17020 ❒ **B.** ISO17021 ❒ **C.** ISO17025

6. Quel est le rythme horaire des fonctionnaires de police technique et scientifique ?

❒ **A.** 35 h ❒ **B.** 40 h 30 ❒ **C.** 43 h 30

7. Que signifie le F.A.E.D ?

❒ **A.** Fichier Automatisé des Empreintes Digitales

❒ **B.** Fichier Annexe des Empreintes Digitales

❒ **C.** Fichier des Affaires et des Empreintes Digitales

8. Lequel de ces fonctionnaires peut à lui seul placer un individu en garde à vue ?

❒ **A.** L'Officier de Police Judiciaire

❒ **B.** Le Technicien en Chef de Police technique et Scientifique

❒ **C.** L'Agent de Police Judiciaire

9. En combien de phases se décompose l'intervention sur une scène de crime ?

❒ **A.** 2 phases ❒ **B.** 3 phases ❒ **C.** 4 phases

10. A quoi sert le Bluestar ?

❒ **A.** Révéler des traces papillaires latentes

❒ **B.** Révéler des traces de sang latentes

❒ **C.** Révéler des traces de sueur latentes

11. Qu'est ce qui risque d'altérer l'ADN ?

❒ **A.** La sécheresse ❒ **B.** L'humidité ❒ **C.** Le froid ❒ **D.** La lumière

12. Une trace papillaire possédant 10 points caractéristiques, est-elle exploitable ?

❒ **A.** oui ❒ **B.** non

13. A quoi sert le FNIB ?

❒ **A.** Rechercher les numéros de balises

❒ **B.** Rechercher des antériorités balistiques

❒ **C.** Rechercher les numéros de séries d'armes à feu

14. Combien de personnes sont enregistrées au FNAEG ?

❒ **A.** 5,9 millions ❒ **B.** 6,3 millions ❒ **C.** 3,5 millions

15. Qu'est ce que la fixation des lieux ?

❒ **A.** Mettre de la rubalise jaune sur la scène de crime

❒ **B.** Poser des cavaliers numérotés sur les traces et indices

❒ **C.** Prendre des photographies et réaliser un plan de la scène de crime

16. Classer ces catégories d'infraction de la moins grave à la plus grave :

❒ **A.** Délit ❒ **B.** Crime ❒ **C.** Contravention

Corrigé

1. **Réponse A.** Ministère de l'Intérieur.
2. **Réponse C.** Direction Zonale de Police Judiciaire.
3. **B-C-A-D.** Gardien de la Paix, Brigadier-chef, Capitaine de Police, Commissaire Divisionnaire.
4. **Réponse C.** Photographier et prendre les empreintes d'un individu.
5. **Réponse C.** ISO17025
6. **Réponse B.** 40 h 30.
7. **Réponse A.** Fichier Automatisé des Empreintes Digitales.
8. **Réponse A.** L'Officier de Police Judiciaire.
9. **Réponse C.** 4 phases.
10. **Réponse B.** Révéler des traces de sang latentes.
11. **Réponses B. et D.** L'humidité et la lumière.
12. **Réponse B.** Non il faut au minimum 12 points.
13. **Réponse B.** Recherche des antériorités balistiques.
14. **Réponse C.** 3,5 millions de personnes.
15. **Réponse C.** Prendre des photographies et réaliser un plan de la scène de crime.
16. **Réponse C-A-B.** Contravention – Délit – Crime.

Épreuve orale d'admission n° 2

Épreuve facultative de langue

(Alexandre Missul)

- Présentation de l'épreuve
- Conseils et méthode

15 minutes • Coef 1

1 Méthodologie
Présentation de l'épreuve

1 Généralités

Comme toute épreuve de concours de la fonction publique, bien que n'étant que facultative, l'épreuve de langue n'est pas à prendre à la légère. Dans un concours, tous les points comptent. La différence entre la réussite et l'échec se jouent parfois à peu. Rappelez-vous que seuls les meilleurs sont pris selon le nombre de place. Cette épreuve d'oral ne déroge donc pas à la règle. Si vous choisissez de la passer, il faut donc arriver préparé.

Dans le cadre de cet ouvrage, nous nous focaliserons sur la langue anglaise.

Cet oral ne présente aucune difficulté. Vous n'êtes pas recruté pour devenir professeur d'anglais. Il s'agit ici d'obtenir des points supplémentaires (seuls les points supérieurs à la moyenne comptent) à travers une simple discussion avec un examinateur qui est un professionnel de la sécurité et non pas un enseignant.

Comme n'importe quelle épreuve de jury, vous allez être convoqué à une heure fixe, le matin ou en début d'après-midi. L'épreuve d'anglais se passe en même temps que votre grand oral devant le jury, soit avant, soit après, selon les heures d'appel et de passage.

Certes, il est difficile de se concentrer sur une épreuve importante comme l'entretien avec le jury et de garder à l'esprit – voire de garder un peu d'énergie et de motivation – pour une épreuve facultative. Encore une fois, il s'agit d'un concours, et vous devez faire mieux que les autres candidats, chaque point compte.

Selon le nombre de candidats et le temps imparti, vous pouvez avoir un ou plusieurs examinateurs. Chaque examinateur peut avoir une liste de candidats à faire passer ou simplement faire appeler les candidats à la suite de façon aléatoire.

Votre grand oral avec le jury, épreuve principale de la journée, déterminera votre passage à l'oral.

En salle d'examen, vous pouvez vous retrouver seul avec l'examinateur ou, selon la configuration des locaux d'examen, avec deux examinateurs et candidats dans la même salle. Ce n'est évidemment pas la solution la plus aisée en termes de confort mais reste tout de même peu contraignant, les candidats ayant rarement le verbe haut dans ses moments. Le maître mot est : **concentration**. Si c'est le cas, faites abstration de votre camarade candidat.

Dans un cas ou dans un autre, vous serez invité à vous assoir et, après une probable brève vérification de votre identité (pensez donc à avoir avec vous convocation et pièce-d'identité en salle), l'examinateur vous invitera, en anglais, à vous présenter. C'est à ce moment que débutera votre examen.

L'examinateur est maître de votre évaluation, il réagira donc en fonction de vos capacités. Il n'y a pas de déroulé d'examen similaire car chaque candidat est différent.

À noter

Il est généralement attendu que vous fassiez une présentation exhautive de vous-même, votre vie personnelle, vos études, les raisons de votre présence, vos passions, tous sujets qui puissent vous permettre **de faire des phrases** et de vous exprimer en anglais. L'objectif est de pouvoir démontrer à l'examinateur vos capacités.

Après votre présentation, qui devra être ni trop courte ni trop longue, votre examen se poursuivra par un dialogue, des questions posées par l'examinateur qui réagira à ce que vous venez de dire ou peut tout aussi orienter sur un autre sujet, en général en fonction de votre niveau.

À retenir

Gardez à l'esprit que l'examinateur s'interesse en fait très peu au contenu de vos réponses. Il n'est pas là pour apprendre à vous connaître et ses questions n'ont pour objet que de vous faire parler, de pratiquer et **donc d'évaluer** aussi bien votre vocabulaire, votre grammaire, votre élocution ou votre aisance. Ce sont ces critères qui vont lui permettre de mettre une note, pas le sujet de vos discussions.

Sachez aussi que l'examinateur n'est pas un tortionnaire, il va vous aider à vous exprimer en posant des questions adaptées à votre niveau. Si toutefois cela se passe mal, il ne vous gardera pendant 15 minutes à vous regarder dans le blanc des yeux en attendant qu'un son puisse sortir de votre bouche. Ne soyez pas impressioné, n'ayez pas peur de vous exprimer.

Si vous arrivez à avoir un échange correct, l'épreuve se déroule assez vite, il faut donc maximiser votre temps de parole pour démontrer vos connaissances.

2 Comment votre note est-elle est déterminée ?

Cet examen étant faculatif, seules les notes au dessus de la moyenne (au dessus de 10/20) viendront apporter un plus à votre moyenne générale. Avoir un zéro pointé comme un joli 10 revient à la même chose : pas de point supplémentaire. Visez donc assez haut pour ne pas perdre votre temps et votre énergie dans la préparation de cette épreuve.

Bien que répondant à un cadre et des consignes générales du bureau du recrutement, la notation de chaque examinateur reste subjective. Il n'est pas anormal de voir quelques différences entre candidats de même niveau à la hausse ou la baisse. C'est propre à chaque épreuve y compris dans l'Éducation nationale. Pas d'inquiétude non plus, les examinateurs ont tendance à être bienveillants et, généralement, les notes sont plutôt en votre faveur.

N'essayez pas de comparer vos notes du collège et du lycée, les examinateurs ne sont pas des professeurs. Il n'est pas rare que des candidats qui n'avaient pas la moyenne à l'école, arrivent à décrocher quelques points lors de cet examen. Restez confiants et motivés.

Le premier des critères qui va déterminer votre note est avant tout la maîtrise du vocabulaire. Sans le vocabulaire, pas de phrase, pas d'expression orale, pas d'examen.

Le suivant sera la grammaire simple (une phrase au présent avec sujet, verbe, complément), puis la grammaire complexe (phrases au passé ou futur, conditionnel, utilisations d'adverbes, etc.).

Enfin, pour ceux qui flirteront avec les meilleures notes, la différence se fera sur l'aisance, la diction ou encore l'accent mais aussi le vocabulaire complexe, voire spécialisé ou professionel.

Certains examinateurs peuvent aussi mettre des notes décimales, comme 10,5 par exemple. C'est une notation acceptée et parfois une aide qui permet de différencier des candidats oscillant à un même niveau.

2 Méthodologie
Conseils et méthode

C'est une épreuve facultative certes, mais vous avez fait le choix de la passer, ne la prenez pas à la légère.

Dans votre long travail de préparation au concours et des différentes épreuves, ne passez pas trop de temps dessus, priorisez vos efforts, mais venez préparé. Il ne faut pas grand-chose pour bien réussir.

Le premier écueil à éviter est l'excès de confiance. Certains candidats qui se pensent confiants et sûrs de leurs capacités perdent leurs moyens et leur belle assurance une fois l'épreuve commencée, faute de préparation, ne sachant quoi dire, cherchant leurs mots et se noyant dans le stress. Les examinateurs repèrent vite les candidats venus les mains dans les poches et oublient vite, dans ce cas, leur bienveillance.

Une préparation pendant une ou deux journées pleines, selon votre niveau, semble suffisant, quitte à vous faire aider par votre entourage qui maîtrise davantage la langue.

Chaque examinateur est différent mais pensez que plus vous monopolisez la parole, au travers de phrases intelligibles, moins vous aurez à faire face à une discussion ou des questions portant sur un sujet pour lequel vous maîtrisez mal le vocabulaire.

Votre attitude compte également. N'oubliez pas, c'est une épreuve, ne gardez pas vos mains dans vos poches, posez-les sur la table. Évitez de trembler. Ne soyez pas avachi sur la chaise. Une bonne tenue permet également de rester concentré. Une mauvaise attitude, même avec une belle maîtrise de la langue, peut vous faire perdre des précieux points.

Il est évident que certains réussiront mieux que d'autres mais même si vous pensez avoir raté l'épreuve, si l'examen s'est visiblement mal passé, remettez-vous. Si votre grand oral avec le jury se déroule bien, c'est lui qui détermine votre réussite au concours, pas l'examen de langue. Ne développez donc pas trop de stress pour cette épreuve.

1 Les premières reflexions

Si vous ne parlez pas la langue, ne venez pas ! Certains candidats pensent qu'un éclair de génie les frappera pendant l'épreuve et leur fera grappiller des points. Hélas non. Si vous savez à peine prononcer votre nom et ne savez pas conjuguer le verbe être ou avoir au présent, ne perdez pas votre temps, et ne faites pas perdre celui de l'examinateur. Si vous n'avez jamais étudié la langue, ne tentez pas votre chance, ce n'est pas le lieu.

Maintenant, si vous avez pratiqué au collège et lycée, mais que vous êtes rouillé ou n'étiez pas le premier de la classe, un peu de préparation et de motivation peuvent être récompensés par un point ou deux assez facilement, en étant bien préparé bien évidemment.

Pour ceux qui se débrouillaient assez bien ou pour les lecteurs assidus de Shakespeare, une bonne préparation vous permettra de prendre beaucoup de points et ainsi d'avoir rationnalisé vos efforts.

2 Les premiers axes de préparation

Quel que soit votre niveau, il est conseillé de préparer un texte, votre présentation, que vous pourrez apprendre par cœur ou vous servir uniquement comme guide mémoriel vous permettant d'orienter la discussion.

Faites des phrases, faites des phrases, faites des phrases !!! Pourquoi le dire trois fois ? Car c'est la base de votre examen.

Faites des phrases dans votre présentation, faites des phrases en répondant aux questions.

Exemple

My hobbies are: cinema, tennis, swimming, skiing (etc.).

C'est bien de connaître le vocabulaire, mais cela ne reste qu'une énumeration de mots.

I like to watch movies and to play tennis. I often go to the swimming pool and I enjoy skiing in the Alps.

Vous faites deux phrases simples au présent avec du vocabulaire et une grammaire maîtrisés.

Mais surtout, si l'examinateur vous pose une question comme « What are your hobbies? », ne répondez pas : « books » ou « my dog », faites une belle phrase :

I like to read books ou *I love my dog and enjoy spending time with it.*

À retenir

Votre présentation doit être la base de votre préparation.

Vous avez le temps chez vous de déterminer ce que vous voulez dire, ou ne pas dire. Évitez les sujets dont vous ne maîtrisez pas le vocabulaire. Une succession de phrases simples valent mieux qu'une tentative mal maîtrisée d'une phrase complexe.

Restez maître du sujet et de la conversation le plus longtemps possible. Plus vous vous exprimez, plus vous restez sur du vocabulaire choisi et pouvez masquer certaines lacunes. À partir du moment où l'examinateur prend le contrôle de la discussion, le risque est qu'il vous ammène vers un sujet non maîtrisé qui va lui faire prendre conscience de vos faiblesses.

Faites donc attention dans votre présentation à ne pas ouvrir le champ des questions possibles vers un sujet non souhaité. Si vous aimez lire des livres ou faire du sport, attendez à des questions comme :

What kind of books do you read? What kind of sport do you practice?

Ne soyez pas surpris par ces questions et soyez préparé à y répondre, en faisant des phrases :

I like to read novels and science-fiction, I practice judo and I have a black belt ou plus complexe *I have been practicing judo for 10 years and I have reached the black belt level.*

Évitez d'inventer. Si vous dites aimer la lecture ou le cinema, il faudra savoir répondre aux questions comme :

What is the last book you read? What is the last movie you watched?

Évitez de répondre ***I don't remember***, c'est juste mais un peu agaçant et l'examinateur pourrait vouloir vous retirer un demi point.

Si vous aimez un sujet, restez dessus. Faites donc des phrases courtes et simples.

Ne vous inquietez pas, hormis pour les plus doués afin de les pousser dans leurs limites, l'examinateur ne va pas vous demander votre avis sur les conclusions du dernier G7 et son impact dans les relations internationales actuelles. Il n'est pas là pour vous piéger. Si vous n'ouvrez pas la porte vers un sujet, il y a peu de chance que l'examinateur vous y conduise.

a. Rédiger sa présentation et bien commencer

« My name is Charlotte and I **have** 22 years old ». Autant dire que si vous commencez comme ça, c'est mal parti. En anglais, c'est le verbe <u>être</u> qui sert à donner son age : « I **am** 22 years old ». Cela semble pourtant simple mais c'est une erreur que l'on rencontre le plus souvent et qui en général va déterminer la suite de la conduite de l'examen. Cela montre aussi à l'examinateur votre degré de préparation.

Pour une bonne présentation, que vos phrases soient simples ou complexes, il est conseillé de commencer par votre nom, votre âge et votre lieu de résidence. Vous pouvez décrire votre lieu de vie, maison ou appartement et les personnes avec lesquelles vous vivez, comme vos parents, frères et sœurs ou votre partenaire. Vous pouvez parler de vos études et votre motivation à rejoindre la Police nationale. Les raisons qui vont ont conduit à passer ce concours, vos passions et ce qui occupe vos journées.

Voici un exemple assez basique. Si vous pensez avoir une maîtrise suffisante, construisez votre discours autour en augmentant les détails et la complexité de vos phrases.

Good morning/Good afternoon Sir/Ma'am. Thank you for having me. My name is Arthur. I am 20 years old. I live in Melun, a small town near Paris. I live with my parents and my little sister in an appartment close to the train station. We have a dog called Zac. I am here today to pass my English exam and to try to join the National Police forensic division. I have studied biology at the University of Paris. My hobbies are cinema, sport and spending my time with my friends. I don't have a job right now.

Évidemment, évitez de réciter cela comme une poésie car en 5 minutes vous n'aurez plus rien à dire et rappelez-vous, ce n'est pas ce que vous dites qui détermine votre évaluation mais votre faculté à le dire dans un anglais juste.

Si vous avez des lacunes à composer le texte en anglais de vous-même, rédigez-le d'abord en français, mettez toutes vos idées par écrit, puis traduisez chaque mot de vocabulaire, en faisant attention aux faux amis. Préférez un bon vieux dictionnaire que les sites internet de traduction libre dont la pertinence ou le sens ne sont pas toujours au rendez-vous. Ensuite, conjuguez vos verbes en faisant attention au temps utilisé. Plus votre texte en français sera simple, plus facile sera la traduction et sa diction en anglais.

Si vous n'avez pas de difficultés, mettre par écrit les phrases complexes vous aidera quoi qu'il arrive à organiser vos idées, et sans doute à pointer, puis corriger, les éventuelles fautes de grammaire ou de syntaxe.

Quel que soit votre niveau, cette préparation vous aidera sans nul doute face à l'examinateur et à votre stress durant l'épreuve.

Si vous êtes vraiment à l'aise et maîtrisez la langue, l'examinateur appréciera davantage une bonne discussion qu'une simple récitation. Il arrive parfois que l'examinateur arrête les meilleurs candidats dans leur présentation car il n'y a aucun doute sur leur capacité à s'exprimer de manière basique. Pour les meilleurs, il n'est pas rare que la discussion se termine autour des sujets d'actualités.

Quoiqu'il en soit, ne vous lancez pas dans des grandes tirades interminables, cela peut faire beau sur le papier mais n'oubliez pas que l'épreuve est un échange entre vous et l'examinateur. Au moment de l'examen, avec le stress, cela risque d'être trop complexe – vous perdrez le fil et votre vocabulaire – ou cela sera vu comme une tentative trop évidente de garder la parole. Restez sur des phrases courtes, simples ou complexes.

À retenir

Ce n'est pas ce que vous dites qui détermine votre évaluation mais votre faculté à le dire dans un anglais juste.

b. Passer au niveau supérieur : since, for, ago

Ces trois petits adverbes sont la base pour la création de phrases complexes dans une présentation. Il faut donc maîtriser les règles grammaticales de leur utilisation. Si ce n'est pas le cas, restez sur des phrases simples. Une phrase simple sera plus appréciée qu'une phrase complexe non maîtrisée.

I have been living in Melun since 2010.

I have been studying biology for two years.

c. Rester au niveau : la maîtrise du temps

Si vous vous lancez dans les phrases complexes, il faut absolument qu'elles aient un sens, sinon c'est du charabia. Vous risquez de perdre des points avec des phrases évoquant le passé ou le futur et non conjuguées. Si l'examinateur passe son temps à essayer de déchiffrer le sens de vos phrases, votre note va rapidement chuter.

Révisez l'utilisation du futur et du passé, en n'oubliant pas de revoir les verbes irréguliers qui peuvent poser des difficultés.

d. Finaliser sa préparation : la bonne pratique

Quand vous aurez terminé votre présentation, ne la laissez pas de côté. Revoyez-la jusqu'au jour de l'épreuve. Plus vous l'aurez pratiquée à l'oral, plus à l'aise vous serez devant l'examinateur.

Entraînez-vous avec votre entourage. Pratiquez et repratiquez cet exercice. Prononcez les mots à voix haute, cela vous aidera devant l'examinateur. Si quelqu'un parle anglais parmi vos proches ou collègues, demandez-lui de vous écouter.

Attention toutefois aux mauvais conseils. Restez confiant en votre présentation. Peaufinez simplement votre production et votre élocution.

3 Quelques conseils pratiques pour la discussion

Il est très difficile de vous orienter sur cette partie finale de l'épreuve qui est vraiment très aléatoire selon l'examinateur et le candidat. C'est un échange unique entre vous deux en fonction de vos capacités. Rappelez-vous que cette votre présentation qui détermine la teneur de vos échanges.

Il y a de très fortes chances toutefois que les questions posées soient issues des portes ouvertes dans votre présentation, d'où la nécessité de l'avoir préparée.

Si vous ouvez des portes, soyez prêt à en maîtriser le vocabulaire :

- si vous avec actuellement un travail, soyez prêt à en parler, à le décrire ;
- si vous faites des études en rapport avec le concours, soyez prêt à en parler.
- Connaissez notammment la bonne traduction de vos diplômes. Exemple : un baccalauréat, n'est pas un *bachelor*, qui est l'équivalent d'une licence.
- Il est aussi très probable que l'on vous demande quelles sont vos motivations. Même si vous avez préparé une petite phrase durant votre introduction, l'examinateur voudra sans doute tester vos capacités et vos facultés d'expression en la matière.

a. Memo des phrases basiques à connaître lors de cet entretien

Bien saluer	Se présenter	S'exprimer	Quitter l'examen
Hello Sir, Mam', Good morning, Good afternoon	My name is, I am 20 years old, I live in, with my parents, alone, I have a boyfriend, a girlfriend	I am here because I want to join the police, I want to help the community, I want to work in forensic,	Thank you for your time, Goodbye, Have a good day,
	I have a brother, a sister, a dog, a cat, a fish,	I have studied biology, public law	
	I like to read, to watch movies, to go out with my friends, to practice a sport,	I want to serve the public, I want to be useful, I want to be a forensic investigator,	

b. dernières consignes générales importantes

Soyez motivé, même si votre niveau n'est pas formidable, apprenez à vous surpasser, soyez convaincu que les quelques points grapillés peuvent vraiment faire la différence.

Regardez l'examinateur dans les yeux. Ne détournez pas le regard vers les oiseaux sur l'arbre à l'extérieur de la salle d'examen… Soyez concentré.

Évitez un comportement et des propos familiers. Comme pour le grand oral, il s'agit ici d'une épreuve d'un concours de la fonction publique. Même si la bonne humeur est appréciée pendant les échanges, vous n'échangez pas avec vos amis.

Le pire dans cette épreuve est de penser que vos quelques mots d'anglais, bien mal maîtrisés, vont vous faire gagner quelques points. Sans préparation, vous ne tiendrez que quelques minutes. Une bonne préparation ne nécessite pas beaucoup d'efforts et fait vraiment la différence entre les candidats. Soyez rigoureux, mettez toutes les chances de votre côté.

Entraînement

À noter

N'oubliez pas que l'essentiel est de bien se préparer, votre objectif sera de faire une présentation suffisament longue, dans un anglais, simple ou complexe, mais juste, en maîtrisant ce que vous dites afin que les échanges ou les questions de l'examinateur soient orientées sur un sujet dont le vocabulaire est maîtrisé.

Voici quelques exemples de questions et des orientations pour y répondre. Gardez à l'esprit toutefois que chaque échange est unique et dépend de l'examinateur et du niveau du candidat.

Vos réponses doivent être formulées dans une grammaire juste et un bon vocabulaire. Les réponses les plus simples sont souvent les meilleures. N'inventez pas une vie imaginaire et surtout : faites des phrase !

1 Les questions liées à l'introduction et à la présentation

Ces questions sont celles qui peuvent revenir le plus souvent, surtout pour les candidats qui ne disposent pas du meilleur niveau et qui peuvent avoir besoin d'un coup de pouce pour se lancer.

- **Can you introduce yourself? Can you tell me about yourself?**

C'est **LA** question de base qui va vous inviter à vous lancer dans votre présentation. Rien de compliqué ici. Vous pouvez répondre « of course », cela montrera que vous êtes à l'aise puis vous lancer dans votre présentation préparée. « Thank you for having me » est aussi une bonne façon de démarrer.

My name is Charlotte, I am 20 years old. I am single and I live with my parents/with my boyfriend/alone. I come from Marseille but I live in Paris. I don't have a job. I am here today to look for one.

- **Can you tell me more about your family/your studies?**

Ici, l'examinateur souhaite mesurer votre degré de connaissance du vocabulaire basique sur ces sujets pour vous tester. Vous pouvez répondre par exemple :

My father is a postman, my mother is a nurse. I have a little sister who is still in high school. She wants to be a doctor. She is very smart for her age. We live all together in a house near Paris. We have a dog and I very much enjoy to play with him.

I study/I have studied/I have been studying for 3 years biology/physics at the Universty of Paris. I like this very much that's why I want to join the National Police forensic division. I always enjoyed this matter at the high school and always wanted to work in that field.

- **Can you tell me more about the place you live?**

Ici, l'examinateur souhaite que vous lui decriviez votre lieu de vie. Vous pouvez répondre par exemple :

I live in a small house near the train station of the city of Melun. We have two bedrooms, one living room and a kitchen. It is a house with only one floor. We don't have stairs. I live in the same bedroom than my sister.

I live in a big apartment just outside the city of Melun. My sister and I have our own bedrooms.

I live with my boyfriend, a small appartement, we have a dog.

I live alone in a tiny apartment in the center of Paris. I have a cat.

- **Can you describe me your current job? Can you tell me more about your job?**

Ici, il vous est demandé de décrire votre éventuel métier actuel :

I work in a private laboratory. I like it, I have a salary and I can pay the rent but I really want to be usefull to the communauty by becoming a forensic technician.

I work as salesman in a shop in Paris. I don't like it. This is not what I have studied at the university that's why I want to join the Police, to serve the public by becoming a forensic investigator.

I don't have a job. I have done few interships into laboratories and one in the Police Forensic Laboraory of Paris. This is when I realize that was the job I wanted to do.

- **Can you tell me more about what you do when you are not working/not studying? What are you hobbies/Tell me more about what you like to do in your life?**

L'examinateur souhaite en savoir plus sur vos loisirs :

I like to read books. I prefer novels. The last one is about a criminal investigation. I very much liked it. I would recommend it. I read around one book per month. I rather borrow them at the library than to buy them.

I like to watch movies and tv shows. Those I prefer are about criminal investigations of course. I very much like the CSI series even if I know very well that nothing correspond to the reality of a police forensic division.

I practice a lot of sport. I enjoy running everytime I can. I love skying during the winter. I go to a ski resort every year. I like to swim. I pratice martial arts, it helps me to think and stay focus in my studies/my work.

I enjoy going out with my friends. We talk a lot, share our thoughts about life, what we want to do and have fun together. I don't drink. I drink sometimes but not a lot. It doesn't help to stay focus.

Rappelez-vous ne pas ouvrir trop de portes dans vos réponses qui peuvent amener d'autres questions. Faites des phrases simples courtes et évitez d'aller vous-même vers un sujet que vous n'avez pas préparé et dont vous ne maîtrisez pas le vocabulaire.

2 les questions liées à l'échange

Ces questions seront surtout destinées à des candidats qui ont bien maîtrisé leur présentation basique et pour lesquels l'examinateur voudra tester les capacités au-delà la préparation réalisée.

La première interrogation essentielle qui revient souvent concerne vos motivations :

- **Can/could you tell me why you would like to join the National Police Forensic Department?**

C'est la réponse à bien preparer. C'est aussi une question posée à votre grand oral, donc vous devriez avoir la réponse en français, il suffira de bien la traduire en anglais.

Conseil

Évitez de dire que ce sont les films ou les series TV qui vous ont motivé à rentrer dans la police ou expliquez bien que vous avez bien conscience qu'il s'agit d'un diverstissement et non de la réalité. Vous pouvez toujours donner votre opinion, l'essentiel étant de vous exprimer dans un anglais juste.

I would like to join the National Police Forensic Department because I want to do a job where I will be usefull to the community. Where I would be able to serve the public in doing a job I like and that I have studied for. I really enjoy being able to connect science with a criminal investigation. Nowadays, almost all the cases have a need of forensic analysis. I became passionate watching movies about it, but I am very much aware that everything on TV is not true and that is not possible to solve a crime within one hour. Nevertheless, that will be great if that would be possible. I would love to bring my expertise to the force and participate to the improvements of the technology and made the forensic police a connected force.

Ceci n'est qu'un exemple de texte. Restez vous-même dans vos propos.

Les questions suivantes seront abordées avec des candidats plus à l'aise.

- **What do you know about the National Police? What can you tell me about the job of a forensic agent?**

Ici, l'examinateur va tester aussi bien votre connaissance de l'emploi pour lequel vous postulez que votre faculté à l'exprimer en anglais.

The National Police is a civilian force instead of the Gendarmerie which is a military force. The police and the gendarmerie oversee the law enforcement in France. The police covers mainly the cities. They have uniformed patrol division, investigative division, anti-riot division and of course a forensic division.

The job of a forensic agent is to help the investigations in many ways, either on the crime scene, to collect evidences, that at the laboratory to analyse the results and write reports to the agent in charge of the case.

Une question peut également souvent revenir si vous êtes sur-diplômé, l'examinateur va vous demander pourquoi avoir choisi ce concours. Il vous demandera d'argumenter et non plus de simplement décrire une situation.

- **You said you have a bachelor/master degree, don't you think you are over graduated for that job? Don't you think you will get bored? Why don't look after a job in the private sector?**

I may have a better degree than needed for that job but I like the idea to learn from the base, learn from the experience. I want to advance step by step in my carreer. My degree will help me to pass internal exams once I am already experienced.

I have applied also to other exams and I like to cultivate different options/I did applied for another job.

I will feel myself very lucky to get that job I will never get bored because you always learn from others. You have so many areas of expertise into the Forensic police than you cannot be bored.

I am not interested by a job in the private sector. That job is boring. You are in a laboratory without a goal. You are not part of something moving forward. You don't feel useful to others. Working as the technician in a laboratory will be far less exciting than to work, to participate to a criminal investigation.

Pour les meilleurs candidats, les questions seront vraiment très variées afin de vous pousser dans vos limites. Des questions d'actualité comme des questions personnelles, qui fusent assez vite, peuvent être posées. Soyez prêt à un dialogue très vivace. Si tel est le cas, sachez que vous allez flirter avec les meilleures notes, la différence sera votre bonne utilisation des phrases complexes, votre vocabulaire technique, votre fluidité et votre bonne intonation.

- **What do think you about the current situation in France and all the social troubles that we have seen those last years? What do you think about the decision to remove Forensic division from the Judicial Police and to create an independant service? How do you see the future of the Forensic Police? In which forensic unit/in which area of expertise, would you like to work and why?**

Pas vraiment de piste ici. Si vous arrivez à cette étape, vous n'avez pas besoin d'orientation afin de pouvoir y répondre, vous avez surement le bagage grammatical et lexical pour y faire face sinon l'examinateur ne vous y conduira pas. Toutefois, si le sujet ne vous intéresse pas, essayez habillement d'en changer :

I have no opinion on the matter.

I don't know what to think about that.

I didn't follow that matter. I was focused on my studies/into the preparation of this exam.

I rather think about pleasant topics than that.

L'objectif de l'examinateur étant de vous faire parler, il va orienter l'échange ailleurs sans vous pénaliser. Toutefois, évitez d'abuser de cette astuce sur chaque question.

Ne soyez pas trop pressé, prenez le temps de la réponse. Soyez souriant. La fluidite de vos réponses va vous faire gagner des points en démontrant votre aisance. Cet examen n'est que du bonus, pas de stress inutile. Soyez confiant en vos capacités.

3 Petit lexique technique de survie

Le vocabulaire est la clef de votre dialogue. Une grammaire simple, via des phrases courtes n'est pas difficile à maîtriser à l'aide des verbes être (to be) et avoir (to have). Toutefois, sans vocabulaire, pas de phrases, pas d'échange, pas d'examen.

Avant de rédiger votre présentation, il est fortement conseillé de rassembler tout le vocabulaire essentiel à votre introduction et aux questions possibles, en français si nécessaire, puis de le traduire. Voici quelques éléments, non exhaustifs, à connaître car il y a de fortes chances qu'ils apparaissent au cours de votre échange.

Français	Anglais
Le ministère de l'Intérieur et sa police nationale	The Ministry of the Interior and its National Police
Le service central de police technique et scientifique (SCPTS)	Forensic Police Division/Department
La direction centrale de la police judiciaire (DCPJ)	Central Directorate for Judicial Police
Agent spécialisé de la police technique et scientifique	Forensic agent
Technicien de la police technique et scientifique	Forensic expert/technician
Ingénieur de la police technique et scientifique	Forensic engineer
Gardien de la paix	Police officer
Officier de police	Commanding officer
Commissaire de police	Executive officer/Police Commissioner
Laboratoire(s)	Laboratory/laboratories
Preuve	Evidence
Scène de crime	Crime scene
Service d'enquête	Investigative unit
Collecter/analyser	To collect/analyse
Rendre un rapport/des conclusions	To write a report/to give conclusions
Faire un acte légal	To make a lawful/legal report
Candidater	To apply for a/this job
Les études scientifiques	Scientific studies
Baccalaureat	High school degree
Licence	Bachelor degree
Master 2	Master degree
Être motivé à rejoindre la police/à devenir ASPTS	To be motivated to join the Police/to become a Forensic agent
Faire un stage	to do an intership

Annexe n° 1

Table des valeurs de la fonction $G(t)$

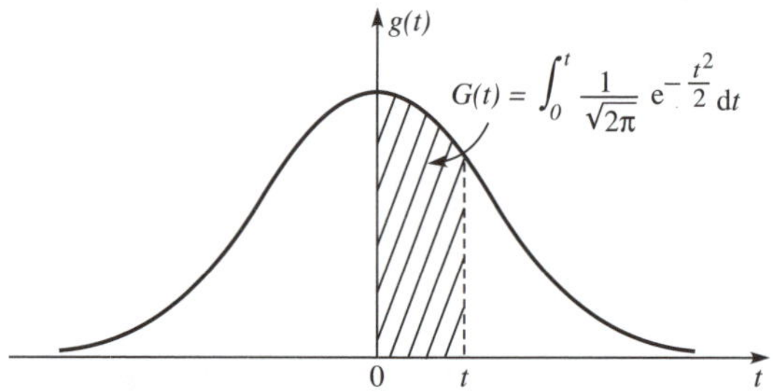

t	0	1	2	3	4	5	6	7	8	9
0,0	,0000	,0040	,0080	,0120	,0160	,0199	,0239	,0279	,0319	,0359
0,1	,0398	,0438	,0478	,0517	,0557	,0596	,0636	,0675	,0714	,0754
0,2	,0793	,0832	,0871	,0910	,0948	,0987	,1026	,1064	,1103	,1141
0,3	,1179	,1217	,1255	,1293	,1331	,1368	,1406	,1443	,1480	,1517
0,4	,1554	,1591	,1628	,1664	,1700	,1736	,1772	,1808	,1844	,1879
0,5	,1915	,1950	,1985	,2019	,2054	,2088	,2123	,2157	,2190	,2224
0,6	,2258	,2291	,2324	,2357	,2389	,2422	,2454	,2486	,2518	,2549
0,7	,2580	,2612	,2642	,2673	,2704	,2734	,2764	,2794	,2823	,2852
0,8	,2881	,2910	,2939	,2967	,2996	,3023	,3051	,3078	,3106	,3133
0,9	,3159	,3186	,3212	,3238	,3264	,3289	,3315	,3340	,3365	,3389
1,0	,3413	,3438	,3461	,3485	,3508	,3531	,3554	,3577	,3599	,3621
1,1	,3643	,3665	,3686	,3708	,3729	,3749	,3770	,3790	,3810	,3830
1,2	,3849	,3869	,3888	,3907	,3925	,3944	,3962	,3980	,3997	,4015
1,3	,4032	,4049	,4066	,4082	,4099	,4115	,4131	,4147	,4162	,4177
1,4	,4192	,4207	,4222	,4236	,4251	,4265	,4279	,4292	,4306	,4319
1,5	,4332	,4345	,4357	,4370	,4382	,4394	,4406	,4418	,4429	,4441
1,6	,4452	,4463	,4474	,4484	,4495	,4505	,4515	,4525	,4535	,4545
1,7	,4554	,4564	,4573	,4582	,4591	,4599	,4608	,4616	,4625	,4633
1,8	,4641	,4649	,4656	,4664	,4671	,4678	,4686	,4693	,4699	,4706

t	0	1	2	3	4	5	6	7	8	9
1,9	,4713	,4719	,4726	,4732	,4738	,4744	,4750	,4756	,4761	,4767
2,0	,4772	,4778	,4783	,4788	,4793	,4798	,4803	,4808	,4812	,4817
2,1	,4821	,4826	,4830	,4834	,4838	,4842	,4846	,4850	,4854	,4857
2,2	,4861	,4864	,4868	,4871	,4875	,4878	,4881	,4884	,4887	,4890
2,3	,4893	,4896	,4898	,4901	,4904	,4906	,4909	,4911	,4913	,4916
2,4	,4918	,4920	,4922	,4925	,4927	,4929	,4931	,4932	,4934	,4936
2,5	,4938	,4940	,4941	,4943	,4945	,4946	,4948	,4949	,4951	,4952
2,6	,4953	,4955	,4956	,4957	,4959	,4960	,4961	,4962	,4963	,4964
2,7	,4965	,4966	,4967	,4968	,4969	,4970	,4971	,4972	,4973	,4974
2,8	,4974	,4975	,4976	,4977	,4977	,4978	,4979	,4979	,4980	,4981
2,9	,4981	,4982	,4982	,4983	,4984	,4984	,4985	,4985	,4986	,4986
3,0	,4987	,4987	,4987	,4988	,4988	,4989	,4989	,4989	,4990	,4990
3,1	,4990	,4991	,4991	,4991	,4992	,4992	,4992	,4992	,4993	,4993
3,2	,4993	,4993	,4994	,4994	,4994	,4994	,4994	,4995	,4995	,4995
3,3	,4995	,4995	,4995	,4996	,4996	,4996	,4996	,4996	,4996	,4997
3,4	,4997	,4997	,4997	,4997	,4997	,4997	,4997	,4997	,4997	,4998
3,5	,4998	,4998	,4998	,4998	,4998	,4998	,4998	,4998	,4998	,4998
3,6	,4998	,4998	,4999	,4999	,4999	,4999	,4999	,4999	,4999	,4999
3,7	,4999	,4999	,4999	,4999	,4999	,4999	,4999	,4999	,4999	,4999
3,8	,4999	,4999	,4999	,4999	,4999	,4999	,4999	,4999	,4999	,4999
3,9	,5000	,5000	,5000	,5000	,5000	,5000	,5000	,5000	,5000	,5000

Annexe nº 2
Lois de Student

Si T est une variable aléatoire qui suit la loi de Student à ν degrés de liberté, la table donne, pour α choisi, le nombre t_α letterspacing tel que $P(|T| \geq t_0) = \alpha$.

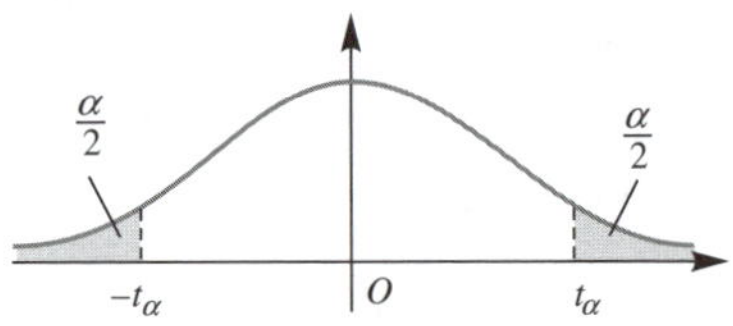

ν \ α	0,90	0,50	0,30	0,20	0,10	0,05	0,02	0,01	0,001
1	0,158	1,000	1,963	3,078	6,314	12,706	31,821	63,657	636,619
2	0,142	0,816	1,386	1,886	2,920	4,303	6,965	9,925	31,598
3	0,137	0,765	1,250	1,638	2,353	3,182	4,541	5,841	12,924
4	0,134	0,741	1,190	1,533	2,132	2,776	3,747	4,604	8,610
5	0,132	0,727	1,156	1,476	2,015	2,571	3,365	4,032	6,869
6	0,131	0,718	1,134	1,440	1,943	2,447	3,143	3,707	5,959
7	0,130	0,711	1,119	1,415	1,895	2,365	2,998	3,499	5,408
8	0,130	0,706	1,108	1,397	1,860	2,306	2,896	3,355	5,041
9	0,129	0,703	1,100	1,383	1,833	2,262	2,821	3,250	4,781
10	0,129	0,700	1,093	1,372	1,812	2,228	2,764	3,169	4,587
11	0,129	0,697	1,088	1,363	1,796	2,201	2,718	3,106	4,437
12	0,128	0,695	1,083	1,356	1,782	2,179	2,681	3,055	4,318
13	0,128	0,694	1,079	1,350	1,771	2,160	2,650	3,012	4,221
14	0,128	0,692	1,076	1,345	1,761	2,145	2,624	2,977	4,140
15	0,128	0,691	1,074	1,341	1,753	2,131	2,602	2,947	4,073
16	0,128	0,690	1,071	1,337	1,746	2,120	2,583	2,921	4,015
17	0,128	0,689	1,069	1,333	1,740	2,110	2,567	2,898	3,965
18	0,127	0,688	1,067	1,330	1,734	2,101	2,552	2,878	3,922
19	0,127	0,688	1,066	1,328	1,729	2,093	2,539	2,861	3,883
20	0,127	0,687	1,064	1,325	1,725	2,086	2,528	2,845	3,850
21	0,127	0,686	1,063	1,323	1,721	2,080	2,518	2,831	3,819

22	0,127	0,686	1,061	1,321	1,717	2,074	2,508	2,819	3,792
23	0,127	0,685	1,060	1,319	1,714	2,069	2,500	2,807	3,767
24	0,127	0,685	1,059	1,318	1,711	2,064	2,492	2,797	3,745
25	0,127	0,684	1,058	1,316	1,708	2,060	2,485	2,787	3,725
26	0,127	0,684	1,058	1,315	1,706	2,056	2,479	2,779	3,707
27	0,127	0,684	1,057	1,314	1,703	2,052	2,473	2,771	3,690
28	0,127	0,683	1,056	1,313	1,701	2,048	2,467	2,763	3,674
29	0,127	0,683	1,055	1,311	1,699	2,045	2,462	2,756	3,659
30	0,127	0,683	1,055	1,310	1,697	2,042	2,457	2,750	3,646
40	0,126	0,681	1,050	1,303	1,684	2,021	2,423	2,704	3,551
80	0,126	0,679	1,046	1,296	1,671	2,000	2,390	2,660	3,460
120	0,126	0,677	1,041	1,289	1,658	1,980	2,358	2,617	3,373
∞	0,126	0,674	1,036	1,282	1,645	1,960	2,326	2,576	3,291

Exemple : Au risque de 20 %

et pour $N = 21$, soit $v = N - 1 = 20$

on lit $t_\alpha = 1,325$.

83438 - (I) - OSB 80° - LUM - BTT

DUPLIPRINT
733, rue Saint-Léonard, 53100 MAYENNE
N° 2970917T
Dépôt légal : mars 2022

Imprimé en France

Annexe n° 3

Tableau périodique des éléments

Numéro atomique, Z
Masse atomique, M (en g/mol)

IA 1	IB 2	IIIB 3	IVB 4	V B 5	V IB 6	VIIB 7	VIIIB 8	9	10	IB 11	IIB 12	IIIA 13	IVA 14	VA 15	VIA 16	VIIA 17	VIIIA 18
1 H Hydrogène 1,008																	2 He Hélium 4.00
3 Li Lithium 6.94	4 Be Béryllium 9.01											5 B Bore 10.81	6 C Carbone 12.01	7 N Azote 14.01	8 O Oxygène 16.00	9 F Fluor 19.00	10 Ne Néon 20.18
11 Na Sodium 22.99	12 Mg Magnésium 24.31											13 Al Aluminium 26.98	14 Si Silicium 28.09	15 P Phosphore 30.97	16 S Soufre 32.06	17 Cl Chlore 35.45	18 Ar Argon 39.95
19 K Potassium 39.10	20 Ca Calcium 40.08	21 Sc Scandium 44.96	22 Ti Titane 47.87	23 V Vanadium 50.94	24 Cr Chrome 52.00	25 Mn Manganèse 54.94	26 Fe Fer 55.85	27 Co Cobalt 58.93	28 Ni Nickel 58.69	29 Cu Cuivre 63.55	30 Zn Zinc 65.38	31 Ga Gallium 69.72	32 Ge Germanium 72.63	33 As Arsenic 74.92	34 Se Sélénium 78.96	35 Br Brome 79.90	36 Kr Krypton 83.80
37 Rb Rubidium 85.47	38 Sr Strontium 87.62	39 Y Yttrium 88.91	40 Zr Zirconium 91.22	41 Nb Niobium 92.91	42 Mo Molybdène 95.96	43 Tc Technétium [98]	44 Ru Ruthénium 101.07	45 Rh Rhodium 102.91	46 Pd Palladium 106.42	47 Ag Argent 107.87	48 Cd Cadmium 112.41	49 In Indium 114.82	50 Sn Étain 118.71	51 Sb Antimoine 121.76	52 Te Tellure 127.60	53 I Iode 126.90	54 Xe Xénon 131.29
55 Cs Césium 132.91	56 Ba Baryum 137.33	57 La Lanthane	72 Hf Hafnium 178.49	73 Ta Tantale 180.95	74 W Tungstène 183.84	75 Re Rhénium 186.21	76 Os Osmium 190.23	77 Ir Iridium 192.22	78 Pt Platine 195.08	79 Au Or 196.97	80 Hg Mercure 200.59	81 Tl Thallium 204.38	82 Pb Plomb 207.2	83 Bi Bismuth 208.98	84 Po Polonium [209]	85 At Astate [210]	86 Rn Radon [222]
87 Fr Francium [223]	38 Ra Radium [226]	89 Ac Actinium	104 Rf Rutherfordium [267]	105 Db Dubnium [268]	106 Sg Seaborgium [271]	107 Bh Borhium [272]	108 Hs Hassium [277]	109 Mt Meitnerium [276]	110 Ds Darmstadtium [281]	111 Rg Roentgenium [280]	112 Cn Copernicium [285]	113 Nh Nihonium [286]	114 Fl Flérovium [289]	115 Mc Moscovium [288]	116 Lv Livermorium [293]	117 Ts Tennessium [294]	118 Og Oganesson [294]

VI	58 Ce Cérium 140.12	59 Pr Praséodyme 140.91	60 Nd Néodyme 144.24	61 Pm Prométhium [145]	62 Sm Samarium 150.36	63 Eu Europium 151.96	64 Gd Gadolinium 157.25	65 Tb Terbium 158.93	66 Dy Dysprosium 162.50	67 Ho Holmium 164.93	68 Er Erbium 167.26	69 Tm Thulium 168.93	70 Yb Ytterbium 173.05	71 Lu Lutécium 174.97
VII	90 Th Thorium 232.04	91 Pa Protactinium 231.04	92 U Uranium 238.03	93 Np Neptunium [237]	94 Pu Plutonium [244]	95 Am Américium [243]	96 Cm Curium [247]	97 Bk Berkélium [247]	98 Cf Californium [251]	99 Es Einsteinium [252]	100 Fm Fermium [257]	101 Md Mendélévium [258]	102 No Nobélium [259]	103 Lr Lawrencium [262]

Métaux							Non métaux			
Alcalins	Alcalino-terreux	Lanthanides	Actinides	Métaux de transition	Métaux pauvres	Métalloïdes	Autres non-métaux	Halogènes	Gaz nobles	Non classés